總策畫 林慶彰 劉楚華

主編 翟志成

唐君毅先生逝世周年紀念論文集

景印香港新亞研究所

新亞學報

第一至三十卷

第二三冊・第十三卷

新亞研究所

NEW ASIA INSTITUTE OF ADVANCED CHINESE STUDIES

景印香港新亞研究所《新亞學報》（第一至三十卷）

景印香港新亞研究所《新亞學報》第二三冊

第十三卷　目　次

史漢比較研究之一例　徐復觀　頁23-11
唐代太原北塞交通圖考　嚴耕望　頁23-91
安慧「三十唯識釋」原典譯註（一）
——第一分　識轉化論之第一、第二品　霍韜晦　頁23-153
唐宋禪宗之地理分佈　李潔華　頁23-225
論明代北方邊防內移及影響　吳緝華　頁23-377
清代蘇州的踹布業　全漢昇　頁23-425
清史稿列傳本證——諸王列傳　蘇慶彬　頁23-455
胡風及胡風集團重要成員歷略　翟志成　頁23-511

第十三卷

新亞學報

新亞研究所

編按：唐君毅先生

唐君毅先生逝世周年紀念論文集

新亞學報編輯略例

（一）本刊宗旨專重研究中國學術，只登載有關中國歷史、文學、哲學、教育、社會、民族、藝術、宗教、禮俗等各項研究性的論文為限。

（二）本刊由新亞研究所主持編纂，外稿亦所歡迎。

（三）本刊年出兩期，以每年二月八日為發行期。

（四）本刊文稿每篇以五萬字為限；其篇幅過長者，當另出專刊。

（五）本刊所載各稿，其版權及翻譯權，均歸本研究所。

新亞學報第十三卷目錄：

史漢比較研究之一例……徐復觀……一
唐代太原北塞交通圖考……嚴耕望……八一
安慧「三十唯識釋」原典譯註(一)……霍韜晦……一三九
唐宋禪宗之地理分佈……李潔華……二一一
論明代北方邊防內移及影響……吳緝華……三六三
清代蘇州的踹布業……全漢昇……四〇九
清史稿列傳本證……蘇慶彬……四三九
胡風及胡風集團重要成員歷略……翟志成……四九五

史漢比較研究之一例

徐復觀

爲把握漢代史學思想，在「論史記」一文後，應當有「論漢書」一文。但我感到，與其將兩書作平列式的研究，不如將兩書作對比式的研究，更能顯出兩書的特性；並且對史學在專制政治之下，係向何種方向演變，或可因此而得到更大的啓發性。我在論史記一文中，爲了突出史公的思想與成就，已將兩書作了若干比較。但若僅如此，則不僅兩書何以有此異同的原因不夠明瞭，且對漢書的價值，亦將因之受到掩覆，這是不公平的，也不是全面把握問題的方法。將史漢加以比較的工作，前人已從不同的角度做了不少。我所做的，或者比他們前進了一步。但就兩書內涵的豐富而言，感到這裡所寫出的，依然只能算是「一例」。希望有人能繼續做這種工作。

一　問題的回顧

漢書問世後，他在史學上所發生的影響，實較史記爲大。史通卷一六家謂「諸史之作」，「其流有六」「而樸散淳銷，時移世異。尚書等四家（註一），其體久廢；所可祖述者惟左氏及漢書二家而已」，正可反映出此種情形。唯將史漢加以比較，而尊史抑漢者，當始於張輔。晉書卷六十張輔列傳：

「又論班固司馬遷云，遷之著述，辭約而事舉，敘三千年事，唯五十萬言。班固敘三百年事，乃八十萬言。煩省不同，不如遷一也。良史述事，善足以獎勸，惡足以監戒，人道之常。中流小事，亦無取焉。而班皆書之，不如二也。毀損晁錯，傷忠臣之心，不如三也。遷既創造，班又因循，難易益不同矣。又遷爲蘇秦張儀范睢蔡澤作傳，逞辭流離，亦足以明其大才。故述辯士，則辭藻華靡；敘實錄，則隱核名實，此所以遷稱良史也。」

張輔謂班固「不如遷者一也」的問題，史通卷九煩省篇中，已指出這不過是因時代的不同，所憑藉的材料，有多少之異，不應以此定優劣。趙翼更指出漢書多載有用之文，「不得以繁冗議之」（註二），所以張輔此說，可謂毫無意義。並且如後所述，在敘述文字上，史記實較漢書爲繁，與張氏所說的恰恰相反。張輔責班固之不如遷者「二」，蓋謂漢書之傳，選材不得體要，我看不出有這種情形。至謂班固「毀損晁錯，傷忠臣之心」，爲不如遷者三，事實上則正相反。漢書此傳，在間架上本諸史記，但加入晁錯的幾篇有意義的文章，大爲晁錯生色。史公因不喜晁錯所學的是「申商刑名之學」，故他與袁盎同傳，在贊中許袁以「仁心爲質，引義忼慨」；而對晁錯則借「語曰，變古亂常，不死則亡，豈錯等謂邪」的話，以深致譏議。班氏之贊，對袁盎則大體上襲用史公之語，對晁錯則加以改寫，謂其「銳於爲國遠慮，而不見身害。」結之以「悲夫，錯雖不終，世哀其忠，故論其施行之語著於篇。」其態度實較史公爲平恕。張輔其他的論點，亦了無意義。大約在淸談風氣之下，人不樂讀書而好隨意立論，所以他的史漢比較，沒有客觀上的價値。

其次，後漢書卷四十下，范蔚宗取華嶠之辭以爲班彪班固父子的傳論，也可以認爲是一種史漢比較。

「論曰，司馬遷班固父子，其言史官載籍之作，大義粲然著矣。議者咸稱二子有良史之才。遷文直而事覈，固文贍而事詳。若固之序事，不詭激，不抑抗，贍而不穢，詳而有體，使讀之者亹亹而不厭，信哉其能成名也。彪固譏遷是非頗謬於聖人。然其論議，常排死節，否正直，而不叙殺身成仁之爲美，則輕仁義賤守節愈（甚）矣。固傷遷博物洽聞，不能以智免極刑，然亦身陷大戮（章懷註：「此已上略華嶠之辭」）。智及之而不能守之，嗚呼，古人之所以致論於目睫也」。

上面的話，是承認兩家在史才上各有所長，而推重班固之意爲多。對班氏父子有關司馬遷的批評，並未加反駁，僅譏其「輕仁義，賤守節」較遷爲更甚；此點沈欽韓引漢書王章傳贊及翟義傳贊以實之（註三），按與王章合傳者共六人，贊亦及六人。前五人的贊，皆用瑕瑜互見的筆調。對王章則謂其「剛直守節，不量輕重，以陷刑戮，妻子流遷，哀哉。」這不是輕仁義賤守節的表現。翟義傳贊出於司徒掾班彪，贊謂翟義「身爲儒宗」；對其起兵抗王莽被族誅爲「義不量力，懷忠憤發，以隕其宗，悲夫」，這也不是「輕仁義賤守節」的表現。至於說到遷固皆未能明哲保身，但范蔚宗亦卒陷刑戮，這是專制下知識分子的共同悲劇，不應以此爲論人之資。而范氏的「贊曰，二班懷文，裁成帝墳，比良遷（司馬遷）董（董狐），兼麗卿（司馬相如）雲（揚雄）。」則他之所以推重班書者，可謂甚爲篤至。所以他寫後漢書，受漢書的影響，大過於受史記的影響。至於他在獄中與甥侄書謂班書「任情無例，不可甲乙辨（此大概指數人合傳的人的配列情形而言）。後贊於理近無所得，惟志可推耳，博贍不可及」。此信乃爲標榜己書，故對班固的批評，無損於他對班書的全般的評價。但毀譽之辭，亦多未得當。到劉知幾的史通，始對兩書作了較慎重詳細的比較，批評。茲按該書卷次節錄如下：

（一）尋史記疆宇遼闊，年月遐長。而分以紀傳，散以書表。每論國家一政，而胡越相懸。敘君臣一時，而參商相隔，此其爲體之失者也。兼其所載，多聚舊記，時拌雜言，故使覽之者事罕異聞，而語饒重出，此撰錄之煩者也。」卷一六家。

（二）「漢書家者，其先出於班固……循其創造，皆準子長。但不爲世家，改書曰志而已」「如漢書者，究西都之首末，窮劉氏之廢興。包舉一代，撰成一書。言皆精練，事甚該密。故學者尋討，易爲其功。自爾迄今，無改斯道。」同上。

（三）「既而丘明傳春秋，子長著史記，載筆之體，於斯備矣。……蓋荀悅張璠，丘明之黨也。班固華嶠，子長之流也。惟此二家，各相矜尚。必辨其利害，可得而言焉。夫春秋者繫日月而爲次，列時歲以相續。中國外夷，同年共世，莫不備載其事，形於目前。理盡一言，語無重出，此其所以爲長也。至於賢士貞女，高才儁德，事當衝要者，必盱衡而備言。跡在沉冥者，不枉道而詳說……故論其細也，則纖介無遺；語其粗也，則丘山是棄，此其所以爲短也。史記者紀以包舉大綱，傳以委曲細事。表以譜列年爵，志以總括遺漏。逮於天文地理，國典朝章，顯隱必該，洪纖靡失，此其所以爲長也。若乃同爲一事，分見數篇。繼續相離，前後屢出……又編次同類，不求年月。後生而擢居首帙，先輩而抑歸末年，遂使漢之賈誼，將楚屈原同列；魯之曹沫，與燕荊軻並編，此其所以爲短也。考茲勝負，互有得失。而晋世干寶著書，乃盛譽丘明，而深抑子長……向使丘明世爲史官，皆倣左傳也，至於前漢之嚴君平鄭子眞，後漢之郭林宗黃叔度，鼂錯董生之對策，劉向谷永之上書，斯並德冠人倫，名馳海內；識洞幽顯，言窮軍國。或以身隱位卑，不預朝政；或以文煩事博，難爲次序。皆略而不書，斯則可也；必情有所恡，不加刊削，則漢氏之志傳百卷，併列於十二紀中，將恐碎瑣多蕪，闌單失力者矣。故班固知其若此，設紀傳以區分，使其歷然可觀，紀綱有別。」卷二二體。

（四）「司馬遷之記諸國也，其編次之體，與本紀不殊；蓋欲抑彼諸侯，異於天子，故假以他稱，名爲世家。案世家之爲義也，豈不以開國承家，世代相續。陳勝起自羣盜，稱王六月而亡……無世可傳，無家可宅，而以世家爲稱，豈當然乎……至於漢代則不然（與周之封建諸侯不同），其宗子稱王者皆受制於京邑，自同州郡。異姓封侯者，必從宦天朝，不臨方域……而馬遷强加別錄，以類相從。雖得劃一之宜，詎識隨時之義。蓋班固知其若是，釐革前非……並一概稱傳，無復世家，事勢當然，非矯枉也。」卷二世家

（五）「異哉班氏之人表也。區別九品，網羅千載。論世則異時，語姓則他族；自可方以類聚，物以羣分，使善惡相從，先後爲次，何藉而爲表乎？且其書上起庖犧，下窮嬴氏，不言漢事，而編入漢書……何斷而爲限乎？」卷三表歷。

（六）「古之天，猶今之天也。今之天，即古之天也……但史記包括所及，區域綿長；故書有天官，讀者竟忘其誤；權而爲論，未見其宜。班固因循，復以天文作志。志無漢事，而隸入漢書，尋篇考限，覩其乖越者矣。」卷三書志。

（七）「夫古之所制（指典籍），我有何力……而班漢定其流別，編爲藝文志，論其妄載，事等上篇

……愚謂凡撰志者宜除此篇。」仝上。

（八）「而漢代儒者，羅災眚於二百年外（謂在漢代二百年以外，收羅災眚的材料），討符會於三十卷中（謂在春秋左氏傳三十卷中求災眚的應驗）……如斯詭妄（謂所附會的災異之說），不可殫論。而班固就加纂次，曾靡銓擇，因以五行論而爲志，不亦惑乎。」同上。

（九）「既天文有志，何不爲人形志乎……既藝文有志，何不爲方言志乎？但班固綴孫卿之詞，以序刑法。探孟軻之語，用裁食貨。五行出劉向洪範，藝文取劉歆七略。因人成事，其目遂多……蓋可以爲志者其道有三焉。一曰都邑志，二曰民族志，三曰方物志。」仝上。

（十）「必尋其（論贊）得失，考其異同，子長談泊無味……孟堅辭惟溫雅，理多愜當。其尤美者，有典誥之風。」卷四論贊。

（十一）「史記者載數千年之事，無所不容。漢書者紀十二帝之時，有限斯極。固既分遷之記，判其去取；紀傳所存，唯留漢日；表志所錄，乃盡犧年。舉一反三，豈宜若是。」卷四斷限。

（十二）「尋馬遷史記，上自軒轅，下窮漢武，疆宇遼闊，道路綿長。故其自叙，始於氏出重黎，後於身爲太史。雖上下馳騁，終不越史記之年。班固漢書，止叙西京二百年事耳。其自叙也，則遠徵令尹，起楚文王之世；近錄賓戲，當漢明帝之朝，苞括所及，踰於本書遠矣……施於家諜，猶或可通；列於國史，多見其失者矣。」卷九序傳。

（十三）「蓋左丘明司馬遷，君子之史也。吳均魏收，小人之史也。」「若司馬遷班叔皮，史之好善者也。」卷十八雜說下。

（十四）「班氏著志，牴牾者多。在於五行，蕪累尤甚。」卷十九漢書五行志。

劉知幾「歷事二主，從宦兩京；遍居司籍之曹，久處載言之職（註四），寢饋於史學者約三十年之久，所以他所著的史通，在史學方面的分量，堪與劉彥和的文心雕龍在文學方面的分量並稱。將上錄材料稍加綜合，他將當時史學所承，分爲兩個系統。一是由左丘明所代表的左氏傳的編年體，一是由司馬遷所代表的史記的紀傳體；他認爲這兩個系統，各有短長，不相軒輊。但爲求史的完備，他內心是更重視紀傳體的，此通過史通全書而可見，由前面所錄的（三）亦可略窺其端倪。在紀傳體中，他主要的要求約有四端：一是斷限要嚴，二是序例要淸（註五），三是是非要出於公正，四是著作須成於私人。三、四兩端，對史記漢書，劉氏認爲皆無大問題，所以對兩書的比較，批評，多是就一、二兩端來立論的。前面所錄的（一），是指史記的紀傳體，因其「疆宇遼闊，年月遐長」，沒有斷限，發生兩種弊病，一爲敘述難免夾雜，二爲材料難免重複。（二）則認漢書爲斷限，所以能「言皆精練，事甚該密」。因此，斷代史遂爲後代所稟承。此一批評的當否，留到後面討論。（四）論史記將世家一體，延至漢代爲不識「隨時」之義，故漢書廢除世家「一概稱傳」爲「事勢當然」，此站在體例的統一上，劉氏的說法，是可以成立的。（五）（六）（七）（八）（九）（十）（十一）（十二）（十四），其中除五行志牽涉到內容的批評，並另立專篇駁正外（註六），其餘都是站在斷限的立場，而認爲班氏不應有古今人表，天文志五行志及藝文志的。此一批評，其當否甚關重要，也留到後面去討論。（十）是對史漢論贊的批評，認班氏較馬遷爲優，這是來自劉氏爲當時文體所限，且對馬遷的認識不深。由韓柳的古文運動起，而在文學上對史記的認識一變；由我的論史記一文出而對馬遷的微言大義，可能略有發揮。（十二）是站在斷限上論馬遷班氏序傳的得失，祖馬遷而抑班氏，此乃出於劉氏之迂拘。（十三）爲劉對馬遷及班彪作平等的肯定。劉氏推重班彪過於班固。大較而論，劉氏的推重班固，乃由重視斷限而來；然創造之功，則他不能不歸之馬遷。其他所論，雖有得有失，但並不能說他一定是出於偏見。

宋鄭樵受劉知幾的影響（註七），但在斷限與會通的這一點上，則與劉氏持相反的意見；清人章學誠，特尊鄭氏。於是著史貴會通而卑斷代，遂成爲一時風氣。鄭氏說：

「自春秋之後，惟史記擅制作之規模。不幸班固非其人，遂失會通之旨，司馬氏之門戶，自此衰矣。班固者浮華之士也，全無學術，專事剽竊……。由其斷漢爲書，是致周秦不相因，古今成間隔。自高祖至武帝，凡六世之前，盡竊遷書，不以爲慚。自昭帝至平帝凡六世，資於賈逵劉歆，復不以爲恥。況又有曹大家終篇，則固之自爲書也幾希。往往出固之胸中者，古今人表耳。他人無此謬也。後世衆手修書，道旁築室，掠人之文，竊鐘掩耳，皆固之作俑也……遷之於固，如龍之於豬，奈何諸史棄遷而用固。劉知幾之徒，尊班抑馬。且善學司馬遷者莫如班彪。彪續遷書，自孝武至於後漢，欲令後人之續己，如己之續遷……世世相承，如出一手……其書不可得而見，所可見者，元成二帝贊耳。皆于本紀之外，別記所聞，可謂深入太史公之閫奧矣……固爲彪之子，既不能保其身，又不能傳其業，又不能教其子，爲人如此，安在乎言爲天下法。」通志總序

「自班固以斷代爲史，無復相因之義。雖有仲尼之聖，亦莫知其損益；會通之道，自此失矣。語其同

也，則紀而復紀，一帝而有數紀；傳而復傳，一人而有數傳。天文者千古不易之象，而世世作天文志。洪範五行者，一家之書，而世世序五行傳。如此之類，豈勝繁文。語其異也，則前王不列乎後王，後世不接於前事。郡縣各爲區域，而昧遷革之源。禮樂自爲更張，遂成殊俗之敝。如此之類，豈勝斷梗。曹魏指吳蜀爲寇，北朝指東晉爲僭……房玄齡董史册，故房彥謙善美名。虞世南預修書，故虞荔虞寄有嘉傳。甚者桀犬吠堯，吠非其主，……似此之類，歷世有之。傷風敗義，莫大乎此。」仝上。

「遷法既失，固弊日深。自東都至江左，無一人能覺其非。惟梁武帝爲此慨然，乃命吳均作通史，上自太初，下終齊室，書未成而均卒。隋楊素又奏令陸從典續史記，訖於隋，書未成而免官。豈天之靳斯文而不傳歟？抑非其人而不祐之歟？」仝上。

鄭樵志大才疏，於班固極醜詆之能事，略不反省自己所說的有無根據。例如他說班固「掠人之文」，卻沒想到作史一定要掠他人之文的，司馬遷是如此，鄭氏自著通志的紀傳部份，也是「即其舊文，從而損益」（總序）。因漢書古今人表爲一般人所共同詬病，所以他便說「往往出固之胸中者，古今人表耳」仝上。班氏「潛精積思二十餘年」（註八），豈除古今人表外，皆無所用心。又責班書啓後來作者偏私之弊，「傷風敗義，莫大乎此」，其言誠似。但鄭氏著通志，應上承春秋，下迄當世（南宋）；乃因「唐書五代，皆本朝大臣所修，微臣所不敢議，故紀傳迄隋」（總序）。史公著書之精神，莫大於褒貶當代，以發現歷史之表裡；而鄭氏則連宋代大臣所修之史亦不敢議，則是作爲史學基礎的近代史當代史，永無人敢於執筆。此較之於執筆而不免偏私者，又遠爲卑怯，這還能紹史公的宏業嗎？諸如此類，不必多辯，僅就其所謂會通與斷隔之論，稍作衡量。

歷史是在人與事的因果流貫中所形成的，時間沒有斷隔，歷史也沒有斷隔；除非某一民族在歷史中消失掉。但就學歷史的人而言，尤其是就寫歷史的人而言，則在便宜上必分爲若干斷限。就中國以一個民族爲主流，不斷地融洽其他民族以形成主流擴大的形勢而言，在便宜上要分斷限，則以朝代的興亡，爲劃分斷限的標準，乃極自然而合理的事情。因爲這不僅意味着統治集團的交替，且勢必給文化、社會以巨大影響。史通卷二的二體篇，以「丘明傳春秋，子長著史記，載筆之體，於斯備矣」。篇中較論二體長短，以編年體便於政治活動的貫通，亦即是便於作通史，但難作社會性及典章制度方面的該備。紀傳體能盡該備之責，但史記無斷限，以致「兼其所載，多聚舊記，時採雜言，故使覽之者事罕異聞，而語饒重出，此撰錄之煩者也」。這是他對史記作爲通史的批評。其實，史公係以本紀、表、世家、書、列傳爲骨幹，建立一種完整的新體裁，新形式，而將各種材料，加以分解後，融合於此新體裁新形式之中，使歷史出現一種新面貌，無所謂「事罕異聞」，「語饒重出」的問題。但在史公以後，應用此體以求該備，則從事著作的人，勢必自設斷限，乃可能盡搜羅編整之能。而以朝代爲斷限，恰可成爲一種客觀的共同標準。在政治人事以外的典章制度等，應明其因革損益的情形，所以漢書十志，皆具通貫的性質，而不以西漢爲斷限，此正班氏能深於著史的地方，劉氏有關這方面的批評，皆自暴其淺陋。但劉氏對爾後以紀傳體爲通史的批評，是完全恰當的。他說：

「至梁武帝又敕其羣臣，上自太初，下終齊室，撰成通史六百二十卷。其書自秦以上，皆以史記爲本，而別採他說以廣異聞。至兩漢以還，則全錄當時紀傳，而上下通達，臭味相依。而吳蜀二主，皆入世家，五胡及拓拔氏，列於夷狄傳，大抵其體皆如史記。其所爲異者，唯無表而已。」卷一、六家。

鄭樵僅注意到梁書四十九吳均列傳「使撰通史，起三皇，訖齊代，均草本紀世家，功已畢，唯列傳未就」，鄭氏便據此以大發感慨。而不知此「未就」乃吳均經手者未就，梁武命羣臣所共撰者則已就。所以梁書卷三武帝本紀「又造通史，躬製贊序，凡六百卷」，隋書經籍志所錄者尚有四百八十卷。按梁武帝製通史的用心，不在史的斷限與貫通的問題，而在由三皇以下的統緒，以爭取南朝在歷史中的正統地位。楊素奏令陸從典續史記的用心，也是如此，這是政治性的立場，而不是史學性的立場。此點劉鄭兩氏皆未能了解。劉氏站在史學的立場，對通史的批評是「況通史以降，蕪累尤深。遂使學者寧習本書，而怠窺新錄。且撰次無幾，而殘缺遽多。可謂勞而無功，述者所宜深戒也（卷一、六家）。」證之事實，隋志所錄之通史四百八十卷，已經殘缺；至唐志則僅有一百七卷，後遂堙沒無聞。鄭樵通志二百卷，僅賴其二十略的七十六卷以俱傳，自七十七卷以下所抄之紀傳，豈復有人過問。深入言之，紀傳體之不適宜於通史，除劉氏上面所述，常作無意義的重複外，更須注意到前人所著的良史，其取材及表現的文字，皆各有用心，各有精意。作通史者隨意加以取捨，使其原有之精神面貌，不免爲之喪失；此在班固襲史記，已在所不免；鄭樵李贄（註九）之流，更何足論。若紀傳體之通史行，將使史學僅具形式而無精神。且近代史現代史，乃史學得以成立的基礎。無近代史無現代史，即無史學。作近代史現代史的人，有的以一人一家一地一事爲斷限。豈特必有紀傳體之斷代史而始能有編年體之通史，且必須有一人一家一地一事之許多斷限史而始能寫成一代之斷代史。所以斷代史乃各種斷限史的完整而完成的形式。紀傳體代代相續，史史相承，何有所謂「周秦不相因，古今成間隔」的怪論。史公創體，其勢不得不起自黃帝，他因材料的限制，即以黃帝爲斷限。班氏繼業，其勢不得不承繼史公。承繼史公而至死尚不能完業，則其勢不得不設定斷限以期成爲首尾完具之書，甚爲明顯。他襲史公的一部份，以自成一書，如後所述，其意在於尊漢，而並不在標榜斷代。甚至也不止於後世之所謂著史。他在漢書叙傳的最後說「凡漢書，叙帝皇。列官司，建侯王。準天地，統陰陽。闡元極，步三光。分州域，物土疆。窮人理，該萬方。緯六經，綴道綱。總百氏，贊篇章。函雅故，通古今。正文字，惟學林」。他的意思是囊括一代的政治文化，以上通於唐虞三代，故曰「通古今」；豈劉知幾立斷限的體例所能限，更非鄭樵「古今成間隔」之說所能誣。他在政治上以西漢爲斷限，乃在古今之變中，自然所形成的一個段落。他受命著光武本紀及功臣平林諸傳二十八篇，也是漢書的延續，但這裡所寫的不能成爲歷史的段落，故東觀漢記必經多人的繼續，雖間及獻帝時事，但終未能如後漢書之完整，則以其未能達成應有的斷限。作史者各有其用心及其能力之所至。紀傳體以朝代爲斷限，乃勢所必然。由通斷以論史漢優劣，與由文字多少以論史漢優劣，同屬沒有意義。

二　班氏父子的家世、思想及其著書的目的

除了上述的班馬體例異同優劣之論以外，尚有不少的人，從史學文學的立場作過這種工作，但率零碎不足道。其中最鄙陋無識者，莫如方苞所持以繩飭班氏之義法（註十）。欲較論班馬的異同優劣，必追及他們作史的動機與目的。欲追及他們作史的動機與目的，必先把握他們的思想。欲把握他們的思想，須究明他們

的家世與其時代。史公這方面的問題，我在論史記一文中（註十一）已加以論述，此處偏於班氏父子方面的敘述。

漢書敘傳，是一篇有點奇怪的文章。漢書元成二帝紀贊，及卷七十三韋賢傳贊，八十四翟方進傳贊，九十八元后傳贊，雖並出有「司徒掾班彪」之名，以見出自班彪。但敘傳中盛揚先烈，而無一字及班彪之作史；班彪作史的情形，必待范尉宗後漢書卷四十上班彪列傳而始明。固敘事以詳密稱；而敘傳僅著「時隗囂據壟（隴），擁衆招輯英俊……囂問彪曰……」，但隗囂何緣而得問班彪，無從查考。至後漢書班彪列傳謂「年二十餘，更始敗，三輔大亂。時隗囂擁衆天水，彪乃避地從之」，而彪此時之行跡始顯。後漢書有「彪復辟司徒王況府」，且曾上言「宜博選名儒有威重明通政體者以爲太子太傅」等事，爲光武所納。「後察司徒（孝）廉爲望都長，吏民愛之。建武三十年，年五十二卒官（西紀三—五四）。而敍傳皆無之；僅謂其「學茂材，爲徐令，以病去官；後數應三公之召，仕不爲祿。所如不合，學不爲人，博而不俗，言不爲華，述而不作」；則不僅漢書傳贊中的「司徒掾班彪」的「司徒掾」之來歷不明；且其父的生卒之年亦不具。但在他盛宏先烈的敘述中，使我們可以了解與他們思想形成有關的家庭背景。

據敘傳，班氏是楚令尹子文之後。「始皇之末，班壹避地於樓煩（顏師古註：樓煩，雁門之縣）……當孝惠高后時以財雄邊。四傳而至班況」。況女爲成帝倢伃，由漢書卷九十七下外戚傳的班倢伃傳中，可以了解他是一位有文采而又能深自抑制，得免於趙飛燕姊妹之禍的才德兼備的女人。班氏雖以邊疆豪富入仕，但至班況已爲「左曹越騎校尉」。且因班倢伃的關係，已躋身於外戚之列，而又能免外戚之禍。「況生三子，伯，游、穉」。長子「伯容貌甚麗……拜爲中常侍」。鄭寬中張禹在金華殿爲成帝講尙書論語，特詔伯得聽講。「數年金華之業絕，出與王許子弟爲羣（師古註：王成帝母家；許成帝后家），在於綺襦紈袴之間，非其好也」。他又得到王太后的信任，成帝「每朝東宮常從。及有大政，俱使諭指於公卿……卒年三十八」。次子游，「以對策爲議郎，遷諫大夫，右曹中郎將，與劉向校秘書，……上器其能，賜以秘書之副」。東平思王以叔父之尊，「求太史公諸子書」而不許，所以這是一種殊遇。「游亦早卒」。三子穉，爲廣平相時，沒有順王莽意旨採上「頌聲」，被劾「嫉害聖政，不道」，幸賴太后顧念班倢伃之賢，許其得補延陵園郎，「由是班氏不顯莽朝，亦不罹咎」。伯、游、穉，都是班倢伃的兄弟，他們都有「加官」，得隨侍皇帝左右。叙傳謂「谷永嘗言建始河平之際，許班之貴，傾動前朝，熏灼四方，賞賜無量，空虛內帑；女寵至極，不可尙矣」。班氏特引谷氏之言，蓋深以此爲榮幸。游生子名嗣，「貴老嚴（莊）之術」，因桓譚修儒術而拒不借書給他。穉生子名彪，「幼與從兄嗣，共遊學。家有賜書，內足於財。好古之士，自遠方至，父黨揚子雲以下，莫不造門」，所以班氏父子繼史公修書，有些觀點，受了揚子雲的影響（註十二）。班彪（叔皮）治學的方向，與其從兄嗣不同，「唯聖人之道，然後盡心焉」。班倢伃於班嗣班彪爲姑母，在因更始之亡而關中大亂以前，他們一直是享受著外戚的餘蔭，可以說，他們和漢室有特殊的關係，也可推測他們對漢室抱有特列的感情。

王莽亡時（西紀二三），班彪年二十。王莽未亡以前的形勢，可用卜者王況的話加以概括。「況謂焉（魏成大尹李焉）曰，新室及位以來，民田奴婢不得賣買，歲改錢貨，徵發煩數，軍旅騷動，四夷並侵，百姓怨恨，盜賊並起，漢家當復興」（註十三）。由長安的卜者說出「漢家當復興」，這可反映出當時的社會心理；班彪因家庭關係，此時學業已有成就，對卜者所說的情形，當必更有所感受。

更始亡時（西紀二五），班彪二十二歲。更始亡而關中大亂，彪因「舊室滅以丘墟兮，曾不得乎少留；遂奮袂以北征兮，超絕跡而遠遊」（註十四），他因家毀而投隗囂，當在二十二、三歲的時候。他因隗囂有縱橫之志，「著王命論」，當在光武即位於冀州（西二五）之後。但他此時不僅與光武尚未通聲氣，且因交通斷絕，並不知道光武的情形，所以在答隗囂之間，及王命論中，絕未提及光武。王命論之作，當在他二十五、六歲時，這是他的思想基幹。

王命論主要是說明「神器有命，不可以智力求」。他認爲「蓋在高祖，其興也有五。一曰帝堯之苗裔，二曰體貌多奇異，三曰神武有徵應。四曰寬明而仁恕，五曰知人善任使」。五個條件中，班彪實係以前三者爲主，因爲前三者是天命的證明，後兩者可以說是由前三者而來。再又加上「靈瑞符應，又可略聞矣」的劉媼「夢與神遇」及「白蛇分」「五星聚」等天命在身的徵驗，不僅可以證明高祖之得天下，不是憑「智力求」；並以此斷定天下必再歸於劉氏。他眼見更始之亡，未聞光武之興，即懸空作此斷定，這可以說是把政權固定在劉姓身上而不能轉移到他姓的政治思想，這是劉氏家天下的天命論宿命論。與由賈誼的過秦論以來，下逮劉向杜鄴谷永等等的奏疏，皆以天命爲不可恃，兩相比較，是非常特出的。更與西漢諸大儒，皆認定「官天下」應爲政權運行的常軌，兩相比較，更是政治思想上的大倒退。班彪「唯聖人之道，然後盡心」，在政治的根本問題上，實與聖人之道背道而馳；我推測，這是來自通過外戚關係所保持的對劉氏的感情，及吸收了當時社會心理的反映，而將其天命化，理論化。此一思想，深深印入於他的兒子班固的思想之中，此通過他的兩都賦典引離騷序而皆可見。漢書叙傳自述其著書的目的是：

「固以爲唐虞三代，詩書所及，世有典籍。故雖堯舜之盛，必有典謨之篇，然後揚名於後世，冠德於百王；故曰巍巍乎其有成功，煥乎其有文章也。漢紹堯運，以建帝業，至於六世，史臣乃追述功德，私作本紀，編於百王之末，厠於秦項之列。太初以後，闕而不錄。故探採前記，綴輯所聞，以述漢書。起元高祖，終於孝平王莽之誅，十有二世，二百三十年，綜其行事，旁（廣）貫五經，上下洽通。爲春秋（註十五），考（成）紀表志傳凡百篇」。

由此可知，班氏不滿史公將漢代「編於百王之末，厠於秦項之列」。故特以前漢爲起訖，稱爲「漢書」，以與唐虞三代之書，爭光並美；其意在於尊漢，爲漢代之統治者而著書，絕無標榜斷代之意。後人紛紛，皆謬爲揣測。史公則「耕牧河山之陽」，出身於平民。他父親是以「余先周室之太史也」（註十六），爲其家世背景，不認爲與漢廷有特殊關係。史公的政治思想，正如拙文論史記中所述，是抱著「天下爲公」的思想，這與班氏父子「天下爲漢」的思想，恰成一顯明的對照。史公所面對的是人類整個的歷史，漢代僅爲此整個歷史中之一階段，並無親疏厚薄可言。他著史的目的，是「述往事，思來者」，是爲了人類將來的命運著想，歷史皆在人類命運之前衡定其是非得失，決非在漢代統治者之前，衡定其是非得失。只要着眼到史公與班氏父子，在家庭背景、思想、與著書目的上的不同，便應首先發現到流注於史記與漢書中的精神，會大異其致。這是比較研究工作的大前提。但不應因此而忽視了班氏父子，畢竟是有儒學教養的人；儒家思想一定會給他們對漢室的感情以制約，而使他們的史識，在許多地方得到昇進。因之，在漢代範圍以內的是非得失，他們與史公依然是站在共同的基礎上，大體上可以成爲天下之公。若沒有這一點，漢書的價值便很難肯定。

三、班氏父子對史記的批評

後漢書卷四十上班彪列傳僅謂「彪既疾囂（隗囂）言，又傷時方艱，乃著王命論」，以二三語述其著論的指歸，而未錄其文。但概略採錄了彪的「因斟酌前史（指史記）而譏正得失」的言論。由彪對史公的批評，可以窺見他與史公在史學識解上的同異。茲錄如下：

「唐虞三代，詩書所及，世有史官，以司典籍。曁於諸侯，國自有史。故孟子曰，楚之檮杌，晉之乘，魯之春秋，其事一也。定哀之間，魯君子左丘明，論集其文，作左氏傳三十篇。又撰異同，號曰國語二十篇；由是乘及檮杌之事遂闇，而左氏國語獨章。又有記錄黃帝以來至春秋時帝王公侯卿大夫，號曰世本一十五篇。春秋之後，七國並爭，秦幷諸侯，則有戰國策三十三篇。漢興定天下，太中大夫陸賈，記錄時功，作楚漢春秋九篇。孝武之世，太史令司馬遷，採左氏國語，删世本戰國策，據楚漢列國時事，上自黃帝，下訖獲麟（註十七），作本記世家列傳書表，凡百三十篇，而十篇缺焉。遷之所記，從漢元（高祖）至武以絕，則其功也（註十八）。至於採經摭傳，分散百家之事，甚多疏略，不如其本。務欲以多聞廣載爲功，論議淺而不篤。其論學術，則崇黃老而薄五經。序貨殖，則輕仁義而羞貧賤。道游俠，則賤守節而貴俗功。此其大敝傷道，所以遇極刑之咎也。然善述序事理，辯而不華，質而不野，文質相稱，蓋良史之材也。誠令遷依五經之法言，同聖人之是非，意亦庶幾矣。夫百家之書，猶可法也。若左氏國語世本戰國策楚漢春秋太史公書，今之所以知古，後之所由觀前，聖人之耳目也。司馬遷叙帝王則曰本紀，公侯傳國，則曰世家；卿士特起，則曰列傳。又進項羽陳涉而黜淮南衡山，細意委曲，條例不經。若遷之著作，採獲古今，貫穿經傳，至廣博也。一人之精，文重思煩，故其書刊落不盡；尚有盈辭，多不齊一。若序司馬相如，舉郡縣，著其字。至蕭曹陳平之屬，及董仲舒並時之人，不記其字，或縣而不郡者，蓋不暇也。今此後篇，愼覈其事，整齊其文，不爲世家，唯紀傳而已。傳曰，殺史見極，平易正直，春秋之義也」（註十九）。

按史公作史，實以繼承春秋的「貶天子，退諸侯，討大夫」自任，自序中乃以春秋統貫六經。班彪的重點則在左丘明之傳，亦即在史之自身，而未嘗重視在史的後面的意義；這由他的劉氏家天下的宿命論，是不難理解的。史記自序，他當然看過，也當然會看得懂。「崇黃老而薄五經」，係指司馬遷之父司馬談的論六家要指而言。至司馬遷本人，則既未嘗菲薄黃老，但尤推崇六藝，以六藝爲考信的準繩，以春秋爲著作的導引，這在史記自序與全書中，沒有一點含糊的。但班氏內心，既深不以史公援春秋貶天子之義爲然，則對史記自序中所述著書之動機、目的，與其所遵循的軌範，皆持否定的態度。但史公所張出的六藝之幟，特別是春秋之幟，是不能否定的。於是姑以其父司馬談的思想，栽在史公身上，藉以貶低其學術上的地位，因而否定其「貶天子」的意義，藉此以維繫漢家皇室尊嚴的用心，是可以想見的。所以漢書用史記自序以爲司馬遷傳時，乾脆把「貶天子」三字刪掉。同爲五經，在立五經博士以前及立五經博士以後，精神面貌，爲之一變。在未立五經博士以前的五經的精神，廣博而生動；在立五經博士以後，五經之出於博士者，其精神自然狹隘而拘滯。未立五經博士以前，習五經者「耕且讀，三年而通一藝」（註二〇），他們多立足於社會。立五經博士以後，因「廣勵學官之路」，而習五經者皆托身於朝廷。史公所習者蓋立五經博士以前之六藝，故能深入於社會生活之中，而可寫出貨殖列傳；且認定是非不應僅操之於朝廷，故可寫出游俠列傳，而不認爲與六藝有所矛盾。班氏所習者乃立五經博士以後之五經，故不知不覺地，將習五經者之生活，游離於社會之上，以貨殖與五經之教不相容，故特加以貶抑。並以游俠爲盜竊朝廷賞罰之權，抹煞士人在社會上之悲慘遭遇，不深原史公立傳立言之意，遂妄責其「輕仁義而羞貧賤」，「賤守節而貴俗功」；並謂「此其大敝傷道，所以遇極刑之咎」；對史公所遇極刑，認爲理所當然，略無同情之意，此乃立足於人類，與立足於一家一姓的思想上的衝突，遂影響其對史學乃至整個文化識解之高下。但班氏不了解或不承認史學乃聖人爲探索人類運命，挽救人類運命的重要手段，依然承認史學爲「聖人之耳目」，承認史公有「良史」之才，故在否定其作史精神中，仍不得不承認其作史的業績。故他仍續「前書」而爲「後篇」。史公面對春秋戰國之形勢，不能不有世家。班氏面對漢代的形勢，亦不能不去世家。至史記中尚有「刊落不盡」之「盈辭」，乃來自「一人之精，文重思煩」，「蓋不暇也」，這是深知甘苦之言，平情之論。他僅及紀傳，而未及書表，未足以盡史記的規模，故班固所承史記的規模，實艱難之業。而他（班彪）自稱他所續的史傳是「愼覈其事，整齊其文」，眼光雖狹，而下筆謹嚴，其不足者在思想而不在品格，所以范蔚宗推爲「通儒上才，傾側危亂之間，行不踰方，言不失正，仕不急進，貞不違人，敷文華以緯國，典守賤薄，而無悶容……何其守道恬淡之篤也」

（註二一）。范氏此處是從人的品格上，推許班彪於班固之上，因爲他認爲「彪識皇命，固迷世紛」（註二二）的原故。

班固節取其父論史公之文，以爲漢書司馬遷傳贊，但亦有與其父不相同之見解。茲錄如下，以便比較兩人對史公識解之深淺，亦即對史學識解的深淺。

「曰，自古書契之作而有史官，其載籍博矣。至孔氏纂之，上繼（斷）唐堯，下訖秦穆。唐虞以前，雖有遺文，其語不經，故言黃帝顓頊之事，未可明也（按此爲嚴守尚書之斷限，不以史公述黃帝顓頊爲然）。及孔子因魯史記而作春秋，而左丘明論輯其本事以爲之傳（按此處對班彪原文之删改，使孔子之春秋與左氏傳之關係，更爲明白）。又纂異同爲國語。又有世本，錄黃帝以來至春秋時帝王公侯卿大夫祖世所出。春秋之後，七國並爭，秦兼諸侯，有戰國策。漢興伐秦定天下，有楚漢春秋。（按以上所删字句，不及原文之詳密）。故司馬遷據左氏國語，采世本戰國策，述楚漢春秋，接其後事，訖於大漢（天漢）（註二三），其言秦漢詳矣。至於採經摭傳，分散數家之事，甚多疏略，或有抵悟（迕），亦其涉獵者廣博，貫穿經傳，馳騁古今，上下數千年間，斯以勤矣（按此段文字之增删，較其父對史公更有了解）。又其是非頗謬於聖人，論大道，（按以「大道」易原文之「學術」，較有分際）則先黃老而後六經；序游俠，則退處士而進奸雄（按此處以「奸雄」易「俗功」，知固較其父惡游俠更甚）；述貨殖，則崇勢利而羞貧賤（按此句文字之修正，較彪文爲有分際）；此其所蔽也（按此較彪之「此其大敝傷道，所以遇極刑之咎也」之責難，減輕甚多）。然自劉向揚雄，博極羣書，皆稱遷有良史之才，稱其善序事理，辨而不華，質而不俚，其文直，其事核；不虛美，不隱惡，故謂之實錄（按此段稱美遷之成就，其分量遠過於彪文）。嗚呼，以遷之博物洽聞，而不能以知自全；既陷極刑，幽而發憤，書（師古：言其報任安書）亦信矣。迹其所以自傷悼，小雅巷伯之倫。夫唯大雅，既明且哲，能保其身，難矣哉（按此段對史公之深厚同情，完全爲彪文所無）」。

兩相比較，班固實以自己之觀點，略採其父之文，則其不出「司徒掾彪曰」，亦自有故。由此可見班固用力之深，或且在其父班彪之上，未可輕加抹煞。

除思想上的問題外，還有班固所受政治上的壓力，也不能不加以考慮。明帝已特別注意到史的重大作用。固因「有人上書顯宗，責固私改作國史」，「詔下郡國收固」，若非班超的馳闕上書援救，他是否會在此時即死於獄中，很難斷定。又班氏在典引中具述明帝以史記始皇帝本紀贊，所用賈誼過秦論爲非。又謂史遷「以身陷刑戮之故，反微文刺譏，貶損當世，非誼士也」，這無異是對班固的一種暗示。所以班氏作史精神上所受政治的壓力是相當大的。我懷疑他把帝紀改爲簡單的編年，可能與此有關。而他與史公的異同，可能也應把此一因素加在裡面。

四、漢書之成立歷程

了解漢書成立的歷程，爲了解漢書在史學史上的分量的第一步。後漢書卷四十上：

「彪既才高而好述作，遂專心史籍之間。武帝時，司馬遷著史記，自太初以後，闕而不錄。後好事者頗或綴集時事，然多鄙俗，不足以踵繼其書。彪乃繼承采前史遺事，傍貫異聞，作後傳數十篇。」

史通正史篇「史記所書，年止漢武……其後劉向，向子歆，及諸好事者若馮商、衞衡、揚雄、史岑、梁審、肆仁、晉馮、段肅，金丹、馮衍、韋融、蕭奮、劉恂等，相次撰續，迄於哀平間，猶名史記。至建武中，司徒掾班彪……作後傳六十五篇」。按漢書武帝以前，取之史記，則史記入漢以後之所記，亦可視爲漢書得以成立之第一歷程。劉向等十五人所作，仍爲班氏父子所資。劉向新序原三十卷，今存十卷；第十卷皆述漢事，其中有引自史記的，有補史記所缺的。如「孝武皇帝時，大行王恢數言擊匈奴」條，較史記爲詳備，班固即取其中王恢的議論以入韓安國傳，即其一例。而根據漢書七十六趙尹韓張兩王傳贊，則劉向馮商揚雄們確曾繼史記而作傳，是毫無可疑的。此中尚漏列褚少孫。褚少孫除爲史公補缺四篇外，亦有續史公之作，如外戚世家後，滑稽列傳後之「褚先生曰」者皆是。凡在班彪以前所補所作的，皆可視爲漢書得以成立的第二歷程。班彪所續六十五篇，乃以一人爲單位之篇，與漢書合數人爲一篇者不同。此可視爲漢書得以成立之第三歷程。後漢書卷四十上班彪列傳：

「固字孟堅（生於建武八年，西紀三二年。死於永元四年，西紀九二年）。年九歲，能屬文，誦詩書。及長，遂博貫載籍，九流百家之言，無不窮究。所學無常師，不爲章句，擧大義而已。性寬和容衆，不以才能高人，諸儒以此慕之。」

「父彪卒，歸鄉里。固以彪所續前史未詳，乃潛精研思，欲就其業。既而有人上書顯宗（明帝）告固私改作國史者，有詔下郡收固，繫京兆獄，盡取其家書。先是扶風人蘇朗，僞言圖讖事，下獄死。固弟超，恐固爲郡所覈考，不能自明，乃馳詣闕上書，得召見，具言固所著述意。而郡亦上其書，顯宗甚奇之，召詣校書部，除蘭台令史（漢官儀，秩百石），與前睢陽令陳宗，長陵令尹敏，司隸從事孟異（冀），共成世祖本紀。遷爲郎，典校秘書。固又撰功臣平林新市公孫述事，作列傳載記二十八篇，奏之。帝乃復使終成前所著書。……固自永平中始受詔，潛精積思，二十餘年，至建初中乃成。當世甚重其書，學者莫不諷誦焉。」

按彪死於建武三十年，固應爲二十二歲。入明帝之永平元年(西五八年)，應爲二十六歲。史記有紀、傳、表、書、世家五種體裁，班彪併世家爲傳，尙有四種體裁。彪所續者僅傳六十五篇，表書皆缺，而應有之傳亦不僅六十五篇，故固以爲「未詳」。因有人上書入獄，不知何年；但從「郡亦上其書」的話看，是他已寫成了一部份。以意推之，固出獄至除蘭台令史與陳宗等共修世祖本紀，「遷爲郎」，當在永平二、三年間，時固年二十八歲左右。因他奏進「所作列傳二十八篇」，「乃復使終成前所著書」，推定這是永平五、六年間的事情，時固年三十二、三歲。永平共有十八年（西五八—七五年）。如上面的推定可以成立，則他在受命明帝後尙有十二、三年時間，從事自己的著作。加上歸扶風後的三、四年，再加上章帝的建初共有八年（西七六—八三年），始寫成全書初稿，這是漢書得以成立之第四歷程，這是決定性的歷程。所以范蔚宗說他「潛精積思，二十餘年，至建初中乃成」。章帝在建初八年後，尙有元和三年（西八四—八六年），章和二年（西八七—八八），皆固遷爲郎之年，亦應即皆固繼續從事著作之年。但建初四年（西七九年）冬十一月會諸儒於白虎觀，議五經異同，「作白虎通德論，令固撰集其事」。又「肅宗(章帝)雅好文章，固愈得幸，數入讀書禁中，或連日繼夜。每行巡狩，輒獻上賦頌。朝廷有大議，使難問公卿，辯論於前」；再加上他作兩都賦典引等，都要花費相當的時間。但約略計算起來，他專心寫成漢書的初稿，共費了「二十餘年」，是沒有錯的。這一點所以值得叮嚀提出，因爲對漢書的評價是重要的。由此可知鄭樵謂「往往出固之胸中者古今人表耳」之妄。

和帝永元元年（西八七），竇憲出征匈奴，以固爲中護軍，行中郎將事，固作封燕然山銘頌。永元四年（西九二），竇憲伏誅，固坐免官。因「諸子多不遵法度，吏人苦之」。固奴又曾辱罵洛陽令。洛陽令因竇憲敗，捕固下獄，竟死獄中，時年六十一歲。所以在和帝永元的四年間，固未能從事著作。後漢書卷八十四列女傳：

「扶風曹世叔妻者，同郡班彪之女也，名昭……博學高才。世叔早卒，有節行法度。兄固著漢書，其八表及天文志，未及竟而卒。和帝詔昭就東觀藏書閣，踵而成之……，時漢書初出，多未能通者。同郡馬融伏於閣下，從昭受讀。後又詔融兄（按當爲弟）續繼昭成之」。

八表及天文志，班固當已著手，特有待補苴，故須班昭馬續的踵成，這是漢書得有今日面貌的第五歷程。由漢書成書的歷程，可以了解著史的艱難，及漢書內容的結實。

五、史漢比較之一——帝紀

體例上，除班彪去世家外，漢書可謂一承史紀的規模（註二四）無可比較。內容上，則凡「接其後事」的，亦無可比較。茲僅從紀、表、志、傳，襲用史記的部分著手。

班氏著書，意在尊漢，則首須尊劉邦。但史記的高祖本紀，既盡量采錄劉邦的長處，而將其短處，以微言方式，散見於他傳，且流佈已久，班氏無從改寫，只好在相關材料的編排取捨上，着實加了一番用心。班氏把史記八千字左右的項羽本紀省爲六千四百餘字，以爲項羽傳，省去的部份，多有政治深意。項梁由范增之策，立楚懷王孫心爲懷王後，即對項羽加以防嫌，爲項羽使英布殺懷王的張本。所以此事本無是非可論的。但劉邦既假「爲義帝發喪」之名以攻項羽，則對懷王防嫌項羽的情形，應盡可能地加以掩覆。所以項羽本紀中「楚兵已破於定陶，懷王恐，從盱台之彭城，并項羽呂臣軍自將之」一段文字，班氏將其完全省去。項羽劉邦鴻門之會，劉邦的死生，全繫於項羽之一念！而項羽之一念，受影響於當時參與人物的心態與各個動作，此眞歷史發展中最緊張最微妙的一天，所以史公作了集中地詳細描述。班氏爲了減低項羽的聲勢，除在項羽傳中删去項羽本紀中若干突出的文字及委曲的情形外，將此段材料，簡單節入樊噲傳中，將「項王即日因留沛公與飲」的坐次一段，完全删掉。因爲在這一坐次中，以「項王項伯東嚮坐」，爲最尊，「亞父南嚮坐」，次之；「沛公北嚮坐」，乃屈居人臣北面之位，在班氏看來，這是很不光采的。所以非加以隱瞞不可。垓下之戰，雖從全般戰略上看，項羽已在大包圍圈中，有必敗之勢，但決勝的前夕，依然是「漢王敗固陵」。這說明劉邦臨陣指揮的能力是有限的。垓下決戰的勝利，主要是靠「多多益善」的韓信。史記高祖本紀的記載是「五年，高祖（應作「漢王」）與諸侯兵共擊楚軍，與項羽決勝垓下。淮陰侯將三十萬自當之，孔將軍居左，費將軍居右，皇帝（漢王）在後，絳侯柴將軍在皇帝（漢皇）後。項羽之卒約可十萬。淮陰先合，不利，卻，孔將軍費將軍縱，楚兵不利；淮陰侯復乘之，大敗垓下」。按項羽用兵的個性及在敵衆我寡的形勢下，他採用的是中央突破戰術。韓信估計到這一點，不僅在正面部署了三重兵力，使項羽的突破不易奏功；並應用誘敵入彀的方法，一舉而收包圍殲滅的效果。「淮陰先合，不利，卻，」他把直接指揮的部隊，首先出動合戰，使項羽知道了這是敵方主力的出動，便大膽地向他突擊。他的「不利、卻，」是有計劃的「不利，卻」，不是眞正的「不利，卻」；他既退卻，項羽的軍隊必乘勢突進；但他退卻到預定的位置，又能立穩陣勢，不再退卻！而項羽軍的左右兩側，暴露在孔費兩將軍部隊之下，陷入了三面包圍之中，所以孔費兩將軍此時才縱兵出擊，韓信再由正面反攻，楚軍遂受到殲滅性的打擊。韓信的部署，固然是世界戰史中可稱爲典型地包圍殲滅戰的部署；但項羽也是不世出的名將，豈能容易陷入包圍圈套之中；所以韓信不能不使出先攻僞敗，以誘敵進入圈套的險著。其關鍵全在由僞敗的退卻中，依然能再站住脚以阻敵前進，這非有極大的指揮能力與極高的威望，是做不到的。韓信在伐趙的井陘之戰中，藉「背水」之勢，也顯出了這種本領。我們只要想到赤壁淝水這類的戰役，前軍一經動搖，大軍即隨之崩潰的情形，便可以了解這是戰場上的險著。垓下決戰的勝利，完全是靠韓信這種偉大軍事家的部署及指揮之力。但班固覺得這樣的實錄，更增加了韓信在劉邦事業中的有決定性的地位；而韓的被擄被誅，更足以顯出漢家的不德，所以便在高帝紀中，完全删去。

史記高祖本紀末在「羣臣皆曰，高祖（漢書將高祖改爲「帝」，較合理）起微細，撥亂世反之正，平定天下，爲漢太祖，功最高，尊號爲高皇帝」後，有下面一段：

「太子襲號爲皇帝，孝惠帝也。令郡國諸侯各立高祖廟，以歲時祀。及孝惠五年，思高祖之悲樂沛，以沛宮爲高祖原廟。高祖所教歌兒百二十人，皆令爲吹樂。後有缺，輒補之。高帝八男……（歷敘八男）……次燕王建」。

共一百四十四字，班紀皆刪去。按史公未立惠帝本紀，「太子襲號爲皇帝，孝惠帝也」一語爲不可無。班氏立有惠帝紀，故此語可略。「高帝八男」中，史記僅爲齊悼惠王肥立世家，爲淮南王長立傳，則此總敘高帝八男，有其必要。漢書有「高五王傳」，以「高皇帝八男」一段爲傳首，又「淮南厲王長自有傳」，則加上惠帝文帝，八男皆有著落，故在帝紀中「高帝八男」一段可刪。「令郡國諸侯各立高祖廟……高祖所教歌兒……」一段共五十四字，史公敘在此處，乃與前面「十二年十月，高祖已擊布(黥布)軍會甄……高祖還過沛，留置酒沛宮」一大段相呼應。高祖在沛教歌兒百二十人，史公以爲在禮樂的基本觀點上不足述，但可以表現劉邦的個性，故有此呼應之筆。站在文章的立場看，有此一敘述，則結構完整而又富有風致。班氏則將此段移於禮樂志中，並將字句加以簡化，因爲他以此爲漢代禮樂的一部分，便採用了各歸其類的方法。由此可知兩氏對文字安排的異同，皆苦心經營，不是苟且隨意的。在這種地方，不應以優劣論。

史記高祖本紀贊「太史公曰，夏之政忠，忠之敝，小人以野，故殷人承之以敬。敬之敝，小人以鬼，故周人承之以文。文之敝，小人以僿，故救僿莫若以忠。三王之道，若循環，終而復始。周秦之間，可謂文敝矣。秦政不改，反酷刑法，豈不繆乎。故漢興，承敝易變，使人（民）不倦，得天統矣」。史公此文，用鄒衍文質相救之說（註二五），而其眞正用意乃在「秦政不改，反酷刑法，豈不繆乎」三語。「漢興承敝易變，使民不倦」，史記正義謂史公「引禮文（註二六）爲此贊者，美高祖能變易秦敝，使百姓安寧」。但蕭何律令，一承秦刑法之酷，班氏因此而作有刑法志；所以史公此處的話，乃是以微言作諷刺，班氏是會了解的。質言之，史公對劉邦，實一無讚頌，所以史公此處所表現的思想，即反秦反法的思想，爲當時儒者的共同思想，班氏亦不曾例外。但他要尊漢，便更要尊漢的一世祖劉邦，於是他僅保留史公的「得天統矣」一句，此外便完全割棄，重新著筆。而「天統」的內容，史公與班氏絕不相同，這是很容易明瞭的。

漢書高帝紀在「上尊號曰高皇帝」後，添寫了這樣的一段：「初高祖不修文學，而性明達。好謀能聽，自監門戍卒，見之如舊。初順民心，作三章之約（按此乃臨時性的）。天下既定，命蕭何次律令，韓信申軍法，張蒼定章程，叔孫通制禮儀，陸賈造新語。又與功臣剖符作誓，丹書鐵契，金匱石室，藏之宗廟。雖日不暇給，規模弘遠矣。」這一段是從好的方面將劉邦的一生，加以總結，應當即是高帝紀的贊。但班氏以此爲未足，更寫了附會春秋左氏傳，以証明「漢承堯運，德祚已盛；斷蛇著符，旗幟上赤，協於火德，自然之應，得天統矣」的共二百三十五字的「贊曰」，這樣便覺得漢德可以與二帝三王比隆了。按後漢書二十七杜林列傳「明年（建武七年）大議郊祀制，多以爲周郊后稷，漢當祀堯。詔復下公卿議，議者僉同，帝（光武）亦然之。林（杜林）獨以爲周室之興，祚由后稷。漢業特起，功不緣堯。祖宗故事，所宜因循。定從林議」。「漢家堯後之說，始見於昭帝元鳳三年眭弘。眭弘之爲此言，重在漢「有傳國之運」，主張應「求索賢人，禪「襢」以帝位」，眭弘卒以此伏誅（註二七）。後來劉向父子，站在宗室的立場，加以宣揚；賈逵爲爭左氏立官，亦加以利用；漢室若果信此說，則對堯應特有表彰。由杜林之言，則漢室亦未嘗信其眞實，而班氏遽以此書之史册，這是承其父王命論的餘緒，特出於尊漢之心的。

史公不爲惠帝立本紀，因爲他即位後不久，呂后「斷戚夫人手足，去眼煇耳，飮瘖藥，使居厠中，命曰人彘」，並還要惠帝去看，「迺大哭，因病，歲餘不能起，使人請太后曰，此非人所爲。臣爲太后子，終不能治天下」。惠帝掛名帝號，七年死後，「太子即位爲帝，謁高廟。元年，號令一出太后，太后稱制。」四年「帝廢位，太后幽殺之，」更「立常山王義爲常」，「不稱元年者，以太后制天下事也」。所以史公只立呂后本紀。而在呂后本紀中，主要叙述呂后的凶暴行爲，及劉呂的鬥爭；對於這一共十五年的政治設施，除簡略的叙述了「城長安」一事以外，幾無所論及。「太史公曰，孝惠皇帝高后之時，黎民得離戰爭之苦，君臣俱欲休息乎無爲，故惠帝垂拱，高后女主稱制，政不出房戶，天下晏然，刑罰罕用，罪人是希，民務稼穡，衣食滋殖」。這是對朝廷無政治而天下依然安定的一種解釋。蓋在史公心目中，此一階段，實無政治可言。

班氏採史記外戚世家寫得很沉痛深刻的叙論以作漢書外戚傳的叙論，是他對漢初外戚之禍的看法，與史公相同。他爲惠帝高后各立紀，將呂后的惡德錄入外戚傳中，於是呂后一人，既有紀而又有傳。對戚夫人之死，增加了「令永巷囚戚夫人……戚夫人舂且歌曰……」的一段材料，使此事的經過，更爲完備，可知他並不想爲呂后隱瞞什麼。他之所以在兩紀中改用提綱絜領的編年體，不惜將惠帝及呂后個人的行爲架空，並以此成爲他自己所編帝紀的成法；但不願放過呂后，所以又在外戚傳中重出。大概他認爲由此而可保持帝統的面子，以符合尊漢的用心，且藉此可以減少他在帝紀叙述中所冒的危險。他在惠帝紀贊中稱惠帝「可謂寬仁之主，遭呂太后虧損至德，悲夫」，由惠帝的居心以承認他存在的意義，可謂平允。而高后紀即用史公之贊以爲贊，蓋不以此段天下安定之功與呂氏，和史公之用心是相同的。

班氏在惠呂兩紀中，補錄了若干有意義的政治設施。如惠帝即位，重吏祿的詔。四年擧民孝弟力田者復其身，除挾書律。高后紀元年，除三族罪，妖言令，初置孝弟力田，二千石者一人（言令各擧一人）等，足以補史記之缺，這是較史記爲完備的地方。

對文帝的觀點，班氏與史公相同，所以漢書文帝紀的贊，雖然沒有用史記孝文本紀「太史公曰」的贊，但即截取本紀在「後七年六月己亥，帝崩於未央宮」前面一段總結性的叙述，以作帝紀的贊。僅在後面加「斷獄數百，幾至刑措，嗚呼仁哉」三句作結。但這依然是來自「太史公曰」收尾的「嗚呼，豈不仁哉」的。不過漢書的文帝紀，雖然大部份襲用史記，但依然加了一番增删移易的工夫。並且我懷疑史記的文帝本紀，可能也有殘缺，計有四年五年七年八年九年十年十一年十二年及後三年四年五年，共十一年，皆缺而不書，亦未如呂后本紀書明「三年無事」。這是有點奇怪的。雖然漢書文帝紀，在這幾年中，除十二年有較詳紀錄外，餘亦皆非常簡略，例如九年僅「春大旱」三字，可視爲因爲當時太平無事，史公乃援「春秋常事不書」之例，特加略過，究竟未免略得太多了。史記文帝元年「人或說右丞相（勃）曰，君本誅諸呂迎代王，今又矜其功，受上賞，處尊位，禍且及身。右丞相勃乃謝病免罷」，漢書移置周勃傳。六年史記以一百三十一字記淮南王長以謀反遷蜀道死事，漢書則僅書「十一月淮南王長謀反廢，遷蜀嚴道死雍」十六字。此外則移置到淮南傳。其他尚有史記詳而漢書略的，但作了「語在郊祀志」「語在刑法志」「語在鼂錯傳」的交代。有未作此交代而亦係移到他處的，如元年十二月「上曰，法者治之正也」一段議論，移到刑去志。凡此，可以看出他删改史記本紀的體裁，以就他所創立的帝紀體裁的實例。但有兩點値得特別提出的。一是史公對於除引起當時政治措施的災異外，皆不加紀錄，而漢書自惠帝紀起，對災異無不加以補錄；這是受了董仲舒劉向們思想影響的關係。其次，記匈奴之事，史記詳而漢書略，這說明匈奴問題在政治上的比重，在史公時代遠較班氏時代為重。詔令方面，漢書較史記有所補充，這是來自著書的著眼點稍有不同，應以漢書為優。在字句的增減上，漢書後出，應當因有所憑藉而更密，但事實上並非如此。元年正月，史記「有司皆固請曰，古者殷周有國，治安皆千餘歲」，漢書易「皆千餘歲」為「皆且千歲」，當然以漢書之義為長。史記「三月，有司請立皇后，薄太后曰，諸侯皆同姓，立太子母為皇后，皇后姓竇氏」。顧炎武謂「文帝前后死，竇氏妾也。諸侯皆同姓，無甥舅之國可娶，故援母以子貴之義，立竇氏為后。開景帝武帝，立賤者為后之端，故史公記之如此」。漢書則簡化為「皇太后曰，立太子母竇氏為皇后」，而其中的委曲情形不可復見。史記「上從代來，初即位，施德惠天下，塡撫諸侯，四夷皆洽歡，乃脩從代來功臣」。漢書既去「上從代來初即位」一語，又將「乃脩從代來功臣」一語簡為「乃脩代來功臣」，意義因之不明。漢書常有意義不明，而後人曲為之解之句，皆由求簡太過而來。十四年，史記文帝欲自將擊匈奴，因「皇太后固要帝，帝乃止。於是以東陽侯張相如為大將軍，成侯赤為內史，（正義：赤音赫）欒布為將軍」。漢書將「成侯赤為內史」，改為「建成侯董赫內史，欒布，皆為將軍」；董赫本封成侯而非建成侯，其誤一。據公卿表，董赫此年為內史而未為將軍，漢書則以為由內史而與欒布同時調為將軍，故用一「皆」字，其誤二。蓋班氏不了解當時形勢，匈奴一入邊，京畿即為之震動，故文帝以成侯赫為內史，乃所以加强京畿之拱衞，與命將為同時，且亦為同一目的，致有此誤。兩書相較，類此者尚多。至於記後元年史記「其歲，新垣平事覺，夷三族」，漢書「冬十月，新垣平詐覺謀反，夷三族」。將「其歲」改爲「冬十月」，這在時間上較史記爲密。史記稱「其事覺」，不言「詐」而「詐」自見。漢書易爲「詐覺」，此種異同無關宏旨。惟漢書添「謀反」兩字，新垣平一介江湖術士，如何有謀反的可能?文帝以自己受騙，故「夷三族」以洩憤；班氏則輕輕加上「謀反」兩字，以見夷三族爲理所當然。這種隨意揑造罪名的記載，有傷歷史的良心，此乃出於班氏尊漢之心太過。

我在論史記一文中指出孝景本紀雖因逢武帝之怒而被破棄，現本紀乃遷後不知何人所補，但開始一段及贊的「太史公曰」，補者仍存史公之舊。史記開始的一段是「孝景皇帝者，孝文之中子也。母竇太后。孝文在代時，前后有三男。及竇太后得幸，前后死，及三子更死，故孝景得立」。在史公這段敘述中，實以「立嫡立長」的傳統觀念爲背景，以見孝景之所以得立，實經過了一段曲折的情形；竇得幸而前后死，三子亦更死，其中是否含有宮闈慘劇在裡面，史公未曾明言，後人自亦不必臆測；但這種敘述，對於景帝的尊嚴，多少有點損害。所以漢書景帝紀便簡化爲「孝景皇帝，文帝太子也，母曰竇皇后」，這便把史公所敘的曲折一下子掩覆過去了。史記稱「母竇太后」，既是景帝之母，當然應稱太后。漢書「母曰竇皇后」，「皇后」是站在文帝立場的稱呼；既曰「母」，則已站在景帝的立場，如何可以稱「皇后」。一字之差，兩人文字的疏密立見；此例極多。

史記孝景本紀的全文不可見；但由保存下來的贊，與漢書景帝紀的贊，兩相比較，史公與班氏兩人對景帝的觀點，並不相同。但班氏下筆是相當技巧的。茲分錄於下：

「太史公曰，漢興，孝文施大德，天下懷安。至孝景，不復憂異姓。而晁錯刻削諸侯，遂使七國俱起，合從西鄉（嚮）。以諸侯太盛，而錯爲之不以漸也。及主父偃言之，而諸侯以弱，卒以安，安危之機，豈不以謀哉」。

史公首先承認景帝時代是社會比較太平安定的時代，但他把功勞歸之文帝而不願歸之景帝。其次，他以七國之變，爲景帝時代政治上的大事。晁錯爲之不以漸，未能善其謀，責晁錯，實以責景帝。漢書景帝紀贊：

「贊曰，孔子稱斯民三代之所以直道而行也，信哉。周秦之敝，罔密文峻，而姦軌不勝。漢興，掃除煩苛，與民休息。至於孝文，加之以恭儉。孝景遵業。五六十載之間，至於移風易俗，黎民醇厚。周云成康，漢言文景，美哉」。

班氏對景帝的稱頌，也止用「遵業」兩字，則他仍未跳出史公所作批評的範圍。但他不提七國之變，即是不打景帝的痛脚，而轉一個彎，把漢的文景，比之周的成康，這便把景帝的地位提得很高了。

史記的今上本紀（註二八）雖不存，但把平準書封禪書魏其武安侯列傳衞將軍驃騎列傳酷吏列傳等綜合起來，漢武的人格智慧，文學武功的眞面目，可以說，都已經勾劃出來了。宣帝因其祖父戾太子的變叛，而已降爲平民，賴霍光弄權專制的野心，得以躋身九五。於是他認爲是由戾太子以上承武帝，極力加以推尊，以塡補內心的虛弱。即位之初，即詔丞相御史，稱頌武帝功德，欲爲他立廟樂。長信少府夏侯勝當庭數武帝罪過，「亡德澤於民，不宜爲立廟樂」，「詔書不可用」。勝因此下獄（註二九），然勝之言，乃當時對武帝的公論。貢禹在元帝初的奏議，更明白指出武帝乃漢室由盛轉衰的關鍵（註三〇）。這些義正辭嚴的議論，既皆爲班氏所錄，在酷吏傳中，他亦未爲武帝隱瞞，武帝的罪過，他豈有不知之理。但他居然以夏侯勝認爲

「不可用」的詔書，爲武帝紀贊的底本，而更加以誇飾，謂「漢承百王之弊，高祖撥亂反正，文景務在養民，至於稽古禮文之事，猶多缺焉」。於是把武帝所演的「假戲」，通過班氏的口而「眞唱」出來，認爲「後嗣得遵洪業，而有三代之風」。最後僅用「如武帝之雄才大略，不改文景之恭儉，以濟斯民，雖詩書所稱，何有加焉」的委曲之筆，略示美中的不足，實際則是把武帝的地位，推在文景之上，遂造成後人對武帝的錯誤印象，在雄才大略上，將漢武與「秦皇」並稱，這不僅是由尊漢太過，以致汩沒了歷史的眞實。且對儒家政治是爲了人民，統治者的功罪，應由人民的遭遇來決定的大傳統，班氏父子在這種地方，似乎沒有深切的把握到。武紀以下，無可比較，但可由此類推。

六　史漢比較之二——表

史記有十表，漢書有八表。史記中秦楚之際月表以前的世表兩年表及秦楚之際月表，因與漢無關，故皆爲漢書所無。其他各表的異同及有無，是值得作比較研究的。漢書之異姓諸侯王表，起自「西楚霸王項籍始爲天下主，命立十八王」，以此爲「漢元年」；此實截取史記秦楚之際月表「義帝元年」以後之表，下接史記「漢興以來諸侯王表」中之異姓王表。史記合異姓同姓諸侯王爲一表，所以下訖武帝太初四年（太初僅四年）；即史公著書大體斷限之年（註三一）。班氏分同姓另爲諸侯王表，而異姓諸侯王，「訖於孝文，異姓盡矣」（註三二），所以此表即訖於文帝之世。項羽所封十八王（註三三）與劉邦所封異姓八王（註三四）性質完全不同，而班氏合爲一表，蓋欲以秦楚之際月表的一部份，表示秦亡楚興，及楚漢興亡的演進。然項氏封十八諸侯王以前的情形不明，仍不足以表現歷史轉變的關鍵。故爲班氏計，實應留「秦楚之際月表」以清理歷史眉目。史記漢興以來諸侯王年表，以劉邦即帝位之年（西前二〇二）爲「高祖元年」，這是符合歷史事實的。因爲在這以前，還有義帝及項羽，劉邦還是項羽所封的漢王。漢書異姓諸侯王表，卻以史記秦楚之際月表中的「義帝元年」（西前二〇六年）爲「漢元年」，這即是出自以漢室爲中心的對歷史眞實的埋沒。漢書將異姓同姓的諸侯王，分爲二表，在形式上，似乎較史記合異姓同姓諸侯王爲一表，條理很清楚。但史公所以合爲一表，在藉此以表現漢初政治的形勢三變，通過諸侯王的封廢所運用的策略亦三變；由此可以把握到漢初政治形勢的大綱維。由楚漢對立的形勢而封異姓。由天下已統一的形勢而殺戮異姓，代之以同姓。至文帝時，由要求中央集權的形勢而開始削除同姓，終之以主父偃的「衆建諸侯」之策，這都是一連貫的發展。表敘的「太史公曰」，即完全發揮這種意思。適應了此一形勢，即引生出另一形勢；解決了此一問題，即引生出另一問題，所以結之以「形勢雖强，要之以仁義爲本」，以點出政治上應採用的根本原則。班固把它分爲二表，便使上述意義完全消失了，而成爲單純的年月，人物，官爵的序列。這是史記的表，與漢書及以後正史中的表，最太的分別。漢書異姓諸侯王表，撮取史記秦楚之際月表序及賈誼過秦論以爲序，則其意重在項羽所封的十八王，所以說「故據漢受命，譜十八王，月而列之。天下一統，乃以年數」。據此文，一若十八王爲漢所封；反而把漢封異姓八王，爲劉邦戰勝項羽的重大因素的意義抹煞了。抹煞異姓王的開國之功，這是班固爲了尊漢的一貫態度，後面還要提到。

班氏析史記漢興以來諸侯王年表中的同姓諸侯王以爲漢書的諸侯王表，並撮取敷衍補益史公的敘以爲敘，而精神全異。史公認爲周之封建是爲了「褒有德」，「尊勤勞」，「以輔衞王室」。班氏則僅强調「輔衞王室」的這一點。史公未嘗言及封建的功效，而僅言及封建的弊害（註三五），而班氏特誇張其功效，將西漢之亡，歸咎於「王莽知中外殫微（註三六），本末俱弱」。蓋史公對政治的得失興亡，「要之以仁義爲本」，而對朝代的更替，並無迫切之情。班氏既深情於漢室之興亡；又僅由「中外殫微，本末俱弱」，以論興亡的教訓；殊不知正因由封建而來的局面不能維持，始發展成爲後來有名無實的局面。若封建的形勢繼續維持，而仁義不施，漢不亡於外戚，亦將亡於另一種情形之下。這種地方，正因班氏著史之立足點低於史公，故其政治上的見識，亦不能不低於史公。

漢武帝聽主父偃之計，於元朔二年，下詔使諸侯王得推恩分封子弟以國邑，於是由文帝時代起，所感到同姓諸侯王對朝廷之威脅，至此得完全解決；中央集權的要求，至此亦已完成。史公在漢興以來諸侯王年表敘中，敘述其經過，認爲這是「彊本幹，弱枝葉之勢」。由此政策所封的諸侯，則列爲建元以來王子侯者年表，次於建元以來侯者年表之後，這是按其時序以決定其次序。漢書則稱爲王子侯表，次於諸侯王表之後，則是由問題之歸趨所決定的次序。漢書此表分爲上下，表下乃列平帝元始間（西一—五）王莽「僞褒宗室，侯及王之孫」所封的侯，其性質與武帝爲削弱諸侯王所封的王子侯，並不相同。可視爲王子侯年表的副表。

漢書將史記的高祖功臣侯者年表及惠景間侯者年表中的惠文部份，合爲高惠高后文功臣表，略採史公高祖功臣侯者年表之敘以爲序。但史公之序，意在發明「居今世，志古之道（註三七），所以自鏡也」的歷史教訓，而不在這些諸侯坐法隕命亡國的自身。站在史公的立場，這種事，在政治上是無關重要的。他說「觀所以得尊寵及所以廢辱，亦當世得失之林也」，即是隱約點明這種意思。班氏則引杜業之「納說」，意在「樂繼絕世」，「安立亡國」，不問其所以「廢辱」的原因，而要求把他們先世的「尊寵」，永遠繼續下去。這也是兩人政治觀點異同之所在。

漢書景武昭宣元成功臣表，係截取史記惠景間侯者年表的景帝部分，加上史記建元以來侯者年表，更附益以昭宣元成時代封侯之功臣爲表。按史記惠景間侯者年表，實包含文帝所封之侯。據序，此期間所封之九十餘侯，共包括六類：㈠「追修高祖時遺功臣」，㈡「及從代來」(從文帝由代王來長安即帝位的人)，㈢「吳楚之勞」(討代吳楚七國有功者)，㈣諸侯子弟(此與武帝時推恩封諸侯王之子弟不同)，㈤若肺腑(外戚)，㈥「外國歸義封者」。建元以來侯者年表，則以「北討彊胡，南誅勁越，將卒以次封」爲主，而附之以「若肺腑」及「外國歸義者」。史公年表，不僅謹守年次先後，且各表分合之故，皆所以表現各表所代表時代政治特色與重點。班氏的分合，則把此種意義隱沒了。

漢書特將因外戚及恩澤而封侯者立外戚恩澤侯表，此中之侯，史公皆按封侯年代，列入各年表之中，班氏特檢而出之，以與功臣侯者相對照，應有其意義。惟史公僅對高祖所封者稱功臣；惠景以下，則不稱功臣。因高祖封侯之時，雖意有愛憎偏袒，要皆以打天下有功可紀者爲據。此後則並未遵守此種客觀標準，故不冠以「功臣」的名稱。乃班氏則概冠以「功臣」之稱，其中名實不相稱者甚多。且因封侯之性質而分類，其分類恐亦不止此。

然班氏所以「別而敘之」，特立此表之用心，意存貶刺，是値得稱道的。表序首稱「自古受命及中興之君，必與滅繼絕，修廢與逸」，所以「武王克殷，追存賢聖」；及高祖「庶事草創，日不暇給，然猶修祀六國，求聘四皓」等情形，以與因外戚及出於恩澤而封侯者相對照，則其爲政治上的最大失德之意，不直言而自明。此蓋亦班氏應用微言之一例。

史記漢興以來將相名臣年表，亡失序論；且孝昭始元元年以後，顯爲他人所補。但此表與諸侯王及侯者諸表的性質大不相同，史公賦與以特別的意義。諸侯王及侯，乃爵而非職，僅表示政治上的地位，不表示政治上的責任。所以他們之封廢，雖亦爲政治人事的重要舉措，但與一般政治的措施，並無直接關係；所以這類的表，省紀錄之煩的意味較重。漢興以來將相名臣年表，凡分五欄：一紀年，二「大事年紀」，三「相位」，四「將位」，五「御史大夫」；相，將，御史大夫，理論上是政治操作的中心，是政治得失的關鍵所在，因此，史公便加上「大事記」一欄，與相、將、御史大夫的任、免、死、刑，合在一起，由此可以總攝政治的綱維、得失，使覽者得以提要鈎玄，對歷史較易作集中的把握、判斷，這是史公立此表的主要用心。所以自序說「國有賢相良將，民之師表也。維見漢興以來將相名臣年表（按「年表」兩字疑衍），賢者記其治，不賢者彰其事，作漢興以來將相名臣年表」。漢書略去此表，所以清萬斯同特補漢將相大臣表，已失史公本意。但亦可謂班氏將此表加以擴充，擴充而爲百官公卿表。表序歷述設官分職的歷史及漢代宰相以下各官的職守，員額，由此而推演爲司馬彪續漢書八志中的百官志，使形成政治結構的官制，得有系統有條理的紀錄於歷史之中，此乃補史公之所未及，其意義之重大，固不待言。

漢書八表中，受後人批評最多的是古今人表。劉知幾認爲：

「異哉班氏之人表也。區別九品，網羅千載；論世則異時，語姓則他族。自可方以類聚，物以羣分，使善惡相從，先後爲次。何藉而爲表乎。且其書上自庖犧，下窮嬴氏，不言漢事，而編入漢書……何斷而爲限乎」史通卷三表歷。

按劉氏之意可分兩點：第一點他認爲應使「善惡相從，先後爲次」，不應把「異時」「他族」的善人惡人，統列在一個表裡面。劉氏在寫此篇時，對表的作用，尙未明瞭，所以責史公之表爲「成其煩費」，「語其無用，可勝道哉」。他對人物表的第一點批評，係由此而來。到他寫雜說上時，了解到表的作用，便應當反過來，承認異時他族及善惡等統一列於一表之內，以便提挈比較，「此其所以爲長也」。第二點是認爲表內皆漢以前的人物，其中「不言漢事」，破壞了漢書之「漢」的時代「斷限」。我在前面已經指出過，班氏的用意，只在「以綴續前記」（註三八），並推尊漢室。斷限的觀念，是後人所加上，而爲劉知幾所提倡的，班氏自己根本沒有此一觀念。所以凡屬這類的批評，對班氏皆無所當。至表內未入漢代人物，顏師古註以爲「但次古人而不表今人者，其書未畢故也」。補注引錢大昕曰「今人不可表，表古人以爲今人之鑒；俾知貴賤止乎一時，賢否著乎萬世。失德者雖貴必黜，修善者雖賤猶榮。後有作者，繼此而表之，雖百世可知也……顏蓋未喻班旨」。又引梁玉繩曰「若表今人，則高祖諸帝，悉在優劣之中，非班所敢出也」。梁氏人表考序又引錢宮詹（大昕）之言謂「此表用章儒學，有功名敎。觀其尊仲尼於上聖，顏閔思孟子於大賢，弟子居上等者三十餘人，而老墨莊列諸家，咸置中等。書首祖述夫子之言，論語中人物，悉見於表，而他書則有去取。詳列孔氏譜系，儼以統緒屬之。孟堅具此特識，故卓然爲史家之宗」。惲子居古今人表書後（註三九），特舉例以發明「次古人即以表今人」之意。此皆可謂能見其大。班氏著書，雖意在尊漢，然春秋「貶天子，退諸侯，討大夫」（註四〇）之大義，固未敢全忘。誠如惲子居所說，班氏把「身無事功，而爲弒被弒被滅者，列之第九等之愚人；而有事功者列之第八等，所以著哀、平、王莽之罪也」。「齊桓公列第五等，秦始皇列第六等，而高祖武帝，可推而知」。在此表以上之諸表，皆僅列人之姓名爵位官守，未作價值判斷。然人的歷史，必由人、事、及價値判斷所購成，否則成爲一種混沌的世界，歷史亦無由繼續，亦無由叙述。古今人表所分之品第是否得當,乃另一問題。然其屏除爵位權勢於價値判斷之外，一以人格、學術、事功爲標準，以見人的地位，尊嚴，在此不在彼。此則猶承春秋史記之統緒，以標示人類行爲的大方向大趨歸，誠可推爲班氏著史的一大卓識。則班氏作史之微言，莫大乎此。鄭樵之徒，紛加指摘，何足以與此。至其影響於東漢末期的月旦人物的風氣及魏的九品官人的制度，証明這種人物批評，是爲歷史所需要的。

至張晏歷學評第的「差違紛錯」，師古又謂張氏之論「亦自差錯」。齊召南又舉數例，以証「此表屢經傳寫，紊脫尤多」。夏燮校漢書八表卷八校古今人表，梁玉繩著人表考。蔡雲有漢書人表考校補附續校補，翟云升有校正古今人表（註四一），這站在考史的立場上，各有其意義，此處俱不涉及，但就著史的立場，論其大端如此。

七、史漢比較之三——書——志

班氏自名所著爲「漢書」，則不能不易史記之「書」爲「志」，此無關宏旨。史記之爲書者八，漢書之爲志者十。史記始於禮書第一，樂書第二，漢書則合禮書樂書爲禮樂志第二。史記次爲律書第三，歷書第四，而律書的內容本爲兵書，今已殘缺，且被後人羼亂。漢書合稱律曆志第一，而將史記律志中言大刑用甲兵一小部分，取入刑法志中。史記把禮書樂書安放在前面，說明史公用心的重點在標示政治的方向。漢書把律歷志放在前面，說明班氏用心的重點在標擧統攝一切的天道。史記自序謂「律居陰而治陽，歷居陽而治陰，律歷更相治，間不容翲忽」云云，與歷書的內容，全不相應，歷書中無一字及律，其爲竄亂律書者所改寫，無復可疑。律歷志取自劉歆的三統律，或稱三統歷（註四二），他的目的不僅在言樂律，時歷及二者相互的關係，而係承董仲舒之後，把凡可以拼進去的東西都拼在一起，以形成一個無所不包的天的哲學系統，這是董仲舒以後所發展出的一種特殊思想形態，其基次思想是天道由陰陽而見，陰陽運行於三百六十五日之中，故天道由時歷而見。這是孟喜京房們的卦氣說所創造的。再加上落下閎們的音律也通過「氣」而與歷發生關係（註四三）。他們認爲天道由歷而見，也由律而見，所以律歷都是天道。既是天道，當然無所不包。這樣一來，把由實質而來的歷學，變成了非常奇特的拚盤（註四四）式的哲學大系統。這一直至沈約修宋書，始復歷志之舊。這一方面是因西漢所言帶有神秘性之律，至東漢已無人可以明瞭。一方面是因何承天等的努力，明斥三統歷之謬。但三統歷雖沿襲太初歷，但對日食周期及五星運行等，附加了新的知識。更導入上元積年以作歷推算的起點；而其推算不僅包括日月，而且包括了五星，具備了天體歷的規模。所以站在純歷學的立場，也有他的貢獻。他在中國歷學史上仍佔有重要的地位，不在其哲學，而在其所紀錄的實測與推算。

史公根據「六藝」之目，故分禮樂爲二書。班氏本禮樂的互相爲用，故合禮樂爲一志。司馬彪承漢書之緒，沈約復史記之初。這種分合，應可謂無關宏旨。

史記的禮書，是針對秦漢以權勢統治人民，而提出禮治的眞正義義的。樂書是針對漢初，尤其是針對武帝時由皇帝的荒淫，大臣不能盡責，而提出樂是以「歌詠勞苦」及「損減」爲教的。這都是由深入於現實政治之中，以發現禮樂的眞正意義，都是犯罪諱之詞。而對於當代的禮，則以「大抵皆襲秦故」「官者養交安祿而已」，及武帝「乃以太初之元，改正朔，易服色，封太山，定宗廟百官之儀，以爲典常」，作極簡單扼要的概括。於當代之樂，則以「高祖過沛，詩三侯之章」，「今上即位，作十九章……多爾雅之文……世多有，故不論」，及「又嘗得神馬渥洼水中，復次以爲太一之歌」。「後伐大宛，得千里馬……次作以爲歌」，而終之以汲黯的「先帝百姓，豈能知其音耶……丞相公孫弘曰，黯誹謗聖制，當族」。也是極簡單扼要的概括。並且在這種概括中，都含有深刻地批評性。在史公心目中，認爲漢代的禮樂，不足稱爲禮樂，所以便把荀子的禮論及議兵篇的一部份，和禮記中的樂記，分別錄在後面，以作正面的啓發，其用心是很深的。

禮樂的意義，因戰國中期以後，一直到西漢諸大儒，多有所闡述。在儒家思想中，遂佔有重要的地位。班氏在此種背景之下寫禮樂志，他的態度謹嚴深穩，其用心，其觀點，與史公並無不同；而在體製上，史記的禮書樂書，有點像一枝悍銳的奇兵，而漢書的禮樂志，則有如堂堂正正，法度森嚴的大軍氣象，這應當算是漢書中的一篇大文章。叙論「六經之道同歸，而禮樂之用爲急」，以簡嚴之筆，說明「禮樂所以通神明，立人倫，正情性，節萬性」。並引禮記經解「故婚姻之禮廢，則夫婦之道苦而淫辟（僻）之罪多」一段以作例證。而「敬畏之意難見，則著之於享獻辭受，登臨跪拜。和親之說難形，則發之於詩歌詠言，鍾石管弦」的幾句話，可謂將禮與義的關係，概括得深切著明。書中歷叙漢代賈誼董仲舒王吉劉向等主張制禮樂之議不行，以見漢代的禮樂，不足以稱禮樂。叙到「世祖(光武)受命中興」「乃營立明堂辟雍」；「顯宗（明帝）即位，躬行其禮，宗祀光武皇帝於明堂，養三老五更於辟雍」。班氏僅許之以「威儀既盛矣」。接着說「然德化未具，羣下無所頌說，而庠序尚未設之故也」；而結之以「故君臣長幼交接之道，寖以不章」。是他對東漢，亦未嘗寬假。

在樂的部份，先簡述「先王立樂之方」。接着對古代雅樂，及春秋以後的「禮樂喪矣」，作了較史記樂書爲詳的叙述。漢代先叙述「叔孫因秦樂人制宗廟樂」的情形，而點出大氐（抵）皆因秦舊事焉」。此後叙述「武帝定郊祀之禮」，「作十九章之歌」及「安世房中歌十七章」的經過，並紀錄歌詞，又紀錄了孔光何武所奏定的各樂的樂工人數，這在史的體例上，較史記爲密。因另有郊祀志，所以在禮的部分，對郊祀的儀節，便在這裡省略。但他點出「常御及郊廟，皆非雅聲」，「皆以鄭聲施於朝廷，」「是時（成帝時）鄭聲尤盛」，而結之以「今大漢繼周，久曠大儀，未有立禮成樂，此賈誼董仲舒王吉劉向之徒，所爲發憤而增嘆也」。班氏在這種地方，堅持了儒家禮樂的原則，對歷史作了嚴正的批評，以保持歷史發展「應然」的方向，是與史公無異的。不過史公乃切指現實的政治，而班氏則泛述一般的情形，所以史公是冒着更大的風險。

刑法，是統治者最重要的統治手段，史公酷吏列傳中，深痛漢代刑罰之酷烈。然在被人僞造羼亂的律書中，可以發現出於史公之筆的，僅述兵制而未及刑法。漢書在禮樂志後，繼之以刑法志第三，在「大刑用甲兵」的觀念下，先概述了古代及漢的兵制（註四五），而重點則在叙述漢代的刑法。此在作史的體例上言，與郡國志藝文志，同爲補史公之所不足，意義重大。在作史的識解上言，從正面提出了政治中與人民的生命財產直接關連在一起的最嚴重地問題。此一最嚴重地問題，一直延伸到現在而仍未能解決，成爲中國歷史中最黑暗最殘酷的一面，這可以說是中國所有的統治階層，所有的知識階層的奇恥大辱。同時，他在此志的全文中，不知不覺地充滿了痛憤之情，流露爲悲慨之筆，使此文的風格，特接近史公。因爲由漢初起，凡是像樣的儒生，莫不以漢承秦代根據法家所制定的刑法，太違反人道，皆欲把它翻轉過來，而終未能作到。班氏乃在兩百多年的儒生所要求的積累之下，寫成此志，故充實光輝，言之不能自已。連武帝在此問題中所佔的重要分量，也未曾爲之諱。敍到韓信彭越，具五刑而死的慘毒，也露出了嘆息之聲。此問題中包含三個因素，一是皇帝的意志，一是「執法之吏」，而最根本的則是法律的原則和條文。志中把這三大因素，都深刻地反映了出來。並且充滿了對人性的信賴，强調了儒家以教育爲目的的刑法原則。「董仲舒治公羊春秋，始推陰陽爲儒者宗」（註四六）。衍爲一代學術潮流；推其最根源的動機，乃在「尙德不尙刑」的一念。所以言政治史而不深入到此一問題，固然是未能把握到人民的痛苦。言漢代思想史而不深入到此一問題，便容易成爲浮遊徜恍的無根之談。

班氏補充編纂史記的平準書以爲食貨志第四，史公以平準名書，重點在武帝的財經政策。班氏以食貨名志，重點在社會的經濟生活。食貨志分爲上下兩卷，上卷志食，下卷志貨。所以平準書係採綜合地敍述方法，以見各因素的互相因緣，由此以透視整個時代的動態。食貨志則採分析地敍述方法，以便於將複雜的因素加以條理。在文章構造上，史公所採的途徑爲難，班氏所採的途徑爲易。在這種地方，後人大抵只能學班氏而不能學史公。

班氏所補的有三，一為對漢以前的敘述。二為因時代限制，平準書及史記其他各書，內容多較漢志為略；班氏後出，所憑藉者厚，所以在被限定的範圍內，能較史公集中了更多的精力，補充了更多的材料。在食貨志中，班氏採用了周官中的有關材料，這是史公時代所沒有的。在漢代又補充了許多有意義的奏議。更補充了「武帝末，悔征伐之事，乃封丞相為富民侯……趙過為搜粟都尉」，因而記載了趙過改良耕種方法的情形，尤有重大意義。三為補充了武帝以後的情形，特詳於王莽；這是很自然的。

班氏把平準書中有關食的部份編入上卷，作了重要的補充，此卷班氏用力最勤。將平準書中述武帝財經政策的部分，也即是平準書的最主要的部份，編入下卷，僅有文字改正，此不具論。班氏深受論語「不患寡而患不均」的影響。全文皆以此為衡量經濟得失之原則，這也是很可注意的一點。

班氏把史記的封禪書改稱為郊祀志第五，封禪是特稱，郊祀是全稱；封禪書是由反面提出問題，主要是以此暴露秦皇漢武由泰侈而求長生，由求長生而陷入方士的各種騙術中，以自暴其愚蠢。郊祀志則由正面提出問題，用心是在說明祭祀的眞正意義，及周公在這一方面，制定了由天子諸侯大夫以及士庶人「各有典禮，而淫祀有禁」(註四七)，以見凡違反周公所制定的祀典，都是淫祀，都應在禁止之列。班氏改了「封禪書」的名稱，但對此一問題的觀點，與史公並無二致。

此志可方便分為三部分。一是敘論的部份。因為史公是從反面提出問題，所以封禪書的敘論，「自古受命帝王曷嘗不封禪」，到「其詳不可得而記云」，採用「反言若正」的方法，以見封禪一事的無稽。班氏是從正面提出問題，所以在叙論中不採用史公隻字，由「洪範八政，三曰祀，祀者所以昭孝事祖，通神明也」到「故郊祀杜稷，所從來尙矣」，先說明祭祀的正當意義，作以後全文判斷的標的。雖然文字不多，但方便稱爲第一部分。

從封禪書的「尙書曰」（郊祀志改爲「虞書曰」）起，至「公孫卿之候神者，猶以大人之跡爲解」，終孝武之世，乃封禪書的主文，幾乎亦可謂爲它的全文，除極少數的文字異同外，全爲漢書郊祀志所吸收，方便稱之爲第二部分。

由「昭帝及位」到王莽「自以當僊，語在其傳」，這是「接其後事」，方便稱之爲第三部分。

在第二部分，史公生動地描寫，深刻地諷刺，班氏都保留了下來，中間還加了一點材料，例如把封禪書「於是天子遂東（漢書無此二字）幸汾陰」下，加「汾陰男子公孫滂洋等見汾旁有光如絳」一句，此皆未嘗爲武帝諱。在文字上有極少數的增删修改及在最後有一兩處移動。一般地說，修改的文字，多不如封禪書原文。且亦有改錯了的。例如封禪書「上有所幸王夫人」，郊祀志改爲「李夫人」，據沈欽韓說，此時當爲王夫人而李夫人乃在其後。移動則是爲了接其後事，調整與下文的關係。還有，在年代的計算上，兩者常有不同。例如封禪書「禹遵之，後十四世……」「後十四世，帝武丁得傅說爲相」。兩「十四」，郊祀志皆作「十三」。據王先謙補注：由禹……至孔甲，「並禹數之爲十四，除禹數之則十三也」。又：自太戊至武丁，「共十四世。除太戊數之爲十三」。則這種數字的不同，由於兩人起算的不同，不能謂誰對誰錯。又「其後三世湯伐桀」，郊志祀「三世」作「十三世」，據齊召南說，史記是對的。「後十四世世益衰」，郊祀志「十四世」

作「十三世」，據齊召南說：兩者「並訛」。然即此一端，可知班氏此志之襲史記，並非僅隨自己行文之習慣，而對文字有所調整，他實際對材料作了一番檢討的工夫。

接其後事的第三部份，最難得的是他記載了張敞貢禹韋玄成（韋的議論此處僅提到「語見韋玄成傳」）匡衡張譚谷永杜鄴及王莽未做皇帝以前的有意義的議論。其中劉向的議論，因他係站在宗室的立場，仍陷於迷信的迷霧中；而王莽做了皇帝以後，又「興神仙事」，由此可知，最高權力，是可以使人「變性」以致迷失理智的。贊以「究觀方士祠官之變，谷永之言，不亦正乎，不亦正乎」作結。谷永是針對「成帝末年，頗好鬼神。亦以無嗣故，多上書言祭祀方術者」而「說上曰，臣聞明於天地之性，不可或（惑）以神怪。知萬物之情，不可罔以非類。諸背仁義之正道，不遵五經之法言，而盛稱奇怪鬼神，廣崇祭祀之方，求報無福之祠（祀），及言世有仙人，服食不終之藥……者，皆奸人或（惑）衆，挾左道，懷詐僞，以欺僞世主……是以明王距而不聽，聖人絕而不語……」這些話，把秦皇漢武在這一方面因侈泰驕妄愚蠢所製成的妖雲怪霧，才算流入了一股清新之氣，所以我說，班固在這一問題的觀點上，是與史公相同的。

這裡引伸出另一問題。周公制定祭祀之禮，對祭祀的範圍、儀節，皆加以規定限制，儒者特別加以推崇，過去，我不能了解他的眞正意義。現在由封禪書郊祀志所叙述的最高權力者被方士玩弄於股掌之上，由此而勞民傷財，以作罔世誣民之事，眞達到了瘋狂的程度。假定不懸出周公所制的富有人文精神之禮以爲鵠的，使少數儒生，還可憑此以與愚妄詐僞之大流相抗拒，歷史眞要投向無底的黑淵中去。所以祭祀之禮，應從這種地方去把握。

史記的天官書，在漢書則爲天文志第六。據後漢書八十四列女班昭傳，天文志乃馬續所成。但由史記自序及漢書敍傳亦可看出兩人對此問題的觀點。

以星氣言禨祥，這是史公以前的傳統，同時也是史公身爲太史令的職責之一，故天官書中，不能不加以序述。但史公對此，似乎並不太相信；於是形之語言者，多托爲猶疑兩可之辭。自序謂「星氣之書，多雜禨祥，不經，推其文，考其應，不殊。比集論其行事，驗於軌度以次，作天官書」。天官書贊的「太史公曰，……天則有日月，地則有陰陽。天有五星，地有五行。天則有列宿，地則有州域。三光者陰陽之精，氣本在地，而聖人統理之。幽厲以往尙矣。所見天變，皆國殊窟穴，家占物怪，以合時應。（言並無一定之準據，以合於時者爲應驗）。其文圖籍禨祥，不法（其見於圖籍以言禨祥者，皆不可以爲法）是以孔子論六經，紀異（僅紀其異）而說不書（而不書對異象之解說），至天道命不傳。傳（得）其人，不待告；告非其人，雖言不著」。所以天官書中，雖紀錄了禨祥，在史公不過因官守以虛應故事。漢書敍傳「炫炫上天，曆象著明。日月周輝，星辰垂精。百官立法，宮室混成。（註四八），降應王政，景以燭成。三季之後，厥事放紛。舉其占應，覽故考新。述天文志第六。」在上面幾句話中，把天上的「百官」「宮室」，作了進一步的形象化；把由這種形象所給與於「王政」的影響，較史公作了更密切更進一步的確定。這主要是來自兩人的時代思想背景的不同。

馬續所續成的天文志（註四九）中宮（註五〇）天極星，東宮蒼龍。南宮朱雀，西宮咸池，北宮玄武，五經星部分，皆錄自史記。自歲星以下，則多各伸一說。例如天官書「察日月之行，以揆歲星順逆。曰東方，木，主春，日甲乙。義失者罰出歲星……」。天文志「歲星，曰東方春木，於人五常，仁也，五事，貌也。仁虧貌失，逆春令，傷木氣，罰見歲星……」。天官書的「日甲乙」出於呂氏春秋孟春紀，天文志將其略去。把仁義禮智信的五常，配金木水火土的五行，在史公時代，僅由董仲舒作初步的嘗試，而尚無明確的定說。以洪範的五貌配五行，大概出於後史公約七十年的劉向。所以這種異同，第一，可以反映出時代思想的發展演變。第二，可以了解這種道德價值向天文天象上的投射，本是出於人的一種想像，既沒有邏輯的根據，也沒有事實的根據。想像可以出入的範圍是很大的。最後某種想像被認爲與某些現象，較爲近似，便約定俗成地成爲定說。而這種定說，也始終是虛浮不實的；在這裡，與天官天文的自身本是不相干的。此外，須要專門知識方面的比較，我沒有資格開口。

班氏新立五行志第七，這是董仲舒建立「天人相與」的哲學後，學術趨於以想像猜度言災異，以災異附會矯揉洪範、春秋，再由被附會矯揉的洪範春秋，以言現實政治的得失，遂成爲一代學術風氣的結果。這是漢代學術中「非合理」的一面。在方法上，完全以想像代替了思維；在內容上，以想像矯揉了經傳的本來面貌；這是學術中最大的武斷。班氏在此一與現實政治相勾連的學術風氣積累之下，便寫出了五行志。劉知幾謂「斯（指五行志中所引經傳）皆不憑章句，直取胸懷，或以前爲後，以虛爲實，移的就箭，曲取相諧，掩耳盜鈴，自云無覺」（註五一），正指此而言。若史公生於班固的時代，是否受此影響而出此，觀其當鄒衍之說盛行時，他雖相當詳賅地敘述了鄒氏學說，但結之以「鄒衍其言雖不軌，儻亦有牛鼎之意乎」（註五二），大概會跳出這種煙霧，將其屏棄不錄吧。鄒氏及附會鄒氏者的著作見於漢書藝文志者，可謂相當的繁富。但除史公在孟荀列傳中所述，及其他偶加引用之零星語言者外，皆已堙沒無聞。可知這種無實之談，本來是受不了時間的考驗的。漢代此種非合理的學術風潮，原亦應隨時間之經過而消失。漢書藝文志「五行三十一家，六百五十二卷」與「陰陽二十一家，三百六十九篇」，皆一無存者。但因班氏在史中特立一志，以致此種非合理的學術，得到了較完整的保存；且後來修史者，都須備此一格；這站在今日研究思想史的立場來說，可謂爲幸事；但站在它所及於後世思想發展的不良影響來說，實是中國學術發展的大不幸。

劉知幾除在史通書志篇對五行志深加譏評外，又有「漢書五行志錯誤」及「五行錯駁」兩篇（註五三），可謂盡譏彈之能事。但劉氏自身亦陷在此非合理的思想泥淖中，所以他的譏彈，在引用文獻的是正上有其意義；他自己所發舒的新解，同爲毫無意義。因爲這種出於想像而不是出於思維推理的說法，本可以隨人隨時隨事而異，有如測字者的測字一樣。至於他指摘引書失宜中的「史記左氏,交錯相併」一項,他根本不知道，漢人乃以「史記」爲古史的通稱，到東漢末期，史記方成爲太史公書的專稱。他的這一指摘，近於以其昏昏，使人昭昭了。

另一點應在這裡一提的是：自董仲舒以迄眭孟京房劉向們的非合理的這一方面（他們還有合理的一方面）的學術活動，今天看來，在知識上是沒有意義的。但在他們，也和許多偉大的宗教家形而上學家一樣，是以嚴肅的態度，熱烈地追求，認定自己眞正揭露出「天人相與之際」的秘密，是眞實無誤的眞理。因此，在他們的各種奇說異論中，都流注着他們眞實的精神，並且都是以現實社會中人民的悲慘運命，爲他們想像的基點。所以他們表現在現實政治社會上的大是大非，都是符合人民生存的要求的大是大非。他們常常賭著自己的生命，以堅持他們所認定的大是大非，因爲他們認爲這種大是大非，是由陰陽五行的災異所顯示出來的，亦即是天的意志的表現，他的精神，得到了天的意志的支持，所以寧冒萬死而不悔。從這一點說，他們較之西方的形而上學，有更眞實的基礎與眞實的意義。胡適們罵他們是大騙子，只顯出自己的浮薄無知而已。

班氏創立地理志，意義重大。淸王遠孫漢書地理志校本序「班氏孟堅，創作地理志，上續禹貢周官春秋，下及戰國秦漢，迄乎平帝元始二年（西紀二年），以爲西漢一代之志乘。又本朱贛，條其風俗，考其山川，則行乎地者可以施其政。後世之言地理者，悉祖是書矣。」按近代政治學，率以主權，人民，土地，爲構成國家之三要素。班氏地理志，繼禹貢之後，將當時大帝國的生存空間，提出具體而詳備的叙述，使此後史與地不相離，時間與空間得到統一，此乃史學自身的一大發展。地理觀念之成立，始於交通。班氏在序論中首謂「昔在黃帝，作舟車以濟不通」，即此一語，亦可見其卓識。全志可分爲三大部分，首錄禹貢及周官職方氏，以明地理的沿革；爾後言歷史地理者，應以此爲元祖。第二部分爲漢代郡國縣道，此爲地理志的主文，在此主文中，具錄各郡國人民的戶口數字，此爲世界上最早最完備的戶口記錄，由此可知漢代政治對戶口的重視，亦即最早具有「人口論」的意識（註五四）。又記有現耕田可墾田及不可墾田的數字，使生產觀念與地理觀念連結在一起。亦即含有經濟地理的意義。第三部分自「凡民函五常之性」起，備錄了各地之山川與社會風俗的關係，此乃人文地理之元祖。所以班氏地理志的成立，是世界史學中非常突出的成就。

班氏盡取史公的河渠書以爲溝洫志；溝洫一名，蓋取論語禹「盡力乎溝洫」之意。在襲用河渠書後，始接其後事。所以班氏此志，係一循史公之成規，未嘗自出新意，此亦事勢所當然。河渠書的「太史公曰」，皆史公自述其所親歷者以志慨，班氏無從襲用，故只得多寫「贊曰」。惟河指黃河，渠指爲水利人工所開之水道，全篇皆以黃河爲經，以其他各水利爲諱；而凡關及水利之設施，皆稱渠而未嘗稱溝洫，且溝洫乃田間之水道，與渠之性質亦不相同；所以溝洫之名，遠不及河渠名稱之實際。言魏文侯時的水利，史公歸之西門豹，班氏根據呂氏春秋樂成篇，歸之史起。但徵之褚先生補滑稽列傳，及後漢書安帝紀初元二年修西門豹所分漳水爲支渠以溉田等紀錄，則左太冲魏都賦謂「西門溉其前，史起灌其後」，爲得其實。班氏存史起而抹煞西門豹，猶病其查考之不精，由此可知史公之言，未可輕廢。惟史公叙文帝時「河決酸棗，東潰金堤，於是東郡大興卒塞之。其後四十有餘年，今天子元光之中……」，班氏改「四十有餘年」爲「三十六歲」，齊召南指出「孝文十四年河決東郡，至元光三年，河決濮陽，實三十六年」，由此可知班氏於襲用中的負責態度。

班氏刪劉歆七略之要以立漢書藝文志，對我國文化的傳承，有莫大關係。孔子作春秋，所紀者爲政治；但所據以權衡政治，褒貶人物的，則爲文化學術。政治有王朝的興廢，而文化學術，則貫通於王朝興廢之中，以形成歷史延續的統緒。史學的興起，實出於文化學術發達到某種高度時，人對自身存在的自覺。所以歷史與文化學術是不可分的。文化學術，一存於其人；一存於其書。書較人的壽命爲長久，由書而得以知其人，得以知其人在學術文化上的成就、貢獻，所以保存書，即所以保存學術文化，即所以保存歷史。文化積累，書籍繁多，著史既不可能是編纂叢書，而編纂叢書亦不成其爲史；於是在史中保存羣書的目錄，區別其流派，最錄其要端，使讀史者可由此以窺見文化學術表現於著作的全貌，由此以窺見其流傳之統緒，演變之源流，這是將文化學術擁抱於史學中的最重要的方法之一。尤其世變不常，典籍之損失重大，猶賴史中保有已經損失的目錄，由目錄以知道在歷史中曾有此書，由書名以推想在歷史中曾有此類思想，猶得於茫昧中勾畫出文化在歷史中的稀薄，但不是虛幻的面貌，以與其他可以切實把握得到的材料映帶在一起，以得出比較完整的歷史形相，這意義當然是非常重大的。所以劉向們校錄羣書，劉歆繼之總爲七略，是一個意義。班氏取七略以入漢書，是另一意義。這關係於班氏對史的統一地識解。

藝文志的六略，乃按典籍的內容分爲六大類。每一略中，又按其內容分爲若干小類，稱之爲「家」。這種分類，即表示劉氏父子所把握到的整個學術的流別。所以藝文志可以反映出先秦學術的概略面貌，反映出先秦學術在漢代傳承的情形，反映出漢代學術的特性。例如由六藝略及儒家者流，可知漢代儒術之盛。道家三十七家，僅次於儒家，老子已有四家的傳說，可知道家思想在西漢的流行。名家七家，墨家六家，其中皆無漢人著作，可知此兩家在漢之微。如詩賦不附於六藝詩家之後，另爲一略，由此可知西漢對文學之特爲重視。而兵書之另爲一略，乃反映兵書特爲漢初之所尊重（註五五）。術數略方技略的成立，及陰陽家之盛，僅次於道家，乃董仲舒「始推陰陽爲儒者宗」（註五六）所發展演變的結果，反映出劉向父子在學術上的見解與態度。劉氏父子在學術上和董仲舒相同，有其非合理的一面，也有其合理的一面；而態度則較董氏更爲開朗。凡此皆表現在對經學今古文的問題，能突破五經博士所設的藩籬，作平情的處理。而對諸子百家，認爲皆有所長，皆有所短，絕無舉一而廢百之意，這在他們擔當全般典籍整理的任務上，是非常必要的條件。由七略而來的藝文志，不僅非後來同類之志所能及，且在品質上亦遠駕清代四庫全書總目提要而上之，這不僅是從事者的知識問題，大關鍵在於他們對學問的態度問題，甚至關運到他們的品格問題。

八　史漢比較之四——列傳

因漢書無世家一體，所以入漢以後，史記的世家，漢書皆改為傳。其中項羽的本紀及陳勝與蕭相國等五侯的世家問題，在「論史記」一文中已經談過了。這裡為便於比較，史記中入漢以後的世家，皆作傳來看待。

首先，自項羽起，到武帝時為止，考查兩者立傳的概略情形。凡同者此處從略，僅述其異者。大體上說，史公立傳時的選擇，較重視有歷史意義的實質，而班氏則有時較重視著作形式上的整齊。史記「高祖八子」之名，趙隱王如意，趙幽王友，趙共王恢等的遭遇，因係與呂后專制，大發其毒狠之私的結果，而諸人又無獨立行誼可述，故史記皆附見呂后本紀。「立建為燕王」，亦見呂后本紀。其中除齊悼惠王因子齊哀王襄朱虛侯劉章，捍衞劉室，誅滅諸呂有功，另為之立世家，及淮南厲王長因後有淮南王安之變，另為之立列傳外，餘皆不為之立獨立之世家。漢書卷三十八，則有「齊悼惠王肥，趙隱王如意趙幽王友趙共王恢燕靈王建的「高五子傳」。其「厲王長另有傳」，則與史記同。高五王傳，在形式上，較史記為整備；但不僅在內容上無所增益，且史公由諸王之遭遇以集中寫出呂后的凶殘成性，藉此以暴露此段歷史之眞相的用心，反因之模糊消失。而其中有的傳則可謂全無內容。例如「趙隱王如意，九年立，四年（師古曰，趙王之四年）高祖崩，呂太后徵王到長安，鴆殺之，無子絕」。據呂后本紀：「趙王少」，惠帝「自挾與趙王起居飲食」，根本沒有結婚，則「無子絕」三字，反增糾葛。「趙靈王建十一年，燕王盧綰亡入匈奴，明年立建為燕王，十五年薨。有美人子，太后使人殺之，絕後」。把這列入「諸侯王表」中已經夠了，何取乎另立專傳的名目。又如史記有淮南衡山王列傳，關於濟北王勃，則因無事可述，故僅於文帝立厲王長之三子劉安爲淮南王，劉勃爲衡山王，劉賜爲廬江王。景帝將衡山王勃徙爲濟北王，將廬江王賜徙爲衡山王時，附帶敘及，不另立濟南王勃的專傳。漢書則有淮南衡山濟北王傳，把淮南厲王長的三個兒子都列出了，這在形式上便很整備。但內容是「濟北貞王勃者，景帝四年徙。徙二年，因前王衡山凡十四年薨」，再就即是傳了兩代「國除」，此外更未述一事，這列在諸侯王表中不是已經夠了嗎？

還有，史記的附傳，實含有許多不同的意義。附傳是在列傳中不出其名的，在漢書則幾乎都被改列專傳之名。這種變動，有得有失。例如周昌趙堯任敖申屠嘉，大概史公以爲他們只有一節足稱，不足爲之立專傳，故皆附入張丞相（張蒼）列傳中，以見漢初在蕭何曹參陳平之外，惟張蒼爲特出。故由人物價值輕重的批評，以表現政治活動中有主從之分，在歷史的複雜現象中，依然可以看出一條主線。這一意義，在最後「自申屠嘉之後，景帝時開侯陶青，桃侯劉含爲丞相，及今上時，柏至侯許昌，平棘侯薛澤，武彊侯莊青翟，高陵侯趙周等爲丞相，皆以列侯繼嗣。娖娖廉謹，爲丞相備員而已。無所能發明功名，有著於當世者」的一段話中，更爲明顯。這些丞相，連列入附傳的資格也沒有，列專傳與附傳的分量不同，自可推見。在「太史公曰」中，說明「張蒼文學律曆，爲漢名相」，說周昌申屠嘉們「然無術學（註五七）殆與蕭曹陳平異矣」，這是說明何以不爲他們立專傳。史料是一堆材料。史學是從一堆材料中把歷史的關節線索，及人物對歷史形成的意義等，從史料中疏導出來，使人對歷史可以把握到一個明朗的形象；在此明朗的形象中，看出人類的大方向。所以沒有價值判斷便沒有史學，便不能把逝去的歷史重現。班氏則一概與以專傳的地位，這在體裁的眉目上是清楚多了。但歷史的主線，也因之不復存在。

朱建因陸賈而有以自見其智術，此乃陸賈列傳之餘波，史公殆欲藉此以透露呂后的隱密，故將其附陸賈傳後。蒯通組入淮陰侯列傳，以見韓信之冤；伍被組入淮南王安列傳，以見劉安之迂闊，其謀叛爲可疑。衞綰直不疑周仁附萬石張叔列傳，因衞綰「自初官以至丞相，終無可言」，「塞侯（直不疑）微巧，而周文（名仁）處諂，君子譏之；爲其近於佞也」。此傳皆「長者」型的人物，但史公覺得他們三人的品格，次於石奮張叔，所以都列入附傳。田蚡（武安侯）構陷竇嬰（魏其侯）以致被誅，爲史公所深痛。「灌夫無術而不遜」，爲促成此禍原因之一。而灌夫本人，除討伐七國時馳入吳軍外，其活動皆交錯於竇嬰田蚡之間，故史公作爲魏其武安侯列傳的附傳。董仲舒兒寬，皆見儒林傳。卜式附平準書，因爲他的起與絀，皆與武帝的財經政策相關連。張湯杜周列入酷吏，所以說明他二人的本質。張騫附大宛列傳，而錯見於衞將軍列傳。李廣利附見於大宛列傳，徐樂嚴安，附見於主父偃列傳，皆有義例可以推尋。以上諸人，班氏則皆列爲專傳。董仲舒之列爲專傳，因董氏在漢代學術的影響，至宣元時代而大著。且班氏既錄入天人三策，其勢亦非專傳不可。兒寬傳補充了「遷左內史」後的政績，及促成封禪等材料。但傳末依然採用了史公「寬在三公位（漢書作「寬爲御史大夫」），以和良承意（漢書作「以稱意」），從容得久（漢書作「任職故久」），然無所匡諫於官（漢書無「然」字，「所」作「有」，「官」作「上」），官屬易之，不爲盡力（漢書無此句）」的意思。由此可知史公衡論之公。張湯杜周，大概是因他兩人子孫的煊赫而得改專傳。但，班氏卻未爲桑宏羊立專傳。

大概因爲若把桑宏羊的材料，從食貨志中抽出來，便使食貨志中最重要的部分無從著筆的原故。

史記有扁鵲倉公列傳，其用意在重視醫學，故詳錄倉公學醫治方及脈法等。扁鵲在先秦，倉公淳于意係漢初人，班氏乃棄而不錄，僅將淳于意女緹縈上書救父事錄入刑法志中，這是對醫學的忽視，亦即對科學的忽視，成爲中國文化發展中的一大弱點。史記有滑稽列傳，漢書代之以東方朔傳，這是很有意義的。史記有日者列傳，龜策列傳，爲漢書所無；這是在文化的發展上兩者已式微不足道，代之而起的是董氏陰陽五行思想的蕃衍。但依班氏之例，未嘗不可以從日者列傳中，抽出司馬季主爲其立傳。

漢書中也有較史記增益了在時間上史公可以著筆而未曾著筆的傳，因一篇至言而增立了「嘗給事潁陰侯爲騎」，此外未見其他官職的賈山傳，這與爲「學黃老之術」，極力反對厚葬的楊王孫立傳，都表現出其卓越的史識。又爲「守軍正丞」，敢於斬爲姦的「監軍御史」的胡建立傳，也同樣爲難得。他站在文學的立場，增益了枚乘嚴助終軍等列傳，也都有意義。史公不屑爲景武兩代的丞相許昌們立傳，班氏亦未嘗爲之補傳。爲丞相公孫賀立傳，其內容主要記載「賀引拜爲丞相，不受印綬，頓首涕泣」的情形，以見武帝晚年的輕於用相，又輕於殺相的昏暴。爲左丞相劉屈氂立傳，是爲了敘述巫蠱之巨變。這都是很得體的。

史公與班氏最大的分歧點，我已經指出過，史公是站在人類的立場看歷史，所以漢代及其他朝代，在史公心目中，是受到同樣的客觀尺度來處理。而班氏則是站在漢代帝室的立場來看歷史，所以他所操持以衡量歷史的客觀尺度，與史公未嘗不相同，因爲兩人都儒家思想。但應用到漢代帝室時，尺度的客觀性，便不知不覺的打了若干折扣，這在帝紀中對高祖與武帝的處理，最爲明顯。而在傳中，則以對韓信爲首的被殺戮的異姓功臣的處理上，最爲明顯。史公對被殺戮的異姓功臣，客觀地記錄了他們在這段歷史大變動中所發生的作用和意義。這些記錄一經流傳下來，因爲孚合於人類求眞的本性，便不容易被推翻。班彪所努力的，只在「續其前史」，即是對史公所寫的，與以全般的承認。班固則要使其著作成爲與唐虞三代之書比美的漢代之書，所以不能不截取史記中漢代的紀錄，而以陳勝項羽兩傳爲時代過渡的橋樑。對於有損劉氏莊嚴的異姓功臣諸紀錄，他在良心及事實上不能不承認，但在承認中也作了技術性的處理，以減輕他們的分量，亦即所以維護帝統的莊嚴。

在史記，魏豹彭越爲合傳。黥布（英布）淮陰侯及田儋各獨立爲一傳，韓信（韓王信）盧綰爲合傳。漢書則魏豹田儋韓王信爲合傳，因爲這都是六國餘蔭的異姓之臣。在形式上，漢書的排列似較合理。但史公主要是因爲彭越是魏豹王魏時的「相國」，一直到垓下之戰前，始封爲梁王，王魏豹故地。他兩人有密切的關係。又因爲他兩人都是貧賤出身，而在忍辱不死上，兩人又有相同之處，由此而引發了史公忍死著書的「同命感」，所以史公將他兩人合傳。

「太史公曰，魏豹彭越雖故賤，然已席捲千里，南面稱孤，喋血乘勝，日有聞矣。懷叛逆之意，及敗不死，而虜囚，身被刑戮，何哉，中材已上，且羞其行，況王者乎。他無異故，智略絕人，獨患無身耳。得攝尺寸之柄，其雲蒸龍變，欲有所會其度（註五八），以故幽囚而不辭云」。

上面的話，和報任安書中的話合看，更容易了解史公的心境。在專制黑暗殘暴迫害得無理可說的情形之下，希望保存自己的生命，以與殘暴的迫害者，作時間上的競爭，這是人類爭取前途保證的最後的願望。假定這種願望也放棄，或破滅了，即是個體生命，集體生命的最後大悲劇。

彭越黥布韓信，是「同功一體之人」（註五九）。魏豹與彭越同傳，而魏豹部分僅三百二十一字左右，彭越部分則有一千一百九十三字左右。實質上，魏豹等於是彭越傳的附傳；但魏豹首事在先，而彭越又是他的相國，不好出以附傳的形式。這說明了史公的本意，是要對「同功一體」的三人，各安排一個獨立的列傳的。

韓王信雖係韓襄王的孽孫，但項羽先所封爲韓王者爲韓成；及成因無功被貶爲列侯，更被殺後，項羽所封者爲鄭昌。信之得封爲韓王，全出於劉邦的恩德。但韓信封韓王之後，據其自稱，對漢有三罪，「滎陽之事，僕不能死，囚於項籍(實係降)，此一罪也。及寇（匈奴）攻馬邑，僕不能堅守，以城降之，此二罪也。今反爲寇（匈奴）將兵，與將軍（柴將軍）爭一旦之命，三罪也」（註六〇）。他的情形，與魏豹及田儋皆不類。

盧綰因與劉邦「同里」，「同日生」又「俱學書」，得到劉邦特殊的「親幸」，因而他之得封爲燕王，殆無一功可紀，此與韓信，彭越，黥布的情形，可謂天壤懸隔。陳仁錫謂「韓王信，盧綰，封王同，反叛同，亡匈奴同，子孫來降同，故二人同傳」（註六一），大體是不錯的。

史記田儋列傳，實爲田儋田榮田横三人的合傳。他們「兄弟三人更王」，既不由項氏，亦非由劉氏，皆自力所致。項氏之亡，與其未能得志於田儋之弟田榮，有莫大關係。田氏的情形，與魏豹韓王信皆不同，故史公爲之獨立立傳。

由上所述，可知班氏的安排，在形式上較爲合理；而在問題的實質上，則史公的安排爲不可易。

班氏爲了尊崇帝室，不惜歪曲歷史的用心，在將韓信彭越英布盧綰吳芮五人爲一合傳上，而表現得最爲明顯。史記的合傳，必其中人物，在重要方面的性行上大約相類相稱，漢書亦是如此。班氏把盧綰與韓、彭，英三人列在一起，用意是在貶低他們三人的地位。貶低他們三人的地位，即是維護帝室的莊嚴。吳芮本人沒有參加過滅秦滅項的戰役，只派將梅鋗，「與（沛公）偕攻析酈」；項羽「以芮率百越佐諸侯從入關（按指梅鋗從入關），故封芮爲衡山王，封梅鋗十萬戶侯。劉邦「以鋗有功從入武關，故德芮，徙爲長沙王」。這是最小的一個王國。他「一年薨」，「子成王臣嗣」（註六二）的時候，因爲英布是他的姑丈，當英布與劉邦戰「不利，與百餘人走江南」時，臣「使人紿布僞與亡，誘走越，故信（英布相信）而隨之番陽，番陽人殺布茲鄉民田舍」（註六三），以此得「傳國數世」。他的情形，與韓、彭、英三人既不相類，分量又不相稱，怎麼可以合傳。並且吳芮把他「一年薨諡曰文王」七個字算在一起，紀錄他平生，只有一百三十個字，根本不夠爲他立專傳的條件。班氏所以這樣安排，是認爲「唯吳芮之起，不失正道，故能傳號五世，以無嗣絕。慶流支庶；有以矣夫。著於甲會，而稱忠也」；他認定這是一位模範功臣，使韓、彭、英三人，在此模範功臣相較之下，益顯得他們三人和其他人一樣，「皆徼一時之權變，以詐力成功」，本身沒有一點眞實本領，所以他們「事窮勢迫，卒謀叛逆，終於滅亡」（註六四），是罪有應得，一點無虧損於人類良心，無損於帝室的莊嚴的。班氏在贊中所表現的態度，與史記上有關的三個「太史公曰」的態度，正好成一正號與負號的明顯對照。

史公已經寫出了實錄性的列傳，班氏無從推翻，但他在文字上也使用了若干技巧。漢二年八月，劉邦以韓信爲左丞相擊魏，九月「下魏破代，漢輒使人收其精兵，詣滎陽以拒楚」。漢三年九月，韓信張耳下井陘，斬成安君陳餘，擄趙王歇後，「行定趙城邑，發兵詣漢」。楚急圍劉邦於成皐，「漢王出成皐，東渡河……晨自稱漢使，馳入趙壁，張耳韓信未起，即其臥內，上奪其印符，以麾召諸將，易置之……漢王奪兩人軍，即令張耳備守趙地，拜韓信爲相國，收趙兵未發者擊齊」（註六五）。劉邦自彭城敗退後，與項羽相持於滎陽成皐一帶，屢戰屢敗，主要是靠韓信在趙所收的軍隊作救急之用。漢書韓信傳在「魏王豹驚，引兵迎戰信，信遂虜豹，定河東」下，加「使人請漢王，願益兵三萬人，臣請以北舉燕趙，東擊齊，南絕楚之糧道，西與大王會於滎陽，漢王與兵三萬人」一段，再接「遣張耳與（信）俱，進擊趙代」。班氏所增的「漢王與兵三萬」的這段話，不僅爲史記淮陰侯列傳所未有，亦爲高紀及張耳陳餘列傳所未有；尤爲當時劉邦所處的緊迫形勢所不能有，且與此句下面相隔兩句的「漢輒使人收其精兵」，有直接的矛盾。班氏所增的材料，若有所據，亦當在摒棄之列；若無所據，更爲史筆所不許。班氏殆欲由此以見不僅韓信以兵力支持了滎陽成皐之戰，劉邦也曾以兵力支持了韓信的河北之戰。由此以平衡劉邦與韓信的關係。當韓信下齊，並斬楚將龍且後，「項王恐，使盱台人武涉往說信」，班氏把武涉說韓信中最重要的共二十句話，都加以删節，且另立蒯通傳，將蒯通說韓信的話，從韓信傳中，分割出去，這都是爲了減輕劉邦夷韓信三族的罪惡。

班氏的尊漢，在與帝室的尊嚴有關時，他便偏向帝室的一面；但他父子既皆以儒術立身，受董仲舒劉向劉歆揚雄的影響最大，則儒家之所謂君道臣道以及一般人立身行己之道，都不能不影響到他的歷史觀念。所以他大部分承受了史公的業績，採用了許多史公的論贊。而在史公以後的各傳，不僅採錄了許多對當時政治社會作嚴厲批評的言論；並且在選擇時，未嘗以當時的權勢爲標準，而盡可能地選擇在歷史中代表某種價值的，以作立傳的標準。在史記以後的各傳，皆照顧到歷史各方面的意義與關鍵，精嚴鄭重，誠能使人讀之不厭。蓋他所憑藉者厚，而在不與帝室尊嚴發生直接衝突時，他仍能承儒家之緒，以表現其史識史德。否則他根本不能被推爲良史之一。我們應當由此一角度去讀漢書各傳。

班氏有時也用到微言以顯歷史眞實的技巧。例如霍光是西漢存亡繼絕的關鍵性人物，所以霍光傳，是分量很重的傳。昭帝紀贊所寫的即是「光知時務之要」。傳謂「先是後元年（武帝死前之一年），侍中僕射莽何羅，與弟重合侯通，謀爲逆。時光與金日磾上官桀等共誅之，功未錄。武帝病，封璽書曰，帝崩發書以從事，遺詔封金日磾爲秺侯，上官桀爲安陽侯，光爲博陸侯，皆以前捕反者功封。時衞尉王莽子男忽（師古曰，即右將軍王莽也。其子名忽）侍中，揚語曰，帝病，忽常在左右，安得遺詔封三子事，羣兒自相貴耳。光聞之，切讓王莽，莽酖殺忽」。班氏若不以王忽之言爲可信，傳中決不暇記及此。且殺莽何羅的只是金日磾，與霍光上官桀並無關係。若因此事封侯，豈會事隔一年，始見之遺詔？且又將並無關係之人，並封在一起？光傳「元平元年昭帝崩，無嗣。武帝六男，獨有廣陵王胥在，羣臣議所立，咸持廣陵王……光內不自安。郎有上書言周太王廢太伯立王季，文王舍伯邑考立武王，唯在所宜……言合光意，光以其書示丞相敞等，擢郎爲九江太守」。因郎的一言，乃迎立「武帝孫昌邑哀王子」昌邑王賀。及「既至即位行淫亂，光憂懣」，乃決心廢立，於是光即與羣臣俱見白太后，具陳昌邑王不可以承宗廟狀，「太后被珠襦，盛服，坐武帳中……召昌邑王伏前聽詔」，由尚書令宣佈他的罪狀凡數百言，最重要的是「五辟之屬，莫大不孝」。但卷六十三昌邑王賀傳，龔遂曰「……宜進先帝大臣，子孫親近，以爲左右。如不忍昌邑故人，信用讒諛，必有凶咎」。卷七十六張敞傳「會昌邑王徵即位，動作不由法度，敞書諫曰，「……國輔大臣未褒，而昌邑小輩先進，此過之大者也」。據此，則霍光廢昌邑的眞正原因，也未嘗不間接表達了出來。昌邑廢後，「光坐庭中，會丞相以下，議定所立。廣陵王已前不用，及燕剌王反誅，其子不在議中。近親唯有衞太子孫號皇曾孫，在民間，咸稱述焉」，於是「光遂復與丞相敞等上奏」了一番堂皇的話。但卷六十杜延年傳「帝(昭帝)崩，昌邑王即位廢。大將軍光，車騎將軍張安世，與大臣議所立。時宣帝養於掖庭，號皇曾孫，與延年中子佗相愛善。延年知曾孫德美，勸光安世立焉」。霍光欲立幼立疏立賤，以達到自己專制的目的，玩弄帝位於股掌之上，較王莽殆尤過之。他和王莽的不同，一在他能「知時務之要，輕繇薄賦，與民休息」；一在他自己只專制並未篡位。而他的權力的來源，一是運用女兒充當昭帝宣帝的皇后，及與上官桀金日磾等結爲婚姻；一是把自己的子侄女壻，偏佈朝廷樞機之地，並掌握了兵權。上官桀看不慣他玩弄少主，專權太過的情形，便想援立燕王旦，因而以反叛的罪名被誅。霍光一生，是繼續不斷地醜惡地權力鬥爭的一生；班氏不能不推其功，但鬥爭的錯綜複雜情形，也未嘗不可通過班氏的紀錄透露了出來。

尤其是：宣帝非霍光做不了皇帝。但霍光雖死，他若不族誅霍氏，則他根柢的弱點，始終操在霍氏家族手上，皇帝的尊嚴與權力，勢必有所虧損。所以族誅霍氏，乃出於宣帝不能不如此的預謀。光死後，他的喪禮「皆如乘輿制度」的盡量舖張，及「天子思光功德」的矯情處理等等，都是預謀的步驟。宣帝一步一步地剝奪了霍家所掌握的兵權，造出許多事端，弄得霍家怪異百出；「舉家憂愁」後，說他們有「因廢天子而立」的想法，這當然是預謀的成熟。於是「會事發覺，雲（霍光侄孫）山（雲之弟）明友（范明友，霍光之婿）自殺，顯（霍光妻）禹（霍光之子）廣漢（鄭廣漢，霍光之婿）等捕得，禹腰斬，顯及諸女昆弟皆棄市。唯獨霍后（霍光之女）廢處昭台宮。與霍氏相連坐誅滅者數千家」；宣帝的預謀至此始得完全實現。這種情形，班氏不是不知道，但他如何能從正面寫出呢？他叙述了「男子張章先發覺」，「建發其事」，因而張章等五人皆得封侯後，再叙述徐生「上疏言霍氏泰盛，陛下即愛厚之，宜以時抑置，無使至亡。書三上，輒報聞。其後霍氏誅滅，而告霍氏者皆封，人爲徐生上書」，詳述曲突徙薪的故事，因謂「今茂陵徐福，數上書言霍氏且有變，宜防絕之。鄉使福說得行，則國無裂土出爵之費，臣亡逆亂誅滅之敗。往事既已，而福獨不蒙其功，唯陛下察之，貴徙薪曲突之策（指徐福），使居焦髮灼爛之右。上乃賜福帛十疋，後以爲郎」。經此故事的叙述，則宣帝對霍家的本意，不在成全，而在誅滅，已可謂躍然紙上。又述霍光驂乘，宣帝「有若芒刺在背」事，引「故俗傳之曰，威震主者不畜，霍氏之禍，萌於驂乘」，則謀叛之爲誣構，亦可謂不言自明，此亦可謂微言之一例。由此亦可見班氏用心之密，必須後人熟讀而深思之始見。

九、比較研究之五——文字的比較

史學除作者的人格、學識，有決定性的作用外，作者文字的巧拙，在表現的效率上，也有非常重要的意義。史公與班氏，在文學上是屬於兩種不同的文體，後人好尚不同，但不應以此論巧拙。下面舉例性的比較，是想由文體的不同，進入到表現上的效果。而這種舉例，在漢書襲用史記的文字而有所修改時，最爲顯著。這種修改，又是選擇與兩人的政治觀點無關係的。

首先由字句加以比較（註六六），我發現班氏常將史公所用的虛字及動詞去掉。試從史記項羽本紀與漢書的項羽傳中隨意舉出若干例。其旁加以×者爲被班氏省去之字。

史記項羽本紀	漢書項羽傳
1.項梁殺人，與籍避仇於吳中。	1.項羽嘗殺人，與籍避仇吳中。
2.籍長八尺餘，力能扛鼎，才氣過人，雖吳中子弟，皆已憚籍矣。	2.籍長八尺二寸，力扛鼎，才氣過人，吳中子弟皆憚籍。
3.於是梁爲會稽守	3.梁爲會稽將
4.少年欲立嬰便爲王	4.欲立嬰爲王。
5.陳嬰母謂嬰曰，自我爲汝家婦，未嘗聞汝先古之有貴者（全句結構之次序改）	5.嬰母謂嬰曰，自我爲汝家婦，聞先故未曾貴。
6.此時沛公亦起沛往焉	6.時沛公亦從沛往。
7.從民所望也	7.從民望也。
8.窮來從我，不忍殺之	8.窮來歸我，不忍殺。
9.天下匈匈數歲者徒以爲吾兩人耳	9.天下匈匈，徒以吾兩人

10於是項王乃悲歌忼慷　　10乃悲歌慨慷

11項王泣數行下（句結構改）　　11羽泣下數行

12亡其兩騎耳　　12亡兩騎

上面的例子，是有括概性的。尤其史公用作上下連結的虛字，例如3.10.的「於是」兩字，常爲班氏所省。當然也偶然有由班氏所增加的虛字，例如史記「劍一人敵，不足學，學萬人敵」；漢書則增一耳字，作「學萬人敵耳」。但由班氏所增的虛字，絕對少於由他所減的虛字。而增得得當的，如1的增一「嘗」字，也少於增得不得當的。史公描寫項羽粗豪之氣，所以「學萬人敵」不用「耳」字。班氏加一「耳」字，是把「學萬人敵」和上面的「書足以記名姓（漢書作「姓名」）而已」的而已兩字，等量齊觀，這是添得不太得當的。也有不是虛字而爲班氏所省去的，例如「又不肯竟學」，班氏去一「學」字而成爲「又不肯竟」，這在意義上並無虧損，但在此段的文氣上，便有兩種不同的感覺。上述的情形，在班氏襲用史公的贊語中表現得尤爲突出。例如漢書項羽傳贊是襲用史記項羽本紀贊的。項羽本紀贊「身死東城，尚不覺悟，而不自責，過矣」。班氏去「而」字去「矣」字，成爲「身死東城，尚不覺悟，不自責過失」，不特把史記文氣的頓跌，變而爲漢書的直遂，且語意也隨之而變。又如漢書的張耳陳餘傳贊，也是襲用史記的。史記「太史公曰，張耳陳餘，世所稱賢者（漢書去「者」字），其賓客廝役，莫非（漢書易「莫非」爲「皆」字）俊傑；所居國無不取卿相者。然耳餘始居約時，相然信以（漢書去「以」字）死，豈顧問哉。及據國爭權，卒相滅亡，何鄉者慕用之誠，後相倍（漢書作「背」）之戾（漢書作「盭」）也，豈非以利哉。名譽雖高，賓客雖盛，所由殆與太伯延陵季子異矣」。（漢書將「豈非以利哉」以下全削去，易以「勢利之交，古人羞之，蓋謂是矣」）也是把史記的跌宕，變爲漢書的直遂。

其次，應就表現之精確性加以比較。表現精確，是著史文字的最基本要求。就常情而論，襲用前人文字而有所修正，在表現效率上應更爲精確。但將史漢加以比較後，因修改而更精確者，佔極少數；因修改而將精確度減低者，佔絕對多數。試以張耳陳餘列傳的首一段爲例：

史記張耳陳餘列傳

1.張耳者，大梁人也，其少時及魏公子毋忌爲客。

2.張耳嘗亡命游外黃，外黃富人女甚美，嫁庸奴，亡（逃亡）其夫，去抵父客。父客素知張耳，乃謂女曰，必欲求賢夫，從張耳。女聽，乃卒爲請決嫁之張耳。張耳是時脫身游，女家厚奉給張耳，張耳以故致千里客，乃宦魏爲外黃令，名由此益賢。

3.陳餘者，亦大梁人也。好儒術，數游趙苦陘。富人公乘氏以其女妻之，亦知陳餘非庸人也。餘年少，父事張耳，兩人相與爲刎頸交。高祖爲布衣

漢書張耳陳餘傳

1.張耳，大梁人也。少時及魏公子毋忌爲客。

2.嘗亡命游外黃，外黃富人女甚美，庸奴其夫，亡邸父客。父客謂曰，必欲求賢夫，從張耳。女聽，爲請決嫁之。女家厚奉給耳，耳以故致千里客，宦爲外黃令。

3.陳餘亦大梁人，好儒術，遊趙苦陘。富人公乘氏，以其女妻之。餘年少，父事耳，相與爲刎頸交，高祖爲布衣時，嘗從耳遊。

史記	漢書
時，嘗數從張耳遊，客數月。	
4.秦滅魏數歲，已聞此兩人，魏之名士也，購求有得張耳千金，陳餘五百金。張耳陳餘，乃變名姓俱之陳，爲里監門以自食。	4.秦滅魏，求耳千金，餘五百金。兩人變名姓俱之陳，爲里門監。

上面的2.，漢書將史記的「嫁庸奴，亡其夫」縮爲「庸奴其夫」，語意不及史記原文明顯。在「亡邸父客」下省去「父客素知張耳」一句，則父客何以勸女嫁張耳的原因不明。省去「張耳是時脫身游」一句，則「女家厚奉給張耳」的意義不顯，「耳以故」的「故」的原因亦不明。省去「名由此益賢」一句，及在3省去「亦知陳餘非庸人也」一句，則4.中秦的購求兩人的原因不明；且富人公乘氏之所以把女嫁陳餘的原因亦不明。3.中將史記「高祖爲布衣時，常數從張耳游」的「數」字省掉，又將「客數月」一句去掉，則不足以表示劉邦張耳的關係很深，不能說明劉邦何以對張氏父子（子張敖）的情誼特厚。張耳不過是做過外黃令，陳餘則始終是一平民，不是政治上突出的人物，所以4.中史公在「秦滅魏」下更加「數歲」兩字，以見並不是秦一滅了魏，便知道他兩人是名士而即購求他兩人的，乃在滅魏的「數歲」後，才知道他兩人是魏之名士，這才懸賞購求。班氏省去「數歲」，在時間上便含渾不清；又省去「已聞此兩人魏之名士也」，則懸金購求的意義不易明瞭。史記的「爲里門監以自食」，順便點出張陳兩人在逃亡中的生活；漢書省去「以自食」三字，對於他兩人逃亡中的生活，表達得不夠完全。上面的例子，在全書中都是有概括性的例子。

時間、方位及地點。在歷史敘述中當然佔有重要的地位。漢書有的在時間上修正了史記的錯誤，但有的則史記未錯，而經他修改反而錯了的；這在漢書襲史記的封禪書以爲郊祀志中，表現得很淸楚。但一般的說，史記對時間方位地點的叙述，較漢書爲詳密。試以漢書襲史記淮陰侯列傳以爲韓信傳爲例。

史記淮陰侯列傳	漢書韓信傳
1. 漢二年出關……令齊趙共擊楚、四月至彭城	1. 二年出關……令齊趙共擊楚彭城
2. 漢與楚和，六月魏王豹謁歸視親疾……	2.（漢書此處省去）
3. 其八月乃以韓信爲左丞相擊魏	3. 乃以信爲左丞相擊魏。
4. 信遂虜豹，定魏爲河東郡	4. 信遂虜豹，定河東。
5. 遣張耳與信俱引兵東北，擊趙代兵，後九月破代兵。	5. 遣張耳與信俱，進擊趙代，破代。
6. 六月，漢王出成皋，東渡河。	6. 四年，漢王出成皋。
7. 信追北至城陽皆虜（廣）楚卒，漢四年遂皆降，平齊。	7. 信追北至城陽，虜廣。楚卒皆降，遂平齊。
8. 信至國，召所從食漂母，賜千金。及下鄉南昌亭長，賜百錢。	8. 信至國，召所從食漂母，賜千金。及下鄉亭長錢百。
9. 漢六年，有上書告楚王信反。	9. 有變告信欲反

上表所列，在全書中是有概括性的。這裡有一點，應當特加說明。在劉邦即皇帝位以前，史記在年號

上，皆加一「漢」字，如1.中的「漢二年」；漢書則否。蓋史公之意，在劉邦未及皇帝位以前，統一之時間，應屬於楚，如秦楚之際月表所列。但漢人抹煞楚在這段時間內的實際政治地位，直以秦亡之年爲漢的元年，史公不能反對，故特加一「漢」字，以表示此元年二年等，乃漢的元年二年，而非代表當時一統的元年。至9.的「漢六年」的「漢」字，可視爲一時的筆誤。

漢書比史記，錄了很多有意義的策議奏疏，但史記也錄了不少的彼此對話。史記錄此種對話時，常盡力保持對話時的兩方神氣；而漢書襲用史記時，則常將這種地方加以刪節，由此影響到史記上的人物比較生動，比較能表現個性；而漢書上的人物，則缺少這種生動個性的表現。試以淮陰侯列傳中蒯通說韓信的一段，與漢書蒯通傳爲例。

史記淮陰侯列傳	漢書蒯通傳
1.齊人蒯通，知天下權在韓信，欲爲奇策而感動之，以相人說韓信曰，僕常受相人之術。韓信曰，先生相人何如？對曰，貴賤在於骨法，憂喜在於容色，成敗在於決斷。以此參之，萬不失一。韓信曰：善。先生相寡人何如？對曰，願少閒。信曰，左右去矣。通曰，相君之面，不過封侯，又危不安。相君之背，貴乃不可言。韓信曰：何謂	1.蒯通知天下權在信，欲說信令背漢，乃先微感信曰，僕嘗受相人之術。相君之面，不過封侯，又危而不安。相君之背，貴而不可言。信曰何謂也……信曰，漢遇我厚，吾豈可見利而背恩乎？通曰，始常山王成安君……

也……願足下熟慮之。韓信曰，漢王遇我甚厚。載我以其車，衣我以其衣，食我以其食。吾聞之，乘人之車者，載人之患。衣人之衣者，懷人之憂。食人之食者，死人之事。吾豈可以鄉利倍義乎。蒯生曰，足下自以爲善漢王，欲建萬世之業，臣竊以爲誤矣。始常山王成安君……

也許可以這樣的說，史公所錄的，較多保持原貌，而班氏則認爲這類文字無事實上的意義，故特多刪節。史公錄賈誼的過秦論以爲秦始皇本紀及陳涉世家贊，文字與賈氏的新書無大出入。班氏所錄賈氏治安策，則與新書的出入較大。漢書中常有因刪節他人之言太過，以致意義不很明瞭的。但在思想史中文學史中，常有識解不足的人，對意義不十分明瞭的語言，特別感到其「不可說」的神祕性而加以推崇的。虛字的去取，關乎著史者的文體、習性。對他人文字語言的保留或刪節。則與文體、習性無關。史公決不會爲古人造作語言。這關係於對古人語言原貌重視的程度。

將上面的比較加以綜合，應當可以得出如下的結論。

史公的文體疏朗跌宕，富於變化。文句的組成較爲圓滿。篇章的結構，線索分明，照應周密。所以在理解上亦較爲容易。在叙述上，則較精確而能盡量地保存歷史的原貌。班氏大概要力存簡要，所以他的文體較爲質重簡樸而缺少變化。在結構上的線索不甚分明，上下文間的關係，有的須讀者加以推想補充，使人感到較史記的文字爲難懂，說好聽一點，似乎較史記爲古奧。對於叙事，未能如史記的盡其委曲，漸流於空洞化；對人物的活動，未能像史記的描出其生態，漸流於抽象化。不過，和以後的著作紀錄，比較起來，還是高出很多的。並且漢書中有的傳也寫得很綿密，例如霍光傳，外戚傳等。其中張湯傳杜周傳韋賢傳，我懷疑是由他們的家傳而來。

史記的文字，我覺得與左傳及先秦諸子中的儒家爲近，這是古代散文流行以後的正統。到了班氏手上，何以有這一曲折？我想可能有兩個原因，第一，他要把他的著作，與唐虞三代之書比美，所以稱爲漢書。因此，他可能有心模擬尚書，力求簡古，例如在用字上，史記上的用字，比較是當時流行的，並把他所引用的尚書，用當時流行的語意加以轉譯。而班氏則常將史記上流行的字，改爲古字。這一點，前人已經指出過。而王莽時有擬周誥的風氣，班氏也可能受此影響。這樣一來，他的文體，不是順著古代散文的正統趨向而下筆的，乃是把散文的趨向挽回到尚書的時代而下筆的。劉知幾說他「有典誥之風」，或可和我的推測相印證。第二，司馬遷也可能作過賦，藝文類集卷三十的悲士不遇賦，也可能出於他之手。但他在賦上所下的功夫，不能及班氏於萬一。而與他並時被稱爲詞賦之宗的司馬相如的賦，吸收有重要的散文成分在裡面，其氣勢的雄渾跌宕，實與史公的自序及報任安書，有異體同工之妙。但相如以後，及相如以外諸家的賦，則板重多於跌宕，整齊多於變化，班氏漢書的文體，也可能受到他在賦上面所下的深厚工夫的影響。總之，漢書的文體，不是代表古代散文正統的文體。

由此我們可以了解，韓愈柳宗元們針對當時流行的駢文而提倡古文，亦即是提倡在駢文之外，另創造一種富有藝術性的散文，他們特重視史記而未嘗重視漢書，乃事理所當然，亦可見他們在文學上造詣之高，眞能把握到古文的正統。明代前後七子，主張「文必秦漢」，「文必西漢」，雖然在時代風氣之下，他們也標擧左史，但我懷疑他們之所謂「秦漢」，所謂「西漢」，實際是以漢書爲範本的。與後七子相抗的歸震川（有光，號熙甫），後人說他能得史記之神，這是在史記的虛字上用功夫，在史記的跌宕上用功夫，所得到的效果。但史公之神發乎他的精神、情感、深入於歷史之中，與歷史人物同其呼吸的自然。而明以後古文家僅能得之於諷誦中的聲調模擬。其深淺大小，不可以道里計。

附註

註一：四家謂尙書、春秋、國語、史記。

註二：見趙著廿二史劄記卷二「漢書多載有用之文」條。

註三：見王先謙後漢書集解本文所引。

註四：劉知幾史通原序。

註五：史通卷四序例「夫史之有例，猶國之有法。國無法，則上下靡定，史無例，則是非莫準」。

註六：史通卷十九有五行志錯誤及五行志雜駁兩篇。

註七：鄭樵通志二十略中之氏族略都邑略，固倡議於劉知幾，其昆蟲草木略，即由劉氏所倡之方物略而出。故知鄭樵實受有史通之影響。

註八：後漢書班固列傳。

註九：明李贄著有藏書續藏書，其體裁蓋亦欲以紀傳爲通史。去取任心，抑揚隨意，乃一無可取之書。

註十：方望溪先生全集卷二有書漢書禮樂志後，書漢書霍光傳後及書王莽傳後三文，皆鄙陋不足觀。

註十一：見大陸雜誌五五卷六期。

註十二：見拙著兩漢思想史卷二揚雄論究頁五三八—五三九。

註十三：漢書卷九十九下王莽傳。

註十四：全後漢文卷二十三班彪北征賦。

註十五：此句師古「爲春秋考紀，謂帝紀也」王先謙漢書補注引「劉奉世曰……考成也。言以編年之故，而後成紀表志傳，非止於紀也。……齊召南曰……李賢注後漢書引前書音義曰，春秋考紀，謂帝紀也。言考覈時事，具四時以立言，如春秋之經。較師古注尤明。」按似當以「爲春秋」爲一句。「爲春秋」者，意謂如孔子之作春秋。省略其言者，蓋亦班氏之微言也。春秋有褒貶，漢書雖意在尊漢，然未嘗無褒貶。考成也，成紀表志傳凡百篇。

註十六：皆見史記自序。

註十七：李賢注：「武帝泰始二年，登隴首，獲白麟，遷作史記，絕筆於此年也。」按武帝無泰始年號。冬十月祠五時獲一角獸，因以元狩紀年。史記自序「至於麟止」，正如梁玉繩所謂「取春秋絕筆獲麟之意」，盖「假設之辭耳」。史公作史，終於太初，而成於天漢；在未死以前，即征和之際，當仍在加筆，決非絕筆於獲麟之年。彪誤，李注尤誤。此種顯著謬誤，而王先謙集注，未曾修正者何也。

註十八：此句之「則」字，從監本移於「絕」字之下。

註十九：此二語之意義不明。

註二十：漢書藝文志六藝略序。

註二一：後漢書卷四十上班彪列傳論。

註二二：仝上傳贊。

註二三：楊樹達漢書窺管「樹達按，大漢無義，當作天漢。天漢武帝年號。司馬貞索隱序云，太史公記事，上始軒轅，下訖天漢。並本此文爲說。是唐人所見漢書並不誤。裴駰史記集解序引此文作天漢，尤其明證矣。

註二四：史通卷一六家「尋其（漢書）創造，皆準子長。但不爲世家，改書曰志而已」。

註二五：見漢書六十四下嚴安傳。

註二六：禮記表記有「子曰，夏道尊命事鬼……殷人尊神率民以事神……周人尊禮尚施事鬼……」一段，又有「子曰，虞夏之質，殷周之文，至矣……」數語；與鄒衍之言相似而實不同。鄒衍或由此演變而出。鄒氏之說，至唐已晦，故正義以爲史公係引禮文。

註二七：見漢書七十五眭弘傳。

註二八：現史記孝武本紀的名稱，依自序，應稱「今上本紀」。

註二九：見漢書七十五夏侯勝傳。

註三〇：見漢書七十二貢禹傳。

註三一：史公著書，至太初而訖，自未可疑。然太初四年後即天漢元年。列傳中出有天漢時事，亦情理之常。故此處稱「大體斷限之年」。

註三二：漢書卷十三異姓諸侯年表序。

註三三：計項羽西楚霸王，吳汭衡山王，共敖臨江王，英布九江王，張耳趙王，趙歇代王，田都齊王，田安濟北王，田市膠東王，章邯雍王，司馬欣塞王，董翳翟王，臧荼燕王，韓廣遼東王，魏豹魏王，司馬卬殷王，韓成韓王，申陽河南王。

註三四：韓信齊王徙爲楚王，英布淮南王，盧綰燕王，張耳趙王，彭越梁王，韓王信代王，共敖臨江王，吳芮長沙王。

註三五：史公序謂「漢定百年之間，親屬益疏，諸侯或驕奢，忕（習）邪臣計謀爲淫亂」，此係封建流弊之概述。

註三六：「中」指「國統三絕」，師古「謂成哀平皆早崩，又無繼嗣」。「外」指諸侯王「勢與富室無異」。

註三七：按此所謂「志古之道」，指上文古之諸侯，所以能守國長久，以其能「篤於仁義奉上法」而言。

註三八：按前記指史記。班氏稱史記只稱「史」或「前記」。此乃高惠高后孝文功臣表敘中語。

註三九：見大雲山房文稿初集卷二。

註四〇：史記自序史公引董仲舒語。

註四一：自夏燮以下，皆收入二十五史補編內。

註四二：漢書律歷志上，以黃鐘爲天統，林鐘爲地統，太簇爲人統，「此三律之謂矣，是爲三統」。此係劉歆的特別思想。又「至孝成世劉向總六歷，列是非，作五紀論。向子歆，究其微眇，作三統歷及譜以說春秋，推法密要，故述焉。」

註四三：漢書律歷志上「而閎（落下閎）運算轉歷，其法以律起歷，曰，律容一龠，積八十一寸，則一日之分也……天律陰陽九六爻象所從出也，故黃鐘紀元氣之謂律。律，法也。莫不取法焉，與鄧平所治同……乃詔遷用鄧平所造八十一分律歷。」

註四四：所謂拼盤，是指我國酒席上將許多樣菜肴，拼在一個盤子裡的拼盤而言。在盤子裡的許多樣菜肴，形式擺得很整齊，但相互間並沒有內在的關連。西漢人喜建立無所不包的哲學大系統，僅憑想像之力，把許多東西聚合在一起，其實這些東西相互之間，也並沒有內在的關連，不能算是邏輯的結構。所以我方便稱爲「拼盤式的哲學」系統。西方由思辯的邏輯推演所建立的形上學，有如春蠶吐絲一樣，或者可方便稱爲「蠶絲式的哲學」；這是一種邏輯結構，但在這結構中並沒有材料。所以他們以爲無所不包，實際什麼也沒有包在裡面。故亦稱爲「觀念遊戲」。兩種哲學形態，沒有高下眞假可分，但拼盤式的哲學中，畢竟還保有若干材料。並且他們還是落實在現實的政治社會人生問題之上，提出合理的解決之方，這都是出自深刻的觀察與思考。

註四五：準此以言，宋錢子文撰「補漢兵志」，應正名爲「漢書刑法志補」。

註四六：漢書二十七上五行志叙論。

註四七：漢書二十五上郊祀志上叙論。

註四八：「張晏曰，星辰有宮室，百官各應其象以見徵咎也」。是張氏以百官爲指地上之百官而言。但將下文連結在一起來了解，則此百官，乃指星辰的官位而言。

註四九：漢書補注引齊召南說，以天文志爲馬續「所撰」，並謂晉書天文志「凡天文以下五句，直云馬續云」爲證。按後漢書列女班昭傳只謂「兄固著漢書，其八表及天文志，未及竟而卒，和帝詔昭就東觀藏書閣，踵而成之」。「後又詔融兄續繼而成之」，則天文志，並非有目無書可知。且就叙傳看，表及天文志，乃有材料尚未完全收入，而天文志待補充整理者更多；其骨幹輪廓，則班氏已具，故只應稱爲「續成」。

註五〇：依錢大昕王念孫，五經星之宮字皆應作官。

註五一：史通卷三書志篇。

註五二：史記卷七十四孟子荀卿列傳。

註五三：史通卷十九。

註五四：地理志所總結當時（元始二年）的戶口數字是「民戶一千二百二十三萬三千六十二。口五千九百五十九萬四千九百七十八」。是每戶約五人。中國人當父母尚在時，很少有分居的傳統習慣。父母及夫婦佔有四人，而子女僅有一人，不合情理。由周官職方氏所反映之各州所生子女數，以荊州之一男二女爲最少，冀州之五男三女爲最多。豫州青州兗州幷州皆二男三女，雍州三男二女，幽州一男三女，揚州二男五女。此數字雖頗機械，但應可以反映出一般的生育情形。故仍以孟子所稱「八口之家」，近於事實。故西漢末人口，應爲一億左右。但因逃避算賦（人頭稅）及兵役關係，隱蔽無名籍者多，故官府紀錄者只有此數。

註五五：史記自序「韓信申軍法」，漢書藝文志兵書略，「漢興，張良韓信次兵法，」此乃政府最先著手整理的典籍，由此可知漢初對此一方面的特別重視。

註五六：漢書卷二十七上五行志叙論中語。

註五六：漢書卷二十七上五行志叙論中語。

註五七：此處所謂「術學」，乃指智術及學問而言，不可與「學術」一詞混。

註五八：按此句的「其度」，指預定的計劃。「欲有所會其度」，意謂將乘「雲蒸龍變」的時機，想實現（會）他預定的計劃。

註五九：史記卷九十一鯨布列傳滕公以鯨布反事問故楚之令尹，楚之故令尹所言。

註六〇：具見史記卷九十一韓信列傳。

註六一：引自史記會注考証本傳下。

註六二：以上俱見漢書卷三十四吳芮傳。

註六三：以上見史記卷九十一黥布列傳。惟給布者作「長沙哀王」。據集解索隱及正文，皆認爲應是成王臣，吳芮之子。

註六四：以上皆見漢書卷三十四的傳贊。

註六五：以上皆見史記卷九十二淮陰侯列傳。

註六六：宋倪思有「班馬異同」三十五卷，將兩書作了幷排對比的工作，使文字異同，得以一目了然。我在二十年前，曾看到此書。惜此次未能找到，非常可惜。楊士奇史漢異同跋，「思以班史仍史記之舊，而多删改，務趨簡嚴。或删而遺其事實，或改而失其本意。」倪氏可謂爲知言。

唐代太原北塞交通圖考

嚴耕望

目次

引　言……2
（一）太原直北出雁門關西北通單于府及河上三城道述略……4
（二）太原西北汾水河谷出樓煩關道……6
（三）代州東北通蔚、嬀、幽州道……15
（四）代州雁門關北通雲州道……24
（五）塞北東西交通線……29
（六）代北水運考略……47
附：北魏參合陂考……50
唐代太原北塞交通圖……58

引言

太原自見史以來，即爲北方軍事重鎭。唐起太原，建爲北都，更在政治上居有特殊地位。唐代北方强鄰，先後有突厥與迴紇，北敵南侵，與中國防禦之重點有四，自東而西數之，曰幽州，置范陽節度使；曰太原府，置河東節度使；曰靈州，（今靈武縣西南十里。）置朔方節度使；曰涼州（今武威縣），置河西節度使；皆爲大軍鎭，亦爲中國通北疆之主要交通中心。而靈州與太原府位居中間，爲國都長安之屛障，故在軍事上尤見重要，亦爲南北國際交通之兩條最主要幹線。唐中葉以後，靈州南北常爲吐蕃所侵擾，靈州一道不能暢通；河北三鎭叛服不常，太行東麓之驛道交通亦時見阻隔，故國都長安西北至回紇惟有太原一道，而東北通幽州、嬀州，亦往往取太原雁門道，是以中葉以後，太原府在北塞交通與軍事支援方面之重要性更爲增加。

此文以太原府爲基點，考其與北塞間諸交通線。其一，太原正北經忻代出雁門關，西北經朔州（今朔縣）通單于都護府（今歸綏西南）及河上三城道。其二，太原西北取汾水上游谷道出樓煩關（今寧朔縣西南有樓煩嶺）亦至朔州，此爲太原北出之輔線。其三，雁門關內，由代州（今代縣）東北取滹沱河谷道至嬀州（今懷來縣）、幽州。其四，代州雁門關正北通雲州（今大同）道。其五，以雲州爲中點，西通單于都護府及河上三城，東經新州、嬀州至幽州，此爲北疆之主要東西交通線。其六，汾水、滹沱河上游似可通水運，桑乾河水運且相當發達。此諸道構成以太原府爲中心基地之倒三角形之交通系統，使太原成爲唐代北疆之政治、軍事以及商業貿易之最大中心。惟全文過長，已抽出第一道，改編爲

「唐代太原西北通單于都護府及河上三城道」一文，刊於「香港中文大學中國文化研究所學報」第十卷，其餘諸道皆於此同時刊出，並就「西北通單于府道」約述其結論,仍爲此篇之第一節,俾讀者對於太原以北之交通形勢有一整體概念。

一九七八年三月二十一，時唐君毅先生謝世四十又七日，謹此紀念。

（一）太原直北出雁門關西北通單于府及河上三城道述略

寰宇記錄北朝人所撰入塞圖與冀州圖，皆有太原西北出塞之途徑。冀州圖云，入塞有三道，其中道發太原經雁門（今代縣），馬邑（今朔縣），雲中（今歸綏西南），出五原塞，直向龍城。入塞圖所記，馬邑以北有東北至平城（今大同縣）一轉，再西北行五百里至雲中，又西北行（脫二百）五十里至五原，又西北行二百五十里至沃野鎮（約今烏蘭鄂博北數十里），又西北行二百五十里至高闕（今狼山口，經107°25'緯41°20'；或石蘭吉口，經107°30'緯41°20'）又西北行二百五十里至郎君戍，又直北三千里至燕然山，又北行千里至瀚海。此兩條爲今存最早而有系統之交通史料，至可寶貴。惟觀中古出師途徑，馬邑直西北至雲中者爲多，固不必繞經平城。至唐，史料所見，朔州（即馬邑）向西北直至單于都護府（即古雲中地），尤爲主道。其行程大略如次：

太原府（今晉源）正北行出石嶺關一百八十里至忻州（今縣），又北出忻口一百六十里至代州（今縣）；又西北出雁門關一百二十里至朔州（今縣），又西北約二百一十里至善陽嶺，當煬帝長城口，置善陽關，（約今大紅河北岸之大紅城地），又北約一百四十里至單于都護府，置振武軍，又西南一百二十里至東受降城（勝州東北黃河北岸）及勝州。（今托克托西二十餘里黃河內十二連城。）善陽嶺西北亦至勝州。又循河西行，約三百里至中受降城，即安北都護府（約今包頭西昆都倫河口之西賈格爾廟），又西北二百里至天德軍（約今烏蘭鄂博地），又西一百八十里至西受降城，其地在北河（今五加河黃河故道）西岸，今狼山縣西北狼山山脈東南麓。（約東經 107°10′ 北緯 41°10′，或今狼山口西南約三四十里，東經 107°20′ 北緯 41°15′ 地區）又西北出高闕塞（今狼山口或其東約三四公里石蘭吉口），三百里至鸊鵜泉，為通回紇磧道之口。

單于都護府，古雲中地區，為塞北漠南最肥沃地區，北方少數民族渡磧南徙者，常以此為中心根據地，與中國北方重鎮之太原關係尤切，大隊行旅，皆直接往來。如北魏初期踰漠而南都定襄之盛樂（在唐單于府之南），道武帝因之南取并州，即取此道。隋世，突厥勢衰，南居大利城，煬帝北巡榆林，（即唐之勝州），至其部落，亦取此道。至於隋及唐代前期用兵突厥，更常出此道，且以為中軍主線。安史之亂，回紇登里可汗將兵入援，取道三城，經忻州至太原。其後唐與回紇國交較睦，罕見用兵，而通使往來，公主和蕃，乃至物資貢遺，皆取此道，尤見為兩國交通之最主要幹線。

按長安至回紇逕捷之道為取靈武路（今靈武縣西南十里）或夏州路（今橫山縣西百里長城外之白城子）；而東取太原路，最為迂遠。然貿易通使在較早時期，固見有取靈州路者，但盛唐以後，則例取太原路，即由長安東北行繞經河中府（今永濟縣），太原府，忻、代、朔州，至單于都護府即振武軍出塞，或更西至高闕出塞也。中國防禦，即以振武軍為前線基地，西控天德、三受降城，而太原又為振武之支援基地也。蓋突厥、回紇入長安，取靈州道，夏州道，雖較近捷，然原（今固原縣），慶（今慶陽縣），鄜（今縣），延（今延安縣）以北，或屬半沙漠地帶，或為橫山山脈所阻隔，靈、夏以北更屬荒漠，人煙疏少，供給困難。而太原道路既較平，且沿途富庶，惟朔州以北乃較荒落耳。故唐與突厥之交通即以此道爲主，觀先天中金仙公主和蕃擬議中之行程可知。逮中葉以後，吐蕃兵據原州，侵逼靈、鹽，靈夏兩路，略近荒廢，唐回交通更惟太原一道可行矣。交通既以此道爲主，軍事防禦因亦增重，故以振武軍爲河上諸軍城之支援基地，太原府又爲振武軍之支援基地，故劉沔傳云，「朝廷以太原重地，控扼諸戎」也。

考證詳「唐代太原西北通單于都護府及河上三城道」，（待刊於香港中文大學中國文化研究所學報第十卷）此皆從略。

（二）　太原西北汾水河谷出樓煩關道

太原府「西北取乾燭谷路至嵐州（今縣）三百二十里。」乾燭谷即羊腸坂，漢及北魏置羊腸倉，地在陽曲縣西境。蓋此道循汾水河谷上行，經陽曲縣西境乾燭谷、羊腸坂倉，在汾水之南，煬帝曾改名爲深谷嶺。坂谷以西五十三里至古交城（今古交村，在陽曲西約百里）。羊腸相近，汾水之北有天門關（今關在陽曲西北六十里）。倉關夾汾南北，未必爲一道，然天門西行不遠即渡汾而南，是合爲一道矣。

取乾燭谷路里數，見寰宇記四〇幷州目。但文海影本作二百三十里。檢通典一七九，幷州、嵐州兩目，皆作二百五十里。元和志一四嵐州目作三百三十里。按元和志，嵐州「南至上都取太原路一千五百八十里。」幷州「西南至上都一千二百六十里。」敦煌發現諸道山河地名要略殘卷（羅氏鳴沙石室佚書本）全同。則其差正爲三百二十里。觀地圖亦必三百里以上無疑。

羊腸坂、羊腸倉　通典太原府陽曲縣，「有乾燭谷，即羊腸坂也。」寰宇記四〇，同。觀今地圖，谷當在縣之西境，是由太原向北行取陽曲西境，即當循汾水河谷而行。據此，羊腸坂在陽曲縣西境，即在唐太原府治西北頗遠。而元和志一三太原府交城縣條云：

「羊腸山在縣東南五十三里，石磴縈委，若羊腸。後魏于此立倉。今嶺上有故石墟，俗云太武帝避暑之所。」

按同書，交城在府西南八十里，是此羊腸山在府西南殆踰百里，似非一地。復檢寰宇記五〇大通監交城縣條引郡國志，內容與元和志相同，且云即羊腸坂也。又引皇甫謐曰：「羊腸塞在龍山，即晉陽西北九十里。」是元和志所記原非當時羊腸山與交城縣之相對位置，而為前代郡國志所記山坂與縣城之相對位置。其羊腸山坂實在晉陽西北九十也。復考水經注六汾水注云：

「汾水又南逕汾陽縣故城東。…漢…立屯農積粟在斯，謂之羊腸倉，山有羊腸坂，在晉陽西北，石磴縈行〔委〕若羊腸焉，故倉坂取名矣。……又南逕秀容城東。……又南出山。」

是尤羊腸坂在晉陽西北汾水右旁之明證。一統志太原府卷古蹟目，汾陽故城在陽曲西北九十里。又山川目，「羊腸山在交城縣東北一百二十里，一名羊腸坂。」是也。不在唐代迄今交城之東南也。檢元和志交城縣云：開皇間分晉陽置交城縣，「取古交城為名。…天授二年，長史王及善自山北故交城縣移就郤波村置。」寰宇記，同。惟謂古交城在「縣西北。」是志記兩書已明交城有故新之分。寰宇記又云，交城山在縣北一百三十五里。檢一統志太原府卷山川目交城山條，同。又云古交城治此。又古蹟目，交城故城「今名古交村，在縣北汾水、孔河交流處。」檢國防研究院中國地圖集河北山西圖，交城縣北，陽曲縣西，汾水上有古交地名，當數水之會，正其處。郡國志云羊腸坂在交城東南五十三里，謂此交城無疑，非唐迄今之交城也。通典一七九嵐州宜芳縣，「有古秀容城，即漢汾陽縣，屬太原郡，積粟所在，謂之羊腸倉，石隆縈委，若羊腸焉。」秀谷城即前引汾水注之秀容，所記羊腸地望亦合，與唐迄今之交城無涉。

又羊腸倉，元和志與寰宇記以爲北魏所置，而汾水注謂漢已置。考後漢書列傳六鄧訓傳，「永平中，理滹沱石臼河從都慮至羊腸倉，欲令通漕太原。」則倉自漢代已見置，蓋北魏仍之耳。

天門關　新唐書地理志，太原府陽曲縣有天門關。考歐陽修河北奉使奏章卷下乞免差人往岢嵐軍築城再奏（歐陽文忠集册一四）云：「成德軍……路出土門……至幷州，又出天門關，經憲州，飛鳶軍，入洪谷。」按宋憲州治樓煩縣，在今靜樂縣南七十里，今圖有樓煩地名，東濱汾水。觀此形勢，歐陽所述由幷州至憲州路線當亦略循汾水河谷而行。檢紀要四〇太原府治陽曲縣，有天門關在府西北六十里，路通舊嵐管州。其東北崖，煬帝爲晉王時所開，名楊廣道。宋靖康初，金人圍太原，朔州守臣孫翊將兵赴援，由寧化憲州出天門關，敗沒。時府州帥折可求亦統麟府之師三萬涉大河，由岢嵐憲州赴援，將出天門，金據關拒之。」所述兩事亦皆見憲州東行過天門關至太原府也。關在陽曲縣西北六十里，一統志太原府關隘目同。檢國防研究院地圖，古交、陽曲之正中間，汾水之北有天門關，即其地矣。寰宇記五〇交城縣羊腸山條云：「即晉陽西北九十里，古西河、上郡置關於此，隋煬帝大業四年經此幸汾陽宮，改名深谷嶺。」則羊腸早有關防守，唐宋及後代天門關殆因故關而置耳。

汾水渡　宋史二八九高繼宣傳，「知幷州，俄(元昊)寇麟府，繼宣帥兵營陵井，抵天門關。是夕大雨，及河，師半濟，黑凌暴合，舟不得進。……已而凌解，師濟。……」則天門以西即由河北渡河而南也。

又循汾水河谷西北行至樓煩監牧城，開元中築，唐末置憲州及樓煩縣，在水西岸，（今樓煩鎮），東去太原府二百四十里。

舊唐書地志，憲州治樓煩縣，「舊樓煩監牧也。……舊樓煩監牧，嵐州刺史兼領。貞觀〔元〕十五年，楊鉢爲監牧使，遂專領監司，不係州司。龍紀元年，特置憲州於樓煩監，仍置樓煩縣。郡城，開元四年王毛仲築。」寰宇記四二及新唐志，略同。九域志四，嵐州領樓煩縣，在州南八十里。檢紀要四〇靜樂縣，有樓煩城，「在縣南七十里，……今爲樓煩鎮。……志云，鎮東臨汾水。」今圖，水西有樓煩地名，與兩書所述里距相當，即其地也。嵐州東去太原府三百二十里，見前引；據九域志，樓煩縣在州南八十里，知其東去太原府里程。

憲州東南六十里，唐末有雁門關，亦東臨汾水，西倚高山，必爲此道所經。此爲另一雁門，與代州之雁門關有別。

寰宇記四二憲州天池縣，「雁門關在州東南六十里，屬天池縣雁門鄉。其關東臨汾水，西倚高山，接嵐、朔州。」此關亦爲大道所經無疑。疑爲唐末所置。

又有孔河館者，當因孔河受名，疑與古交城相近，蓋亦在此道上。

舊唐志，憲州天池縣，在「州西南五十里置。本置於孔河館，乾元後移於安明谷口道人堡下。」寰宇記四二，同。按一統志太原府卷山川目，孔河「源出交城縣西北龍鬚山，東南逕馬蘭城北，又東逕故交村南，注汾。」又古蹟目，交城故城，「今名古交村，在汾水、孔河交流處。」檢國防研究院地圖，古交之西正有一水西源於岔口地區，流至古交入汾水。是孔河也。若即唐宋之孔河，則館在道上。

樓煩縣北出有東西兩道。西道西北行八十里至嵐州治所宜芳縣（今嵐縣），再北行經岢嵐軍（今縣）至草城川，地平坦（約今五寨・三岔堡地區）。由川西北行至偏頭（今偏關）達勝州（今托克托城黃河之西）。由川東北行至朔州。

樓煩北至嵐州方向里數，見上引九域志四。由嵐州北出之道，另詳唐代黃河汾水間南北交通線考。

東道由樓煩向北微東行約七十里至靜樂縣（今縣），由縣西行四十五里至嵐州，與西道合。由縣向北微東行約二百六十里至朔州治所鄯陽縣（今朔縣）。

樓煩北至靜樂縣里數見紀要四〇靜樂縣樓煩城條。靜靜縣西至嵐州里數，見元和志一四，寰宇記四一嵐州目。元和志，嵐州東北至朔州三百七十四里。朔州目，方向里距同。寰宇記兩州目，亦皆同。而通典嵐州、朔州兩目皆作南北距三百里。差異頗大。按嵐州東北至朔州大路必經靜樂，則靜樂至朔州當約三百三十里，或約二百六十里。下文考天池在靜樂縣北一百三四十里，在今寧朔縣西南六十里。又檢一統志寧朔府卷及朔平府卷，寧武東北至朔州約九十里，則以今日里距衡之，通典似較合，又以此一地區各州間里距及今圖參之，靜樂朔州間似亦不應有三百里以上，故從通典書之，約二百六十里。

其行程之可考者：由靜樂北行八十里至伏戎城（約今寧化堡），隋樓煩郡治，蓋即酈注之代城也，東濱汾水。唐末五代置固軍，宋置寧化軍，蓋其地。又北行七十里至樓煩關，約在今寧武縣西南十里上下之樓煩嶺、分水嶺，北宋與契丹以橫嶺爲界，地頗相當。隋築長城，起合河縣（今興縣西北五十里蔚汾水口之南岸）北之合河關（縣北三十五里），東循岢嵐河谷（今嵐猗河），經嵐谷縣（今岢嵐）北境，循管涔山脈（即蘆芽山脈），又東循恒山山脈，至靈邱縣（今縣）北七十里，又東入飛狐縣（今淶源）北界，循太行山脈至幽州，全長千餘里，大抵因古蹟增修。樓煩關、雁門關皆此長城之嶺口也。明代置寧朔關（今縣西南）與偏關、雁門關，並稱三關，而位居中，最爲要衝，古樓煩關地望蓋與相當。出關約一百一十里至朔州，與太原府正北出經忻、代至單于府之驛道相會合。

樓煩關　隋書煬帝紀，大業三年，北幸榆林郡（今托克托城西）八月南歸，「癸巳入樓煩關。壬寅，次太原。」是由樓煩關道，南至太原。隋書地理志，樓煩郡靜樂縣有關官。謂此關也。元和志一四嵐州：靜樂縣，「樓煩關在縣北一百五十里。」下文引寰宇記，寧化軍南至靜樂一百七十四里，（本作六十里，據至嵐州里數校正。）北至契丹界橫嶺六十里，自嶺至朔州一百里。則樓煩故關當與橫嶺相近。檢一統志寧武府卷山川目，「樓煩嶺在寧武縣西南七里。省志作六番，崞縣志作六盤；府志，六盤嶺盤行六折而上；崞志之名得實矣。按六番義猶六盤；而云樓煩，則當是其本號耳。三名音皆頗近，傳訛以此。」又「分水嶺在寧武縣西南十里。」按寧武東北至朔縣約九十里，故關當即在今分水嶺、樓煩嶺地區無疑。

隋長城　元和志一四嵐州合河縣云：

「隋長城起縣北四十里，東經幽州，延袤千餘里，開皇十六年，因古蹟修築。」

寰宇記四一嵐州合河縣，同。元和志又云「後魏於蔚汾谷置蔚汾縣。……武德七年改爲臨津縣，貞觀元年改爲合河縣，以城下有蔚汾水，西與黃河合，故曰合河。黃河在縣西二里，合河關在縣北三十五里。」寰宇記並同。是合河縣在蔚汾河口，其北三十五里有合河關，長城起點蓋又在關北五里，亦可能即在一地。今檢地圖，城蓋循嵐猗河谷而築者。

自此以東，元和志、寰宇記屢見記述如下：

（A）嵐谷縣，「古長城從東北朔州界入本縣界，六十里．北過西九十里入嵐州和〔河〕合縣界，即秦之長城也。」（寰宇記五〇岢嵐軍目）

（B）靜樂縣，「長城，隋圖經云，因古跡修築長城，起合河縣北四十里，東經幽州，延袤千里。」（寰宇記四一嵐州目）。

（C）靈邱縣，「開皇長城西自繁峙經縣北七十里，東入飛狐縣界。」（元和志一四蔚州目，寰宇記五一，同。）

就（A）條言，雖云秦長城，（此處是否有秦長城，頗有問題。）然西至合河之隋長城本固古跡修築，故此條可視為隋長城線。是其城自朔州西南經嵐谷北境西境而至合河。嵐谷在今岢嵐縣治，則此長城正當循今嵐猗河谷而築者。此河，中古時代名岢嵐河，見寰宇記五〇嵐谷縣條。據（B）條，靜樂縣有長城，蓋其北境與朔州接壤處。長城線經嵐谷北，靜樂北，入朔州，是必因管岑山脈之西北麓而築者。檢武經總要前集一七岢嵐軍目川谷城堡條云：「草城川，川口闊一里餘，川中有古城。景德中築長城，控扼賊路。」草城川在今五寨．三岔堡地區，（詳黃河汾水間南北交通線）正在管涔山（盧芽山）之西北麓，蓋即因隋長城故跡耳。據（C）條，由繁峙縣東經靈邱北七十里處，是必循恒山山脈而行無疑。又東入飛狐縣境，又必因太行山脈至幽州，即至幽州北境居庸關迤東一線也。綜上所見，開皇長城自合河至管涔山北麓之一段見於地書記載，自繁峙北之恒山山脈迤東至幽州之一段亦見於地書記載。惟管涔山北麓至繁峙縣北境，其間之長城線不詳。今檢視地圖，西陘山、雁門關正在此條線上，此二險隘今當長城線，實亦隋長城線無疑。樓煩關正在管涔山之北麓，東望西陘、雁門，其為隋長城之一嶺口，殆可斷言。考通鑑二二五大曆十三年，考異曰：「代州今有揚武寨，其北有長城嶺，聖佛谷。今崞縣西有陽武地名，地望略相當，惟稍南耳。（參太原單于府道陽武谷條。）則今代縣、崞縣、寧朔間，宋有長城嶺，尤為今長城即隋唐古長城之明證。

伏戎城、寧化軍　元和志又云，「伏戎城在縣北八十里，隋樓煩郡所理也。」寰宇記四一，靜樂縣目，「冀州圖云，樓煩城在縣東北七十里。」必即一地。其為大道所經，雖無確證。然此道經樓煩關至靜樂，而隋置郡城在縣北八十里，一云東北，就方向言，正當在此道上，山區置郡，爲地形所限，必爲此大道所經無疑。考水經注六汾水注，「又南逕一城東，憑墉積石，側枕汾水，俗謂之代城。」合校引董祐誠，以爲伏戎城之誤。是也。濱臨汾水，亦增加大道所經之可能性。又按寰宇記五〇寧化軍，「本嵐州之故〔固〕軍，東北接蕃界，皇朝太平興國六年，改爲寧化軍。」而通考三一六「本嵐州地，劉崇置固軍，太平興國四年徙軍城稍南，改爲寧化縣，五年置軍。」九域志四，略同。寰宇記記其四至云「南至嵐州靜樂縣六十里，正南以（？）西至嵐州一百二十里，北至契丹界橫嶺六十里，自嶺至朔州一百里，東南至天門關二百四十里，西南至岢嵐軍一百五十里。」既云至嵐州一百二十里，則南到靜樂當爲八十里，「六」字形譌。檢紀要四〇寧化城果在縣北八十里，是也。九域志所記較詳，方向里距亦略合。是在靜樂東北八十里，朔州西南一百六十里，其和較靜樂至朔州之實際里數，亦略相當。疑軍城即在樓煩故城，橫嶺即樓煩關故地也。檢一統志，寧武府卷關隘目，寧化司，在寧武縣西一百里；古蹟目寧化舊城條，作西南一百里，是也。

樓煩關西南有隋煬帝所置汾陽宮，蓋去大道不甚遠，北朝君主屢遊天池，亦名祁連池。池在燕京山即管涔山上，在今寧武縣西南六十里。隋宮近天池之南而建，南去靜樂一百二十里。

隋書地志，靜樂縣有汾陽宮。隋煬帝紀，大業四年置。通鑑一八一大業四年，「四月，詔於汾州之北汾水之源，營汾陽宮。」檢元和志一四嵐州靜樂縣，「隋汾陽故宮在縣北一百二十里。」又云「天池在縣北燕京山上，周迴八里，陽旱不耗，陰霖不溢。」下述池水與桑乾河潛通之說，本之酈注也。又云「隋煬帝嘗於池南置宮，每夜風雨吹破，竟不成。今池側有祠，謂之天池祠。」寰宇記四一，略同。記又云「天池俗名祁連汭，在縣東北一百四十里。」「汾陽宮，大業四年置，末年廢。在縣北百二十里。」又水經注六汾水經云：「出太原汾陽縣北管涔山。」注引十三州志，「出武州之燕京山，亦管涔之異名也。」元和志云，管涔山在靜樂縣北一百三十里。通鑑一八二，大業十一年四月，帝幸汾陽宮避暑。

八月巡北塞。考異引雜記，七月帝幸雁門，先至天池。明天池在宮之北。據此諸條，燕京山即管涔山，其上有天池，在靜樂縣北一百三四十里，又名祁連池，漢夷殊名耳。汾陽宮即在山池之南不相遠。通鑑胡注，「按煬帝起汾陽宮環天池。」似甚是。然下文云：「詳見後五臺註。」此係指卷二四八會昌五年紀注而言。按該注謂五台有四埵，各去台一百二十里。西埵有煬帝因天池所造宮室。此則去靜樂之天池甚遠，非其地也。靜樂天池在今寧武縣西南六十里，見一統志寧朔府卷山川目。

復考天池爲北朝以來之有名勝景，故帝王屢遊幸之。如通鑑一五七梁大同三年紀，高歡遊汾陽之天池。卷一七二陳太建八年，齊主（後主）與馮淑妃獵於天池。又卷一六七陳永定二年，齊主（文宣）北巡至祁連池。胡注，「祁連池即汾陽之天池，此人謂天爲祁連。」是也。又元和志云，後魏孝文帝以金珠穿魚七頭放此池云云。則帝王遊幸不始於齊。復考汾水注述劉曜隱于管涔山，山神遣使奉謁趙皇帝獻劍故事。上引高歡遊天池事，云得奇石，以爲當王之瑞。又通鑑二八四後晉開運元年，楊光遠自謂「嘗以紙錢祭天池而沈，人皆言當爲天子。」蓋北人以爲天池有神異，故野心家常假之以惑衆，或以自誤也。蓋其地風景殊異，又久有神異之說，故帝王亦多巡幸，煬帝擇勝地起宮室，此爲首選，蓋有由也。

大池既爲北朝帝王常幸之勝地，煬帝三次北巡，前兩次歸程及第三次去程皆取此道，故必拓修，可馳驛馬，成爲太原北出之一重要交通線。

北朝君主屢幸天池，已詳前引。北齊書五〇高阿那肱傳，「周師逼平陽，後主於天池校獵，晉州頻遣馳奏，從旦至午，驛馬三至。」是可馳驛。

通鑑卷一八〇、一八一，大業三年八月，帝北幸巡至榆林（即勝州），幸啓民可汗帳，由樓煩關經太原南歸。明年三月，又駕幸五原（即豐州），因出塞巡長城。四月，詔營汾陽宮，幸之，大圍獵。是必亦由此道經太原無疑。是兩次北巡，皆取此道南歸。又同書一八二，大業十一年三月，行幸太原。四月幸汾陽宮避暑。八月巡北塞，會始畢來襲，馳入雁門至太原。是第三次由此道出也。前引紀要四〇陽曲縣天門關條，「其東北崖，煬帝爲晉王時所開，名楊廣道。」蓋相承紀錄如此，事當可信。則煬帝經營此道甚力，特喜取途也。

且此道大抵循汾水河谷而行。而汾水亦通舟楫或木筏，故漢世有鑿通呼沱、汾水之上源以漕山東之粟以實太原倉儲之構想。

前考古交城、雁門關、樓煩監、靜樂縣、伏戎城，皆臨汾水，天門關縱不臨汾水，但亦相近，是此道略循汾水河谷而行無疑。漢代通漕呼沱、汾水之計劃，詳第六節代北水運。

綜之，此道全程六百里，行於管涔山（蘆芽山）呂梁山與雲中山脈間之汾水河谷中，兩側山脈南北平行而甚逼近，沿途風景當甚幽麗，而天池尤爲勝境，且有靈異之說，爲北朝君主所向往遊幸弋獵之所，貴族士大夫亦常往來於山光水色間，殆無可疑，交通相當發達亦可想見。加以有水運之利，亦增加此道在南北交通上之價值，宜其爲中古時代太原以北之一重要交通線。度其情勢殆僅亞於忻、代、雁門道，而史家皆甚忽視，非經詳檢史證無以明之。

（三） 代州東北通蔚媯幽州道

今山西省東北部有兩座名山。其一，恆山。恆山山脈由西南之管岑山走向東北，高峯疊起，有勾注山，饅頭山，鐵角嶺，恆山，六稜山，皆高逾二千公尺，成爲一堵南北天然阻障。其二，五台山，高近二千九百公尺，爲山西、河北間太行山脈北段之主峯。恆山山脈之西北側有桑乾河由西南流向東北，幾與山脈平行。恆山山脈之東南側，五台山脈之西北側；則有滹沱河由東北流向西南，亦幾與南北兩山脈平行，至忻口折而東南橫斷太行山脈，東流入海。滹沱河行走崇山之間，形成天然之險阻通道。其橫越太行之道，別詳太行諸陘道篇，今先論上述兩山脈間滹沱河上游之谷道。

按恆山山脈與太行、五台山脈間仍有相當距離，形成帶狀谷原，適宜人類居住，故自古開置郡縣。兩漢於忻口之北皆沿流置鹵城（在河源）、葰人（今繁峙）、廣武（今代縣）、原平（今崞縣南）四縣，隋置雁門郡，領雁門（今代縣）、繁峙、崞縣、五台、靈邱（皆今縣）五縣，皆在滹沱河上游流域之狹長地帶，惟靈邱已出滹沱上源之範圍，而在寇水（唐河）上源，此亦正見其西與繁峙、雁門連爲一道也。

山脈走向與高度皆見國防研究院中國地圖集第三册。河北山西地形圖，叄考ONC　G—9。（注一）

兩漢及隋代置郡縣，分別見於各代正史地志，今地參用楊氏歷代輿地沿革圖。

唐承隋置代州雁門郡，惟省原平入崞縣，又分靈邱置安邊縣（輿唐，今蔚縣），置蔚州，而交通形勢則如故。蔚州東接嬀州（今懷來），嬀州南由居庸關（今關）至幽州（今北京），爲太行主要陘道之一，故幽州西北取嬀州路，折西南經蔚、代、太原府，爲通長安之一道。

隋代雁門郡東轄靈邱縣，而此縣又兼有今蔚縣之地，故其時雁門郡轄境甚狹而極長，顯呈一條仄帶型。唐代分置代蔚兩州，而蔚州西通長安之路仍取代州。元和志一四代、蔚兩州目，代州西南至上都一千六百里，東北至蔚州四百里；而蔚州西南至長安二千里，恰爲前兩數字之和。寰宇記同。此爲明證。兩書又記蔚嬀間交通路線極具體，詳後之。居庸關道另詳下文。

大抵河北道北部幽嬀諸州，其至長安例取太行東麓之驛道，自不待言。然唐代中葉以後，河北藩鎮跋扈，河北北部諸州與長安之交通反賴山北之嬀蔚代州、太原道，故王建詩云「近聞天子使，多取雁門歸」也。足見此道在唐代後期尤爲重要。

按幽州西南通長安，固當取太行山東麓驛道，然中葉以後河北往往有軍亂，則幽州與長安之交通或取山北之蔚州雁門道。王建題江臺驛（全唐詩五函五册王建集五）云：

「水北金臺路，年年行客稀，近聞天子使，多取雁門歸。」

按楊巨源有題范陽金臺驛詩，（全唐詩五函九册。）則王建此詩謂范陽與長安使節往來多取道代州、雁門也。又李益幽州賦詩見意時佐劉幕（全唐詩五函三册）云：「征戍在桑乾，年年薊水寒，殷勤驛西路，此去向長安。」注：「一作題太原落漠驛西堠。」此亦見幽州來往長安取居庸北出之道也。茲再就通鑑所記舉數證如次：

大歷九年，朱泚由范陽入朝，至蔚州有疾。胡注「此自幽州西出山後，取太原路入朝。」（卷二二五。）

建中四年，涇原兵變，李晟自定州「引兵出飛狐道，晝夜兼行至代州……自蒲津濟，軍於東渭橋。」（卷二二九）。

元和五年，幽州節度使劉濟之討王承宗也，以長子緄掌幽州留務。次子總詐使人從長安至太原，過代州，將至幽州。（卷二三八）

以上三例皆可爲王建詩之强證。又如會昌五年，「（代州）五台僧多亡奔幽州，……（幽州節度）張仲武乃封二刀付居庸關曰，有游僧入境則斬之。」（卷二四八）景福二年，「幽州將劉仁恭將兵戍蔚州。……戍卒奉仁恭爲帥，還攻幽州，至居庸關。……」此雖局部之行程，然亦見代蔚爲入幽州之一要道。上列蔚代間來往之例證，大體應取前述之滹沱河谷道，經靈邱，繁峙縣，然有些例證亦不能排除由蔚州西行開皇長城之北桑乾河谷，再入雁門至代州之可能。

今考其行程如次：代州東北循滹沱河谷上行六十里至繁峙縣（今縣），在開皇長城之南十里，「三面枕澗，東接峻坂，極爲險固。」東又六十里至大堡戍，隋開皇十八年故縣治，後移武州城，唐聖曆二年徙今治。大堡又東北約七十里至瓶形（今平刑關），當滹沱與寇水兩河上源之分水嶺，當大行陘道，故地處要衝。又東約八十里至靈邱縣（今縣），隋世嘗西屬代州，唐屬蔚州。縣在寇水河谷，亦當太行陘道。又東北七十里至直谷關，「開皇長城西自繁峙縣經（靈邱）縣北七十里，（今廣靈縣南山巔有長城。）東入飛狐縣（今廣靈縣南）界。」此關蓋當長城口。又東北六十里至蔚州治所興唐縣（今蔚縣）。其地，垂拱中置橫野軍，北極高四十度（今北緯39°50'），開元十二年兼置安邊縣。蔚州舊治靈邱，天寶元年移州治此，至德二年，更縣名興唐。其地南當飛狐口，爲太行重要陘道之一，故橫野軍統兵七千八百人或多至三萬人以鎮之。

元和志一四，代州領繁峙縣，在州東六十里，並述其形勢云云，及故治大堡戍事。寰宇記四九，同。

瓶形　九域志四代州繁峙縣有瓶形、梅迴等七寨。宋史八六，亦有此兩砦。金史二六地理志，繁峙有瓶形、梅迴等七鎭。按武經總要前集一七代州沿邊諸砦，首爲瓶形砦「距河三里，北至梅迴砦十五里。東北至契丹靈丘縣界，有谷路三，二通車騎，一通行人。東南至契丹飛狐縣界。」次爲梅迴砦，「距河三里，北至厤谷砦八里，東北至契丹蔚州界，有谷路三，通車騎。東至契丹靈丘縣界。」是此二砦在北宋中葉以前已有之，瓶形在南，梅迴在北，相去十五里，皆東通靈邱者。隋代靈邱屬雁門郡，唐代屬蔚州，而蔚代間有通道，北宋中葉既有此兩砦道，當有爲唐代故道者。考元和志一四蔚州靈邱縣，「兹水出縣西枝迴山，懸河五丈，湍激之聲響動山谷，樵栿之士咸由此度，巨木淪渚，久乃方出，或落崖石，無不粉碎。」寰宇記五一，同。王氏合校水經注一一，引作枚迴。則即總要之梅迴，枝字形譌。觀此條，其時此徑僅爲樵伐之路，恐非通道。瓶形地名，雖唐世無考。然統志代州關隘目，平刑關巡司，「在繁峙縣東一百三十里，即故瓶形寨。……路通靈邱縣，西北連渾源州大寨口，南接正定府阜平縣，最爲扼要之地。」是地當交通要道。或唐世即由此以通蔚代，惟不知是否有瓶形之名耳。今姑書之。

靈邱縣、橫野軍、蔚州、安邊縣　此諸州縣軍之建立遷徙皆見元和志一四及寰宇記五一蔚州目。會要七〇，河東道，亦云「蔚州安邊縣，開元十二年七月置，在橫野軍。」就中橫野軍，前人曾有爭議。按元和志云，「橫野軍置在州城內。」寰宇記同。是元和時代此軍仍在蔚州治所也。然唐會要七八節度使目云：

「橫野軍初置在飛狐，復移於新〔蔚〕州。開元六年六月二十三日，張嘉貞移于古代郡大安城南，以爲九姓之援。

天寶十三載十二月一日，改爲大〔天〕德軍。」

是前後徙遷不定，天寶末乃爲天德軍。又通鑑二一六天寶八載三月，木剌山築橫塞軍條，胡注云：「橫塞軍本名可敦城。按宋白續通典，橫塞軍初置在飛狐，後移蔚州。開元六年，張嘉貞移於古代郡大安城南，以爲九姓之援，天寶十二年，改爲天德軍。參考諸書，橫塞軍即橫野軍。」岑仲勉先生曰，宋白說本自會要，誤也，舉三證以明之。（通鑑隋唐紀比事質疑橫塞軍條。）今按新一三三王忠嗣傳，「築大同、靜邊二城，徙清塞、橫野軍實之。」此亦誤，（注二）無怪宋白、胡三省之承誤也。考肅宗命郭子儀充兵馬都統詔，「宜令子儀都統諸道兵馬使……取邠、慶、朔方路，過往收大同、橫野、清夷，便收范陽。」（全唐文四三）舊一六一李光進傳述子儀進兵次第，同。（舊一二〇郭子儀傳惟少「清夷」一軍名。）大同軍在馬邑，（注三）清夷軍在嬀川（今懷來），以大同，橫野、清夷、范陽次第言之，正見其時橫野仍在蔚州地區。可爲岑說增補一證。李吉甫注意邊防軍政，其書明云在蔚州城內，宜可信。復檢通典一七二，河東節度使所統云：

「橫野軍，安邊郡東北百四十里，開元中河東張嘉貞移置，管兵七千八百人，馬千八百匹。西南去理所九百里。」

按安邊郡即蔚州，則軍在州之東北一百四十里。又敦煌本諸道山河地名要略殘卷亦云，蔚州橫野軍在州東一百四十里。（羅氏鳴沙石室佚書本）亦不在州城。然通典一七九，蔚州東北至嬀川郡(嬀州)四百四十里，西至雁門郡（代州）二百六十里。此明就蔚州舊治靈邱縣時代而言。靈邱東北一百四十里，正即蔚州新治之安邊縣也。又云代州南至太原府五百里，東至安邊郡二百六十里，即本書所記太原府東北至蔚州故治靈邱縣七百六十里，再加一百四十里至蔚州新治安邊縣，正爲九百里。故通典與地名殘卷所記橫野軍治所亦在蔚州之新治，與元和志實同。復考舊書三五天文志，記開元中所測各地北極高之度數，與今北緯度數皆極相近。云蔚州橫野軍北極高四十度。新志同。今蔚縣在北緯39度50分，亦正相當。然考册府元龜九九二云：

「（開元）六年　二月戊子制曰，其蔚州橫野軍，宜移於山北古代郡大安城南，仍置漢兵三萬人，以爲九姓之援。」（通鑑二一二開元六年紀據此書之。）

則會要之說固亦有所本。新書地理志，蔚州，靈邱縣北有太安鎮。岑氏云殆即其地。（突厥集史上册卷九編年頁四

○五）是也。或者一時遷至山北大安城南，後復還治故地，開元十二年又就軍城置安邊縣耳，且統漢兵三萬人，顯爲臨時措施。

各州縣間之里程　代蔚間相去四百里，及靈邱東北至蔚州一百三十里，皆見元和志、寰宇記。則靈邱至代州爲二百七十里，即靈邱至繁峙應爲二百一十里。一統志大同府卷，繁峙、靈邱間相去一百九十里，古今略同。通典一七九蔚州安邊郡西至雁門郡二百六十里，正即就蔚州舊治靈邱縣而言無疑。就經總要前集一六下，蔚州條引賈耽曰：「（州）西行一百九十里至靈邱縣，又二百里至代州。」其和不誤，各別里數蓋有問題，然道經靈邱縣，可得實證矣。

直谷關與隋長城　新書地理志，蔚州靈邱縣有直谷關。寰宇記五一蔚州靈邱縣，「直谷關在縣北七十里。」檢一統志宣化府關隘目，「直峪口在蔚州西南六十里，路通山西靈邱縣，即唐之直谷關。」又大同府關隘目，「直谷關在廣靈縣南，接蔚州界。」又直峪口「在廣靈縣南十五里直峪山下，兩岸壁立，一徑幽杳，路達靈邱縣。」蓋地當蔚縣、靈邱、廣靈三縣之間，就蔚縣言，在縣西南六十里也。則西南至靈邱約七十里。復檢元和志蔚州靈邱縣，開皇長城云云。寰宇記，同。又云，「按邢子勵云，飛狐界古長城也。」檢一統志大同府卷古蹟目，「開皇長城在廣靈縣南山巔。」是也。由靈邱縣北七十里東入飛狐縣界，以方向里距度之，直谷關當即長城之一口耳。又按隋書地理志雁門郡繁峙縣有長城。楊氏考證云在縣北十里。又雁門縣有長城。考證云「在代州北三十里，西通雁門關，東至馬蘭口。」按一統志代州卷關隘目，小石堡條，堡西十里有馬蘭谷堡，在山陰縣南三十里。蓋開皇長城自雁門以西迤東循恆山山脈，經繁峙縣北，靈邱縣北，至飛狐境，或建於山巔也。

蔚州「東北至蔚州界孔嶺關，一百里，從關至嬀州（今懷來縣）一百五十里。」魏土地記云，「下洛城（今涿鹿縣）西南九十里有協陽關，關道西通代郡（今蔚縣東或東北）」唐世孔嶺關道蓋即此古道歟？則由蔚州東北行入協陽關水谷，經協陽關、孔嶺關又東至嬀州治所懷戎縣也。

蔚州東北孔嶺關道，見元和志一四蔚州八到條。寰宇記，同。是蔚嬀間相去二百四十里。通鑑二五九乾寧元年，胡注引宋白說同。而通典蔚嬀兩州目皆云相距四百四十里。此就蔚州舊治靈邱而言，而又稍盈耳(嬀州曾徙治，可能本在更東）。否則四百爲二百之譌。

孔嶺關又見新五代史四八高行周傳。云行周，嬀州人，父思繼，在孔嶺關，有兵三千人。即此關也。按此關當屬興唐縣。而新書地理志，靈邱縣「其北有孔嶺關。」以屬靈邱。蓋開元十二年分靈邱置安邊縣前，地屬靈邱，新志乃抄襲開元以前之舊志耳。

魏土地記之文，見水經注一三㶟水注。注云：「㶟水又東逕潘縣故城北，東會協陽關水。水出協溪。魏土地記曰」云云。下洛城在今涿鹿縣，代郡在今蔚縣東北，(參楊圖。)據酈注，協陽關水入㶟水之口，在今涿鹿縣西南僅二十里。檢ONC F－8，F－9，G－9，涿鹿縣西南實有一水自西南流入桑乾河，即古協陽關水也。古道必行此水河谷，水上有關。就里距度之，唐孔嶺關又當在古協陽關稍東北，亦可能爲一地也。

嬀州，其地先於垂拱中置清夷軍，統兵萬人，長安中移州縣就軍城置。又南入居庸關二百一十里至幽州(今北京)。此並詳下文第五節北塞東西通道。

以上爲嬀、蔚、代州一線之通道，其西南段略循滹沱河谷而下行。又自蔚州西行於開皇長城之外，即恆山山脈之北，異循桑乾河谷而上至朔州；或入雁門關亦至代州。

通典一七九蔚州安邊郡目，除記西至代州雁門郡里數外，又云「西北到馬邑郡（朔州）四百六十里。」朔州馬邑郡目作「東至安邊郡四百六十里。」寰宇記兩州目，同。元和志兩州目亦記西東里距，惟數字有差異耳。則蔚朔兩州有直接通道無疑。既能至朔州，即能在未到朔州前折入雁門關至代州。度其形勢，此道當行於恆山山脈之北桑乾河谷地。惟無具體實例可稽。

滹沱河谷與桑乾河谷間雖有恆山山脈之阻障，然谷口隘路越過山脈以聯繫兩河谷之通道亦甚多。最著者爲兩河谷帶形小平原間之西端有西陘、雁門關隘道，地望見前。迤東，北宋前期見有南北通車騎之谷道數處，其中至少有胡谷、大石谷兩道在宋初以前已通行。胡谷在雁門縣東北六十里，大石谷在繁峙縣北（今有大石堡）。此外又有石銘陘道，在靈邱縣西北八十里，則唐以前已見史之舊道也。

胡谷、大石谷　武經總要一七代州云：「凡沿邊十三砦，起代州至忻州。……每砦各當川谷之口，控胡騎走集。」首瓶形砦、梅迴砦，是東通靈邱之谷道，已見前考。梅迴之北有麻谷砦，麻谷（西）南有義谷砦，別無可考。義谷西北三十里有大石砦路，以次而西有茹越、胡谷、雁門等砦。雁門亦已見前考。玆錄其餘三谷砦如次：

大石砦，距河一里，西至茹越砦六十里，北至契丹界，有谷路□□，（脫兩數字）□（通）車騎，一通行人。

茹越砦，距河二里，西南至胡谷砦四十里，北至契丹應州界，有谷路七，三通車騎，四通行人。

胡谷砦，距河三里，西至雁門砦，北至契丹應州界。

此諸谷路多不只一線，且多通車騎。元豐九域志四代州目，亦記此諸砦。宋遼邊防攻守，谷道可能增闢。總要爲北宋中期作品，所記必多有爲唐五代之舊路。今就可知地望者略列如次：

胡谷　宋史二六五張齊賢傳，雍熙中，「遼兵自胡谷入寇，薄城下。」謂蔚代州城也。時在宋代初年。統志代州卷關隘目引州志，谷在州東北六十里。

茹越谷　總要，在胡谷東四十里。一統志，代州關隘目，「茹越口堡在繁峙縣北六十里。東至小石口堡二十里，北至應州四十里。宋故寨也。」又大同府山川目，茹越山在應州南四十里，屏列如壁。蓋此山之陘口也。

大石谷　宋史二六五張齊賢傳，端拱元年，遼兵又自大石路南侵。同書二七二楊業傳，述此次戰事，擬議由代州出兵，由大石路至應州，以護雲朔應寰四州之民之南徙。又同書二九〇張耆傳，眞宗「以耆歷河東，稔邊事，召……問地里險易狀。耆因言，靈應朔蔚四郡間遣人以文移至幷代間，非覘邊虛實，即欲熟道路。宜密諭代州，使自雲應蔚至者，由大石谷入，自朔至者，由土墱入，餘間道皆塞之以示險。」皆見大石路爲一主要道路，且必自唐五代已顯示其在南北交道上之地位。前引總要，大石在茹越口東六十里。檢一統志代州關隘目，茹越口堡東二十里爲小石口堡，小石東五里爲大石口堡，皆在繁峙北。又大同府山川目，「大石峪在應州東南三十里，相近有小石峪，皆南通代州繁峙縣。」關隘目「大石口在應州南三十里，與繁峙縣接界。」國防研究中國地圖集山西人文圖有大石堡小石口地名。總要常有譌字，疑六十里未確。

據此而言，總要所記雁門以東，靈邱以西，向北通車騎之諸谷道中，在唐世已通行者，至少當有胡谷，大石谷兩道。

石銘陘道　元和志一四，蔚州靈邱縣，「石銘陘嶺，在縣西北八十里，上有石銘題言冀州北界，故謂之石銘陘。」寰宇記五一，同。按此文後半採自水經注一一寇水注。此即寇水河谷道，詳太行諸陘道考。

（四）代州雁門關北通雲州道

由代州出雁門關直北微東三百六十里至雲州治所雲中縣（今大同縣）。此爲太原府北通正北邊塞之主線。又由朔州（今縣）東北行，與上線合，則爲三百四十里。

元和志、通典、寰宇記三書記雲州南與朔、代、太原及長安之交通關係如次：

元和志一四，雲州西南至太原府七〇〇里，至上都一九六〇里，朔州東北到雲州三四〇里。

通典一七九，雲州南至代州界一六〇里，去西京二七〇〇里。朔州東北到雲州二六〇里。

寰宇記四九，雲州南至代州界一六〇里，西南至太原府七〇〇里，去長安一九六〇里。朔州東北至雲州二六〇里。

綜觀元和志、寰宇記所記，雲州去長安一九六〇里，（注四）去太原七〇〇里，其差一二六〇里，正爲太原府至長安之里數，故知此兩數字極正確，通典之二七〇〇里顯誤。

雲州南至太原不外取朔、代兩州路。今觀三書皆記朔州東北通雲州之里數，但或作三六〇里，或作二六〇里。量度今圖，朔縣至太同之距離決不只二六〇里。檢一統志朔平府卷，朔州至大同府懷仁縣界二一〇里；大同府卷，懷仁縣東北至府七〇里，西南至朔州界九〇里。則朔州至大同府三七〇里。此爲最捷之里程，則元和志作三四〇里爲正，作二六〇里者，「二」爲「三」之僞。

元和志不記雲代間之里程，通典．寰宇記亦僅記雲州南至代州界一六〇里，似雲代間無直接通道，而雲州至太原、長安須先至朔州轉代州者。然朔州至太原四六〇里，朔雲間三四〇里，其和八〇〇里，又不合。今按代州至太原三四〇里，其與七〇〇之差三六〇里，較雲朔間三四〇僅多二〇里，若繞道朔州，是不合。今檢視地圖，雲代間，直接里程正當有此里數。則雲州西南至太原、長安，實向南直取雁門路至代州，固無庸向西南迂迴朔州也。復檢歸綏縣志經政志交通目，引綏遠旗志，山西太原北出道，經忻州至代州雁門驛，又「五十里至代州廣武邊站，六十里至山陰縣山陰驛，六十里至應州安銀子驛，六十里至懷仁縣百安驛，七十里至大同縣甕城驛。」按雁門在代縣西北三十餘里，則此驛道三百三十餘里，正略如唐代之通道矣。

新一七一劉沔傳，回鶻入寇，沔以河東節度使「進屯雁門關。虜寇雲州，沔擊之，以敗其衆……。軍還次代州。」即取代州雁門北出雲中道。前代史例如魏書三太宗紀，泰常八年，閏四月，由洛陽北歸，經河內，登太行，至晉陽。五月，還次雁門，皇太子率留台王公迎于句注之北。」亦即此雲州通太原道。同年「八月，幸馬邑，觀於㶟源。」則行唐代雲州西南通朔州道。大約雁門以北桑乾河之帶形平原中，通道四達無礙也。

代雲大道，由代州出雁門關直北行略循㶟水河谷（桑乾河南源，今名黃水河）而下，至桑乾鎮，在桑乾水、㶟水合流後枝津之南岸，約在今應縣（東經 113°10'，北緯 39°35'）西北不遠。本北魏桑乾郡故地，隋置鎮。又由朔州東北行三十里至馬邑縣，在桑乾水西三十里。大同軍本治此，開元末徙治雲州。又東北行，與代雲道合至桑乾鎮。

桑乾鎮　隋書六一郭衍傳，授朔州總管，築桑乾鎮。按隋書地理志，馬邑郡善陽縣，「有後魏桑乾郡，後齊以置朔州及廣寧郡。後周，郡廢。大業初，州廢。」遺見桑乾郡在北朝為一要地，郭衍所築桑乾鎮當即其地。楊氏北魏地形圖之桑乾郡，隋地理圖之桑乾鎮，皆置於今山陰、（注五）應縣之間桑乾河之南。而一統志大同府卷古蹟目，桑乾廢郡在山陰縣南。是不同。檢水經注一三㶟水注，桑乾水與㶟水合流之後，有枝水南分，正流逕黃瓜堆，枝水逕桑乾郡北，復合於黃瓜之東北。按㶟水即今桑乾河南源之黃水河。今圖，黃水河與桑乾正流會於山陰縣之東北，應縣之西。一統志大同府卷山川目，黃水河東北流至應州西北八里，入桑乾河，即古濕〔㶟〕水也。則桑乾郡、鎮當在應縣之北或西北不遠。

楊氏繪郡、鎭於山陰、應縣之間，尚略得之，不能在山陰縣南也。以地望形勢度之，此必爲南北大道所經。郭衍傳又云「所部有恒安鎭北接蕃境，常勞轉運。衍乃選沃饒地置屯田，……民免轉輸之勞。」下乃云「又築桑乾鎭。」按通鑑一七八隋開皇十九年，「代州總管韓洪等將步騎一萬鎭恆安，達頭騎十萬來寇，韓洪軍大敗。」同書一九二貞觀元年，初苑君璋引突厥陷馬邑，退保恆安。胡注兩條皆以爲即魏之代都平城，是也。元和志一四雲州目已明言之。則隋世代朔與今大同間之軍事關係可見，故即北朝重地，而重建鎭守以加强南北聯繫之中站耳。

馬邑縣、大同軍　元和志一四朔州，馬邑縣「西至州三十里。」「開元五年分鄯陽縣於州東三十里大同軍城內置馬邑縣。建中年間，河中節度使馬燧權移州於馬邑縣。」寰宇記五一，略同，惟「分鄯陽縣」下作「東三十里置大同軍以戍邊，復於軍內置馬邑縣。」則似大同軍亦新置。然通典一七二，河東節度使所統有大同軍，在「雁門郡北三百里，調露中突厥南侵，裴行儉開置，管兵九千五百人，馬五千五百匹。南去治所八百餘里。」元和志，同。則軍之地望實在雲州，今大同縣，不在朔州東三十里之馬邑縣。復考王忠嗣碑（金石萃編一〇〇）云，「公始以馬邑鎭軍，守在代北，外襟帶以自險，棄奔衝而促國。……乃城大同於雲中。」馬邑鎭軍即指大同軍而言，則先在馬邑郡境，後徙至雲中即雲州也。參之兩傳，其北徙非開元末即天寶初。是則仍以元和志所書爲正，即調露中裴行儉置大同軍於朔州之東三十里處，開元五年兼置馬邑縣。開元末，軍城北徙雲州以張軍勢。

又元和志云縣在朔州東三十里。但又云桑乾河在縣東三十里。寰宇記，同。又云「源出北山下。」參之水經注㶟水往述桑乾水源及今日地圖，則馬邑縣必在朔州之東北，不在正東。

由鎭稍北行至黃花堆，北朝名黃瓜堆，在桑乾水、㶟水合流後正流之北岸，武州塞水來會之處。約今懷仁縣（東經113°5'，北緯39°50'）南二三十里處。北魏初期於其處築新平城，一謂之小平城。道武帝於堆南漯水（即桑乾水）之南築漯南宮，規制甚壯，疑即桑乾郡地。又堆西以次有早起城，日中城，日沒城，皆北魏所置。蓋其地乃代都之南之一重地也。

舊一〇九黑齒常之傳，垂拱「三年，突厥入寇朔州，常之又充大總管，……追躡至黃花堆，大破之。」通鑑二〇四垂拱三年紀，同。同書二三七元和四年，沙陀「（李）執宜始保神武州之黃花堆。」垂拱三年胡注：「意即黃瓜堆。按朔州有黃花堆，在神武川。」岑仲勉亦謂「瓜花音近，黃花堆即黃瓜堆無疑。」（突厥集史卷八．頁三二〇）按黃瓜堆屢見於北朝史料。爲北齊書一七斛律金傳，由雲州「稍引南出黃瓜堆，爲杜洛周所破。」是在雲州即故平城之南。復上考魏書一序紀，穆帝條云：

「六年，城盛樂以爲北都，脩故平城以爲南都。帝登平城西山，觀望地勢，乃更南百里，於漯水之陽黃瓜堆築新平城，晉人謂之小平城，使長子六脩鎮之，統領南部。」

是黃瓜堆在平城之南百里漯水（今桑乾河）之北，魏初築新平城，「即小平城」，爲南疆重鎮。同書二太祖紀，天興六年，「行幸南平城，規度漯南，面夏屋山，北黃瓜堆，將建新邑。」其後三年，即天賜三年「發八部五百里內男丁，築漯南宮，門闕高十餘丈，引溝穿池，廣苑囿，規立外城方二十里。」是在黃瓜堆南漯水之南所築漯南宮，規制頗壯。足見黃瓜堆爲平城之南之一環境優良處。復考水經注一三漯水注云：

「漯水（今桑乾河之南源黃水河，流經舊山陰縣南者）又東北，左會桑乾水（今桑乾水之北源）。（陰館）縣西北上平洪源十輪，謂之桑乾泉（在今朔縣北境）。……桑乾水自源東南流，右會馬邑川水（今桑乾河正源，流經朔縣城南者）。……桑乾水又東南流，水南有故城，東北臨河。又東南，右合漯水。……桑乾水又東，左合武州塞水。水出故城東南流出山，逕日沒城南，……東有日中城，城東又有早起城，亦曰食時城，在黃瓜阜北曲中。其水又東流右注桑乾水。桑乾水又東南逕黃瓜阜曲西，又屈，逕其堆南。徐廣曰，猗盧廢嫡子曰利孫于黃瓜堆者也。」

據此，黃瓜堆在桑乾水與漯水會合後之下游，正流又有武州塞水自左來會之處。上文桑乾鎮條，已明桑乾、漯水會於應縣之西北八里處。則黃瓜堆當在山陰縣東北頗遠，應縣之西北，懷仁縣之南境。懷仁縣東北至大同七十里，魏書序記云堆在平城（即今大同）之南百里，地望正相合，然則其地在今懷仁之南約三十里處歟？然一統志大同府卷山川目，武周塞水在懷仁縣南七十里。又古蹟目，黃花城「即後魏之新平城。」「金史地理志，金城縣有黃花城。舊志有黃昏城，在山陰縣北四十五里，一名永安城。蓋花昏聲相近而訛。」又山川目，黃花山，「即古黃瓜堆。金史地理志，山陰縣有黃嶺。舊志謂之黃花山，在縣北四十里，東接應州，北接懷仁縣界。」然則序記百里之說只取大數，實約在今懷仁、山陰之間當可斷言。然則黃花堆、桑乾郡實在同一地區，桑乾郡可能即漯南宮之地耳。至於一統志寧武府卷山川目，黃花嶺在寧武縣北，跨神池縣界。據同目下文神池條，明代已有此嶺名；然非中古時代之黃花堆也。

又東北百餘里至雲州。州西南五十里有神堆柵，在大道上。

魏書序記謂黃瓜堆在平城南百里，僅指大數，實應一百里以上至百二三十里，詳上文。通典一七九雲州雲中郡「西南到神堆柵九十里。」寰宇記四九，同。（文海影本作神雄鎮柵，誤。）考新二一八沙陀傳，李匡威「壁雲州北郊，克用自神堆引軍夜入雲州。」通鑑二五九，景福元年，（河東）李克用北巡至天寧軍，聞李匡威、赫連鐸將兵八萬寇雲州。……克用潛入新城，伏兵於神堆……遷入雲州。」即此。胡注，「神堆即神武川之黃花堆。」誤。

（五）北塞東西交通線——單于府、雲州、幽州道

雲州即北魏之代都平城，爲唐代北疆重鎮之一，開元末王忠嗣徙大同軍治此，管兵九千五百人，馬五千五百匹。雲州本有守提兵七千七百人，馬千二百匹，是軍與守提同置矣。然守捉城亦可能在州西北。

通典一七二河東節度使所統大同軍，「雁門郡（代州）北三百里。調露中，突厥南侵，裴行儉開置。」管兵馬云云。「南去治所八百餘里。」元和志一三，同。按裴行儉所置大同軍本在朔州東北三十里，開元末王忠嗣北徙至雲州，以張國勢，詳前文。

然雲中郡本有守捉。通典同前卷云，「雲中郡守捉，東南去單于府二百七十里。調露中，裴行儉破突厥置，管兵七千七百人，馬千二百匹，東南去理所八百里。」元和志，略同。雲中郡守捉，當在雲州境。新志，雲州、雲中郡「有雲中樓煩二守捉城。」亦以守捉在雲州境。則通典、元和志「東南」當作「西北」。然通鑑二一五天寶元年述諸節度統兵節，胡注，「雲中守捉在單于府西北二百七十里。」即據通典、元和志原文書之，則既非漢魏雲中，又非唐代雲中，且單于府西北二百七十里，則去治所太原府千數百里，皆不合。是則「東南」爲「西北」之誤應無可疑。蓋裴行儉同時置大同軍與雲中郡兵，分在朔、雲兩州，開元末始徙大同軍至雲中。然據新志所書，雲中守捉城似與雲中城有別，或在雲州雲中城之西北歟？故去單于府僅二百七十里也。

由雲州西北至單于都護府三百里。府治金河縣，在金河（今黑河）南岸，約今歸綏城（近名呼和浩特，東經 $111^{\circ}40'$ 北緯 $40^{\circ}50'$）西南三四十里。（約東經 $111^{\circ}30'$ 北緯 $40^{\circ}40'$）。雲州、單于府間僅知中經靜邊軍，而地望不明，故此三百里之路線不詳。然單于府稍南白渠水（今岸水河）南之盛樂城（約今和林格爾北十公里土城子，東經 $111^{\circ}45'$ 北緯 $40^{\circ}26'$）爲北魏故都，都西四十里有雲中故宮，在白渠水北。後雖遷都平城，但先王陵寢在雲中，謂之金陵。北魏前期，帝王隨時四出，行幸狩獵，而往來於兩都之間更史不絕書，或一年兩次。其行程大約由平城向北略循如渾水即御河（今御河）上行，四十里至燕昌城，在羊水（今淤泥河）北岸，爲燕王慕容垂所築。又北經永固縣，旋鴻縣（約今豐鎮縣或稍西），旋鴻池（東經113°，北緯40°30'），又西行鹽池（今岱海）之南岸地帶，至參合陘，亦謂之倉鶴陘，在鹽池西南不足四十里處。（約東經112°25'，北緯40°25'在今長城外。）陘東南，魏置參合縣，縣西二十里有漢沃陽故城，縣北十里有漢雁門郡西部都尉故城，皆在沃水之北，蓋地沃而當陘道，故漢魏皆見爲重地也。出陘西行即至雲中故都。

單于府、金河縣之今地及北魏盛樂城、雲中宮之今地，皆詳唐代長安東北通勝州振武軍驛道考（新亞學報第十卷第一期下册）、及唐代安北單于兩都護府考（錢穆先生八十歲紀念論文集）改訂本。

北魏前期諸帝多葬雲中之金陵，帝王常西幸雲中，或一年兩次，皆詳見魏書各帝本紀，但中間所經多不詳。惟卷七下高祖紀，太和二十一年，正月北巡，次於太原、平城，謁永固陵，幸雲中，謁金陵。按永固陵在平城之北，是此次行程循今御河而北至雲中無疑。又慕容垂兩次伐魏，魏書二太祖紀書其第二次來伐云：

「皇始元年正月，大蒐于定襄之虎山，因東幸善無北陂。三月，慕容垂來寇桑乾川，陳留公元虔先鎮平城……邀擊失利，死之。垂遂至平城，西北踰山結營，聞帝將至，乃築城自守，疾甚，遂遁走，死於上谷。」

時魏都雲中，垂第一次西征西至雲中、五原，此爲第二次，仍以雲中爲目標。其平城西程乃「西北踰山」。檢晉書一二三慕容垂載記，述此次行軍云：

「（垂）過平城北三十里疾篤，築燕昌城而還。寶等至雲中，聞垂疾，皆引歸。及垂至于平城……。」

復考水經注一三㶟水注云：

「如渾水又東南流逕永固縣。縣以太和中因山堂之目以氏縣也。右會羊水。水出平城縣之西苑外武州塞，北出東轉，逕燕昌城南。按燕書，建興……十一年，垂衆北至參合（按此爲參合陂，在平城以東。）……寢疾焉。轝過平城北四十里，疾篤，築燕昌城而還，即此城也，北俗謂之老公城。羊水又東注于如渾水，亂流逕方山南。」

按如渾水即今由豐鎮南流經大同之御河。舊五代史二五唐書武皇紀，雲州有御河。則御河之名，唐已有之，蓋原自北魏者。羊水約即今淤泥河。則此城在今大同縣西北約四十里處。即此道由平城向西北行。又同書三河水注云：

「中陵水又西北流逕善無縣故城西，……地理志，雁門郡治。……又西北流右會一水……謂之吐文水。……中陵水又北分爲二水。一水東北流，謂之沃水，又東逕沃陽縣故城南，……又東北逕沃陽城東，又東合可不泥水。水出東南六十里山下，西北流注沃水。沃水又東，逕參合縣南，魏因參合陘以即名也。北俗謂之倉鶴陘，道出其中，亦謂之參合口。陘在縣之西北，即燕書所謂太子寶自河西還師參合，三軍奔潰，即是處也。魏立縣，以隸涼城郡。西去沃陽縣故城二十里。縣北十里有都尉城。地理志曰，沃陽縣，西部都尉治者也。……其水又東合一水，水出縣東南六十里山下，北俗謂之災豆渾水，西北流注於沃水。沃水又東北流注鹽池。地理志曰，鹽澤在東北者也。今鹽池西南去沃陽縣故城六十五里。池水……東西三十里，南北二十里。池北七里即涼城郡治。池西有舊城，俗謂之涼城也，郡取名焉。……中陵川水自枝津西北流，右合一水於連嶺北。水出沃陽縣東北山下，北俗謂之烏伏眞山，水曰諾升袁河，西南流逕沃陽，左合中陵川。亂流西南與一水合，北俗謂之樹頹水。」

按中陵水即今紅河，此無可疑。此段描寫中陵水之上游流程極詳，而下游則極略，蓋參合陘當交通要道，沃陽、參合爲中古時代之要地。酈氏曾於太和十八年從孝文北巡至雲中陰山，當從此地區通過，故能詳悉如此。楊氏水經注圖繪之亦詳，雖大體能與淸圖相應，惟繪沃陽、參合縣於今長城之南，以參合陘爲今長城之一陘口，則有問題。按今日所能檢照之地圖，較淸代地圖爲詳，當亦較正確。今以美國ONC F—8圖，參考國防研究院中國地圖集第三册河北山西地形圖、人文圖爲底本，並參考楊圖，將中陵水、如渾水兩水系重繪如次：請參閱一三八頁圖。

ONC 圖繪紅河、岱海地區之河湖山脈與長城均甚詳，但多無名稱，今以A. B. C. D代之。淸圖及今圖皆無C1，而C2上接D水爲一條河流。中陵水分枝，其一東北流爲沃水，楊圖以沃水即C2之上游，今已湮淤，是也。今從之。觀國防研院圖，虎北口外，F水之東，尚有一短水流入紅河，蓋其遺跡。其餘所繪河流亦遵楊圖。（惟楊氏底圖無E水。）與楊圖大不同者，惟沃水枝分在今長城之北，沃陽、參合亦皆繪於今長城之北耳。我所以如此繪置者，其理由有三：第一，枝分沃水之方向，兩云東北，一云東行，若枝分處在長城之南，則直北行，非東北行也，故分枝當在長城之外，況長城外今尚有遺跡可尋。第二，量度ONC 圖，鹽池至長城之最近的航空距離至少二十五公里，實際里距，必在七十華里以上（注六），今酈注明言沃陽東北至鹽池六十五里，參合縣在沃陽東（實東北）二十里，參合陘與都尉城更在縣北，則去鹽池不過三四十里，是必在今長城之北，無疑。且參合縣在沃水會可不泥水之下游，更絕不可能在長城之南也。一統志大同府卷古蹟目參合故城條，謂魏參合縣「應在朔平府邊牆外」，是也。第三，魏世參合縣屬涼城郡，固宜在長城山嶺之北。漢世沃陽縣若在長城之南，則直在山嶺上，似亦無如此設縣之理，且去善無太近，何以毗附郡治設縣，而越嶺遠統廣大邊區耶？度此諸問題，則此三地名固應在今長城之北無疑。中陵水分流後之西北一枝所出連嶺，則爲今長城外之一嶺，ONC 圖於今長城外尚有一段長城，蓋即因此嶺而建耳。

如渾水上游圖，雖略取楊圖。惟楊圖只按酈注繪製，未能參取今圖比合。今觀ONC 圖，豐鎭縣西，北緯 $40^\circ30'$

東經113°處有一小湖，當即古旋鴻池，古旋鴻縣當即今豐鎮縣，或稍西耳。如此，則如渾水出旋鴻縣西南五十餘里，亦正契合。

觀上地圖，參合陘爲一要道，故酈注謂「道出其中」。漢於此地區置沃陽縣、都尉城，水以沃名，亦可能表徵地方之肥沃。總之，漢魏於此經營甚力，又地當平城與雲中之中地，必爲大道所經。上引酈注，謂慕容寶「還師參合，三軍奔潰，即是處也。」按寶敗潰之參合，乃平城以東之參合陂，詳附考。然酈氏爲北魏時代人，且河水注上文云「余以太和十八年從高祖北巡届于陰山之講武台」云云。檢孝文紀，是年七月「壬辰，車駕（由平城）北巡。戊戌，謁金陵。」酈氏從行，對於此地區之交通地理應更熟習，而於參合陘徵引慕容寶敗潰事，雖是誤引史事，然必參合陘爲平城通盛樂雲中之大道所經，故有此誤，若非大道所經，酈氏亦將不會有此誤者也。又前引太祖紀，皇始元年，大蒐於定襄之虎山，因東幸善無北陂。慕容垂入寇，西北踰山，而聞帝至。按善無附近無陂，ONC圖，右玉北長城之北有一小湖，即圖之(G)，疑即道武帝所幸者，正迎慕容垂西向之道也。

由代都平城西至參合之可能路線有二，其一，由燕昌城直西出，循羊水上游達可不泥水或災都渾水上游，此爲南道。其一，沿如渾水河谷而上，經燕昌城，永固縣，旋鴻縣，而西行鹽池南面，西出參合陘，此爲北道。觀ONC圖，南道雖非絕不可通，但山區廣大且甚高，通行究較艱難。且今圖淤泥河發源於113°以西之長城地區，酈注所記之羊水出平城西苑外，北出東轉，明爲今淤泥河下游之一小支源，而其源遠流長之主源則不之記，足見當時人對於此水上源之山區不甚知悉，酈氏更未親歷其地。此即可證兩都間之大道必非此線。而北道循較大河谷而上，又行鹽池南側，地勢較低，而迂迴亦不多。且如渾水沿流置縣置城甚密，此即顯示交通便利。且魏書本紀屢見幸旋鴻池，如卷五高宗紀和平三年，觀漁於旋鴻池。卷七高祖紀，太和八年，行幸旋鴻池。太和十八年八月，幸陰山，遂東巡，歷懷朔、武川、撫冥諸鎮，甲子至柔玄鎮。乙丑南還，戊辰車駕次旋鴻池，庚午謁永固陵(在方山)。柔玄鎮在今興和縣稍北，南還三日而至旋鴻池，二日而至永固陵，方位日程亦合。此諸條皆見代都循如渾水北至旋鴻池爲一交通大道，宜其爲今鐵路所取線也。由旋鴻池而西，無高山之阻，應爲西去參合陘道所取途。故今姑定北魏諸帝西幸雲中，乃取道於此線。元和志一四雲州，述魏道武帝都平城云「東至上谷軍都關，西至河，南至中山隘門塞，北至五原。」按五原實在平城之西，而云「北」者，蓋正以由平城北行也。

此道既爲北魏兩都間之主要大道，唐代盛世，雲州西至單于府之交通當仍取此大道。中經靜邊軍，軍東南至雲州一百八十里，西北至單于府一百二十里，度其地當在鹽池西南之參合陘地區。

元和志一四雲州，「西至靜邊軍一百八十里。」同書四單于府「東南至河（東）界靜邊軍一百二十里。」寰宇記四九雲州，三八振武軍（即單于府），與志同，不脫「東」字。又云雲州「正西微北至單于都護府三百里。」其和正合。舊一二〇郭子儀傳，天寶十四載，爲靈武太守、朔方節度使，「遂舉兵出單于府，收靜邊軍，……進收雲中，馬邑，開東陘。」即循此道而東討也。通鑑二一七天寶十四年條述事較詳云：「安祿山大同軍使（在雲州）高秀巖寇振武軍，朔方節度使郭子儀擊敗之，子儀乘勝拔靜邊軍。大同兵馬使薛忠義寇靜邊軍，子儀使左兵馬使李光弼、右兵馬使高濬、左武鋒使僕固懷恩，右武鋒使渾釋之等逆擊，大破之，坑其騎七千，進圍雲中。」足見此爲安史之亂初期的一次決定性戰役，中興大將幾全參與，顯露頭角，亦以見靜邊軍地位之重要。其後通鑑仍兩見此軍。卷二三九元和八年，振武軍亂，節度使李進賢奔靜邊軍。卷二五三乾符五年，考異引唐末三朝見聞錄,及實錄,謂此年沙陀首領寇石窯,白泊,至靜邊軍。亦見此軍至唐末仍見在。唐之雲州大同軍即北魏之平城，單于府近在北魏雲中宮東北三四十里，雲州、單于府間之交通當循北魏兩都間之故道，行鹽池之南。以東西里距之比例度之，靜邊軍正當在鹽池西南參合陘地區。漢魏於此置縣置都尉，唐亦置軍，正以其地處衝要耳。

唐末雲州、單于府間又有定邊軍之名，豈靜邊之易名耶？未能定也。

冊府元龜三：後唐獻祖（李國昌）爲振武節度使。乾符五年，城爲吐渾赫連鐸所陷，武皇帝（李克用）「至定邊軍，迎獻祖歸雲州。」（事亦見新二一八沙陀傳，但無軍名。）是雲州與單于府振武軍間有定邊軍也，頗疑，即靜邊之更名。

又雲州西北四十餘里，一云百餘里，有故單于台，極可能在道上。

通典一七九雲中郡雲中縣，「單于台在今縣西北百餘里。漢孝武元封元年勒兵十八萬出長城北登單于台。」元和志一四，同。惟作「四十餘里」，未知孰是。若四十餘里，則當在燕昌城地區，若百餘里，則可能在旋鴻池地區，但亦可能在今豐鎮之北。

雲州東經清塞、天成等軍，武、新、嬀等州至幽州，大數凡七百里。其行程，由雲州東北行一百二十里至清塞軍（今陽高縣南）。軍本在蔚州西，開元天寶之際，王忠嗣北移，以張國勢。州東北三十里平城故城與白登台蓋在道上。又州東六十里有牛皮關（今牛皮嶺下）不知是否在此道上。清塞軍相近有漢代參合縣故城，城東有參合陂，爲北魏初期之軍政要地，道武帝拓跋珪大敗慕容寶於此，實爲燕亡魏興之關鍵。自軍又東六十里至天成軍（今天鎮縣），又東九十里至納降守捉城，唐末置懷安縣。（今縣舊址東經 114°25' 北緯40°25'之東二十里）

元和志一四雲州云：

「東至幽州七百里。」「東至清塞城一百二十里，又東至天成軍六十里，又東至納降守捉九十里，與幽州分界。」

寰宇記四九雲州作「東至天城軍」「東至納降守捉」「東至清塞城」里數全同，是皆從州城計之，大誤。然云：「東取寧武、嬀州路至幽州七百里。」（注七）則極有用。茲先論清塞與天成。

清塞軍　一統志大同府卷古蹟目，清塞軍在陽高縣南。按陽高縣在府東北一百二十里，里距正合。然新志，蔚州「西有清塞軍，本清塞守捉城，貞元十五年置。」按軍在雲州東一百二十里，不得遠屬蔚州。考王忠嗣碑（金石萃編一〇〇）「公始以馬邑鎮軍守在代北，外襟帶以自隘，棄奔衝而蹙國。河東，乃城大同於雲中，徙清塞、橫野，張吾左翼。」則清塞本在較南地方，忠嗣城大同，北徙清塞以張國勢力。其事在開天之際。

天成軍　新二一八沙陀傳，赫連鐸攻李克用之天城軍。通鑑二五九景福元年，李匡威寇雲州，李克用由雲州出擊「追至天成軍」皆即此。一統志大同府卷古蹟目，天成軍，今天鎮縣治。按天鎮縣在大同府東北一百八十里，里距正合。而新志，蔚州「東北有橫野軍，乾元元年，徙天成軍合之，而廢橫野軍。」是乾元元年曾南徙至蔚州之東北。蓋其後復徙舊治，而橫野軍亦恢復建置也。

參合陂　詳後附北魏參合陂地望辨。

納降守捉城、懷安縣　元和志云守捉城在天成軍東九十里。檢一統志大同府、宣化府兩卷，天鎮東至懷安縣（近圖作舊懷安）六十里。則此守捉城可能在今懷安縣東二三十里處。按新志，新州所領有懷安縣。一統志宣化府卷古蹟目，（唐）舊縣在今縣（近圖舊址）東二十里。則與守捉城地望相當，蓋唐末改守捉城置懷安縣，屬新州。

平城故城、白登台　元和志一四，雲中縣，「白登山在縣東北三十里。」寰宇記四九雲州雲中縣，「白登台在縣東北三十里。」即匈奴圍漢高於平城之白登。又引冀州圖云：「古平城在白登台南三里，有水焉。城東西八里，南北九里。」就方位言之，當在此道上。

牛皮關　新志，雲州有牛皮關。一統志大同府卷關隘目，關在大同縣東六十里牛皮嶺下。但不知其詳明方向，若在縣東北，則可能在此道上。

又東微北約九十里至武州治所文德縣（今宣化縣）又東微南略沿于延水（今洋河）河谷，經永定關及鷄鳴山西（今有鷄鳩驛）之茹縣故城，凡約五十里至新州治所永興縣（今涿鹿蓋東北），本漢下洛縣，有堯廟。城南六十里有漢涿鹿故城及黃帝祠、蚩尤城等古蹟，在中國古代史話中居重要地位。北魏前期置燕州及廣寧郡，爲東疆重鎮。唐末置新州，後唐置威塞軍，爲代北節度之一。又東經叚莊，寧武軍，凡約八十里至嬀州治所懷戎縣（今懷來縣），以嬀水受名，即秦漢上谷郡治之沮陽縣也。城內有清夷軍，垂拱中置，管兵萬人馬三百（？）匹。

舊五代史二六唐書武皇紀下，述李克用由雲州東取幽州之進軍次第云，乾寧元年「十一月，進攻武州。甲寅，攻新州。十二月，李匡儔命大將率步騎六萬救新州，武皇……逆戰，燕軍大敗。……新州降。辛亥，進攻嬀州。壬子燕兵復合於居庸關拒戰，……復敗。甲寅，李匡儔……棄城而遁。」新唐二一八沙陀傳，略同。通鑑二五九，乾寧元年紀亦略同，云新州之戰在叚莊。考異引唐太祖紀年錄，「十一月壬辰，大軍技截寇，進收楊門九子，戊戌下武州，甲寅攻新州。」小地名不詳。胡注，新州在嬀州西北，叚莊在新州東南。是也。

武州　新志有武州，領縣一，文德。遼史四一地理志，西京道，歸化州「本漢下洛縣，元魏改文德縣，唐升武州。僖宗改毅州，後唐太祖復武州。」一統志，宣化府卷，武州、歸化州即宣化治。

新州、威塞軍　新志有新州，領永興懷安等四縣。遼史四一西京道，奉聖州，「本唐新州，後唐置團練使，總山後八軍。……同光二年升威塞軍。……東南至南京三百里，西北至西京四百四十里。」一統志宣化府卷，新州、奉聖州即保安縣。今名涿鹿。按一統志宣化府卷古蹟目，漢下洛縣在保安州（今涿鹿）西。晉置廣寧郡治焉。後魏兼置燕州於此。魏書穆羆傳，太和十六年，除燕州刺史鎮廣寧。即此。勘之㶟水注，地望相當。㶟水注又引魏土地記曰，「去平城五十里」，蓋「五百里」之譌。下洛城南有堯廟、城南六十里爲漢涿鹿故城、黃帝祠蚩尤城，並詳此注。復考通鑑二六九後梁貞明三年，「晉王之弟威塞軍防禦使存矩在新州，驕惰不治。」又二七八後唐長興三年，以石敬瑭爲河東節度使，兼大同、振武、彰國、威塞等軍蕃漢馬步總管。前條胡注引薛居正曰：「唐莊宗同光二年七月，昇新州爲威塞軍節度使，以嬀、儒、武三州隷之。」（按此見舊五代史三二）

鷄鳴山、茹縣故城及永定關　新五代史七三四夷附錄云：胡嶠隨蕭翰入契丹，居七年，當周廣順三年，亡歸中國，道其入蕃所經云：

「自幽州西北入居庸關，明日又西北入石門關……又三日至可汗州……又三日至新武州，西北行五十里有鷄鳴山，云唐太宗北伐聞鷄鳴於此，因以名山。明日，入永定關，此唐故關也。又四日，至歸化州。又三日登天嶺。……」

按天嶺以北，爲向正北通遼上京之路。歸化州以南，則入居庸關路，即今考之道也。歸化州即唐武州，可汗州即唐嬀州（詳下文），新武州約與唐新州相當，則武州東南至新州，中經永定關與鷄鳴山。關爲唐代故關。田村實造引㶟水注，謂北魏已有鳴鷄山之名，是也。（注八）按㶟水注云：「于延水（今洋河）又東東逕茹縣故城北，王莽之穀武也。世謂之如口城。魏土地記曰，城在鳴鷄山西十里，南通大道，西達寧川。于延水又東南逕鳴鷄山西。魏土地記曰，下洛城東北三十里有延河東流，北有鳴鷄山……每夜有野鷄羣鳴……于延水又南逕且居縣故城南，……東南流注㶟水。」是鳴鷄山在于延水北，而茹縣故城則在水南，當大道，唐道蓋同。又寰宇記七一嬀州懷戎縣「鳴鷄山在縣東〔西〕

北七十里。」田村實造引察哈爾通志二，鷄鳴山在宣化城東五十里。以里距論之，此山與新州城應甚相近。

嬀州、清夷軍　寰宇記七一嬀州，「理懷戎縣。……北齊置北燕州，隋廢。……唐武德七年……復北齊舊名。領懷戎一縣。貞觀八年改爲嬀州，因其中嬀水爲名。長安二年移治舊清夷軍城，兼管清夷軍兵萬人。」清夷軍建置時代與兵馬數，見通典一七二。舊一九四上突厥傳，默啜條，襲我靜難及平狄、清夷等軍，即此。高適有使清夷軍入居庸關詩。（全唐詩三函十册。）按漯水注此處有清夷水，即今嬀河，是軍亦因水受名也。武經總要一六下，嬀州「石晉割賂契丹，周世宗時，戎主避歸周之名，改爲克汗州。」其地在今懷來縣。此即漢上谷郡治之沮陽縣，參看水經注圖。

寧武軍　前引寰宇記，雲州東取寧武嬀州路至幽州七百里。按新志，嬀州「西有寧武軍。」則寧武即軍名，在道上。通鑑二五三乾符五年，李國昌、克用父子，陷遮虜軍，進擊寧武及岢嵐軍。亦可能即此軍也。

諸州里距　前引元和志、寰宇記雲州目，皆云東南至幽州七百里。雲州東經清塞軍、天成軍至納降城之累積里距爲二百七十里。今按元和志幽州、嬀州卷皆已佚。檢通典一七八，嬀川南至幽州二百里，東南至幽州一百五十里。幽州目，北至嬀州二百一十里。又卷一七二州郡序目，清夷軍在嬀川郡城內，南去理所（幽州）二百十里。寰宇記七一嬀州目、六九幽州目，作二百里、二百一十里、二百九十里不等。而兩州去長安里距之差亦爲二百里。大抵實數二百一十里大數二百里。然則納降城東至嬀州約二百二十里。檢視今圖，亦略相當。復檢一統志宣化府卷，西南至懷安一百二十里，東南至保安（即涿鹿）六十里，東南至懷來一百五十里。即由懷安經宣化、保安至懷來共二百七十里，而唐納降城在懷安東二十里，故古今里距略相當，略加均匀，可書之如綱文。

又由天成軍東南行一百八十里至蔚州，又東北至嬀州亦是一道。

元和志一四蔚州「北至天成軍一百八十里。」蔚州東北通嬀州，詳第三節代州東北通蔚、嬀、幽州道。

嬀州又東南略循清夷水河谷上行入居庸關（今關），又循㶟餘水（今沙河）河谷下行至昌平縣（今縣西），又南九十三里至幽州治所薊縣（今北京），西北去嬀州凡約二百一十里。

嬀幽間相距里程，已詳上文。寰宇記六九幽州，昌平縣在州西北九十三里。又李德裕論幽州事宜狀（全唐文七〇二）亦云，「昌平縣，去幽州九十里。」

居庸關爲古稱太行八陘之最北陘道，是爲天下之險。古關城蓋即今上關、關城之地，置關使以守之。其地西至嬀州約八十里。關外二十里居庸關山，即今八達嶺，最爲高險，下視關城如在井底，唐置防禦軍，疑在其地或嶺北川中。關東南爲軍都陘，一稱下口，即今南口。古稱居庸關陘道四十里，即北由居庸關山南至軍都陘之道，亦即今八達嶺至南口四十里之陘道。北口高聳在漢居庸縣南，故置關以居庸名，南口在漢軍都縣境，故又有軍都關之稱。此長距離之陘道，「兩山夾峙」而「層深」「一水旁流」而湍急，「側道褊狹」或僅五步，「路才容軌」，而關垣「崇墉峻壁」，誠爲不攻之險，故唐世又有鐵門關之名。

呂氏春秋一三有始篇，山有九塞，居庸爲其一。高注，「居庸在上谷沮陽之東，通居都關也。」此爲我所見最早之居庸關史料。其次淮南子四墬形訓，與呂覽同。高注同，惟「居都關」作「運都關」。按漢書地理志上谷郡居庸縣「有關」，又有軍都縣。居都、運都即軍都。是居庸關有關，軍都無關，高誘注「通居都關」者，謂居庸爲通居都縣之關也。東漢時代，史事屢見。後漢書光武紀下，建武十五年二月，「徙雁門、代郡、上谷三郡民，置常(山)關、居庸關以東。」以避匈奴之逼。通鑑四三記此事。卷五〇安帝元初五年、建光元年兩記鮮卑寇上谷攻居庸關事。又卷六〇獻帝初平四年，田疇「上西關，出塞，傍北山，直趨朔方，循間道至長安。」胡注以爲即居庸關，是也。檢水經注一四濕〔㶟〕水注云：

「㶟〔漯〕餘水出上谷居庸關東，關在沮陽城（上谷郡治）東南六十里，居庸界，故關名矣。更始使者入上谷，耿況迎之于居庸關，即是關矣。其水導源關山，南流，歷故關下，溪之東岸，有石室三層，其戶牖扇扉悉石也，蓋故關之候台矣。南則絕谷，累石爲關垣，崇墉峻壁，非輕功可舉，山岫層深，側道褊狹，林障邃險，路才容軌。曉禽暮獸，寒鳴相和，羈官遊子，聆之者莫不傷思矣。其水歷山南逕軍都縣界，又謂之軍都關。……其水南流出關，謂之下口，水流潛伏十許里也。」

漯餘水即今沙河，出**居庸關**之東。此段描述居庸關甚詳悉，爲最早期之一段狀述史料。據此注文，居庸關爲一段山谷陘道，北口在沮陽縣東南六十里，南口在軍都縣境，故亦謂之軍都關。軍都亦漢地志之縣名，在今昌平縣境。今有南口之名，蓋古下口也。考魏書八二常景傳云：

「杜洛周反於燕州（今涿鹿縣、唐新州），仍以景兼尚書爲行台，與幽州都督平北將軍元譚以禦之。……別勅譚西至軍都關，北從盧龍塞，據此二嶮，以杜賊出入之路。又詔景，山中嶮路之處，悉令捍塞。景遣府錄事參軍裴智成……守白㵎，**都督**元譚據居庸下口。俄而安州（略）戍兵反，結洛周……自松岍赴賊，譚勒別將崔仲哲等截軍都關以待之。仲哲戰沒，洛周又自外應之，腹背受敵，譚遂大敗。……詔以（略）李琚爲都督，代譚征下口。」

按此段述事，雖不能據以瞭解居庸、軍都、下口之地理排列次序，然首尾相連之形勢則甚顯，且其東有盧龍塞，相近處尚有諸多小陘也。

隋書地理志涿郡昌平縣有關官。通典一七八幽州昌平縣，「古居庸關在縣西北，齊改爲納欵，淮南子云，天下九塞，居庸是其一也。」寰宇記六九，同。是隋唐屬幽州昌平縣。而新唐志幽州昌平縣與嬀州懷戎縣兩記之。蓋關路甚長，就地境而言，本南北兩屬也。居庸關使，見通鑑二六八後梁乾化三年。

新志嬀幽州兩條所記甚具體云：

嬀州懷戎縣，「東南五十里有居庸塞，東連盧龍、碣石，西屬太行、常山，實天下之險。有鐵門關。」

幽州昌平縣，「北十五里有軍都陘，西北三十五里有納欵關，即居庸故關，亦謂之軍都關。其北有防禦軍，古夏陽川也。」

據此，關似又有鐵門關之名，其北有防禦軍。關之北口在懷戎縣東南五十里。與酈注在沮陽東南六十里者相合。其南口似在昌平西北三十五里，又似五十里，新志省字，往往有此病。

寰宇記六九昌平縣，「軍都山又名居庸山，在縣西北十里。」與新志略合，但於居庸關，不云里數。考武經總要前集一六下北蕃地理南京關口條云：

「居庸關，幽州西北一百二十里。關之西北二十里即居庸關山。一路西至嬀州，一路北至儒州。」

按通鑑二四六會昌元年，胡注亦云：「今居庸關在燕京之北一百一十里。」則唐宋時代，關在幽州西北一百一十二里，此自就關之南口而言。檢寰宇記六九，昌平縣在幽州西北九十三里，則南關在昌平西北約二十里上下。前考嬀州至幽州二百一十里，南關在幽州西北一百一二十里，北關在嬀州東南五十里，則關道之長約四五十里。一統志順天府卷關隘目，引程大昌北邊備對云：「居庸關，太行山最北之第八陘也。東西橫亙五十里，而中間通行之地才闊五步。」又武經總要前引條，明本云「兩山夾峙，一水旁流，關跨南北四十里，懸崖峭壁，最爲要險。」是亦四五十里。與上文所論相合。如此長谷陘道，而懸崖峭壁，中間闊才五步，誠爲險峻。復檢紀要一一昌平州居庸關條引志云：

「州西北二十四里爲居庸關南口，有城，南北二門。自南口而上，兩山之間，一水流焉，道出其上，十五里爲關城，跨水築之，亦有南北二門，又有水門，宣德三年，命修居庸關城及水門者也。又八里爲上關，有小城，南北二門。又七里曰彈琴峽，水流石罅，聲若彈琴。又七里爲青龍橋，道東有小堡。又三里即延慶州之八達嶺矣。嶺上有城，南北二門，元人以此爲居庸北口。」

按唐代昌平州在今縣之西，則今南口城即新唐志之軍都陘，亦即唐關道之南口，關道四五十里者，即指今南口至八達嶺之一段四十里道路而言。八達嶺即古居庸關山也。據明九邊考四宣府鎮條，居庸關三十里至岔道，二十里至楡林驛，三十里至懷來衞。則八達嶺至懷來約六十餘里，亦正與古代記載關在懷戎縣東南里距略合，此適可爲證。

一統志順天府關隘目，八達嶺有城，「今有把總戍守。」又宣化府卷山川目，「八達嶺在延慶州南三十五里居庸關城外，東南去居庸上關十七里，爲往來之要衝，元時以此爲居庸北口，上有城，設兵戍守。昌平山水記，自八達嶺下視居庸關若建瓴，若闞井，昔人謂居庸之險不在關城，而在八達嶺。」是八達嶺之衝要，又在正關之上，元明淸皆置戍城守，唐代當同。新唐志云，其北有防禦軍，蓋即今八達嶺相近歟？然志云古夏陽川，或在嶺北川原耶？又前引武經總要云，「居庸關山，一路西至媯州，一路北至儒州。」儒州在今延慶縣治。此正即今八達嶺北至延慶，西至懷來之道矣。

五代胡嶠陷虜記云，居庸關外又有石門關，「關路崖狹，一夫可以當百，此中國控扼契丹之險也。」頗疑亦即居庸關北口之居庸關山，今八達嶺之地。然亦可能爲今石峽峪口，則在八達嶺西行之途中，未能親履其地爲之勘定也。

新五代史七三四夷附錄云，胡嶠在契丹七年，周廣順三年歸國，自述入虜中行程云：「自幽州西北入居庸關，明日又西北入石門關，關路崖狹，一夫可以當百，此中國控扼契丹之險也。又三日至可汗州。」則唐末五代有此關。田村實造，引路振乘軺錄曰：「石門關在幽州西一百八十里。其險絕悉類虎北口，皆古控扼奚虜要害之地。」又引察哈爾通志卷三延慶縣條，「石峽峪口，南通昌平白羊城口，(西)與懷來接壤，山路崎嶇，單騎可行，亦八達嶺迤西之要口也。」(注九)就田村所引察哈爾志言之，此關當在今八達嶺西至懷來道中。然胡嶠過居庸關不言其險要，次日至此關乃大書其崖狹，爲控扼契丹之險。而觀其形勢，實如古代之居庸關山、今八達嶺之地，路振亦以與虎北口相比擬，不言居庸關，故疑石門關實即居庸關北口之居庸關山今八達嶺也，至於里距去幽州一百八十里，較八達嶺爲遠，然古人記載里程本不能太拘也。姑存待考。

居庸陘道雖既險且長，然爲幽州近處通往山北之最主要孔道，故自先秦兩漢以來皆極重視，用兵通使與商貿往來，莫不由之。唐代後期，河北騷亂，據幽州者，或將軍糧物資儲存於關外諸州鎮，有如太原資糧西儲於羊腸之倉，以確保糧儲之安全，此亦見關塞雖險而交通仍暢也。

李德裕論幽州事宜狀，(全唐文七〇二)「幽州雄武軍使張仲武已將兵馬赴幽州。雄武軍使今日奏事官吳仲舒到臣宅……答臣云，只繫人心歸向。……臣又問萬一入不得，即有何計？仲舒云幽州軍糧並儲在嬀州及向北七鎮，若萬一入未得，卻於居庸關守險，絕其糧道，幽州自存立不得。」通鑑二四六會昌元年，記此事。胡注：「檀州有大王、北來、保要、鹿固、赤城、邀虜、石子䶳七鎮。」

上文所考唐代雲州(今大同)東至幽州(今北京)，西至單于府(今歸綏西南三四十里)之通道，又西至河上勝、豐兩州及三受降城，是即河套東經雲中，通幽、燕之大道也。地志所記，前乎此者，晉太康地理志云：五原塞「又北九百里得造陽。」(即唐代嬀州今懷來)後乎此者，武經總要云，振武軍、單于府……東南至幽州一千二百里。」皆與此道略相當。

寰宇記三八麟州銀城縣引晉太康地理志，「自北地郡北行九百里得五原塞，又北九百里得造陽。」晉書七一嬀州懷戎縣目亦引此，以爲誤。按史記匈奴傳，「燕亦築長城自造陽至襄平，置上谷、漁陽、右北平、遼西、遼東郡，以拒胡。」集解引韋昭曰，造陽在上谷。正義，按上谷郡今嬀州。是也。晉志云五原塞又北九百里得造陽者，即謂由五原東至造陽也。正即此道。古人於方位往往不甚瞭解，只要出塞便云向北，此例甚多，不可泥。武經總要文見該書前集一六下。九百里太少，一千二百里太多，古人記程往往參差，更所常見。

前史所見，漢末田疇由幽州「出塞傍北山直趨朔方（河套北境）至長安」，爲最早之事例。

三國魏志一一田疇傳，幽州牧劉虞遣使長安。「疇乃更上西關，出塞，傍北山，直趨朔方，循間逕去，遂至長安致命。」按朔方郡在今河套內，所行之路線雖不能詳，要與唐代之幽、雲西通單于府、勝、豐道略相當，惟中段或者行於雲、代之間耳。

唐代安祿山之亂，至德中，李泌建策，使建寧王「並塞北出，……以取范陽，覆其巢穴。」事不果行。上元中詔郭子儀統諸軍「取邠（陝西邠縣）、慶（甘肅慶陽）、朔方（寧夏靈武西南）路」「略高闕」，（河套西北隅狼山山脈之一道口，約東經107°25'，北緯41°15'。）「出雲中」，（河套東北隅歸綏托克托地區）「收大同（山西大同）、橫野（察哈爾蔚縣）、清夷（即嬀州今察哈爾懷來縣），便收范陽。」是仍李泌之前策，又爲魚朝恩所阻。此爲中古時代之一大戰略構想，雖事不果行，然擬定進軍路線正即今考之道，亦見此爲北疆之一交通大道也。

通鑑二一九至德元載，李泌建策云：

「令李光弼自太原出井陘，郭子儀自馮翊入河東，……勿取華陰，使兩京之道常通，陛下以所徵之兵軍於扶風，與子儀、光弼互出擊之。彼救首則擊其尾，救尾則擊其首，使賊往來數千里，疲於奔命，我常以逸待勞，賊至則避其鋒，去則乘其弊，不攻城，不遏路。來春復命建寧爲范陽節度大使，並塞北出，與光弼南北犄角以取范陽，覆其巢穴。」（參看新一三九李泌傳）

胡注云：「泌欲使建寧自靈（今寧夏靈武西南十里），夏（今陝西橫山西百里長城外白城子），並豐（今河套西北狼山縣地區）、勝（今綏遠托克托西二十餘里，黃河西十二里連城）、雲（今山西大同）、朔（今山西朔縣）之塞，直擣嬀（今察哈爾懷來）、檀（今河北密雲），攻范陽之北，光弼自太原取恆、定，以攻范陽之南。」是也。明年，隴西諸師皆會，江淮庸調亦至，「李泌請遣安西及西域之衆，如前策並塞東北，自歸、檀取范陽。」帝急切欲復兩京，故不果行。此爲中古用兵之一大戰略構想，其後三年上元元年九月詔郭子儀爲諸道兵馬都統，舊一二〇郭子儀傳云，使「取邠、寧〔慶〕、朔方、大同、橫野徑抵范陽。」今存肅宗命郭子儀充諸道兵馬都統詔（全唐文四三）云，「取邠、慶、朔方路過，往收大同、橫野、清夷，便收范陽及河北。」又云「今將略高闕，出雲中。」是仍擬實施李泌前策，復爲魚朝恩所阻不果行。而其所擬行軍路線正取今考之道，即由朔方並河取三受降城，又東經單于府、雲、武、新、嬀等州入居庸關路也。

（六）代北水運考略

太原至北塞間之陸上交通已考論如上。在此地區內之主要河流爲桑乾河，次爲呼沱河上游，又次爲汾水上源。桑乾河流域在太古時代本爲一大橢圓形湖泊，其後逐漸乾涸，成爲一條河流。至北朝及隋唐時代，水運似尚相當盛。呼沱河上游與汾水上源亦通舟楫或木筏，故漢世有鑿通呼沱、汾水之上源以漕山東之粟西實太原倉儲之構想。因爲此三條河流在唐代均有水運之利，故曾置代北水運院或水陸發運使以司其事。

後漢書列傳六鄧訓傳：

「永平中理虖沱石臼河，從都慮至羊腸倉，欲令通漕太原。吏人苦役連年，無成，轉運所經三百八十九隘，前後沒溺，死者不可勝算。建初三年拜訓謁者，使監領其事。訓考量隱括，知大功難立，具以上言。肅宗從之，遂罷其役，更用驢輦，歲省費億萬計，全活徒士數千人。」

水經注六汾水注述此事詳略互異云：

「羊腸倉，山有羊腸坂，在晉陽西北。……漢永平中，治呼沱石臼河。案司馬彪後漢郡國志，常山南行唐縣有石臼谷。蓋資承呼沱之水轉山東之漕，自都慮至羊腸倉，將憑汾水以漕太原，用實秦、晉。苦役連年，轉運所經凡三百八十九隘，死者無算。」

按呼沱河上源在山西之崞縣、代縣、忻縣、繁峙縣地區，崞忻地區有兩西源發於雲中山脈，與汾水上源極相近。石臼河古代爲呼沱河之一支流，在今河北平山縣北，東流入呼沱。蓋自此修鑿，欲因呼沱河中上游以通汾水上游，藉可通漕也。此固爲一難以成功之偉大構想，然亦必汾水與呼沱兩河之上游本能通小舟或木筏，故能使人興起此項難以實行之構想也。

關于唐代水運事，韋澳諸道山河地名要略殘卷（羅氏鳴沙石室佚書本），代州「刺史理所，兼置代北水運院。」又新二一八沙陀傳，「乾符三年，段文楚爲代北水陸發運、雲州防禦使。」通鑑二五三，在乾符五年，作「大同防禦使，兼水陸發運使。」事雖不詳，但有水運之利，從可知矣。

注一：ONC 爲美國 OPERATIONAL NAVIGATION **CHART** 之縮寫，比例尺百萬分之一。

注二：按王忠嗣碑云：「公始以馬邑鎭軍，守在代北，外襟帶以自隘，棄奔衝而蹙國。河東，乃城大同於雲中，徙清塞、橫野，張吾左翼。朔方，則幷受降爲振武，築靜邊、雲內，直彼獯虜。」此明白分河東、朔方言之，新傳混爲一談，以爲皆在天德，故誤。

注三：天德軍雖在古大同城，然唐世未置大同軍。且若指後之天德軍故大同城而言，則更足證橫野軍與後之天德軍非一地。

注四：羅氏鳴沙石室佚書本諸道山河地名要略殘卷，亦作一九六〇里。

注五：此爲舊山陰縣，以下皆同。最近中國大陸地圖，山陰縣移於桑乾水之北，當鐵路。

注六：唐代大尺長度在29.6—31.1厘米之間。小尺長度爲24.75厘米。唐代一里等於1500尺，則唐里最長爲466.5米，最短爲371米。（參看王冠倬從一行測量北極高看唐代的大小尺，文物1964年第6期。）北朝里長當亦相差不遠。

注七：通鑑二五三乾符五年紀，胡注引宋白續通典，同。

注八：田村實造撰遼宋交通資料注稿，刊東方史論叢第一。

注九：同上。

附北魏參合陂地望辨

魏書二太祖道武帝紀登國十年條云：

「六月還幸河南宮（在河套內）。秋七月，慕容垂遣其子寶來寇五原。……十月辛未寶燒船夜遁。十一月己卯，帝進軍濟河。乙酉至參合陂。丙戌大破之。」

按同書九五慕容垂傳述此次戰事云：十月寶燒船夜遁，十一月太祖濟河「急追之，晨夜兼行，暮至參合陂西，寶在陂東，營於蟠羊山南水上。」是參合陂當五原東至中山、幽州之軍道。其東有蟠羊山。

此次戰事所在地參合陂之地望，酈氏水經注三河水注首先指出。其文云：

「中陵水又北分為二水。一水東北流，謂之沃水，又東逕沃陽縣故城南。……沃水又東，逕參合縣南，魏因參合陘以即名也，北俗謂之倉鶴陘，道出其中，……即燕書所謂太子寶自河西還師參合，三軍奔潰，即是處也。魏立縣以隸涼城郡。……沃水又東北流注鹽池。」

是酈氏指為鹽池（今岱海）西南參合陘及魏置參合縣地區，在今右玉縣北長城外，前文「唐代太原北塞交通圖考」第五節「塞北東西交通線」已詳論之，此無疑者。酈氏為北魏後期人，似極可信。酈氏雖未言有陂，然今觀 ONC F-8 其處實有一小湖泊，與魏置參合縣相近，指為參合陂，固無不可。是酈氏以為燕魏戰場之參合陂在平城西北二百里（實不只二百里）之譜，魏置參合縣地區也。通鑑一〇八晉太元二十年胡注亦從之。

然漢書高祖紀，十一年「將軍柴武斬韓王信於參合。」漢書地理志有參合縣，屬代郡。酈氏㶟水注云，敦水東流逕參合縣故城南。其城在高柳城之東，而高柳則「在平城東南六十七里。」故此參合縣故城在平城之東約百里以上。一統志大同府卷古蹟目謂在今陽高縣東北。是也。統志此條雖不言參合陂即在此參合故城。然同卷山川目，「蟠羊山在陽高縣東。」下引魏書太祖紀，天賜四年五月北巡，自參合陂東過蟠羊山。又引通鑑晉太元二十年紀燕魏參合陂之戰，燕軍於陂東蟠羊山。是統志作者以爲兩軍戰場之參合陂即在漢代參合故城也。是在平城東北亦約二百里之譜。楊氏北魏地形志圖，置參合陂於今陽高縣，蓋從統志此說也。然一統志歸化城六廳卷山川目亦有蟠羊山，「在綏遠城北六十五里，蒙古名衣馬圖。」下文亦引魏書太祖紀天賜四年北巡事爲證。則又謂參合陂在今歸綏地區矣。（或者亦可勉强解爲鹽池西南地區如酈說。）足見統志作者亦無定見。

再次，紀要四四大同縣參合城條，述慕容寶兵敗事，前文以爲參合陂在漢參合故城，後文又以爲在河水注之參合縣、參合陘，且爲酈注加一「參合陂」之名。兩地東西相距四百里以上，不意顧氏乃疏粗如此！或者顧氏根本不知漢代參合故城與後魏參合縣參合陘之非一地耶？

復按魏書一〇三蠕蠕傳，「天興五年，杜崙……遂犯塞，入參合陂，南至豺山及善無北澤。」丁謙魏書外國傳補地理考證云：善無北澤「即朔平東北代哈泊。」「參合陂即今大同府北邊牆外之奇爾泊。泊之北有伊瑪圖山，伊瑪圖譯言蟠羊。考晉書後燕載記及十六國春秋，慕容寶伐魏，軍還至參合陂，營蟠羊山南水上，可爲確證。」又云：「水經注將參合陂水混入漯水篇謂脩水入之，殊誤。」是丁氏新說，在淸代之奇爾泊，即今圖之蘇木海子（經一一三度二〇分，緯四〇度五〇分）

綜上所述，關係魏燕興亡之參合陂戰役，其地望所在，前人至少有三說。其一，酈氏河水注以為在鹽池西南參合陘，後魏置參合縣地區。（約東經一一二度二五分北緯四〇度二五分。）其二，一統志以為在今陽高縣漢代參合故城地區。（約東經一一三度五〇分北緯四〇度二〇分地區。）惟無確證。亦不自堅。第三，丁氏考證以為即今蘇木子海（東經一一三度二〇分北緯四〇度五〇分）以蟠羊山為證。至於顧氏紀要，在同一條中即前後矛盾，且所指亦即第一、二兩說之地，故無自立之說。茲就以上三說提出檢討，進而研究北魏前期參合陂之正確地望。

先論丁氏新說。丁氏僅據蠕蠕傳一條，而此條實不能確證其在何處。或者丁氏以傳文「入參合陂，南至豺山及善無北澤。」擬善無北澤即今代哈泊（今圖岱海），蠕蠕軍由北而南，先至參合陂，故指為代哈泊東北之奇爾泊也。實則指善無北澤即今代哈泊已有問題。（此泊在北朝稱為鹽池，明見河水注，至今為一大湖，不得稱之為澤。疑善無北澤者或當為鹽池西南沃水流域，**ONC F-8** 尚繪有一小湖泊，其西南亦為草澤地帶。）而北敵南侵亦不必為一股一路。蓋一股入參合陂南至豺山（豺山在平城參合陂間，見魏書二道武帝紀天興六年、天賜五年兩條。）一股至善無北境。此亦極可能。故執此一條，絕難定其在善無北澤之北也。至於「伊瑪圖」之譯言「蟠羊」，然山在泊北,不在泊東,且北人以羊為主要畜牧對像，凡山勢有形似蟠羊者，何莫不可名之為蟠羊山？故此一千數百年後之今名，絕不足以為證。若今蟠羊山之名可以作證 ，則前引一統志大同府東之陽高縣有蟠羊山，歸綏城東六十五里有蟠羊山，究以何者為正邪？故丁氏之說之證據實太薄弱，不足深論。況慕容寶由幽州西至五原亦絕無必要向北迂迴經今蘇木海子之北之理！至云水經注將參合陂水混入㶟水篇，此則丁氏誤讀酈注。其實㶟水注只云厲門水「積而爲潭」其陂長二十里，廣十五里，有敦水注之。敦水導源西北少咸山「東流逕參合縣故城南」，無參合陂之名，亦不言潭與參合城之關係。若㶟水注果稱此潭爲參合陂則酈氏已有兩說，而此說爲正矣。此亦丁氏之疏也。

其次，酈氏爲北魏後期人，明指魏燕戰場之參合在鹽池（今岱海）西南之參合陘魏置參合縣地區，宜最可信。然就當時戰爭形勢，與北魏初期諸帝巡幸之行程論之，仍見酈氏爲誤書。茲詳爲討論如次：

按酈注一三㶟水注云：

「羊水……東轉逕燕昌城南。按燕書，建興十年，慕容寶（或作垂誤，第一次西征，垂未親行）自河西還，軍敗於參合，死者六萬人。十一年垂衆北至參合見積骸如山，設祭弔之禮。……六軍哀慟，垂慚憤嘔血，因而寢疾焉，轝過平城北四十里疾篤，築燕昌城而還。即此城也。」

又晉書一二三慕容垂載記，亦先述慕容寶西征，有參合之敗。下文述垂親征，「至參合，見往年戰處，積骸如山」云云。垂慚憤，「因而寢疾乘馬輿而進，過平城北三十里，疾篤，築燕昌城而還。」魏書二太祖紀，皇始元年，亦云「慕容垂來寇桑乾川，……遂至平城，西北踰山結營，聞帝將至，乃築城自守，疾甚遂遁走，死於上谷。」所謂築城自守者即燕昌城也。是垂之此行僅過平城北三四十里即病篤不能進，因築燕昌城暫守而還，未嘗西至鹽池西南參合陘地區。垂僅至平城西北數十里而還，則燕書及晉書載記前述垂至參合見積骸如山者，必在平城以東，不在平城以西，斷可知矣。且魏書一五常山王遵傳云：

「慕容寶之敗也，別率騎七百，邀其歸路，由是有參合之捷。」

按太祖紀登國十年條，遵受命「塞其中山之路。」中山爲燕國都城，在今河北定縣。塞其中山歸路，必指中山西北太行山諸陘道如飛狐、隘門道而言，地在今蔚縣靈邱地帶。北去平城以東地區不遠，故能有助於大捷。若燕軍尚在平城西北兩百里外鹽池之西南，塞中山之道何有於大捷耶？此亦參合陂必在平城以東之一强證。抑猶有可論者，前引道武紀述此次戰事，十月辛未，寶由五原河津燒船夜遁，十一月己卯，帝濟河追擊，乙酉至參合陂；丙戌破之。慕容垂傳云，十月寶夜遁，十一月「太祖濟河，留錙重，簡精銳二萬餘騎急追之，晨夜兼行，暮至參合陂西，次晨大敗寶軍。按自辛未至乙酉凡十五日，自己卯至乙酉暮凡七日，而五原河津東至鹽池（今岱海）西南魏後期所置之參合縣，至多不過五百里，寶既燒船夜遁，何需十四五日？拓跋珪既簡精銳輕騎急追，何需七日？此皆不合事實者，惟平城以東之參合故城西去五原約九百里，故一退一進需如此日程也。

復按魏書帝紀自昭皇帝（卷一）至太宗明元帝（卷三）泰常八年三卷書中，參合陂凡十三見。昭皇帝約當西晉元康中（二九一—二九九），泰常八年爲劉宋景平元年（四二三），則西晉末終東晉世一百三四十年間（三世紀末至五世紀初），此陂爲代魏境內之要地，其後雖太武帝之好動，四出巡幸，本紀亦未見參合陂之名。茲就昭帝至明元帝本紀所記可考此陂之方位地望者，條箋如下：

（A）魏書一序紀云：

「昭皇帝諱祿官……分國爲三部。帝自以一部居東，在上谷北濡源之西。……以文帝長子桓皇帝諱猗㐌統一部，居代郡之參合陂北。以桓皇帝之弟穆皇帝諱猗盧統一部，居定襄之盛樂故城。」

按此條明云代郡之參合陂，即當在今陽高地區，絕不能解爲盛樂東南之參合陘地區。且三分部族東西並列，濡水即今灤河，其源在獨石口地區，盛樂在今歸綏之南，參合陂在今陽高地區，即東西距離略均；若在參合陘，則距盛樂太近，事必不然。下文昭帝十年十一年兩見桓帝在參合陂事，皆顯見其所都。昭帝崩後，穆帝「總攝三部，以爲一統」，故北魏前期都城建在盛樂。若桓帝不死而統攝三部，則統一之都城必先在參合陂地區矣。

（B）同上序紀云：

昭成皇帝（什翼犍）建國二年(三三九)「夏五月朝諸大人於參合陂，議欲定都灅源川。」五年「夏五月，幸參合陂。秋七月七日，諸部畢集，設壇埒，講武馳射，因以爲常。八月還雲中。」

按此條雖不能顯示參合陂之準確地望，但見此陂爲其國境內之重地，且於此議都灅源川，此川即今桑乾河，正在今陽高之南近處，蓋地已近灅源而議都之也。同書二道武帝紀云，天興六年七月「車駕北巡，……東北踰罽嶺，出參合，代谷。九月，行幸南平城，規度灅南面夏屋山，背黃瓜堆，將建新邑。」正與前事相同。按此時已都平城，則參合在平城之東，又近代谷，其爲陽高之參合無疑。

（C）魏書二太祖道武帝紀云：

天賜四年「五月北巡，自參合陂東過蟠羊山，……遂東北踰石漠至長川，幸濡源。……七月，車駕自濡源西幸參合陂……乃還宮。」

按濡源在獨石口塞外，於當時魏代國境爲最東地區。其時都平城，長川亦在平城以東地區，參天興二年紀尤明。是此次行巡實東北行，亦參合陂在平城以東，不在平城以西之明證。

（D）同上又云：

天賜五年「正月，行幸豺山宮，遂如參合陂，觀漁於延水，至甯川。」

（E）魏書三太宗明元帝紀云：

神瑞二年四月「己卯，東駕北巡。五月丁亥，次於參合，東幸大甯。」

按此兩條見延水、甯川、大甯三地名。考㶟水注，有于延水，楊圖擬爲今洋河及東洋河、西洋河是也。大甯城，楊圖在今張家口，亦略得之。有甯川水，流於小甯縣（今萬全）之西，南入于延水，其會口在雁門水（今南洋河）入于延水口之東，即國防研究院地圖舊萬全稍西之一水也，是此兩次皆由平城東行，亦證參合陂在平城以東，無疑。

（F）同上紀又云：

泰常八年六月「丙辰，北巡至於參合陂，遊於蟠羊山。秋七月，幸三會屋侯泉。……八月，幸馬邑，觀於㶟源。」

按蟠羊山見於一統志，因爲有後世附會之嫌，今姑不論。㶟水注，有三會亭，三會城，其南有神泉水，有靈應。本紀之三會即此城亭無疑。屋侯泉蓋即神泉歟。酈注所述，緊接在參合城之東。楊圖繪於今陽高、天鎮之間是也。此亦見參合陂在東巡道上。

以上就慕容垂之行程言之，參合陂不得在平城以西；又就魏書前期本紀所見之參合陂之方位考之，皆在平城以東或東北地區，無一在平城以西或西北者。平城之東或東北，即當在漢代參合縣故城地區矣。然則一統志以參合陂在漢參合故城，雖無確證，然眞得其地矣。檢㶟水注云：

「雁門水又東南流屈而東北，積而爲潭，其陂斜長而不方，東北可二十餘里，廣十五里，蒹葭藂生焉。敦水注之。其水導源西北少咸山之南麓，東流逕參合縣故城南。地理風俗記曰，道人城北五十里有參合鄉，故縣也。敦水又東……注雁門水。」

是漢參合故城之東近處果有一陂，長二十里，廣十五里，熊疏指此爲參合陂是也。前引魏書慕容垂傳，寶退軍營於陂東之蟠羊山，及所引帝紀天賜四年、泰常八年兩條，亦與垂傳契合。一統志大同府山川目，蟠羊山在陽高縣東，蓋眞北魏故山，非後世附會之名也。且前引序紀，昭成帝朝諸大人於參合陂，遂議定都㶟源川。天興二年，出參合、代谷遂行幸南平城，規度㶟南新邑。泰常八年至參合陂遊蟠羊山，幸三會、馬邑、觀於㶟源。則參合陂不但爲東北出至濡源大寧之道，亦且南近㶟水之上游，固非爲丁謙所說在今蘇木海子，亦非爲酈氏所指在鹽池西南之參合陘也。丁氏本臆說，不足論。酈氏魏人，何以有誤？意者，參合故城之參合陂既蒹葭藂生，可能漸見游塞，自北魏前期太武帝以後即鮮見遊幸其地者，或亦此故歟？其陂既漸淤塞，而鹽池西南之蒼鶴陘以音近而有參合陘之名，東魏天平二年，因置參合縣。（見地形志）其地既當平城通雲中之大道，世俗相傳，必有以慕容垂兵敗故事爲說者，故酈氏未能詳察，致有此誤耳。此亦後人編輯前史往往以今事誤說前事之一佳例也。

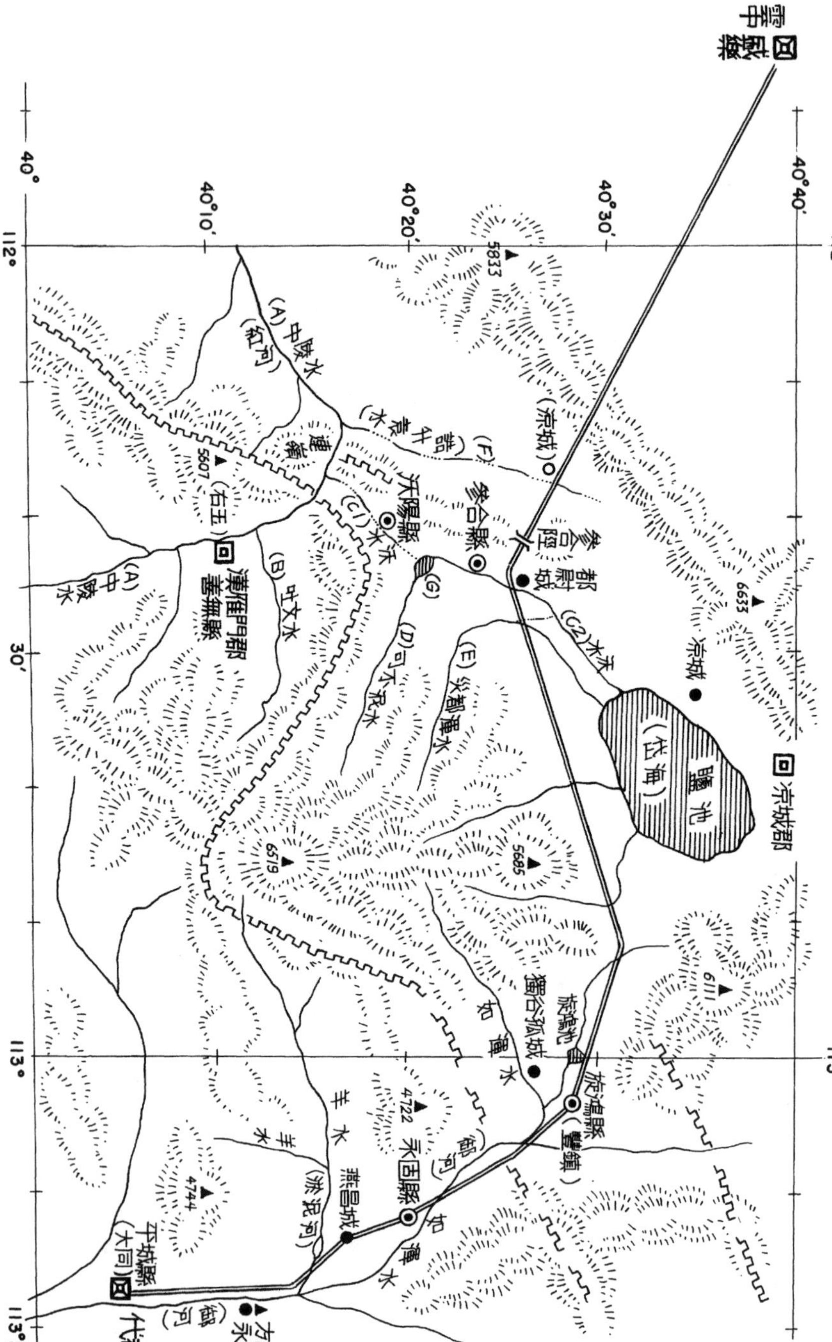

編按：原圖修復放大見圖錄冊，圖版十八

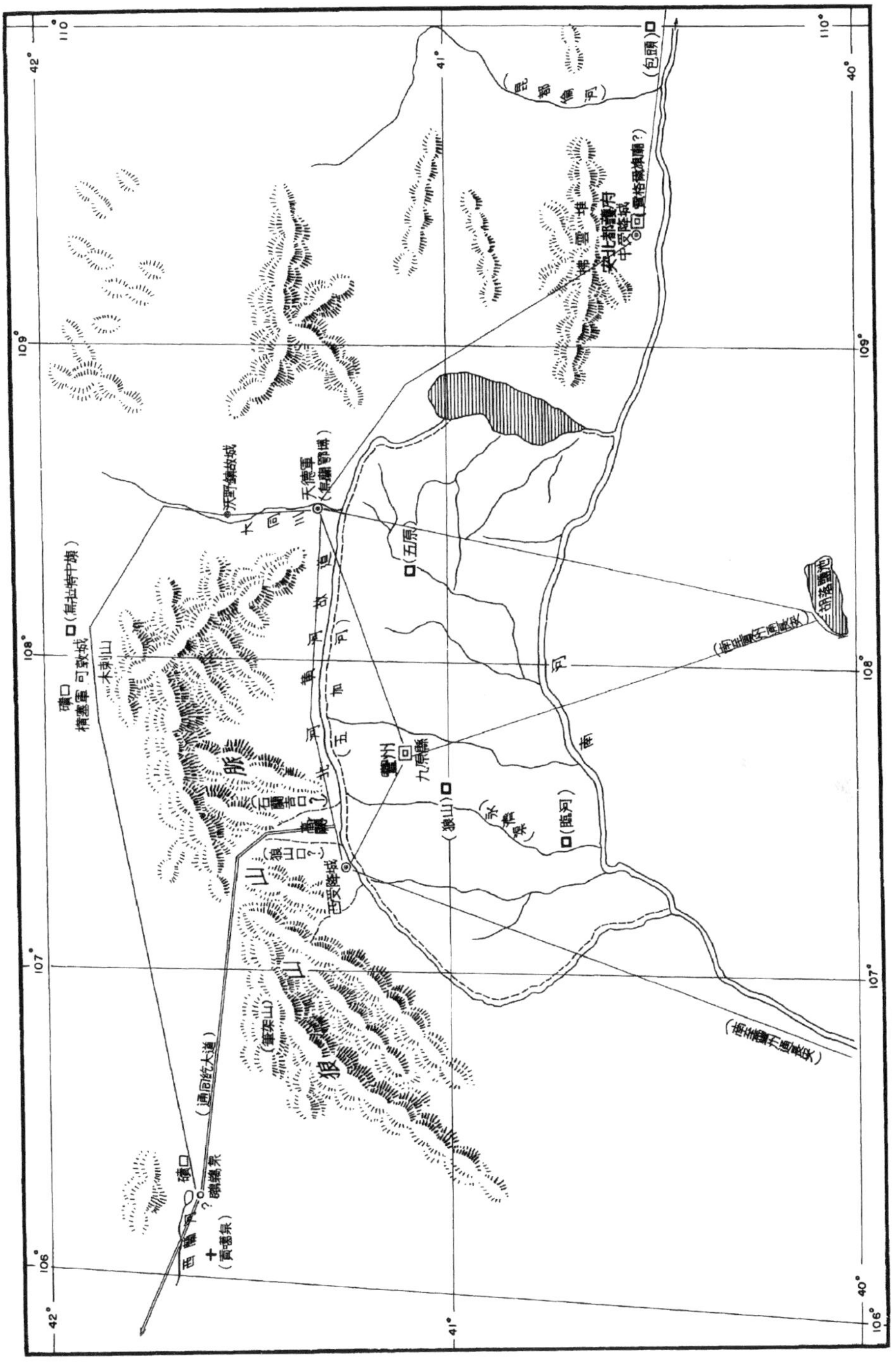

編按：原圖修復放大見圖錄冊，圖版十九

唐代太原北塞交通圖

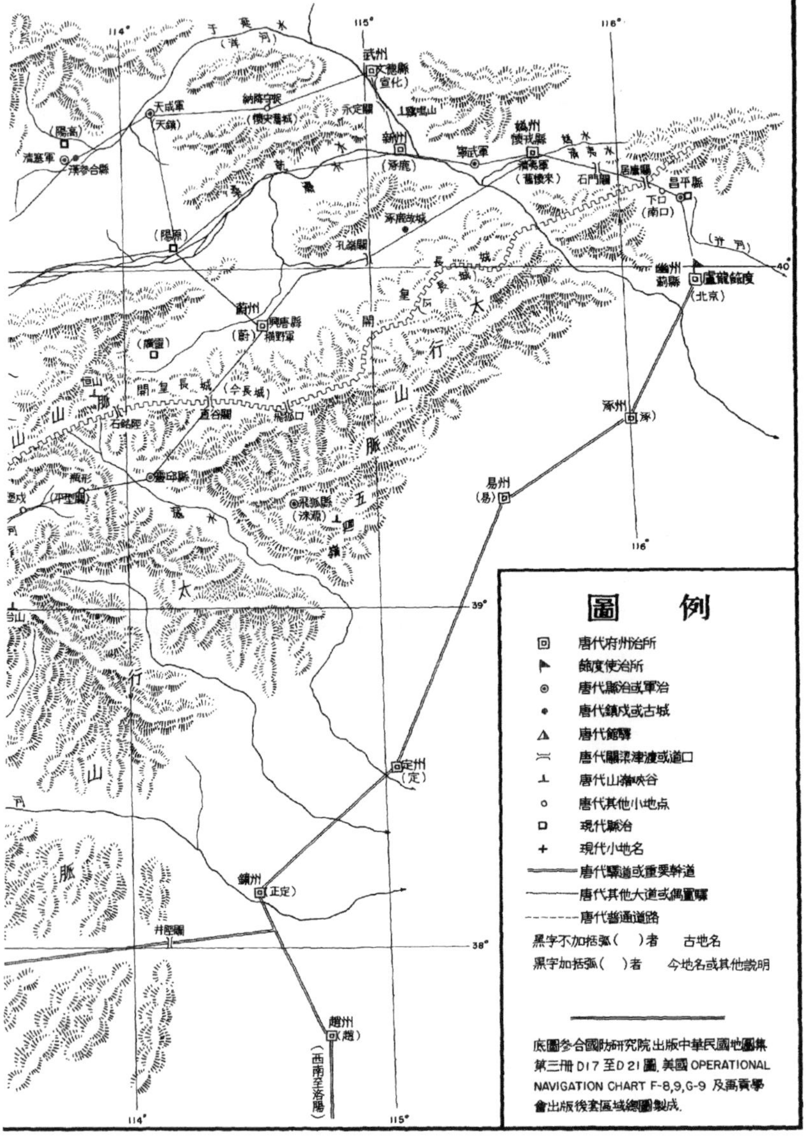

編按：原圖修復放大見圖錄冊，圖版二十

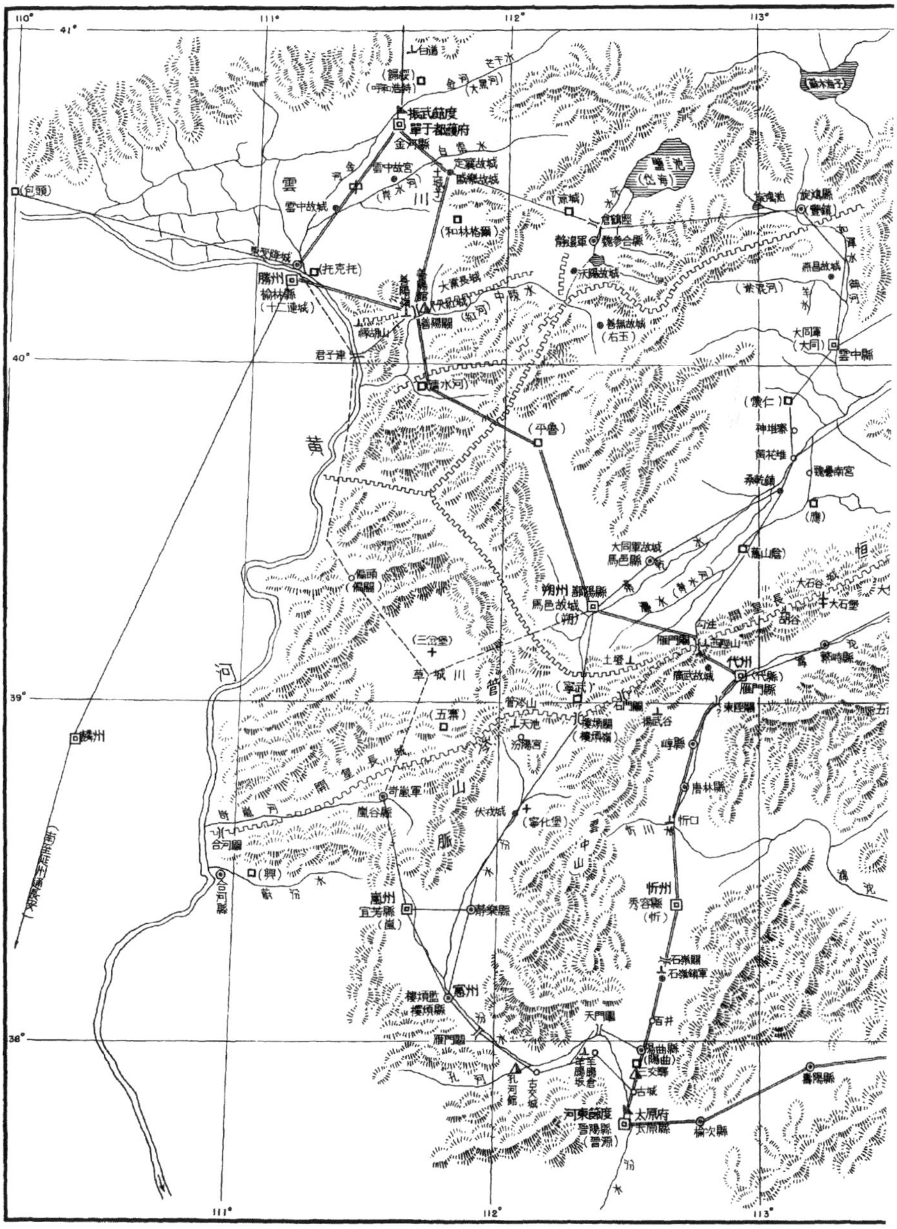
110°
41°
111°
112°
113°
40°
39°
38°
振武節度
單于都護府
金河縣
雲中故宮
定襄故城
盛樂故城
雲中故城
(和林格爾)
(包頭)
勝州
榆林縣
(十二連城)
(托克托)
君子津
(清水河)
(平魯)
(偏關)
(三岔堡)
(五寨)
嵐谷縣
苛嵐軍
伏戎城
寧化堡
合河關
(興)
嵐州
宜芳縣
(嵐)
靜樂縣
憲州
樓煩監
樓煩縣
天門關
陽曲縣
(陽曲)
古城
太原府
太原縣
河東節度
晉陽縣
(晉源)
古交城
榆次縣
壽陽縣
石嶺關
石嶺鎮軍
忻州
秀容縣
(忻)
忻口
唐林縣
崞縣
東陘關
代州
雁門縣
(代縣)
廣武故城
雁門關
(寧武)
天池
汾陽宮
管涔山
朔州
鄯陽縣
馬邑故城
(朔)
大同軍故城
馬邑縣
(應)
桑乾鎮
(懷仁)
神堆寨
大同軍
(大同)
雲中縣
燕昌故城
(豐鎮)
(涼城)
善無故城
(右玉)
靜邊軍
麟州
黃
河
雲
中
川
汾
水
恒
山

安慧「三十唯識釋」原典譯註㈠

——第一分　識轉化論之第一、第二品

霍韜晦

目錄

序論……1
本論……9
第一分　識轉化論……9
第一品　標宗……9
一　識轉化爲我、法相……9
二　破五識所緣境……19
三　破意識所緣境……26
四　釋外人妨難……27
五　識轉化種類……33
第二品　異熟轉化……39

一　阿賴耶識自身的存在狀態……39
二　阿賴耶識的轉化與分別活動……42
三　阿賴耶識的相應心所……52
四　阿賴耶識的覺受行相與存在德性……62
五　阿賴耶識的相續與轉捨……67

譯註說明

一、原本：

本書翻譯所用原本，用法人萊維（**Sylvain Lévi**）校刋之「唯識論疏」（**Vijñaptimātratāsiddhi**）一書之「三十唯識釋」（**Triṃśikāvijñaptibhāṣya**）部份，即原書**P P.13–45**，一九二五年，巴黎版。

二、校勘及參考資料：

①西藏文「安慧造唯識三十論疏」，日人寺本婉雅校刋本，一九三三年，京都版。略稱「藏本」。

②中文「安慧三十唯識釋略抄」，呂澂譯抄。一九二六年，「內學」第三輯。略稱「呂抄」。

③日文「三十頌了別釋」，日人荻原雲來譯。「荻原雲來文集」頁六二八——六七七，一九三八年東京大正大學出版。略稱「荻原譯」。

④日文「唯識三十頌安慧釋」，日人宇井伯壽譯。一九五二年，東京岩波書店出版。書名「安慧・護法唯識三十頌釋論」。略稱「宇井譯」。

⑤日文「唯識三十頌之原典解釋」，日人野澤靜證譯，並及於律天（**Vinītadeva**）疏。一九五三年，京都法藏館出版之「世親唯識之原典解明」所收。略稱「野澤譯」。

⑥陳眞諦譯「轉識論」，用日本大正藏版。

⑦唐玄奘譯「成唯識論」，用支那內學院校刋藏要本，民國十八年（一九二九）刋行。
⑧唐窺基撰「成唯識論述記」，用普慧大藏經校本，一九五一年出版。略稱「述記」。
其餘不及備載，隨文註出。

三、譯文體例：

①安慧釋梵文原文不分段，今依文義略分章節，標題爲譯者所加。
②世親本頌，今仍用五言偈體譯；每偈四句，以abcd標明。但此四句祇是偈體之形式，與意義無關；又偈體譯出時受字數限制，有時意義不能貼近原文，故另用語體文重譯一遍，附於其後，以供學者參攷。
③譯文中〔〕號內之文字，爲譯者欲暢達文義所加，梵文原本無。
④譯文中（）號內之文字，爲譯者附上之說明，以助讀者對譯文的了解。
⑤註文所着重者有四：一、重要概念之梵文原語的說明；二、與舊譯資料比較；三、對傳說中之安慧義的釐淸；四、力求使用現代人的概念以表達安慧本義。

序論（造論旨趣）

一

爲了使那些對人、法二無我不了解和謬解的人，得解無顚倒的人、法二無我，造此「三十唯識論」①。復次，人、法二無我的得解，是爲了斷除煩惱〔障〕和所知障。爲甚麼這樣說呢？因爲貪等諸煩惱，由我見產生，而人無我的開悟，即以對治有身見爲其自性②，因此，〔這種〕爲了斷除彼〔有身見〕而起現的活動③，可斷一切煩惱。另一方面，法無我的認識，則以對治所知障爲其自性，因此〔當法無我義了解〕，所知障亦斷。復次，煩惱〔障〕和所知障斷，爲得解脫，成一切智境④。蓋諸煩惱是得解脫之障，因此在它們斷除的時候，解脫即〔同時〕獲得。至於所知障，則是在一切所知之中妨礙正智起現的一種不染無知〔法〕⑤；它斷滅時，正智乃能在一切所知的形相之中，無對⑥無礙的產生，因此得成一切智境。

二

復次，或爲了向那些執有人、法〔的存在〕，而對「唯心」⑦〔義〕不能如實了知的人，顯示人、法二無我，使之漸次悟入唯識果⑧，故造此論。

三

復次，或爲了遮遣某些人認爲所知〔的對象〕⑨亦如識一樣是實有⑩，或認爲識也如所知一樣：「僅在世俗中有，而在勝義上無」的這兩種極端的說法，故造此論⑪。

註：

①「三十唯識論」，原文 **triṁśikāvijñapti-prakaraṇa**，直譯是「三十表論」，「唯」字無。今考慮及歷史文化之問題，書名仍譯爲「唯識論」（參看註⑧及下文第一品一．一註③）

②「自性」，此仿玄奘譯法。原文是「對治」一詞（**pratipakṣa**）加上抽象名詞語尾 **-tva**，蓋指對治者或對治狀態。

③「起現的活動」，原文 **pravartamānaḥ**，乃動詞語根**√vṛt**之現在分詞；舊譯「轉」。宇井、野澤譯爲

「努力」，其意甚善，唯義有距離。考述記云：「我執爲根，生諸煩惱；若不執我，無煩惱故，證無我理，我見便除。由根斷故，枝條亦盡。此依見道及究竟位斷煩惱說。」（卷一、頁一五）由此可見，這是一種智慧之呈現，故譯爲「起現的活動」較妥。

④「成一切智境」，原文 **sarvajñatvādhigama**，即成就或到達一切智（**sarvajña**）的狀態。「境」字乃據原文抽象名詞語尾 **-tva** 增譯。若依唐人句法，亦可譯爲「證一切智體」。

⑤「不染無知」，原文 **akliṣṭamajñanam**，呂抄作「染污無知」，誤。此語明有一否定詞 **a-** 置於前，且考佛地經論云：「所知障者，於所知境不染無知，障一切智，不障涅槃。」（大正藏卷二六、頁三一〇下）可證。

⑥「無對」，原文 **aśakta**，直譯是「無能」之義，目的在描述正智（**jñāna**）的性質。蓋正智不同於一般的經驗心識：經驗心識恆有所取，而正智無所取，故就此義言，正智即非爲一有所取的「能者」。今參取此義，譯爲「無對」。

⑦「唯心」，原文 **cittamātra**。此處不用「唯識」（**vijñaptimātra**）而用「唯心」，蓋從止觀實踐上說。參看次註引文。

⑧「漸次悟入唯識果」，原文 **saphale vijñaptimātre 'nupūrveṇa praveśa'**，直譯是：「依有果的唯識，漸次悟入」。此中言「唯識」而能有果，在義理上必須經一轉折纔能明白。蓋「唯識」（**vijñaptimātra**）的意義最初並不表「唯心」，因爲「識」字（**vijñapti**）在這裡的用法是「表」義，即有所表之境，而不

是指心識（ vijñāna ）。世親著本頌的意思，即在把我們的所知世界收歸為「表」的世界，而「表」是從識（ vijñāna ）的轉化而來（此義後詳）；所以所知世界的存在並無獨立性，識纔是存有之根，由此言「唯表」之義遂進為言「唯心」之義，同時這一觀念亦成為唯識宗人從事修持實踐的理論根據。所以律天（ Vinītadeva ）註此句云：「識者，即離所取、能取之諸心、心所。彼果即歡喜地等。使之漸次悟入者，首先是依破有所取能取的三十論以為聞學方便，然後以正理思惟，由破所取開始，歷四念住、乃至於忍，數數修習。由破所取；所取無故，能取亦無；於世第一法中便破能取(譯者按：以上言止觀階位及其升進)。瑜伽行者如是而破所取、能取故，法界之障，一一遠離，遂至歡喜地等。」(大意，參看野澤譯頁一五四)

⑨「所知」（ vijñeya ），與「識」（ vijñāna ）相對，即是境義；依本論下文，亦即 vijñapti。

⑩「實有」，原文 dravya，指有實體的存在；亦即中土唯識家所言之「有體施設」之義（參看下文第一品第一節註 ）。此與實事上之有（ vastu ）不同。實事上之有衹可說為一現象上之有，或一物事上的、物理上的有（參看第一品第一節註⑱）。

⑪以上三段，言造論旨趣，約略與「成唯識論」首段之三解相當。彼論云：「今造此論，為於二空有迷謬者生正解故。生解為斷二重障故。由我、法執二障具生，若證二空，彼障隨斷。斷障為得二勝果故：由斷續生煩惱障故證眞解脫，由斷礙解所知障故得大菩提。(以上一解)又為開示謬執我、法，迷唯識者，令達二空，於唯識理如實知故。(以上二解)復有迷謬唯識理者，或執外境如識非無，或執內識如境非有；或執諸識用別體同；或執離心無別心所。為遮此等種種異執，令於唯識深妙理中得如實解，故作斯論。(以

上三解）」（卷一、頁一）今勘安慧釋文，三解均有參取安慧義處，述記作者僅指出第一解釋安慧釋，餘未言。

本論

第一分　識轉化論

第一品　標宗

一　識轉化為我、法相

一·一

我法施設相①，雖有種種現②；（第一頌a、b）

（〔世間上〕誠然有種種「我」、「法」的施設呈現，不過，）

〔此中文意，若〕完整的說〔，應加簡別語，以表明這是〕：「在世間和聖教中」。

彼實識轉化③。（第一頌。）

（這〔些施設〕都是在識的轉化中④。）

〔此中「彼」⑤是〕連結〔上文的〕我、法施設。

一・二

施設諸我及諸法，名「我、法施設」。這也就是「我」的假安立和「法」的假安立。「種種」，即顯非一類：如諸我、命者、生者、人⑥，童蒙⑦等，都是「我施設」；蘊、處、界、色、受、想、行、識等，都是「法施設」⑧。這兩種施設，都祇是識的轉化，並無實在的我和諸法⑨。何以故？離識轉化之外，我和諸法即不存在故。

一・三

（設問）此所謂「轉化」是何義？

（答）即以變異爲性。〔亦即〕在因刹那滅的同時，成就與因刹那相相異的果體⑩，就是「轉化」⑪。此中由於〔無始時來〕對我等作分別的習氣增長，和對色等〔法〕作分別的習氣增長，從阿賴耶識中生起我等影像和色等影像分別⑫。由於這種分別，於是把這些我等影像和色等影像執如外有，乃至我等施設和色等法施設無始時來虛妄而起，〔實質上〕並無外在的我和〔外在的〕諸法⑬。譬如翳眼者見毛輪⑭等。〔因此〕言施設者，即是在彼處本來無有，而復假說它爲有。譬如〔假說〕「彼愚人是牛」⑮。

一·四

如是，在識自相之中，及〔識自相〕之外，並無我、法。諸我、法都是遍計所執，從勝義上說都不存在。因此，〔那種主張〕「所知〔的對象〕亦如識一樣是實有⑯」的一邊的說法，即不應認可。然而，若無依仗⑰，則施設亦不能有。故必須把識的轉化作爲一實事上的有⑱來了解；即以此〔轉化〕爲依，我、法施設產生。因此，若認爲「識也如所知一樣，僅在世俗中有，而在勝義上無」的這種說法，便不應理。因爲〔識〕在世俗中亦墮〔無〕過故⑲，若無所取⑳，世俗即不相應故㉑。由是，〔上述〕這兩種一邊的說法，以不應理故，依阿耆黎㉒所說，均應捨棄㉓。

一・五

如是，一切所知，都是〔存在於〕遍計所執自性的狀態㉔；從實事言，都不存在㉕。識却是緣生法㉖，故應許有實體㉗。至於識的緣生法，已在〔上文〕「轉化」一語中解示㉘。

註：

①此句「相」字增譯，原文無。「施設」（**upacāra**），玄奘譯爲「假說」，以易使人誤會爲虛假之義，爲我、法都是自畢竟空無中生出。考世親之意，並不否認有種種客體之存有事呈現，而祇是反對有與「我」，「法」等觀念相對應之獨立客體之存在而已。換言之，依世親看法，「我」、「法」觀念雖是一種識心之執，但仍是依於所呈現之存有事而施設的，故今譯爲「施設」，以見其爲有所憑藉之狀態。復次，述記云：「言施設者，安立異名，即假說義。此意顯示隨諸世間橫計種種我、法等緣施設我、法。」（卷一、頁二九）由此可見，施設、假說兩義本無異致。

②以上兩句，奘譯爲：「由假說我法，有種種相轉」，譯文作條件句，極易使人錯覺以「假說我法」爲

因，「有種種相轉」爲果（述記即解作「因由之義」）。今按：「施設」一詞，是句中主語（upacāraḥ Nom. Sg.）。「現」是自動詞（ pravartate. Ā 3rd. Sg. ），因此全句是以一種肯定語氣，說這些施設狀態的我、法相，有種種的呈現，而不是說因爲「假說」之故纔呈現。至於它們如何呈現，則是下句的問題。

③「識轉化」，原文 vijñānapariṇāma ，舊譯「識變」、「識所變」、或「識轉變」，似均未能表達出這原是指一種存在狀態的轉換的意義，反而增添了一重識爲眞、境爲妄的對列色彩。今按：pariṇāma 一詞，最先用者爲數論（Sāṃkhya）。數論言「物原轉化」（prakṛtipariṇāma），認爲宇宙萬有都是從「物原」（prakṛti ，舊譯「自性」）轉出。物原是本，但萬有亦非虛妄；兩者雖有先後之序，而實可通貫爲一。依文獻所傳，世親在未學大乘佛教之前，曾學數論，且爲「金七十論」作釋（述記卷一、頁六四）。若據眞諦譯之「婆藪槃豆法師傳」，則謂世親著「七十眞實論」以破數論（述記卷四、頁二〇三亦有相類似之言。由此可見，世親思想當與數論有密切關係；影響所及，使其沿用了 pariṇāma 此語來解釋種種我、法相的生起。爲了相應世親原義，故今譯爲「識轉化」（關於此義，眞諦之古譯似較貼近。眞諦譯之轉識論云：「此等識能廻轉造作無量諸法，或轉作根，或轉作塵，或轉作我……如是種種不同，唯識所作。」（大正藏卷三三、頁六二下）可證）。

④此語原文 vijñānapariṇāme ，及於格語尾（Loc. Sg.），目的在顯示一範圍意義，把這些施設狀態之我、法相全部收攝入識轉化的範圍。所以「唯識」的意義，正是要以「識」（vijñāna ）來統攝一切法。玄奘譯爲「此依識所變」，便落在識、境對列的意味上，與原意略有距離。

⑤「彼」，句中主詞，原文省略（梵文文法，主詞可涵在動詞的語尾變化中）。

⑥「人」，原文 **mānuja**，亦譯「意生」，即由 **manu** 而生。**manu** 在古吠陀語中有「思想」之義，故用以指人。

⑦「童蒙」（**māṇava**），舊譯「儒童」（即「摩納縛迦」**mānavaka**），指少年婆羅門。宇井疑此字乃 **mānava** （人類）之誤（見宇井譯頁六及頁一九〇）。

⑧以上解我、法施設。成唯識論的糅譯是：「論曰：世間、聖教說有我、法，但由假立，非實有性。我謂主宰，法謂軌持。彼二俱有種種相轉。我種種相，謂有情、命者等，預流、一來等；法種種相，謂實、德、業等，蘊、處、界等。」（卷一、頁一）依述記解，則先釋「假」有兩種：一、無體隨情假，二、有體施設假；然後指出內識所變之似我、似法，為「有體強設義」，即是依他法（卷一、頁二三及三七）。此對奘譯「假說」一詞有進一步之分解及規定，使讀者對世親原義之了解極有幫助，但亦容易因「假」字之義通有體、無體兩端而滋生誤解及使義理繁瑣化。今觀安慧解，則較簡樸。

⑨此中所謂「實在」的意思，原文為 **mukhya**，即「本來」義，或「本自有」義。

⑩此中意趣，即以前一剎那識之活動為因，後一剎那之呈現為果。蓋識能轉化出種種我、法相之內容，必須以前一剎那之展現為根據，否則即不能說明其之所以如此呈現之理（參看下文第六品第一節一、二）。如是再從前一剎那往上溯，即不能建立一起始觀念，所以下文說這是由於從無始時來對我、法作分別的習氣增長的緣故。

⑪此處解「轉化」，即成唯識論解「識變」一段。成唯識論云：「彼相皆依識所轉變而假施設……變，

謂識體轉似二分，相、見俱依自證起故。依斯二分施設我、法，彼二離此無所依故。」（卷一、頁一）此一解釋，無異將識轉化劃分能所，再二分化爲相、見二分。義雖嚴緊，然亦失之質實。由此遂再追問此二分產生之根據，屬同種出抑異種出，更有一分家、二分家、三分家、乃至四分家等各種主張。述記且謂安慧是一分家義，即是主張相見同種者。其說如下：「安惠解云：變，謂識體轉似二分。二分體無，偏計所執。除佛以外，菩薩以還，諸識自體即自證分。由不證實，有法執故，似二分起；即計所執，似依他有。二分體無，如自證分相貌亦有。以無似有。即三性心皆有法執，八識自體皆似二分；如依手巾變似兎頭，幻生二耳；二耳體無，依手巾起。……問：此二體無，識體如何轉似二分？答：相見俱依自證起故；由識自體虛妄習故，不如實故，有惑執故，無明俱故，轉似二分。二分即是相及見分，依識體起；由體妄故，變似二分，二分說依自證而起。若無識體，二分亦無；故二分起，由識而有。（問：）既有自體及此二分，依何分上假說我、法？答：依斯二分施設我、法；依此相、見計所執上世間、聖教，說爲我、法。此相、見之中說爲我、法，彼我、法二，離此相，見無所依故，故依所執相、見二分施設我、法。」（卷一、頁三二）但今查對安慧釋文，並未發現安慧使用相分、見分、自證分等名詞，亦無上述一段之議論。因此把安慧列爲一分家的看法很可能是後人總結此一問題的討論時加上去的。不過，若從內容上推尋，則後人有這樣的看法亦自有據。見次兩條說明。

⑫「影像」，原文 **nirbhāsa**，指一種不眞實的，模擬的顯現。「分別」（ **vikalpa** ）則是一種執，亦即心識的作用。在這種作用之下，上述的影像遂被取着爲外有，並形成「習氣」（ **vāsanā** ）。習氣即是一種

潛勢力，能使這種分別活動繼續下去。所以推原究始，律天解釋「影像」，即以「所取分」（grāhyāṁśa ）釋之。「所」與「能」對，這樣，相、見二分的意義就很容易產生出來，後人以二分家義釋識轉化是可理解的。

⑬以上一段，在文字上反而接近成唯識論解「識變」的第二解。其說如下：「或復內識轉似外境，我、法分別熏習力故，諸識生時變似我、法。此我、法相雖在內識，而由分別似外境現。諸有情類無始時來緣此，執為實我、實法，如患夢者患夢力故，心似種種外境相現，緣此執為實有外境。」（卷一、頁一）但述記却以為這是難陀、親勝的二分家說（卷一、頁三四）。今按：安慧義若予以分解，是可通於二分家說的，這點，我們在前註已指出；但最後仍歸之於識轉化而消解我、法影像，則不能列為二分家說，故述記列之為一分家，也許根據在此。但述記在解「諸識生時變似我法」一句時，另舉安慧的說法如下：「安惠解云：變似我、法總有二解：一者世間、聖教皆是計所執。世間依此八識所變總無之上，第六、七識起執於我；除第七識，餘之七識起執於法，不許末那有法執故。如是總說執為我，法。種種別相熏習力故，八識生時變似於法，六、七似我……又解：諸識生時變似我，法者，即自證分上有似我、法之相。體變為相。但依他性；依此堅執為我、法者方是二分，其似我、法者不名二分。以下約喻依他性有，故識所變似我、似法是識自體。」（卷一、頁三五）以上兩解，述記跟着料簡云：「雖有二解，後解難知，前解為勝。」（同上）今勘安慧釋文，則明與第二解接近，故述記之批評未當。

⑭「翳眼者」，原文 **taimirikasya**（**Gen. Sg.**），指眼睛患有白內障、或視力不良的人。「毛輪」

(**keśoṇḍuka**)，髮毛結。

⑮「愚人」，此從藏文譯。梵文作 **bāhīka** 荻原以爲這是居住於印度北部的民族名；彼等多事粗重工作，故有此輕蔑語（見荻原譯頁六七七，註二）。

⑯「實有」（**dravyataḥ**），原文缺，此從宇井說補。見宇井譯頁七、及訂正表頁五四。

⑰「無依仗」，原文 **nirādhārasya**（**Gen. Sg.**），乃「無所安置者」或「無所容受處」之意，由表示否定意義之字頭 **nir-** 與表示「容器」或「依持」義之 **ādhāra** 合成。

⑱「實事上的有」，原文 vastuto'sti，即指一事實世界上之有，或物事上的有。此「有」是不能抽空者，因此亦有一眞實義。所以從這些地方看來，唯識家所言之存有世界，雖爲識之轉化，但不能類同於幻夢；我、法施設的產生，是有所依仗的。從另一方面看，亦祇有先承認了這一層的實在意義，然後纔可以進言它的存有依據——體（**dravya**）及存有狀態，此即下文第五段中所說。

⑲此句意思，在成立反對意見以駁斥上文的「惡取空」者（即撥識爲無者）的批評。對方的批評可排成因明論式如下：

宗：識在勝義上無，

因：於世俗中有故；

喻：如所知。

今安慧之意，則以爲若如是，則識在世俗中亦無。所以論難的焦點已經由對方的宗支移至因支。這一相違式便是：

宗：識非世俗有（或「識在世俗中無」）。

理由見註㉑。

⑳「所取」，原文 **upādāna**，即是「執受」。

㉑本句是承前宗立因，重點在對「世俗」意義的釐清。依論主之見，所謂「世俗」者，即是一相關世界，亦是一限定世界。世俗知識之所以能建立，即依種種之限定條件建立，所以必須有所依（所取），否則即不可解。所以律天解此句云：「所謂「若無所取，世俗即不相應」者，即是所取若無，則不成世俗。蓋〔世俗中〕必須施設說依於某物，否則即無限定，墮一切可依一切之過。」（大意，參看野澤譯頁一六八）據此，則安慧續出的論式便是：

因：〔識〕無所取（所依）故。

異喻：如所知。（意者所知爲世俗有，所知亦有所依）

㉒「阿奢黎」（**ācārya**），「師」義。這裡是指頌文作者世親。

㉓本段破增、減二執以成立唯識轉化義，與成唯識論之破法極相似。其說如下：「愚夫所計實我、實法都無所有，但隨妄情而施設故，說之爲假。內識所變似我、似法，雖有而非實我法性，然似彼現，故說爲假。外境隨情而施設故，非有；如識。內識必依因緣生故，非無；如境。由此便遮增減二執。」（卷一、頁一）述記謂此文「唯是難陀、護法二說，無安惠解」（卷一、頁三七），有誤。

㉔「遍計所執自性」（parikalpitasvabhāva），蓋指一種由識心的分別活動所執取的存在，如種種我、法觀念便是。所以一切知識，都可以說是處於此種存有狀態中（parikalpitasvabhāvatva）。關於此義，詳解見下文第七品一・一。

㉕此句即表明我、法觀念非一眞實之存有。參看註⑱。

㉖「緣生法」（pratītyasamutpannatva），即「緣生性」，指識之轉化層。由於此層存有須「仗因託緣」（詳解見下文第七品）而展現，所以其存在狀態爲「依他」的，又名「依他起自性」（paratantrasvabhāva）。

㉗此處由緣生法爲一眞實之有，進而提出「體」（dravya）的觀念。「體」是存有依據（ground），緣生法則可以說是客觀之存有事。參看註⑱。

㉘本段總結「識轉化」之義，指出我、法觀念之存有層與識轉化之存有層不在同一層次；前者爲分別心所執取的對象，後者則是緣生法，成唯識論無。

二　破五識所緣境

二・一

（設問）所謂外境無，而識即爲境的行相生起，此事如何可解①？

（答）其實所謂外境，即是一能引生似己識②的東西，這也就是識的所緣緣。不過，〔所緣緣〕却不是〔令識起現的〕唯一的能作因③，〔因爲若許所緣緣是唯一的能作因，便〕不應有等無間等緣④的差別故⑤。

二・二

復次，〔有云：〕五識身⑥以和合爲所緣，有彼〔和合〕行相故。（破）但和合爲物祇是支分⑦的結集，而非別有〔一和合體⑧的〕存在；因爲分解各支分時，此有和合行相的識便無⑨。所以根本無有〔一眞實的和合〕外境，祇是識〔由戲論熏習力故⑩，〕有和合行相生⑪。

二・三

復次，這一所緣，亦不是〔那種在〕和合〔狀態中〕的極微⑫，以諸極微非彼〔識上的〕行相故。因爲在和合狀態⑬中的極微和未和合前〔的極微〕比較，體性並無任何增勝，所以在和合狀態中的極微，亦如未和合前〔的極微〕一樣，都不是〔五識身的〕所緣⑭。

二・四

不過，另外有人⑮認爲：各個極微之間互不相資⑯時，非根所能取⑰，但輾轉相資增成實事⑱，根便能取。（破）然而，在這種相資或不相資的狀態中，〔極微〕的體性並無任何增勝，因此究竟〔它們〕是可以爲根所能取，還是非根所能取？復次，若祇是把輾轉相資的極微作爲識境，則識上將不會現起瓶、壁等行相差別，因爲極微中無彼行相故。復次，識中的影像與境的行相不同⑲，亦不合理，成大過失⑳。

二・五

復次，諸極微亦如柱等，至勝義上即不存在，以有此方、彼方、和中間的分位故。若不許有此〔分別〕者，則極微中應無東、南、西、北等方向差別。依是，極微〔的狀態〕亦如識一樣：無質礙、無方所㉑，成爲過失㉒。

二・六

如是，外境無故，〔祇有〕識即爲境的行相生起。應知如夢中的識㉓。

註：

①本問實即成唯識論所提出的「云何應知實無外境，唯有內識似外境生」（卷一、頁一）的問題。成唯識論先答以「實我、實法不可得故」，然後即廣破外執，先破實我，後破實法，內容發展與安慧釋文不同，故述記謂爲「多護法文」（卷一、頁四十）是也。至於安慧釋，則將外境分爲五識身所緣、意識所緣，然後一一對破。脈絡有異，所以比較起來，無成唯識論之破我部份，但在破五識所緣境時，則與成唯識論之破法相當，唯內容較簡。以下當隨文註明。

②「似己識」（svabhāsavijñāna），即似境相之識。據陳那觀所緣緣論的分析，作所緣緣應有兩條件：一、能生識，二、識上必有似境之相（參看大世藏卷三一、頁八八八及述記卷二、頁一一三引文）。安慧時雖未有如此清楚分解，但據此言，意思已備。

③能作因（kāraṇa），此一概念原出有部，指凡對果法的生起有扶助力者，均得名之；是最廣義的因。從此一標準看，所緣緣雖能引生識，但其他諸緣亦具備這一條件，所以不能獨得所緣緣義。

④「等」者，等取因緣、增上緣。理由見上註。

⑤以上一段，與成唯識論破所緣緣處之正量部說相當。按成唯識論破法執至後半時始專破色法，先將各種執實有色的說法分成兩類：一、有對色，二、無對色；然後把所緣緣置於有對色下而分四家：正量、經部、古薩婆多，及新薩婆多。此中即第一家。論云：「此眼等識外所緣緣理非有故，決定應許自識所變爲所緣緣。謂能引生似自識者，汝執彼是此所緣緣。非但能生，另因緣等亦名此識所緣緣故。」（卷一、頁

六——七）。述記註云：「正量不許具二義名緣，但能生識即是所緣，何假似自者。今難之云，以能生識故是所緣緣者，其因緣等應是所緣緣。」（卷二、頁一一三）

⑥「五識身」（**pañcavijñānakāyaḥ**），指眼、耳、鼻、舌、身等五個識。「身」（**kāya**），聚集義，即文法上之衆數（**plural**）。

⑦「支分」，原文 **avayava**，勘成唯識論，蓋指經部的極微。經部主張極微實有，和合是假，故成唯識論破之，以假法無體，即無「緣」義。此與安慧之破法相同，詳下。

⑧「而非別有〔一和合體〕」，意謂和合非別有一和合自體，依所緣緣的標準，無體即不能引生識（見註②，故祇可有「所緣」義，而不能有「緣義」。

⑨此句意謂，若和合有實自體，則分解各極微時亦應有和合行相生；今既不然，可見和合非實有。參看註⑪成唯識論文。

⑩此中意義，依律天註釋補。參看野澤譯頁一七四。

⑪以上一段，即成唯識論續破經部有對色處：「眼等五識了色時但緣和合，似彼相故。非和合相異諸極微有實自體；分析彼時，似彼相識定不生起。彼和合相既非實有，故不可說是五識緣。」（卷一、頁七）

⑫此處破本薩婆多。依述記說，本薩婆多許和合位中之極微麤相有實自體，故得爲「緣」。

⑬「狀態」，原文 **avasthā**，舊譯「位」，即「階段」、「位置」義。

⑭以上一段，成唯識論的糅譯爲：「非諸極微共和合位可與五識各作所緣，此識上無極微相故；非諸極

微有和合相，不和合時無此相故。非和合位與不合時，此諸極微體相有異，故和合位如不合時色等極微，非五識境。」（卷一、頁七）述記亦有一量，云：「極微和合時應無和合相，體即本極微故，如未和合時。」（卷二、頁一一六）皆與安慧釋文一致。取其要言之，即本薩婆多之說，雖有「緣」義，但無「所緣」義也。

⑮勘述記，此指新薩婆多；即衆賢論師云云。

⑯「相資」，原文 **apekṣa**，乃「看取」、「觀待」之意；其上文爲 **anyanir-**，直譯爲「不待他」。今依成唯識論譯法，譯爲「互不相資」。藏要編者謂爲無安慧說（卷一、頁七），誤。

⑰「根」（ **indriya** ），指五識根。根的作用在發識，以完成一認知活動，故根亦取對象。近人常以感官比之。

⑱「增成實事」，原文 **bahavastu** ，考各日譯本似均未留意此字（見荻原譯頁六四一，宇井譯頁一二，野澤譯頁一七六）。今按 **baha** 源出語根 **banh**，乃「增加」之意， **vastu** 即「實事」。

⑲此句原文爲 **anyanirbhāsasya vijñānasyānyākāro viṣayo** ，由於原文中有兩 **anya**（別的、不同的）。致各日譯本之譯法均未達意。如野澤譯爲：「識中所顯現者爲不同之物，境亦爲不同之形相」（頁一七六），即費解。蓋此中所論及者乃承上文之義，指出對方勢必導至識中所現出的影像與境之行相不同，而成矛盾。述記量云：「緣大瓶等識應即緣極微之心，彼執所緣即極微故，如緣極微心。」（卷二、頁一一八——一一九）可證。

⑳以上破新薩婆多，即成唯識論的「有執色等一一極微不和集時非五識境，共和集位展轉相資，有麤相生，爲此識境。彼相實有，爲此所緣。彼執不然。共和集位與未集時體相一故；瓶、甌等物，極微等者，緣彼相識應無別故；共和集位一一極微各各應捨微圓相故；非麤相識緣細相境、勿餘境識緣餘境故；一識應緣一切境故。」（卷一、頁七）在此文中，成唯識論共舉出五項理由，安慧則僅舉出三項，無第三、第五（讀者可覆按，不贅）。復次，以上四段文字，述記謂爲順次破正量、經部，本薩婆多及新薩婆多（參看註⑤），但安慧未明言，律天疏亦未明言。若從義理上看，則安慧可以說祇是順所緣緣的意義破而略有一邏輯的分解。如先破單具能生義的所緣緣，續破單具所緣（對象）義的所緣緣；再進而檢討一般所緣境之存有性格：如爲極微性者則無所緣義，如有所緣義者則非極微性。此即後兩段所說。由是，一切執有色等外境者均破，因不必問其學派也。

㉑「方所」，原文 **adeśasthatva**，直譯爲「無場所住處」。

㉒若依成唯識論，此段即破有對色中之能成極微，編排在前四家之前。原文如下：「彼有對色定非實有，能成極微非實有故。謂諸極微若有質礙，應如瓶等是假非實。若無質礙，應如非色，如何可集成瓶、衣等。又諸極微若有方分，必可更析，便非實有；若無方分，則如非色，云何和合承光發影？日輪纔舉，照柱等時，東西兩邊光影各現。承光發影處既不同，所執極微定有方分。……又諸極微隨所住處，必有上下四方差別，不爾便無共和集義；或相涉入，應不成麤。由此極微定有方分。執有對色即諸極微，若無方分應無障隔，若爾便非障礙有對。」（卷一、頁六）今與安慧釋文相較，義雖詳盡而大旨則一，蓋承安慧義而精

論之。

㉓此結上文。勘成唯識論在廣破色法之後，亦有結云：「由此應知實無外色，唯有內識變似色生。」（卷一、頁一二）

三　破意識所緣境

受等〔法境〕，於過去、未來時亦不能引生有彼〔受等〕行相的識，是已滅、未生〔法〕故。至於現在的〔受等〕，亦不能引生現在的〔識〕。蓋〔受等〕在生的分位①中，〔有受等行相的識〕尚無故；若在已生之後，則識亦已以其行相起現。因此〔這已生的受等②〕並無任何作用。是以意識的生起，也是無所緣的③。

註：

①「分位」（**avasthā**），階段義。

②荻原、宇井則以爲是指「識」（見荻原譯頁六四二，宇井譯頁一六）

③本節破受等法境，即是意識所緣。原文簡略，不易見其脈絡。今據律天疏，謂此段是在破五識所緣境後，進而破意識所緣，即是受等法境。等者等取想、行。由此可見，安慧是依傳統五蘊之分類以破心外之一切法。但後期唯識家如成唯識論所言，則依五位百法之分類以破法境，故該論在破色法之後，即接着破

不相應行法、無爲法，最後心、心所法，値得注意。因此，安慧此處以三時分割的方法以破受，成唯識論無。

四　釋外人妨難

四・一

然而，外人①〔難〕云：若無實我，實法時，則施設不應理。何以故？施設有三依，隨一缺減即不成立故。〔三依者〕眞事②、似眞事之境、及兩者的共通性③。譬如有眞火、有似火的童子、和有它們兩者之間的共通性——赤紅性或猛烈性時，於是可以有「童子是火」的施設。（答）在此所謂「童子是火」的施設，是依類④還是依實⑤而行？不過，〔無論是依類還是依實，〕這兩種施設都不成立。此中且先就類而言：共通的赤紅性或猛烈性並不〔在類火中〕存在⑥；當共通性無，而在童子身上作類施設，即不合理，成大過失⑦。（難）類〔火〕中雖無彼法⑧，但由於赤紅性和猛烈性與類〔火〕不相離，因此可以在童子身上作類施設。（答）在類〔火〕中無〔彼法〕的情形下，而〔說〕赤紅性和猛烈性可在童子身上看到，則不相離性不應理⑨。復次，〔如說與赤紅性、猛烈性〕不相離，則亦無施設；以在童子身上的類〔火〕亦實有故，如眞火〔上的類火〕⑩。由此可知，在童子身上作類施設不合理⑪。

四・二

依實的施設亦然，因爲〔此中〕並無共通的性質⑫存在。作爲火的屬性，如猛烈性、赤紅性，在童子身上無。因爲〔童子身上的屬性〕與彼〔火上的猛烈性、赤紅性〕相異故。〔一切〕差別⑬，都是繫屬於其所依⑱。因此，火的屬性若無，則在童子身上作火的施設不應理。（難）如說〔在童子身上的屬性〕與火的屬性相似，則〔此施設〕合理〔否〕？（答）誠然，作爲火的屬性，如猛烈性、赤紅性，若與在童子身上的屬性，即猛烈性、赤紅性相似，則此施設合理⑮。但不是在童子身上〔作「童子是火」的施設〕。因爲火〔實之自身〕與屬性的相似並無關係⑯。因此，依實的施設亦不合理⑰。

四・三

復次，眞事亦無。因爲彼自相超越一切思慮、言詮境界。有關存在主體⑱的了解⑲，祇能依思慮、言詮而以〔彼〕屬性相⑳展現，因爲彼自相〔畢竟〕非〔思慮、言詮〕所能觸及故。若不如此，即有屬性無意義過。爲甚麼呢？因爲離思慮、言詮之外，再無其他的方便以識別事物之自相故。因此，若以存在主體之自相爲境，則思慮、言詮無，所以亦不可說眞事畢竟是有。如是，乃至不依音聲繫屬，思慮、言詮亦無。如是能詮與所詮㉑無故，眞事畢竟非有。復次，此一切〔有〕都祇是似有㉒，而非眞有。爲甚麼呢？因爲似有者假名，即以此爲依，彼以〔種種〕不實在相生。復次，一切音聲對於存在主體而言，都祇是以不實在的屬性相〔差別〕而轉，因此，眞事畢竟非有。〔由此可知〕此中彼作「若無實我、實法，則施設不應理」的問難不應理㉓。

(29)

註：

①外人，勘述記說，指吠世師（**Vaiśeṣika**），即是勝論學派。

②「眞事」，原文 **mukhyapadārtha**，乃「眞實的句義」之意。勝論學派對存有事物進行分解，其最後所得，即分別歸入若干存有範疇；此等範疇即名爲「句義」（**padārtha**）。**mukhya** 本自有的意思，今依成唯識論譯法，譯爲「眞事」。

③「共通性」，原文 sādṛśya，乃「共見」之意；玄奘譯爲「共法」。

④「類」，原文 jāti，「生」義、「同類」義。依勝論學派，「同類」不是一種觀念，而是一種存有，乃六句義之一，稱爲 sāmānya（同）。兩物能成一類，即因爲此兩物中有「同」的存在。

⑤「實」，原文 dravya，一般的用法，是指實體。在勝論學派中，則把實體收爲九種（九實：地、水、火、風、空、時、方、我、意），而成一「實」句義。

⑥依勝論學派對存有事物的分類法，赤紅性與猛烈性都是屬性，應屬「德」（guṇa）句義。「德」總有二十四種，而「同」句義中無「德」，因此說赤紅性和猛烈性不在類火中存在。（雖然，從二十四德的標準上看，赤紅性可說是色德，但猛烈性祇是「火上猛利之氣」（述記語，卷二、頁一九〇），是否可獨立爲一「德」，勝論未言。）

⑦此中意趣，蓋謂在童子身上的祇是類火，類火不能有「德」，即不能有眞火之赤紅性與猛烈性，是以不能作類施設。

⑧「彼法」（taddharmatva），指赤紅性和猛烈性這兩種性質（原文有抽象名詞語尾 -tva）。

⑨這一句的意思是說：一方面承認類火中無赤紅性和猛烈性（此即顯示相離義），一方面又說在童子身上有赤紅性和猛烈性，此即矛盾。蓋在童子身上者爲類火故。復次，依勝論學派，「不相離性」（avinābhāvitva）的意義亦可能是指「和合」（samavāya）句義，以說明火與赤紅性、猛烈性爲一內在的、緊密的結合，故不可分。關於此點，安慧未淸楚批評，成唯識論則有指出：「人類猛等現見亦有互相離故」。見下註。

⑪以上一段，即相當於成唯識論的「釋外妨難，重淨三句」中的第一段：「有作是難：若無離識實我、法者，假亦應無。謂假必依眞事、似事、共法而立。如有眞火，有似火人，有猛、赤法，乃可假說此人爲火。假說牛等，應知亦然。我、法若無，依何假說？無假說故，似亦不成，如何說心似外境轉？彼難非理。離識我、法，前已破故，依類、依實假說火等，俱不成故。依類假說，理且不成，猛、赤等德，非類有故。若無共德而假說彼，應亦於水等假說火等名。若謂猛等雖非類德，而不相離，故可假說。此亦不然。人、類、猛等現見亦有互相離故。類既無德，又互相離，然有於人假說火等，故知假說不依類成。」（卷二、頁一二）

⑫「共通的性質」，原文 **sāmānyadharma**，即勝論之「同法」。參看註④。

⑬「差別」，原文 **viśeṣa** ，即勝論的「異」句義。依勝論解，凡兩法有不同之性，即因其有此「異」之存在。無「同」即有「異」，上文既指出在火與童子之間並無「同法」，即暗示其有「異性」的存在。

⑭「所依」，原文作「自所依」（**svāśraya** ），即該存有體的自身，一切屬性（差別）都以此爲依止。

⑮此中意思，即許屬性與屬性間施設相似。述記所謂「猛似猛，赤似赤」（卷一、頁一九二），但這顯非勝論師之欲主張。

⑯本段原來所討論之施設，是依「實」說，而不是依「德」說，故不可從「德」之相似以言「實」之相似。相反，「德」隨「實」轉，若兩「實」不同類（無同法），即無法施設。

⑰本段續破依實施設，即成唯識論的：「依實假說，理亦不成，猛、赤等德非共有故；謂猛、赤等在火、

在人，其體各別，所依異故。無共假說，有過同前。若謂人、火德相似，故可假說者，理亦不然，說火在人，不在德故。由此假說不依實成。」（卷二、頁一二）

⑱「存有主體」，原文 **pradhāna**，此處之意義，即指存有自身，與 **svabhāva, svarūpa** 相通。不過在名詞訓釋上，「自性」（**svabhāva**）較强調體邊；「自相」（**svarūpa**）較强調相邊。性、相實可互訓。

⑲此句之翻譯，乃據原文之於格形（**pradhāne**）。

⑳「屬性相」，原文 **gunarūpa**，直譯爲「第二義之相」（宇井即如此譯）。其實，這是指事物的性質。我們對事物的了解，是必須通過它的性質的；化爲語言，就是邏輯中的主謂命題。這主謂命題的底子，內明中亦有分析，就是體與義、自性與差別的關係。此中自性即自相，指存有自身，非思慮可及；差別即共相，「共」者，可通於他，即是概念境界。參看註㉓。

㉑「能詮」（**abhidhāna**），依律天疏，即音聲等；「所詮」（**abhidheya**），即類、實等。

㉒「似有」，原文 **gauṇa**，即第二義之有，從屬之有。其實亦即是指共相。今從成唯識論譯法譯爲「似有」。見下註。

㉓本段即是成唯識論中續破外道、小乘共許之眞事。原文云：「又假必依眞事立者，亦不應理。眞謂自相，假智及詮俱非境故。謂假智、詮不得自相，唯於諸法共相而轉。亦非離此有別方便施設自相爲假所依。然假智詮必依聲起，聲不及處，此便不轉。能詮、所詮俱非自相，故知假說不依眞事，由此但依似事而轉。似謂增益，非實有相；聲依增益似相而轉，故不可說假必依眞。是故彼難不應正理。」（卷二、頁一三）

五．識轉化種類

五．一

未知識的轉化有幾種，爲顯示它的種類，故說：

此轉化有三①：（第一頌d）

（然而②，這種轉化有三種：）

依此〔識的轉化〕，於是有我等施設和法〔等〕施設。復次，此〔識轉化〕又有因性和果性的不同。此中因〔性〕轉化③，即是阿賴耶識中異熟〔習氣〕和等流習氣的增長。果〔性〕轉化④，則是在宿業牽引圓滿⑤時，由於異熟習氣的活動，使阿賴耶識自衆同分⑥中生；復由於等流習氣的活動，使諸轉識及染污意亦自阿賴耶識中〔差別而〕生⑦。此中善、不善轉識，向阿賴耶識存放異熟習氣及等流習氣；無記〔轉識〕和染汚意，則祇〔向阿賴耶識〕存放等流習氣⑧。

五．二

前說三種轉化〔的內容〕，尚未被知，爲顯示它的差別，故說：

名異熟、思量，及境之表別⑨。（第二頌 a、b）

（〔分別〕名爲異熟〔轉化〕、思量〔轉化〕、和境之表別〔轉化〕⑩。）

這三種轉化，即〔分別〕名爲異熟〔轉化〕，名爲思量〔轉化〕，和名爲境之表別〔轉化〕。此中，由於善、不善業習氣的成熟力故，果一若牽引而生，即〔名〕爲異熟。染汚意常以思量爲性，故名爲思量。色等境⑪各別顯現⑫故，眼等六識都是境之表別⑬。

註：

①平句玄奘譯爲「此能變唯三」，勘原文「唯」字無。其次，「轉化」（**pariṇāma**）玄奘譯爲「能變」，此即把識轉化之存有層理解爲識自身，不合世親原意。蓋世親在這裡的目的是承上文把識轉化的存有層分解爲三種，而並非識有三種。雖然，所不離能，識轉化之存有層最後亦須歸原於識以見其存在的性格，但言有分齊，此處尚未就識之結構上講。玄奘的譯法，把注意力導向能變方面，以致成唯識論提示此句，亦說：「識所變相雖無量種，而能變識類別唯三。」（卷二、頁一三）此即未能注視世親原來所提出的問題。

②此詞依原文之連接詞 **'ca'** 譯。頌文受字數限制略去。

③「因〔性〕轉化」，原文 **hetupariṇāma**，奘譯「因能變」。

④「果〔性〕轉化」，原文 **phalapariṇāma**，奘譯「果能變」。以上兩名的譯法，玄奘均從能邊看。

⑤「宿業牽引圓滿」，指過去業所牽引之異熟果受用已盡的意思。依述記解，異熟果中有總報，有別報；總先生，然後引別報滿之，此即「牽引圓滿」，所謂「引如作模，滿如塡綵」（卷二、頁二〇三）是也。

⑥「衆同分」（**nikāyasabhāga**），指各存有體彼此相類似的狀態。或「分」者因義，即吾人能認識同類事物（衆生或法）的客觀根據。這裡的意思是說，當宿業所牽引之異熟果盡，能感召後世之業種（即異熟種子）成熟，於是使阿賴耶識在某一界趣或某一同類衆生中以總報的形態生現。

⑦以上解釋因性轉化、果性轉化，相當於成唯識論中釋「能變」一段，但却與述記的疏釋距離甚大。成唯識論云：「能變有二種：一、因能變，謂第八識中等流、異熟二因習氣。等流習氣由七識中善、惡、無記熏令生長；異熟習氣由六識中有漏善、惡熏令生長。二、果能變，謂前二種習氣力故，有八識生，現種種相。等流習氣爲因緣故，八識體相差別而生，名等流果；果似因故。異熟習氣爲增上緣，感第八識酬引業力恆相續故，立異熟名；感前六識酬滿業者，從異熟起，名異熟生，不名異熟，有間斷故。即前異熟及異熟生，名異熟果，果異因故。」（卷二、頁一三）述記解釋這一段文字時，首先截取「二因習氣」四字，釋因能變，謂因能變即是種子；又擴展「因」的意義，引申至現行（由種子變生）亦屬因能變。其次截取「前二種習氣力故，有八識生」一句，釋果能變，謂此句意義即指自證分變生相、見二分；蓋自證分由前二因習氣生，所以是果云云（參看述記卷二、頁一九九至二〇一，又近代學者熊十力所著之佛家名相通釋卷下，頁三六至三九）。今按：述記此解除以種子釋因能變一義外，其餘均不合原文。其中慧沼之了義燈已指出「現熏種不名因變」（大正藏卷四三、頁七一六），但關於果能變義則始終未有學者批評。今據安

慧釋，顯見果能變並非指自證分變現相、見二分。安慧時代尚無自證分之名（參看上文第一品第一節註⑪），但因性轉化、果性轉化之觀念已有，可見其原義別有所指。後人不察，信述記說，遂更滋生誤解。如熊十力先生亦以為以「種子為識因，此第一種能變；識自體上有現起似能、所緣用，此第二種能變。」遂進而主張「本唯一事，義說二變」（前引書，頁三七），這是不妥當的。細檢安慧釋和成唯識論，它們之所以把轉化作因性、果性二分，理由是基於對生命的因果現象、亦即業與存在的因果關係作解析。解析結果，從因位上看，有異熟因、有同類因；從果位上看，即分別有異熟果、等流果。異熟因即是業種子，亦名異熟習氣，它所感召之果，即名異熟果，取其必須經過性質的變化纔能成熟的意思（述記有三解，可參看）。這異熟果即釋文下文所說的「使阿賴耶識自衆同分中生」及即成唯識論中所說的「異熟及異熟生」。至於同類因即是名言種子，亦名等流習氣，它所感召的果，即名等流果，取其因果相等以相續的意思。一切存有當下都是以此等流習氣為因以轉出，所以言轉化，這等流習氣纔是親因，業種子須經變異而熟，便祇能作增上緣。以上這兩種因果關係，述記在解釋的時候都大體不誤，問題是並不以這兩種關係來解釋因能變、果能變。現在我們對照安慧釋文，可知所謂因性轉化，即是從因位上看，這樣就有兩種自身居於原因狀態中的轉化，這就是等流、異熟二因習氣；所謂果性轉化，即是從果位上看，自身居於果性狀態的轉化，這就是異熟果轉化和等流果轉化。

⑧這兩句即前註引成唯識論的「等流習氣由七識中善、惡、無記熏令生長；異熟習氣由六識中有漏善、惡熏令生長」兩句。

⑨「境之表別」（ **vijñaptirviṣayasya** ），奘譯「了別境識」。此中「識」字原文無，而 **vijñapti** 一字，玄奘譯爲「了別」，亦易引起誤解。因爲 **vijñapti** 一字，原來是有所表或有所呈顯的意思，由表示「知」（ **to know** ）的意義的語根 **√jñā** 採取使役結構之名詞形（ **jñapti** ），再加上表示「分離」或「別異」（ **apart, different** ）意義字頭 **vi-** 合組而成，意思就是指一個自身具有某種內容而使他人得以知之的呈現。據法蘭克林・愛瑞頓（**Franklin Edgerton**）所編的佛教混合梵文辭典的解釋，就是 **making known** 。玄奘在別處即譯爲「表」，如「表色」（ **vijñapti-rūpa** ）、「無表色」（ **a-vijñapti-rūpa** ）。「表」即呈顯義，俱舍論解爲「表示令他了知」（大正藏卷二九、頁三上）；但如此即涵有內容義，否則不足以成爲他人知覺的對象。所以，若沿這一思路看，則玄奘譯爲「了別」的意思亦可以接受。此即是說：從這個自身具有某種內容的呈現的特殊性（別）上看，它可以成就我們的知覺活動（了），因爲它自身是一個對象（境）。但是，這一個意思，成唯識論沒有表達出來，它解釋「了別」的時候，反而導致了誤解。它說：「三謂了境。即前六識，了境相麤故。」（卷二、頁一二）這就把 **vijñapti** 是境的意義轉爲是識（ **vijñāna** ）的意義。玄奘如此了解，與他解釋「轉化」觀念總是從能邊看的思路有關；在未有原本對照的情形下，他的誤譯一直影響了中國學者對唯識觀念的了解，識（ **jñāna** ）境（ **vijñapti** ）不分。窺基作述記，就認定了「了別」是一種主體指向對象的活動，於是以「能緣境」的意義來解釋（參看述記卷二、頁一九八），而且這種解釋在許多地方都引述到。但事實上 **vijñapti** 是境而不是識的指向作用，所以在這裡我們將之譯爲「表別」，一來是承玄奘在他處譯「表」之意，二來是藉此境的表別性，表別就是境（梵文作 **vijñap-**

tirviṣayasya，直譯是「境之表別」，即以表別的性質來界定境）。

⑩此句譯法，對三種轉化都補入「轉化」二字，是承文意加入。因爲這種種存有，都是從識（**vijñāna**）的狀態轉化出來的。問題是一般經驗對象，即通過感官活動所收攝的存有祇相當於「表別」一層，世親在這裡指出尚有思量轉化、異熟轉化兩層，這就使得存有的結構複雜化。此中分別，將在後文次第展示。

⑪「色等境」，等取聲、香、味、觸、法；即眼、耳、鼻、舌、身、意所分別指向的對象。

⑫「顯現」，原文 **avabhāsatva**，即呈現在前的狀態。藏要成唯識論編者謂原文爲 **ābhāsa**（卷二・頁一三），誤。但據此可印證所謂「唯表別」（**vijñaptimātra**）之義。

⑬以上一段，即成唯識論的：「識所變相雖無量種，而能變識類別唯三：一謂異熟，即第八識，多異熟性故；二謂思量，即第七識，恆審思量故；三謂了境，即前六識，了境相麤故」（卷二、頁一三）一段。但成唯識論將此段置於討論因能變、果能變之前，與安慧釋次序倒置。

第二品　異熟轉化

一　阿賴耶識自身的存在狀態

一，一

彼〔阿賴耶識的〕自相若不廣釋，則不解了。茲爲次第顯示其自相，故說：

此中名藏識①，異熟、一切種②。（第二頌c、d）

（在這〔三種轉化〕之中，〔能帶起異熟轉化的，是名爲阿賴耶的識③，〔它〕處於異熟的狀態④，〔同時〕擁有一切種子。）

「此中」者，即指在前所說的三種轉化中。名「藏」（ālaya）者，即〔彼識〕有此阿賴耶識名。彼識即是異熟轉化。復次，一切雜染法種子皆以此爲住處，所以名爲阿賴耶。「阿賴耶」與「住處」是同義語。復次，〔亦由於阿賴耶識與一切法爲因，〕一切法以果的狀態而藏於彼處⑤、繫屬於彼處；或彼以因的狀態而藏於一切法中、繫屬於一切法中，所以名爲阿賴耶⑥。「識」即識別⑦。一切界、趣、生、種⑧〔的衆生〕，都是善、不善業的異熟位故，所以名爲異熟⑨。

爲一切種子之所依，所以名爲有一切種子⑩。

註：

①「名藏識」，原文 **ālayākhyaṁ vijñānam**，意即「名爲阿賴耶之識」。「阿賴耶」（**ālaya**）是「藏」或「庫藏」之義，今爲適應偈體字數，故採意譯。

②以上兩句，據傳統解釋，是分別說明阿賴耶識的自相（藏），果相（異熟），和因相（一切種）。今則全括入阿賴耶識自相一觀念中。以「自相」即是指其自身的存在狀態，在這樣的觀點下，「藏」、「異熟」、「一切種」都不過是說明它的存在狀態而已。至於此三義的解釋，則分別見下文。

③此句譯法，係依文意補充。蓋上文已經指出：一切存有都不外是三種識的轉化，但這三種轉化畢竟如何轉出？自須推原到識的存在狀態與內部結構上來解決，由此我們纔可以了解這三種存有的不同的性質。所以說明識目的即在說明轉化，此中能所兩層之界域亦須分清楚，未可一下連在一起說。

④本句原文僅得 **vipākaḥ** 一字，語尾作主格形式（**Nom. Sg.**），依文句考察，應爲上文「識」字的補語；意即指這個名爲阿賴耶的識是異熟性的。宇井譯以爲「異熟」方是全句主語，意思變成：「此中異熟，即是被名爲阿賴耶的識，亦即有一切種子者。」（頁二三）今按宇井此一譯法雖然在文脈上頗能順接上文，而且亦於梵文之用例上有據（宇井譯頁一九五以下有說明），但未指出阿賴耶識何以名爲異熟的道理，而且亦

與安慧及成唯識論的譯文不合，故未可從；然可附爲參攷。

⑤「藏於彼處」，此字之動詞爲 **ālīyante**（**ā√lī-, passive, 3rd.pl.**），即「被藏」。藏要編者以爲此字是 **upanibandha**（卷二、頁一三），誤。今按：**upanibandha** 在意思上即下文之「繫屬」義，唯下文之原文爲動詞形式 **upanibadhyante**（**upa-ni-√bandh-, passive. 3rd.pl.**）。不過，律天疏云：「被藏，即是被繫屬。」（參看野澤譯頁二〇三），則此兩字之用法固可相通。

⑥以上釋「阿賴耶」名，安慧先以「住處」（**sthāna**）釋之。由「住處」觀念，於是引出阿賴耶識爲一切法的本原的「因相」，也就是成唯識論所說的「能藏」義。按：成唯識論以三義解「藏」，原文云：「此識具有能藏、所藏、執藏義故；謂與雜染互爲緣故，有情執爲自內我故。此即顯示初能變識所有自相。攝持因果爲自相故，此識自相分位雖多，藏識過重是故偏說。」（卷二、頁一三）今按：安慧解可通於能藏，所藏義，但無執藏義；述記則以執藏義爲正解，可見此義後出。

⑦「識別」，原文 **vijānāti**，指主體之識別活動，亦即指向對象的分別活動，這原是識（**vijñāna**）的性格。成唯識論譯爲「識謂了別」（卷一、頁一），意思相同，但卻與「了別境識」的「了別」（**vijñapti**）相混（參看第一品第五節註⑨）。

⑧「種」，原文 **jāti**，「生」義、「同類」義，這裡是指「種姓」，或某一類存在狀態相同的衆生。其次，上文之界、趣、生，即指三界、六趣、四生，都是生命存在的種種不同的形態。

⑨此處解釋阿賴耶識何以名爲異熟，即成唯識論之「此是能引諸界趣生善不善業異熟果故，說名異熟」

（卷二、頁一三）一句。述記解云：「此意說是總業之果，明是總報，故名異熟。」（卷二、頁二〇七）

⑩「有一切種子」，原文 **sarvabījakam**，即指阿賴耶識爲一擁有一切種子之存在。成唯識論的譯法爲：「此能執持諸法種子令不失故，名一切種。」（卷二、頁一三）據述記解，即是阿賴耶識因相（參看卷二、頁二〇八）。

二　阿賴耶識的轉化與分別活動

二・一

若離〔諸〕轉識別有阿賴耶識，則應說它的所緣或行相。爲甚麼呢？因爲識若無所緣或行相則不應理故；亦非獨許彼〔識〕可以無所緣或行相故①。若爾，則如何？〔此〕即所緣〔或〕行相不可知。理由是什麼呢？因爲阿賴耶識〔的轉化〕有兩種呈現：內是執受表別，外是不可知行相的器〔世間〕表別②。

此中內執受者，即是遍計所執自性妄執習氣、及〔諸〕色根、根依處、及名③。

二・二

它的所緣極微細，所以：

彼④有不可知：執受、處表別⑤。（第三頌a、b）

（其次⑥，這〔阿賴耶識〕有〔兩種〕不可知的表別：〔就是〕執受〔表別〕和處〔表別〕。）

於其間有不可知之執受〔表別〕及不可知之處表別者，即爲彼阿賴耶識有不可知之執受、處表別。

〔頌文中的〕執受（upādiḥ），即是「執受」（upādanam）⑦。復次，這〔執受〕就是對我等作分別的習氣和對色等法作分別的習氣。因爲它〔們〕的存在，遂由阿賴耶識把我等分別、色等分別執受爲果法，所以這〔些〕我等分別、和色等分別習氣，即名爲執受⑧。〔由於〕「彼在此處，此即是彼」的明晰的覺受行相不可知，所以說它有不可知之執受⑨。

復次，執受所依故，〔亦〕名爲執受。所依即是身⑩，及〔諸〕色根，根依處、及名。復次，與彼執受合爲一體，使共安〔危〕，故名執受⑪。此在欲、色兩界，〔各〕有名、色兩種執受。但在無色界，以離色故，色的異熟不起現，〔因此〕唯有名執受。然而，此時色〔並非全無，而〕祇是處於習氣狀態，即不在異熟狀態⑫。復次，此執受亦不能有「是如此」的明晰的覺受，故說爲不可知。

二·三

處表別者，即是器世間處表別。彼亦以不明確的所緣〔或〕行相起現，故說爲不可知⑬。

二·四

何以〔說此〕識有不明確的所緣〔或〕行相⑭？因爲這與其他的識論者⑮〔所主張的〕在滅盡定等位〔的說法〕相同。但若以爲在滅盡定等位時識是全無，則究竟難信⑯。與理相違，與經亦相違故⑰。

註：

①阿賴耶識在佛家思想史上，係後出的觀念，部派佛教一向祇說六識（眼、耳、鼻、舌、身、意），這些識僅在經驗層面活動，無法解釋生命的一貫性，所以唯識宗建立一持種受熏的阿賴耶識以作說明：以阿賴耶識爲所依，然後諸識得生（所以在這一意義下，前六識與後來加進的第七末那識都稱爲「轉識」；

「轉」是活動義、生起義）。現在的問題是阿賴耶識既亦是「識」，則應有「識」的特性，此即指向對象、收攝對象的分別活動，換言之亦須有其「所緣」或「行相」，所以有此段所提出的問題。

②以上安慧先解答阿賴耶識對其對象的分別活動的結果爲不可知；不可知是不明確、不清楚的意思，所以雖起「執」（分別活動」而無量果；換言之不能有認知意義（此義後詳）。爲什麼這樣說呢？安慧在這裡未清楚說明，他的答案，是改從阿賴耶識的轉化上看。上文說過，一切存有，包括種種施設狀態的我、法現象，都是識的轉化，而擔負這一功能的，歸結到最後也就是阿賴耶識，因爲阿賴耶識擁有一切種子，同時亦爲一切雜染法的所依。用現代觀念看，阿賴耶識就是現象的本源或依據（ground），所以在道理上它要創生現象，至少須轉化出兩類現象來：一是個體生命的存在（我），二是客觀世界的存在（法）。然而從另一面看，唯識家對存有的態度，是把一般實在論者主張客體可以獨立自存的觀念去除，而把存有收歸爲「表」或「表別」（vijñapti）。所以在這種設定之下，所謂阿賴耶識創生現象，即是說阿賴耶識須轉化出這兩種表別來。這一意思，在前期唯識家的說法中亦有流露。如瑜伽師地論卷五十一，亦云阿賴耶識有兩種所緣轉化。原文云：「云何建立所緣轉相？謂若略說阿賴耶識，由於二種所緣境轉：一由了別內執受故，二由了別外無分別器相故。」（大正藏卷三〇、頁五八〇上）這講法與安慧基本上一致。

③此處解釋「執受」，即成唯識論的「執受有二：謂諸種子及有根身。諸種子者，謂諸相、名分別習氣；有根身者謂諸色根及根依處。」（卷二、頁一七）比較起來，大體無別。但依窺基解，則有明顯分歧。窺基强調執受是指「一切有漏善等諸法種子」，即此種子，便是阿賴耶識的所緣（參看述記卷三、頁二〇至

二二）。所以若順窺基思路，很容易便會產生阿賴耶識轉化爲一切種子的觀念（傳統唯識家即以賴耶緣種子、有根身、器世間等三境作釋，又說賴耶見分可以親取前二者而不須別變影像而緣之。此即無異將賴耶與種子之關係分隔，各爲一獨立之存在，失世親轉化義）。在這裡我們必須先辨明阿賴耶識與種子的關係。據上節，阿賴耶識是一擁有一切種子之存在（sarvabījakam），則阿賴耶識與種子便是一內部關係的問題，亦是一內部結構的問題，如果把種子看作是從阿賴耶識轉出，則在理論上仍然不能解答何以由一（阿賴耶識）而能轉出多的問題。因爲若許此「一」能轉出多，則問題還須推原到此「一」的內部結構上來解決。所以祇有承認種子自身就是因，在此之前更無別的存在可以轉化成爲種子。阿賴耶識與種子的關係是一整體性的關係，我們不可把種子從阿賴耶識中抽離出來；離開諸種子，亦無一獨立的阿賴耶識；種子就是阿賴耶識的內容，種子能量的總和就是阿賴耶識的能量，所以我們不可把種子看作是從阿賴耶識轉化出來的第二序的存在。（這種情形與數論的物原和三德的關係相似，三德即物原，而非由物原轉化。參看拙稿「數論哲學研究」，新亞書院學術年刊第十六期。）由此可知，窺基以種子屬諸執受表別是不妥當的，應非世親原意。不過，若依成唯識論，則所謂所執受的種子，是指「相、名分別習氣」（見上文引），以「分別習氣」來界定此中所說的種子，這却與安慧的「遍計所執自性妄執習氣」的講法相通。我們首先要注意的是，這裡所說的「妄執習氣」（**abhiniveśavāsanā**），指的是一種主體（識）上的分別作用，它雖能呈顯對象（亦得說爲轉出對象），但却是一種識心之執；所以對象的存在，是一種分別作用下的存在（即所謂「執」之存在），這也就是「遍計所執自性」（**parikalpitasvabhāva**）。依安慧想法，阿賴耶識雖爲存有之根，但仍是識，識即有「識」的特性，這就是它的分別作用，所以阿賴耶識亦應有它的所緣或行相。述記云：「安惠等說有漏八識皆能遍計而起於執，即以此文爲證。」（卷三、頁二〇）現時對照起來，這一傳說是對的（至於窺基的批評，安慧的說法對不對，則是另一回事）。所以安慧在這裡說明阿賴耶識的轉化時，即加上轉化出「遍計所執自性妄執習氣」一項（按：瑜伽師地論亦說：「了別內執受者，謂能了別遍計所執自性妄執習氣，及諸色根、根依處。」（見前引書頁數）由此可見安慧說亦有所本）。其次，我們尚須留意安慧使用「習氣」（vāsanā）一概念。「習氣」，即種子轉化爲存有後再還熏回來的氣分（勢用），這樣後時的轉化纔有根據。所以若單從轉化活動上說，則習氣亦即是種子；但若從習氣和種子兩名的分立上說，則習氣的產生必須經前時阿賴耶識的活動，所以在分齊上，它是屬於存有世界的相續邊，而非原始之種子屬於阿賴耶識自身之內部（雖然，從存有之相續往上反溯，不一定能得此事實上之原始之賴耶結構，但此結構却是解釋存有生起時所必須），所以我們最初所提出來的問題，即阿賴耶識不能轉化爲一切種子的理由，安慧不必答辯。

④「彼」，指阿賴耶識，此依原文 **tat** 字譯。奘譯省略。

⑤以上兩句，玄奘譯爲句半：「不可知執受、處、了。」而且是把這種不可知的情形析爲三種：執受、處、了。成唯識論進一步將前二者稱爲「所緣」（**ālambana**），後一稱爲「行相」（**ākāra**）（參看註⑬引文），與世親原頌及安慧釋文的距離極大。根據我們上文對世親的了解，存有有兩種：一是個體生命的存在，二是客觀世界的存在，所以在這一格局下，阿賴耶識必須轉化出這兩種存有來，否則無以對應這兩

種存有的區分。由此可見安慧在上文的解釋，說阿賴耶識內以執受表別，外以器世間表列而呈現是對的，不知玄奘何以分割爲三種？而且把所緣與行相分開？此中唯一的解釋，可能是「行相」概念的意義分歧所致。按：所緣和行相，在一意義上說，都是指境，而且都是偏重於爲分別心所對的意義，不過「所緣」的意思轉爲明顯，而「行相」則較爲含混。依原文 **ākāra** ，蓋指呈現出來的相狀或姿態，此字的構成是由表示「接近」意義的字頭 **ā-** 與表示「造作」意義的語根 **√kṛ** 合成，因此依原義看，即有一逼近客體而呈現其相狀的意義。玄奘可能即因此而把它理解爲取境活動，以致在成唯識論中把「不可知執受、處、了」的「了」義，解爲：「此中『了』者，謂異熟識於自所緣有了別用。」(見註⑬引文)窺基據此，即把「行相」說爲見分，以見分即是主體的取境活動故，於是由此主張阿賴耶識的「相」（執受及處）、「見」（了）二分都不可知（參看述記卷三、頁一八以下）。雖然，窺基亦知「行境之相狀，名爲行相」，但認爲本是「行於境相，名爲行相」（同上），所以仍取爲識的了別活動解。但這顯然是一項錯誤。因爲頌文中的「了」並不指了別活動，而是「表別」（ **vijñapti** ），即指識轉化的存有境；譯爲「了別」祇是玄奘的譯法，解爲識的取境活動更是玄奘一系的特殊意思。不過後一點問題還不大，因爲「行相」一概念依我們上文所解，即是分別心所呈顯的境相，這與分別心的活動究竟分不開。問題是在這裡頌文祇說到阿賴耶識的轉化有兩種，而不是三種；識對境相所起的分別活動亦不可與識轉化的存有層相混。總之，在這裡我們須先依識轉化的觀念來了解阿賴耶識的轉化，然後再依阿賴耶識亦是識的意思來了解它的取境；前者是客觀上的存有關係，後者是識上發出來的分別活動。玄奘把它們並列在一起是不妥當的。至於「行相」一概念的歧義的解釋，除了此處所涉及的活動義外，尚涉及自陳那以後所建立的影像相分義，且待他處再詳。

⑥此詞依原文之連接詞 **'ca'** 譯，頌文受字數限制省略。

⑦**'upādih', 'upādānam'** 兩字同義，梵文偈體選用前者是由於音節（**syllables**）數目的限制。

⑧以上初解「執受」，就文字看，安慧這種以阿賴耶識有執受我等分別、色等分別的作用來解釋這些習氣亦名爲執受的做法，極易使人誤解，以爲阿賴耶識別有一種力用執持這些習氣。此恐非世親原意。參看下文註⑪的說明。

⑨阿賴耶識不能有明確的行相，此即回答了上文從識的觀點來看阿賴耶識的分別活動的問題。換言之，安慧並不否認阿賴耶識有分別活動，他祇是說它活動後所呈顯出來的相狀不可知。也許就是因爲這一點，所以述記批評他主張「有漏八識皆能遍計而起執」。成唯識論則認爲阿賴耶識的「行相極微細故」，所以「難可了知」（見註⑬引文）。若依我們的見解，則認爲這一問題的解決，應從大處着眼，這就是阿賴耶識的功能應和前七識的功能分開，否則不必建立這種多重轉化的講法。前七識是經驗心識，因此應有強烈的分別作用以呈顯對象，並成就知識，但阿賴耶識是存有之根，因此在認知方面，祇須說其有消極性的覺受即可，不必說其有積極的力量以起執。所以「微細」的意思，即是說它的分別活動握不着對象的內容；或雖有內容，但亦已超越出一般經驗心識所能及的範圍，兩方皆可，安慧與成唯識論的解釋都可以相通。

⑩「身」（**ātmabhavaḥ**），原義「自體」，或「自我之存在」，今依述記「依止名身」（卷三、頁二一）語意譯。

⑪此處再解「執受」，與成唯識論的解釋基本上相同（參看註⑬引文），但亦正如上文所說，頗易使人誤會以爲阿賴耶識別有一種力用以執持諸色根及根依處（事實上，傳統即如此解）。阿賴耶識是否有此力用以執持諸分別習氣及根身？今暫不辨（讀者請參看註③），但如假定其有，亦不可單從這一方面的存有上說。因爲一切存有均自阿賴耶識轉化，同時其習氣亦爲阿賴耶識所藏，所以若阿賴耶識執持一方存有（執受表別）的種子，則同時亦當執受別一方存有（器世間表別）的種子，這樣何以僅前者獨得「執受」之名？由此可見，「執受」實不能從阿賴耶識的執持作用上解。我們認爲：依世親在上文的思路，是把我、法現象分別收爲兩種表別，創這兩種表別在存有性格上即各自代表了我、法。世親把前者稱爲「執受」，後者稱爲「處」或「器」，是應當涵示了這兩者的距離的。所以，在這二分的觀念下，「執受」應當是意指一個主體性的存在（以代表「我」體）；梵文「執受」（**upādāna**）原來的意思就是指「攝取」、「獲得」、「領受」等活動（述記則將「執受」一詞作拆字解，說：「執是攝義、持義；受是領義、覺義」（卷三、頁一八），未免拘執），所以這已經設定了一個主體的存在。簡言之，「執受」，就是個體生命的呈現。（附記：述記解「執受」，亦曾引瑜伽師地論卷五十三說：「執受有二：一、若識依執，名有執受，謂識所託安危事同……二、以此爲依，能生諸受，此義即顯執令不壞能生覺受。」又問：「外器界既以爲境，何非執受？」答：「非是相近，不執爲自體故；與識相遠，不爲依故，故非執受。」（卷三、頁一九）其理雖未盡，但已略顯「執受」應從個體生命上解。但傳統疏家均未注意。）

⑫此處蓋指個體生命在欲界、色界、和無色界的存在情形。在前二者，阿賴耶識轉化出名、色兩種執受，

在無色界，依理唯有名執受；但無色界中，由定力可呈顯一切色境，則色之習氣仍在。瑜伽師地論云：「若在無色，唯有習氣執受了別。」（大正藏卷三〇、頁五八〇上）成唯識論亦云：「在欲、色界具三所緣，無色界中緣有漏種，厭離色故，無業果色；有定果色於理無違。彼識亦緣此色爲境。」（卷二、頁一九）可證。

⑬以上三段，與成唯識論比較，仍有許多地方相近，茲錄之以見異同：「此識行相、所緣云何？謂不可知執受、處、了。「了」謂了別，即是行相；識以了別爲行相故。「處」謂處所，即器世間，是諸有情所依處故。「執受」有二：謂諸種子及有根身。諸種子者，謂諸相、名分別習氣；有根身者，謂諸色根及根依處。此二皆是識所執受；攝爲自體，同安危故。執受及處，俱是所緣。阿賴耶識因緣力故，自體生時內變爲種及有根身，外變爲器，即以自所變爲自緣，行相仗之而得起故……（中略，主要爲識轉化時四分說之討論，安慧無）「不可知」者，謂此行相極微細故，難可了知；或此緣內執受境亦微細故，外器世間量難測故，名不可知。」（卷二、頁一七至二〇）復次，關於最後一句，藏要編者亦指出其糅集安慧解，並引安慧之言云：「外器界之了別，行相所緣無盡，故云不可知。」（同上）今勘梵本，「所緣無盡」一語恐爲「不明確」（**aparicchinna**）一字之誤譯。

⑭據律天疏，此問目的在答經部之難。述記亦作是說。蓋經部、薩婆多等不信有阿賴耶識。若行相難知，即證明無有識的存在。

⑮此指經部。經部許滅盡定中有識（即細意識，經部亦名之爲一味蘊），但活動之情形難知，因此

安慧取爲同喻。（參看述記卷三、頁五二）

⑯以上答薩婆多。薩婆多不許定中有識，故安慧駁之。律天疏云：「若於彼分位中，識是全無，則出定時，識如何生起？」（參看野澤譯頁二一二）

⑰本段，即成唯識論的「云何是識取所緣境行相難知？如滅定中不離身識，應信爲有。然必應許滅定有識。有情攝故，如有心時。無想等位當知亦爾。」（卷二、頁二〇）一段。

三　阿賴耶識的相應心所

三・一

已說「此中名藏識」，但識必與諸心所①相應，故應說彼〔識〕與何種及幾種心所相應？又是否與它們一切時皆相應？故說：

常與觸、作意、受、想、思俱起②。（第三頌c、d）

（〔它又〕常與觸、作意、受、想、思〔等五心所〕一起活動。）

三・二

「常」者，隨阿賴耶識的存在而與彼等名爲觸、作意、受、想、思之五遍行法俱起。〔頌文中的〕「受」（vit）即是受（vedanā）。

三・三

此中「觸」者，即是在三者和合時，根起識別變異③；〔它的〕作用就是爲「受」作所依④。根、境、識三，即是三者。此〔三者〕是因法，亦是果法，同處而住，是爲三者和合⑤。當其〔和合〕時，根即隨順苦、樂等受而起變異，由此而有與境相似之樂等受用行相之識別，這就是觸⑥。

復次，根由其〔行相〕差別而成樂、苦等因，這〔差別〕就是它的變異⑦。復次，觸〔亦可以說是〕以相似於〔境〕的根的變異〔行相〕來接觸根，或爲根所接觸，故說爲觸。因此，這正是以識別境之變異爲其自性，故說爲根的識別變異。〔復次，〕它的作用就是作受的所依。何此故？如經云「受用樂時，以觸爲緣，能生樂受」，乃至廣說⑧。

三・四

「作意」者，心的發動⑨。發動即是迴趣，令心趣向所緣。復次，彼於所緣有持心的作用。而持心者，即於此所緣數數引心。因此，它的作用，就是使心在相續中決定所緣。但這「作用」是從作意的特殊〔義〕上說的，並非念念皆有。為甚麼呢？因為〔一般而言〕，它的作用祇在每一刹那而不在餘刹那中故⑩。

三．五

「受」者，以領納為自性。復次，它是直接感受順適、違逆，及離此兩者之境之自體；由此差別，遂有三種：樂、苦、和不苦不樂⑪。然而，有人如是想：領納者，即是〔人人〕各別領受諸善、不善業異熟果。此中諸善業異熟果，〔名〕為樂的領納；諸不善〔業異熟果，名〕為苦〔的領納〕；〔善、不善〕兩者〔的業的異熟果，名〕為不苦不樂〔的領納〕⑫。復次，此中善、不善業異熟果，但指阿賴耶識。彼〔阿賴耶識〕祇與捨〔受〕相應，從勝義上說⑬，即是諸善、不善業異熟果，但是，樂〔受〕、苦〔受〕，却是從善、不善業之異熟生，因此亦得假說為異熟⑭。

〔復次，〕此中樂的領納生後，不欲〔彼〕離，滅已復有望其再和合之欲生；

但苦的領納生後，則欲〔彼〕離，滅已亦無望其再和合之想。至於不苦不樂的〔領納〕生時，或滅已，〔離、合〕兩者〔之欲〕皆不生⑮。

三・六

「想」者，於境取像⑯。境是所緣，像是它的差別⑰，亦即是青、黃等所緣的安立根據。由取彼〔象〕，即可決定此是青而非黃⑱。

三・七

「思」者，令心造作，驅使意⑲活動。當它起時，心就像鐵被磁力吸動一樣，向所緣移動⑳。

註：

①「心所」，原文 **caitta**，別作 **caitasika**，意思就是屬於心（**citta**）的東西，所以譯爲「心所有法」（在這一從屬關係下，心亦名「心王」）；「心所」祇是簡稱。由於它們都從屬於心，所以在存有上，祇能算是次一序的存在，而且不能離開心而單獨活動。爲什麼會有這許多心所呢？原來依佛家想法，主體與對象之間，除了認識關係外，還有感情和意欲的問題，這就是一般所說的心理反應；而且有時也不一定是

對對象的反應，而是發自主體的創造活動，於是有種種的表現。佛家站在經驗立場，把這些心理反應和活動作分解，於是就安立了種種的心所名字。這種做法，在部派佛教時已很流行，如俱舍論即說有四十六心所；至世親時，即把這些心所確定爲五類（或六類）五十一目（詳細說明見第九頌至第十四頌），現先列其名字如下：

一、遍行心所（五）：觸、作意、受、想、思；

二、別境心所（五）：欲、勝解、念、定、慧；

三、善心所（十一）：信、慚、愧、無貪、無瞋、無癡、勤、輕安、不放逸、行捨、不害；

四、煩惱心所（六）：貪、瞋、癡、慢、疑、惡見；

五、隨煩惱心所（二十四）：忿、恨、覆、惱、嫉、慳、誑、諂、憍、害、無慚、無愧、惛沉、掉舉、不信、懈怠、放逸、失念、散亂、不正知、悔、眠、尋、伺。（最後四目世親在五蘊論及百法明門論中再別開爲一組，稱爲不定心所。玄奘譯成唯識論時，即據此立爲六位，但三十頌原文無此劃分。見下文第四品第二節。）

從上面的分類，我們可以看出：世親是希望通過它們的存在來說明主體方面的一切活動都有內在根源，不止心理反應與對對象的認識，更重要的是人的善惡行爲的說明，如善心所與煩惱心所的對立，即爲人的上升與下降提供根據。人可以自我提升，亦可以自我沉淪，由此可以點明人心(自我抉擇)的重要。這一點，是原始佛教以來的精義。

②本句說明阿賴耶識活動時的相應心所。由於各個識的功能有別，因此它們所分別統率的心所亦有不同。依上文所說，阿賴耶識的主要功能不在認知方面，但它仍是識，因此它亦具有一切識所具有的特性，這就是它對對象的指向活動和攝收活動；這些活動經分解之後，就是遍行心所所造成的幾種情形。所以遍行心所所代表的，正是一切主體（心識）攝收外境時所必然經歷的五種心理狀態；凡言取境，即攝此五步，所以當然爲一切心識所有，而「遍行」的意義，亦應從此處了解（參看下文安慧解「常」段）。其次，「俱起」一詞，原文 **anvitam**，直譯是「隨行」；此即表明上述五心所的活動，都跟隨着阿賴耶識的活動而起：當阿賴耶識轉化爲客體，隨即有此五心所出現，所以是「遍行」。

③「識別變異」，原文 **vikāra paricchedaḥ** ，意思是指根起變化（**vikāra**），割截出對象的內容（**paricchedaḥ**），按此字由表示「周遍」意義的字頭 **pari-** 與表示「割截」意義的語根 **√chid** 組合變化而成；玄奘將此字譯爲「分別」，述記則說「分別即是領似異名」，又舉例說：「如子似父」（卷三、頁五四），由此可見其意義。今改譯爲「識別」，以免與識的分別活動混淆）。

④安慧此解，與集論相似。集論云：「何等爲觸？謂依三和合諸根變異分別爲體，受所依爲業。」（大正藏卷三一、頁六六四上）成唯識論亦云：「根變異力引觸起時勝彼識境，故集論等但說分別根之變異。」（卷三、頁二〇）今按：成唯識論與安慧釋之最大不同，在安慧釋所說的識別變異，是識別境，即變似與境相似之受用行相（見下文），但成唯識論則說是根、境、識三，「皆有順生心所功能」（見註⑥），所以觸能「領似彼三」（述記，卷三、頁五四）。

⑤三者和合之義，安慧未詳言，律天疏亦未釋，然述記云：「由二義，觸名三和：一、依彼生，彼即根等，是觸之因，依三和故，亦名三和……二、令彼合，彼亦根等，即觸之果，謂觸能令根等三法合爲依取所生了別。此三和合由觸故然，故說觸能和合三法。」（卷三、頁五四）此即安慧所謂「是因法、亦是果法」之註脚。

⑥以上一段，玆引成唯識論比較如下：「觸謂三和分別變異，令心、心所觸境爲性，受、想、思等所依爲業。謂根、境、識更相隨順，故名三和。觸依彼生，令彼和合，故說爲彼。三和合位皆有順生心所功能，說名變異。觸似彼起，故名分別。……和合一切心及心所，令同觸境，是觸自性。既似順起心所功能，故以受等所依爲業。」（卷三、頁二〇）

⑦上文是由根之變異以說識別（即對象內容的割截），現在是由所領取內容之不同以說變異，由此可見這兩種活動是同時而有，而且互爲因果。

⑧以上一段續解「觸」，成唯識論無。其實「觸」是主客發生關係時的第一步，所以對境的內容有所識別或領取，但這種識別或領取是未分明的，所以纔由此帶出受、想、思的活動來。

⑨「發動」，原文ābhoga，舊譯「警覺」。警覺者，述記釋云：「警應生心之種可起趣境……有二功力……一者令心未起正起；二者令心起已趣境。」（卷三、頁五九）由此可見，作意主要是一種發動能力，在主客尚未接觸之前，使心、心所趣赴外境。其次，根據此義，作意的活動應在觸之前，頌文將之排列在後，可能是音律的緣故（按：百法明門論即將作意排列在前，窺基謂此二心所各有所勝，因此亦可以各據一義

而互為先後云云。見述記卷三、頁六〇至六一）。

⑩安慧解作意，亦據集論。成唯識論在「有說」中加以引述而不贊同。其全文如下：「作意謂能警心為性，於所緣境引心為業。謂此警覺應起心種，引令趣境，故名作意……有說令心廻趣異境，或於一境持心令住，故名作意。彼俱非理，應非徧行，不異定故。」（卷三、頁二一）述記解云：「集論文意亦非盡理。下破之云：不異定故；定行相亦能持心住境故。此師亦可，應非徧行；若散亂心，行相無故。……由雜集師（指安慧）不解集論，約此行相以為眞理，故今破之。」（卷三、頁六〇）今按：成唯識論與述記之破，主要是認為安慧以「於一境持心令住」的意思來解作意，即無異為定（別境心所之一）行相，因為定亦能「持心住境」。後來慧沼之了義燈亦就此意反覆說明（大正藏卷四四、頁七二七）。但是，若細審安慧，則此說充量祇能相當於安慧解作意的第二義，亦即是作意的特殊義；依律天解，亦即是指定中作意（野澤譯，頁二一八）（亦不是定心所）。因此安慧在下句中已表明不是念念皆有。

⑪「不苦不樂」，即是捨受；「捨」是雙遣苦樂的意思。又，以上所解，自領納客體的作用上看「受」的特性，與成唯識論一致（參看卷三、頁二一）。若從認識的程序上看，則「受」應該是主客接觸後所引生的東西，所以應排在「觸」之後。

⑫以上一段介紹「有人如是想」的內容，據西藏文本是至此止。但若對照雜集論，則應延至本段完。參看註⑭引文。

⑬此所謂「勝義上說」（paramārthataḥ），依律天疏，即是「實義上說」（bhutārthataḥ），意即從

道理上或實事上說是如此。

⑭以上敘述「有人如是想」的主張，與安慧的另一著作雜集論的說法極爲接近。雜集論的說法如下：「問：受蘊何相？答：領納相是受相。謂由受故，領納種種淨、不淨業所得異熟。若清淨業受樂異熟，不清淨業受苦異熟，淨、不淨業受不苦不樂異熟。所以者何？由淨、不淨業感得異熟阿賴耶識，恆與捨受相應；唯此捨受是實異熟體。苦、樂兩受從異熟生故，假說名異熟。」（大正藏卷三一、頁六九五下）（按：此中「清淨」一詞，梵文 **śubha**，亦譯爲「善」）從這一段文字看來，則安慧所引述的「有人」，實在是他自己的見解。不過，安慧這樣的解釋是否合符世親想法？尚有疑問。因爲依我們在上文的分析，遍行心所所代表的，是主體攝收外境時所經歷的五步歷程，則受的呈現便不能從善惡活動的因果關係來說明。也許安慧所注意的，是阿賴耶識爲什麼祇與捨受相應的問題，於是希望通過「因通善惡、果唯無記」的異熟關係（參看下節註⑤至⑦）來解釋。但是這一解釋祇能說明阿賴耶識的存在德性，却不宜拿來說明識的取境活動。關於此義，在下節談到阿賴耶識的覺受行相及存在德性時再詳。

⑮此段，即成唯識論的「起愛爲業，能起合、離、非二欲故」（卷三、頁一一）。述記解云：「謂於樂受，未得希合；已得，復有不乖離欲。於苦未得，有不合欲，已得之中，有乖離欲。欲者欣求，即通三性。」（卷三、頁六一）今按：成唯識論與述記的解釋，是從一般性的受上說，並未考慮及阿賴耶識的受的特殊性格（解其他各相應心所亦然），所以纔有下第四節的補充。

⑯「於境取像」，這是繼「觸」之後進一步對對象所呈現的具體內容（像 **nimitta**　）的把握及收攝。

「觸」祇是識別及領似外境，但對對象的內容和分齊尙未能決定；「想」即進一步把對象置定下來而收攝之（這頗近於西方哲學中所說的象表作用）。所以這一步很重要，因爲從認識的歷程上想，必先如此然後纔可以對對象施設名言概念。

⑰「差別」（viśeṣa），即境自身的特殊性，亦即境所呈顯的內容、分齊。

⑱以上一段解釋與成唯識論最大不同之點，是安慧並未提及「想」的作用可以施設名言。成唯識論云：「想謂於境取像爲性，施設種種名言爲業。謂要安立境分齊相方能隨起種種名言。」（卷三、頁二一）本來，從概念產生的程序上說，成唯識論此中末句的講法是對的，但問題是概念的產生是否由「想」來負責（即由「想」來建構）？因爲概念的構造需要一個有建構能力的心識來擔當，依理，這應屬諸意識，而不是靠「想」心所。「想」的活動，依上文說，是提供一外在的憑依，因此這祇能是意識構作概念時的客觀根據；何況此刻是討論阿賴耶識，依八識所分負的功能上看，阿賴耶識根本不須提供名言。所以儘管成唯識論如此說，述記仍然指出：「此業（指起名言之業）但是意俱之想，餘識俱想不起名故。」又說：「第八識如何起名？由此故知此業不遍。」（卷三、頁六四）這就證明了安慧未提及施設名言是有道理的。

⑲「意」（manas），在這裡即是心識，而非特指意（第六識）。

⑳「思」（cetanā），在原始佛教中屬諸行蘊，通過「思」的活動，人的善惡行爲產生，因此向以「造作」之義釋思。世親將之列於受、想活動之後而並爲遍行心所之一，大概是想說明人由知覺對象到轉化爲行動的歷程；這也就是人對知覺對象後的反應。這頗似於今日心理學所說的反射弧（reflex arc），由知

覺神經通過反射弧任導至運動神經時，有心力（psychical energy）發出。這是行動的來源，也是意志的下達。所以成唯識論說「思」是：「謂令心造作爲性，於善品等役心爲業。謂能取境正因等相，驅役自心令造善等。」（卷三、頁二一）與安慧的解釋大體一致。

四　阿賴耶識的覺受行相與存在德性

四·一

受有三種：樂、苦、和不苦不樂。法亦四種：善、不善、無覆無記、和有覆無記。此處於阿賴耶識但總言有受，在三受中未知是何受？同樣，它是善或不善？是無覆無記抑有覆無記？亦未了知。故說：

於此是捨受，又無覆無記①。觸等亦如是②。（第四頌 a、b、c）

（在〔三受中〕，這〔阿賴耶識〕是捨受；其次，它③是處於無覆無記的狀態。觸等〔五心所的情形〕也是一樣。」

「於此」者，指阿賴耶識，是議論中之對象故。在阿賴耶識中的受，唯是捨〔受〕；而非樂、非苦，以此二者均有明確的④所緣行相故。復次，貪、瞋隨增故⑤。

「又無覆無記」，也是〔指〕討論中的阿賴耶識。此中說爲「無覆」者，爲簡別有覆；說爲「無記」者，爲簡別善與不善。由意地客塵隨煩惱所不覆故，即爲「無覆」⑥。是異熟性故，對異熟不可記別善與不善，所以「無記」⑦。

四：二

如上〔所述〕，阿賴耶識一向是異熟、所緣行相不可知、常與觸等〔五心所〕俱起，又此中祇是捨受、和無覆無記。觸等〔五心所〕亦復如是一向是異熟、所緣行相不可知，除己之外，常與其他的四〔心所〕及阿賴耶識俱起，又它們都祇有捨受，和無覆無記，一如阿賴耶識。爲甚麼呢？因爲與異熟相應的，不可能是非異熟性故；與有不可知之所緣行相〔相應〕的，亦不可能是有可知之所緣行相故。其餘的〔情形〕亦應如是說⑧。

註：

①此兩句奘譯僅得八字，即「唯捨受，是無覆無記」，連同上文第三頌，合計恰少梵文原頌一句。這種調動可能是爲了遷就下文五言偈體的翻譯，但其實並非必須。此點至下文與奘譯對照即明。

②此句在文義上是處理阿賴耶識的相應心所的問題，本來可以另開一節。但內容則連貫於上文而無新義，故今合爲一段解釋。

③「它」，指阿賴耶識，乃句中主語；頌文受字數限制省略。

④「明確的」，原文 **paricchinna**，即是「明了」義，與上文「識別」（**pariccheda**）一字同語根（呂抄譯作「間斷」，誤。見內學第三輯頁一二五）。述記云：「極不明了是捨受相，若苦、樂受必明了故。」又云：「不能分別違、順境相，取中容境是捨受相。」可證。

⑤「貪、瞋隨增故」，即成唯識論說「受」的作用是「起愛爲業」（參看前節註⑮）的意思。其次，本段安慧解釋阿賴識的覺受行相，內容其實已爲上文所涵。根據上文第二節解釋阿賴耶識的分別活動時，已說明阿賴耶識雖有取境，但對其對象的分別行相不可知，因此一般的覺受雖有樂、苦、捨三種，但順其分別活動來說便祇有捨受可得。這是因爲阿賴耶識作爲識的性格是如此，我們從它的主要功能着眼，不必要求它有很强的分別能力，所以安慧在這裡的解釋是對的。但是，跟着在第三節中，安慧解釋阿賴耶識的相應心所「受」時，却改從阿賴耶識的存在性格上着眼，認爲阿賴耶識（包括其所轉化的世界）的存在是異熟性的；凡異熟性，其自身即無善惡可講，因此阿賴耶識所領納的便祇有捨受。爲什麼異熟性的識祇可以有捨受？此義且待次下兩註中再詳。不過這一解釋既然是從存有的性質上說，即不是主體上的覺受義。安慧把這兩段文字分隔，初看可能不發生問題；成唯識論則把這兩理由並列，說：「此識行相極不明了，不能分別違、順境相，微細一類相續而轉，是故唯與捨受相應。又此相應受唯是異熟，隨先引業轉，不待

現緣；任善、惡業勢力轉故，唯是捨受。」（卷三、頁二二）這就很明顯地重複了安慧的錯誤。

⑥以上解釋「無覆」。「覆」，梵文 nivṛta，原來是「逆轉」、「退轉」的意思。成唯識論即解爲「覆謂染法，障聖道故，又能蔽心令不淨故」（卷三、頁二二）。由於阿賴耶識自身不是染性，對成佛之道不構成障礙，所以從這一方面來規定它是「無覆」。今安慧的解釋，是從它不爲意地客塵煩惱所覆來說，意思即有距離。安慧似乎尚未進至就阿賴耶識自身的存在德性（存在價值性。按：印度人的思想，一般都是存在與價值不分，即視存在所在之處即同時爲價值之所在之處）上來說。固然，把煩惱視爲外來的東西（客塵），此中即可以有一涵義：阿賴耶識是一非煩惱性的存在；但亦可以說：阿賴耶識自身清淨，這就分別與成唯識論及早期大乘經典如來藏自性清淨心之說相通。

⑦此處續解「無記」。「記」（vyākṛta）是「記別」、「招引」、「標誌」之義。成唯識論云：「記謂善、惡，有愛、非愛果及殊勝自體可記別故。」（卷三、頁二二）由此可見，這是指存有自身的德性問題。如是善、惡性者，即稱爲「有記」；如非善惡性者，便是「無記」。但是這種善、惡、無記性的分別，亦可以從其所招致的果上說。例如經驗上的善、惡活動，將來必分別招致可愛或不可愛果，這就是記別果的活動。現在阿賴耶識之所以是「無記」，主要的理由，安慧說，是因爲它自身已處於異熟狀態（即異熟性）。它之所以如此呈現，祇是爲了酬報前業，酬報前業，從另一角度看，也就是從前的善惡活動至今已成熟，須轉化爲現實的存在。所以「異熟」的意義，一是指轉化，使前通於後；二是指成熟，使前所記別者實現。即就其實現一義說，則亦可以說是其先前的善惡活動已得一消解轉化，所以異熟是一種果；如果要繼續轉

化，即非有待於新業的加入不可。由此可知，異熟自身是不能記別果的，這就是它被稱爲「無記」的道理。「無記」成爲阿賴耶識的存在德性。不過，若依成唯識論，則另外還擧出兩項理由：一是善染依，二是所熏性。「善染依」者，即指阿賴耶識同時作善、染法的所依，它對善法的收容固然無排拒，即對染法的進入亦無排拒。因爲從業的因果關係上想，一個人可以向上提升，亦可以向下沉淪，兩下貫通，完全看你自己如何活動。善、惡業均能進入，均能影響生命的存在形態，則這個作爲能容受善、惡業的阿賴耶識的自身必然是無色彩的，非善惡性的，否則業與輪廻的關係就不能建立起來。所以成唯識論說：「若善、染者，互相違故，應不與二俱作所依。」（同上）其次，由業能夠進入，能夠影響生命的方向，這就涉及「所熏性」的問題。「所熏」，即是說阿賴耶識能夠接受善惡活動的影響，如衣被花熏而染有香氣；一切善惡活動過後，都會在阿賴耶識留下新熏種子，以待其增長成熟。這一點很重要，因爲阿賴耶識如果不能受熏，則從修行成佛的理想看來，人便不可能實現，因爲人已失去轉化的可能。所以阿賴耶識的「所熏性」，即是人的可轉化性；人可轉化向善，亦可轉化向惡，全憑中間的熏習關係過轉。唯識宗就是希望通過這一關係來談人的努力。所以成唯識論說：「無熏習故，染淨因果俱不成立」（同上），而熏習能夠進行，即已經設定了阿賴耶識的存在是無記性的。

⑧此段說明與阿賴耶識俱起的五遍行心所的存在狀態與活動情形都和阿賴耶識一樣。因爲既然「俱起」（想應），即不可能有異。成唯識論及述記則嘗據「亦如是」語而引述多家資料分析各心所可以有多少種「如是」以例同阿賴耶識，似無必要。因爲這些說明祇是順識的意義說，在唯識系統中並無實質意義（參

看成唯識論卷三、頁二二；述記卷三、頁七二至七九）。

五　阿賴耶識的相續與轉捨

五・一

復次，（設問）彼阿賴耶識是否同一不異地隨輪廻而起現？或相續〔而起現〕？（答）彼決非同一不異地起現，利那性故①。若爾，如何？

彼②轉如瀑流③。（第四頌d）

（還有④，它就像瀑流一樣地起現〔前後不斷〕。）

「彼」者，指阿賴耶識。此中「流」（srotasā）者，即因果無間斷地起現。〔如〕水的滙集，前後段不斷，故說爲瀑流（ogha）。這就是說，如瀑流牽引腐草、枯枝、牛糞等〔物〕前行一樣，阿賴耶識亦與福、非福、不動業⑤習氣俱起，牽引觸、作意等〔心所〕成流，在輪廻中無間起現⑥。

五・二

若如此，彼〔阿賴耶識〕起現之流至何位時方轉捨⑦？

阿羅漢位⑧捨。（第五頌 a）

（到阿羅漢的階段，它就轉捨了⑨。）

然而，如何是阿羅漢位？謂有彼〔法〕故，名爲阿羅漢。復次，有何法故名爲阿羅漢？〔謂〕得盡智及無生智故⑩。蓋在彼位時，依止於阿賴耶識中之麤重已斷滅無餘，所以阿賴耶識得以轉捨。這就是阿羅漢位⑪。

註：

①此一問答，目的在去除阿賴耶識爲一不變的存在的觀念，以免衆生執此識爲自我。成唯識論則提出「恆轉」二字以作說明，但意思仍與安慧同。其說如下：「（問）阿賴耶識爲斷、爲常？（答）非斷、非常，以恆轉故。恆，謂此識無始時來一類相續，常無間斷……轉，謂此識無始時來念念生滅，前後變異。」（卷三、頁二二）

②「彼」，句中主詞，奘譯省略；今依原文補。

③「瀑流」，原文乃 srotasaugha，乃 srotasā（流動之狀態，與 ogha（急流）兩字的複合詞。玄奘將此句譯爲「恆轉如瀑流」，「恆」字於原典無據，可能是取 srotasā 一字意譯（參看宇井譯頁二〇二之批評）。

④此詞依原文之連接詞 'ca' 譯。

⑤據佛家業論，能招引欲界善果的稱爲福業（即善業），招引欲界惡果的稱爲非福業（即惡業），最後能招引色界、無色界善果的稱爲不動業（取其果報不會改動之意，由實踐不同的禪定而得）。

⑥以上一段，以瀑流的前後不斷來解釋阿賴耶識的轉化活動，目的在點示人的輪廻問題。所謂「前異熟既盡，復生餘異熟」（下文第十九頌），一切法前因後果，相續而生，如是即無窮。從阿賴耶識的存在上說，阿賴耶識自身雖然已酬答了前時的善惡業而爲一異熟體，但它同時又受當前的善惡行爲所熏而須再受將來的異熟報，所以它的因果關係不能止截。安慧在這裡即以逝水牽引草木同流爲喻，說明阿賴耶識亦連同其各種性質之業習氣一起翻滾，而這也就是生命的輪廻情形。所以依唯識宗的觀念，阿賴耶識雖不是自我，但却是輪廻主體，所謂「去後來先作主公」（玄奘著八識規矩頌語），即成爲一般人所說的自我的代名詞。按佛家自原始佛教的時代起便已經破「我」而被稱爲「無我論者」（nairatmyavādin），但佛家所破之我，其實祇是訴諸經驗律則：經驗界是一個變動的世界，因此如何可以有一個獨立不變的我體？所以祇可就經驗現象的延續性一面來建立一「假我」、或一「緣起我」（參看拙著原始佛教無我觀念之探討，新亞書院學術年刊第十五期）。而「假我」、「緣起我」，即是說通過一些所憑藉的現象來說我，或依佛家的分解，通過一緣起的序列來說我；而「緣起的序列」，亦即是作業受果的因果關係的解明，所以這也就是從作業受果的因果關係中說我。到了唯識宗時代，緣起歷程改造爲賴耶轉化的思想，作業受果變成了阿賴耶識的相續，於是一個新的「自我」觀念形成。正如成唯識論所說，阿賴耶識是「界、趣、生施設本」

(卷三、頁二二二),則一切個體問體、自我問題、和輪廻問題,都可以從此中獲得解釋。

⑦「轉捨」,原文 **vyāvṛtti**,舊譯「捨」;今據宇井譯改。

⑧「阿羅漢位」,原文 **arhatva**,亦可解釋爲成阿羅漢之狀態。

⑨此句若依原文直譯,應爲:「它的轉捨,是在成阿羅漢的時候。」(**tasya vyāvṛttiirarhatve**)

⑩「盡智」(**kṣayajñāna**),指已盡知四諦之智(即知苦、斷集、證滅、修道等智)。「無生智」(**anutpādajñāna**),則是在盡智之上,知此中更無有可知者之智,乃部派佛教中實踐修行之最高智慧。

⑪此段談阿賴耶識的轉捨,即是生命價值的轉換問題,也是理想生命的成就問題。爲什麼呢?因爲阿賴耶識畢竟是與煩惱習氣、分別習氣相結合的識,這些習氣與阿賴耶識一起翻滾,使阿賴耶識成爲「有漏」(**sāsrava**,「漏」是流溢的意思,與 **srotasā** 同一語根,引申作煩惱的流動)。從成佛的理想上說,這些煩惱習氣、妄執習氣總須化盡;當它們化盡之後,阿賴耶識即成爲「無漏」(**anāsrava**)狀態,與先前的情形大異。所以,無着在攝大乘論中即稱之爲「無垢識」(**amala-vijñāna**),成唯識論則强調此是「鏡智」(**ādarśa-jñāna**)。由此可見,轉捨有兩義:一是指阿賴耶識舊有結構的解體,二是指新的智體代之而起現行(活動),作爲理想人生及其世界的根本依據。不過,問題是:阿賴耶識到什麼時候纔能轉捨?世親認爲應到阿羅漢階段。阿羅漢(**arhat**)在原始　教時代,原是解脫者的尊稱,與「佛陀」是同義詞。「佛陀」是從得正覺方面說,阿羅漢則主要是從已滅絕煩惱、不再入輪廻方面說,兩者的位格是一致的。

但是，到大乘佛教時代，阿羅漢的地位漸次於佛，因爲大乘佛教特重佛的慈悲精神，垂教衆生，使衆生最後亦得成佛，這樣便與原來祇强調解脫境界的阿羅漢不免有所距離。不過這一距離應如何規定，亦很難說。大概世親把阿賴耶識的轉捨定在阿羅漢位，亦不一定表示此與佛位有何距離，因爲眞正的轉捨總須待至無垢識起，這也就是佛位。所以成唯識論引集論文，亦以爲轉捨時頓斷煩惱障及所知障，即得阿羅漢及如來（卷三、頁二四）。述記更指出：安慧的雜集論亦有這樣的主張（卷三、頁九二）。今考雜集的確雖有此說（見大正藏卷三一、頁七六三下），但亦並非阿羅漢與佛之位格全不分（見同書頁七六一至七六二），不過未如成唯識論引護法等人的說法以十地配分之清楚而已。總之，現在我們結合各家的疏文看來，世親最初解轉捨，是側重煩惱滅盡一義，所以纔以阿羅漢作標準，但由於煩惱滅盡即涉及理想人格的成就問題，於是與佛的觀念相連；後來再由於十地觀念的影響，阿羅漢已被安排於七至八地之間，於是使得此句的解釋趣於複雜。例如護法的說法是：修行者到了八地（不動地）以後，其煩惱習氣雖未全滅，但已經全部在無漏無分別智的控制之下，不能活動，於是第七識再無法執阿賴耶識爲自我；而其修行活動亦不會再退轉（稱爲「不退菩薩」），所以護法認爲：阿賴耶識的名目自此即可捨棄（見成唯識論卷三、頁二四，又述記卷三、頁九三至九五）。至於阿羅漢和佛的區別，護法認爲除了在修行進境上相距三地之外，還有斷障的分別：阿羅漢祇斷煩惱障，不斷所知障，佛則兼斷二障。這一點安慧也承認（見第廿九、三十兩頌釋文），問題是未考慮到爲他們安排詳細的距離而已。若依我們的見解，則以爲如果把阿賴耶識的轉捨拘限於阿羅漢位的原文而將之排在第八地的話，亦祇能算是一方便說。以上，安慧釋異熟轉化至此止。成唯識論此下以教理詳證有阿賴耶識的存在，安慧釋全缺。

（第二品完）

唐宋禪宗之地理分佈

李潔華

第一章　緒言

提到禪宗，一般人不難想到棒喝，想到禪師們種種有趣的話頭和公案；不錯，禪學，尤以六祖慧能一系，確在中國土地上生根長大。儘管禪宗沒有從事翻譯經典的偉大文化工作，也沒有嚴謹繁瑣的思想體系，它有的只是平實簡易的理論，但這已足使它超越其他宗派而深入人心，成爲中國文化中不可分割的一環。

慧能的出現，標擧着佛敎一種新精神的誕生；慧能不識一字而能契悟佛理，取得五祖弘忍的衣鉢相傳，這證明了成就一己本然已有的佛性，並不在妄執於經論的窮究或論辯，而實在於從日常生活中去直接體驗，所謂「一念離境即菩提」，在一念的不執境中，當下即見性成佛，故禪師常謂「即世間而出世間，于尋常心見道心」，由此更進而知運水擔柴等等日常勞動，不但不礙於修道，反爲悟道之助。禪宗這種簡易的理論，正足顯示其偉大處。它的簡易，一面切合村野百姓的要求，一面卻又有其極高的智慧境界，爲知識份子所心焉嚮往。中國古代的學者，政治家或文學家多喜造訪禪寺，跟禪師們交談或習禪，部份文學家甚至深受禪學的影響，使其作品也充滿了禪味；這足見禪學確有其深遠迷人的特色。

(1)

由於禪學不但在中國，甚而在東方文化中，有其不可抹煞的地位，因此近世學者對禪學的研究也頗爲熱烈，但一般的研究多偏重思想性，至於歷史性的研究反較少，特別對禪僧的地理分佈作一統計比較，以窺禪學的傳播情形者，似又更爲少見，因此本文試圖對這方面作一嘗試，希望能理出一點頭緒。

依陳垣的中國佛教史籍概論所言，五燈會元把前五燈（註一）合共的一百五十卷，縮爲二十卷，表面似減去原書七分之六，而內容實減原書的二分之一。又謂「自五燈會元出，而五燈遂少流通。」由此觀之，由會元內統計所得結果，雖非盡括所有僧人，然亦確有其代表性。因此本文以五燈會元作統計的藍本，以期對禪僧，尤以南嶽、青原二派的分佈問題作一初探。

文內有關南嶽、青原二派以外之早期禪學傳播（註二），因會元所錄不詳，曾引用景德燈錄及宇井伯壽的禪宗史研究作統計資料，餘下各章內禪僧分佈情況，皆以會元所錄爲根據；其間除分佈外國及駐錫地無可攷者不計入內，得禪僧數目一千七百多人，就中南嶽一系佔總人數的三分一，而青原則佔三分之二。又會元內記禪僧生卒年份多不詳，故只就其中可知者，約略分別其時代的先後，因此文中以世系爲主，並參以時代，作一概括的說明。

其次，爲方便統計及敘述分佈情形，特以現在省界爲大單位，以宋代州名爲小單位（若州名至宋已取消者，始用原來名稱，唯此僅屬特例），因爲州當今數縣，故不便換爲今地。

此外，有關禪學與理學間的關係，歷來學者紛爭頗多，故本文亦希望從二者地域分佈的比較，找出一點端倪來。

當然，礙於禪宗典籍的浩瀚及時間的匆促，實未能於一時間作詳盡深入的研究；不足之處，容後再加修補改正。

第二章　略述禪宗之發展及南嶽、青原二派以外之早期禪學傳播

第一節　禪學之傳入及發展

禪宗是中國佛教中重要的一系，也是最能代表中國本土佛教的宗派之一。據一般禪宗史的記載：相傳南北朝時，天竺僧菩提達摩從海道來中國，謁梁武帝，因爲彼此因緣不契，達摩便再取道北上；至魏，自稱「南天竺一乘宗，隱居於嵩山少林寺。達摩爲了順應當時北方重實踐和輕義理的學術風氣，便把繁難的印度坐禪法簡單化，又以四卷楞伽經（註三）作爲其禪學的根據，成爲後世所稱的「達摩禪」。（註四）

達摩把禪法傳入中國，成爲中國禪宗的初祖。自達摩以後，有二祖慧可、三祖僧璨、四祖道信、五祖弘忍的五代傳承。弘忍以下，可說是達摩禪分化的極盛時期，較著名者如弘忍門下神秀的北宗、慧能的南宗、慧安的老安禪、智侁的智侁禪（淨衆宗）。此外，又有智侁一系無住的保唐宗。慧能門下神會的荷澤宗、慧能下二世馬祖道一的江西宗、希遷的石頭宗。再加上四祖道信旁出法融一系的牛頭宗等，在當時可說各樹一幟；圭峯宗密在禪源諸詮集都序記述當時的情形：「二禪有諸宗互相違反者，今集所述殆且百家，宗義別者，猶將十室，謂江西、荷澤、北秀、南侁、牛頭、石頭、保唐、宣什及稠那、天台等。立宗傳法，互相乖

阻……。」（註五）禪門諸宗互相對立競爭的結果，眞正具有影響力者便只有神秀領導的北宗及慧能領導的南宗；而南宗又包括江西、荷澤和石頭三派。

北宗主漸修，南宗主頓悟。北宗在唐代前期也曾盛行；可惜傳至唐中葉而寖衰。南宗、慧能門下神會的荷澤宗，在唐玄宗時代也曾爲了維護慧能而力抗北宗，唯至唐中葉以後亦告衰落。慧能下二世馬祖道一的江西宗和希遷的石頭宗分別發展爲南宗的兩大派；道一的江西宗上承南嶽懷讓，世稱「南嶽派」。希遷的石頭宗上承青原行思，世謂「青原派」。南嶽、青原二派流傳甚廣，弟子衆多；而兩派均出自慧能的南宗，因此慧能被公認爲禪門繼弘忍的第六代祖師，南宗也成爲唐後期中國禪學的正統。

南宗重視頓悟，而心法的傳承僅繫於一念之間，因此在心法的傳承中，又往往因接受者的不同而衍生出不同的派別。南嶽派馬祖道一的弟子百丈懷海以下分出潙仰宗和臨濟宗。青原派自希遷以下分出曹洞、雲門和法眼三宗。其中分化的主要脈絡，可參見左表：

〔南嶽派〕

(南嶽)懷讓——(江西)馬祖道一——(百丈)懷海——┬(潙山)靈祐——(仰山)慧寂……潙仰宗
　　　　　　　　　　　　　　　　　　　　　　　└(黃檗)希運——(臨濟)義玄……臨濟宗

〔青原派〕

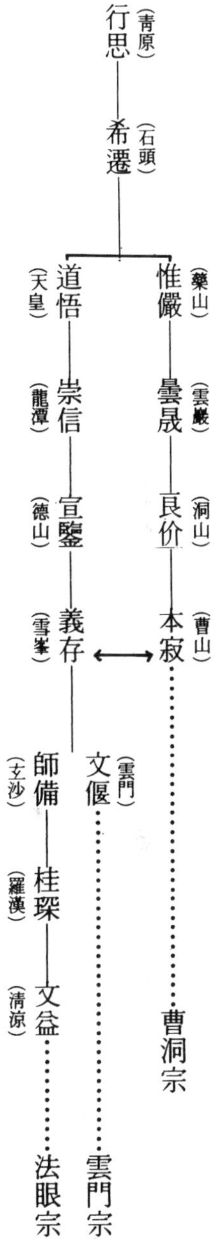

上述潙仰、臨濟、曹洞、雲門、法眼五宗爲中國禪學的主流。降及宋初，潙仰宗已告衰微。仁宗時，臨濟下十世楚圓石霜門下黃龍慧南和楊歧方會開黃龍、楊歧兩派，與前述五宗併稱「五家七宗」。宋室南遷，禪門諸宗的發展亦各有差異，據紹興二十九年七月宋宏智禪師妙光塔碑（註六）記：「……自達摩五傳而離爲南能北秀，其後益離而爲五家宗派。今潙仰、法眼二宗中絕，而臨濟、雲門、曹洞三家鼎盛……。」南宋禪門諸宗的變遷，於此亦可見其概略。

第二節　南嶽、青原二派以外之早期禪學傳播

禪門自達摩至弘忍五代的弘法區域，就景德傳燈錄有如下記載：

(一)初祖達摩遊化江、洛，以洛陽嵩山少林寺爲根據地。

(二)二祖慧可初居嵩山，東魏天平初遷往鄴都，於鄴都行化三十四年。

㈢三祖僧璨隱居舒州皖公山（註七），周武滅佛時，來往於太湖縣的司空山（註八）。隋時曾南至羅浮山二載，後返回皖公山。

㈣四祖道信曾至吉州及湖南衡岳。後路經江州，留居廬山大林寺十載，繼住蘄州黃梅縣雙峯山（註九）三十餘年。

㈤五祖弘忍，蘄州黃梅人，住蘄州黃梅縣的東山（註十）。

觀上所列，初祖達摩來華，以嵩山為闡法的根據地。其下歷三祖僧璨、四祖道信、五祖弘忍三代，弘法的中心亦由北方移向南面的皖、鄂。

及弘忍門下弟子頗多，就中駐錫可知者約二十多人（註十一），分佈以南方為主，大抵江淮間十一人，江南五人，劍南二人及嶺南一人。至於駐錫北方則僅二人。又忍師門下弟子傳承可攷者，有下列數人：

㈠荊州神秀——北宗

曾居江陵當陽山，後奉武后詔入洛京受供養。神龍二年滅於洛京天官寺。門下弟子普寂、義福等均為當時朝野所重。秀師一系主要分佈於淮水以北，尤以嵩山為中心。大抵此系列僧人的駐錫地區，有下列各處（註十二）：

兩京地區：二十三人。

陝州、光州、汝南各一人——共三人，隸今河南。

幷州、晉州、河中府、五臺山、澤州各一——共五人，隸今山西。

定州一人——一人，隸今河北。
兗州二人——共二人，隸今山東。
荊州、襄州、安州各一——共三人，隸今湖北。
舒州、壽州、亳州各一——共三人，隸今安徽。
潤州三人、蘇州一人——共四人，隸今江蘇。
潭州四人、衡州一人——共五人，隸今湖南。

安史亂後，此宗亦漸衰微。

(二)嵩嶽慧安——世稱其禪法爲「老安禪」。

弟子主要集中於北方，大抵多駐錫於東都洛陽、西京長安及相州。

(三)江寧法持——牛頭宗

創宗者法融，傳爲四祖道信旁出的弟子。自法融以下，三傳至法持，曾就學於弘忍門下。

牛頭一系主要以金陵牛頭山爲弘法的重要根據地。其間分佈情形如下：

金陵二十八人，潤州六人——共卅四人，隸今江蘇。
杭州四人、湖州二人、台州二人、明州一人——共九人，隸今浙江。
舒州二人，宣州一人——共三人，隸今安徽。
襄州三人、荊州一人——共四人，隸今湖北。

益州及西川各一人——共二人，隸今四川。

廣州及新州各一人——共二人，隸今廣東。

洛京二人——共二人，隸今河南。

解州一人——共一人，隸今山西。

㈣資州智侁——淨衆宗

主要集中於今四川一省，弟子皆駐錫於益州、資州、梓州及漢州等地。此外，湖北荊州亦有少量分佈。

㈤曹谿慧能——南宗

慧能被尊爲禪門第六代祖師，弘法中心以嶺南爲主；門下弟子多分佈於長江以南地區，尤以廣東及江西兩地爲多。除南嶽懷讓及吉州青原行思外，其他僧人的分佈範圍大抵如下：

廣州四人、韶州三人、羅浮山及峽山各一——共九人，隸今廣東。

洪州、吉州、信州、撫州各一，另江西一人——共五人，隸今江西。

婺州、溫州、秦望山各一——共三人，隸今浙江。

舒州、壽州各一——共二人，隸今安徽。

潭州二人——共二人，隸今湖南。

西京三人——共三人，隸今陝西。

洛京、光州各一——共二人，隸今河南。

幷州、代州各一——共二人，隸今山西。（註十三）

又慧能以下除南嶽及青原兩派外，尚有神會的荷澤宗。神會本襄陽人，因住洛陽荷澤寺，故世稱其派系爲「荷澤宗」。弟子多駐錫於渭水流域、太行山區及荆、襄、唐、鄧等地。此外，江南及劍南兩地亦有少量分佈（註十四）。

除上述神秀、慧安、法持、智侁、慧能諸人外，忍師門下傳承尚可知者有分佈於兩京的玄賾及集中江西的蒙山道明等。

唐中葉後，諸宗衰微，獨南宗的南嶽、青原兩派特盛；南、青二派傳播的區域雖迭有增減，但基本上不離前期禪門諸宗的所在地。至於南、青二派的分佈區域，可詳見下列數章。

第三章　南嶽派之地域傳播

第一節　概述南嶽派之傳播情形

五燈會元（註十五）記南嶽一派世系凡十八代，起自初祖南嶽懷讓（七四四年卒），其下有十七世，總十八代。諸僧駐錫地，可列爲下表：

今省名	河南						陝西					
宋州名／世系及人數	汴京	洛京	宋州	汝州	唐州	鄧州	京兆府	鳳翔府	隴州	興元府	金州	并州
初祖												
下一												
下二		3			1		5					
下三		1				1	3				1	
下四						[1]	[1]		1			
下五							1					
下六			①	②								
下七				①				①		[1]		
下八				②								
下九				③								①
下十	①			②	③							
下十一	②											
下十二												
下十三	③											
下十四	③											
下十五												
下十六												
下十七												
州總數	⑨	4	①	⑩	1 ③	1 [1]	9 [1]	①	1	[1]	1	①
省總數	30						14					

山東	河					北			山				西	
齊州	趙州	幽州	滄州	涿州	定州	鎮州	磁州	魏府	蒲州	代州	忻州	潞州	晉州	汾州
		2				1	1		1	1	2			1
	1					2				1				
						①						1	[1]	
		①	①	①	①	④		②						
						②							[1]	
											①			①
														①
①	1	2 ①	①	①	①	3 ⑦	1	②	1	2	2 ①	1	[2]	1 ②
1	20								13					

		四川													
襄州	荊州	西蜀	劍州	簡州	果州	閬州	合州	遂州	梓州	懷安軍	嘉州	眉州	漢州	彭州	益州
1															
2	1														
1 [2]															2 [1]
①															[3]
	①														
														[1]	[1]
②															
	②				①									①	
						①									
	①										①		①		①
		①								①	②	①	①	①	③
				①			①	①	①		②	②		①	⑤
			①					①					①		③
	①														
4 [2] ③	1 ⑤	①	①	①	①	①	①	②	①	①	⑤	③	③	[1] ③	2 [5] ⑫
		44													

(12)

徽									湖北						
宿州	壽州	滁州	和州	廬州	舒州	太平州	池州	宣州	鄂州	均州	蘄州	黃州	安州	郢州	荊門軍
							3		1						
	1						2		1			1			
		[1]									[1]				
	[1]									[1]			[1]		
				②			①							[1]	
														[6] ①	
											[1]				
							①							[1]	
		①			③						①				
①		②		①		①		①						②	①
					②						③		①		
		①	①					①	①		②	①	①	②	
					②						③		①		
											①				
						①			①						①
①	1 [1]	[1] ④	①	③	⑦	②	5 ②	②	2 ②	[1]	[2] ⑩	1 ①	[1] ③	[8] ⑤	②
35									53						

(13)

江			江					蘇					安		
秀州	越州	杭州	漣水軍	泰州	通州	眞州	楊州	蘇州	常州	楚州	潤州	昇州	廣德軍	無爲軍	泗州
	1	1							1						
		3						1							
		3 [1]					1								
		[1]							①			1			
	[1]														
	①							①			①				
②	②	②				①		⑤			②	②			
							①	①				②			
	②	③						③							②
①	②	①					①	①		①		①			
①	①	⑤	①				①	⑤				①	①	①	
		⑥		①	①	①		②	③		①	①	①		
		②							①						
④	1 [1] ⑧	7 [2] ⑲	①	①	①	②	1 ③	1 ⑱	1 ⑤	①	④	1 ⑦	②	①	②
			47												

西								浙							
虔州	吉州	臨江軍	袁州	南康軍	江州	瑞州	洪州	處州	溫州	台州	明州	衢州	睦州	婺州	安吉州
1			2		1		7		1		1			1	
1	1				1		4			1		1		1	
			[1]			1	1			2	1		1	3	
	[1]		[3]		[1]	1	①								
	[1]														
	[2]						①								
		①				①	①	①		①	①				②
			①	①	①	②	④			①	②				③
①	①	①	①	②	②	①	⑤				①				①
	②	①	①	①	①	⑩	⑫		①	②	②	②		①	③
	①				①	①	⑦		①	②	⑥		①		
	①			④	①		③		③	⑤	⑤	②			⑤
	①	①		③	①		②	①	③	③	⑤			②	②
									①		①			②	
2 ①	1 [4] ⑥	④	2 [4] ③	⑪	2 [1] ⑦	2 ⑮	12 ㊱	②	1 ⑨	3 ⑭	2 ㉓	1 ④	1 ①	5 ⑤	⑯
132								129							

(15)

建			湖				南				江				
泉州	建州	福州	湖南	永州	郴州	澧州	鼎州	邵州	衡州	潭州	江西	撫州	信州	饒州	南安軍
										1					
											1				
1		1	1			2	1			6	2	1	1		
		5	3				1			1 [1]					
1		3 [2]												1	
		[1]	①												
										[1]					
										①					
										①					
										③					
②		①								⑥					
		③						①		⑩			①		①
③				①	①		①			⑱			②	①	
①	②	②				①	①	①	①	⑪		①	②		
		⑤					③			⑤		①		①	
②	②	⑦				①	①			⑦		①	①	①	
①	①	④					①			①					
2 ⑨	⑤	9 ㉒	4 ①	①	①	2 ②	2 ⑦	②	①	8 [2] ㊻	3	1 ③	1 ⑥	1 ③	①
						96									

	廣西	廣東			福		
	桂州	英州	廣州	韶州	南劍州	汀州	漳州
1							
1							
58				1		1	
43 [1]			1				
27 [12] ①			1	1			2
3 [13] ⑭							
[6] ⑨				[2]			
[13] ④				[1]			
[1] ③							
[1] ⑩							
㉚							
(51)							
㊺	①						
(96)	①	①					①
(70)							
(78)				①			①
(74)					①		[3]
⑱					①	①	
133 [47] (503)	②	①	2	2 [3] ①	②	1 ①	2 ②
683	2	9			58		

此十八代僧人可約略劃分爲前後兩期：（甲）自初祖至下六世，約相當於盛唐至五代；（乙）由下七世開始，約入兩宋時期。本節將按上兩期分別敘述南嶽派的地域傳播概況。

（甲）初祖——下六世

南嶽系列僧人的駐錫區域，總計共有下列十三省：河南、陝西、山西、河北、四川、湖北、安徽、江蘇、浙江、江西、湖南、福建、廣東等。現就其每世禪師駐錫傳法的主要集中地的轉移、及各世中上列各省所產生的特殊現象略爲綜述（註十六）。

初祖懷讓得法於六祖慧能，宣教湖南潭州（今湖南長沙）。

下一世馬祖道一自湖南衡山密受讓師心印後，闡法江西。

馬祖以下，南嶽一系弟子積極向四方拓展弘法地區，故分佈地遠較前二代廣泛；唯懷讓下第二、三兩世仍以江西及湖南作爲傳教的重要根據地。尤其駐錫江西的禪僧人數最多，主要以洪州（江西南昌）爲中心，如下二世的百丈懷海及惟政禪師，下三世的黃檗希運等；此外，尚有散見於瑞、信、撫、虔、袁、吉、江諸州。湖南一省人數分佈雖稍遜江西，亦爲重要弘法區，僧人多集中潭州，次及朗、澧二州。

迄下四世，僧人駐錫的主要集中地已由江西更向東移至浙江，尤以杭（浙江杭州）、婺（浙江金華縣）二州爲主，如杭州千頃山楚南禪師（註十七）及婺州金華山俱胝和尚（註十八）等。而福建亦僅次浙江，躍升爲重要弘法區，分佈人數以福州（福建閩侯縣）最多，次及漳、泉二州。其次，最值得注意的有兩點：一爲四川益州成爲南嶽派宣教的新增地區。二爲湖南分佈人數劇減，至退居各省之末。

前述南嶽五代（自初祖至下四世）均處唐代，主要弘法根據地的轉移，大抵依次爲湖南、江西及浙江、福建等省。降及下五世，時代介於唐末至五代之間，僧侶的重要分佈區亦由下四世的浙江移向北方的河北。河北在下五世中突成禪僧駐錫弘教的重點，其中最主要是因爲下四世臨濟義玄禪師（註十九）的出現，義玄禪師以河北鎮州爲闡法的根據地，故下五世駐錫河北地區的僧侶幾全出義玄門下，其中著名者如魏府興化存獎禪師及鎮州寶壽沼禪師等。又南方地區中尚能維持一分佈人數僅次河北者，便只有江西一省。此外，前列禪僧分佈十三省中，獨河南、山西及廣東三省於此時並無僧人駐錫。

下六世禪僧分佈零散，不如前數代有明顯的集中地；其分佈區域有北方的河南、山西、河北及南方的湖北、安徽、浙江、江西、廣東等地。

總前所述，以表示之如左：

世系	主要集中區（今省）	唐宋州名
初祖	湖南	潭州
下一世	江西	撫州
下二世	江西	洪、瑞、信、撫、虔、袁、吉、江
下三世	湖南	潭、澧、朗
下四世	浙江	杭、婺、台、明、睦
下五世	河北	鎮、魏府、涿、定、滄、幽
下六世	（無明顯中心區）	

上就每代宣教根據地的轉移及分佈區人數的變遷而言。今再總計上七代在各省區的禪僧數目，按人數多寡分列如後：

江西——卅五人　浙江——廿三人
河北——二十人　湖南——十八人
福建——十七人　湖北——十六人
陝西——十二人　安徽——十一人
河南——十　人　山西——九　人
四川——六　人　廣東——六　人
江蘇——五　人

右列十三省合計人數共一百八十八人。

（乙）下七——下十七世

南嶽一系大抵從下七世開始，約入兩宋時代，其分佈範圍雖新增廣西及山東兩省，但仍以前述十三省（註二十）爲主。又十三省中，除湖北、湖南兩地於每代必有禪僧駐錫外，餘下各省均出現僧人分佈停頓或中脫的現象，尤以下七至下十三世最明顯，其中情形可握要列述如下：

㈠河北起自下七世，陝西起自下八世，以後均無禪僧駐錫。

㈡山西除下九及下十兩世有少數禪僧分佈外，其他各世未見僧人駐集。

㈢禪僧分佈中脫現象的南方地區，計有下列各省：

地區　　中脫世代

①江蘇、浙江——下七、下八、下九
②安徽——下七、下八
③江西、四川——下八、下九
④福建——下七至下十
⑤廣東——下八至下十一

上述現象就北方河北、陝西、山西等地的僧人分佈停頓而言，尚可以北方歷五代紛亂後，經濟漸次衰落作解釋。然右列南方各省，除廣東較落後外，餘下各省均爲唐中葉以後，文化經濟重心南移的所在，按五代末年至宋初的戶口統計所得，仍以該等地區爲人口的集中地（註廿一），且更爲支持北宋時代汴京及北方諸州的重要經濟來源，其經濟繁榮程度當可想見；若如是，則南嶽派系禪僧分佈中斷的現象，似與經濟問題不相涉。

又前列江蘇、浙江、安徽、江西、四川及福建等重要經濟人口集中區的禪僧中脫時代，在下七至下十世之間，約相當於宋初至仁宗時代。檢佛祖歷代通載卷十八（註廿二），得此時有關限禁僧尼事數則：㈠太宗雍熙二年二月詔禁增寺觀。㈡至道元年六月限僧尼額。㈢眞宗天禧元年，禁民棄父母而爲僧道。㈣仁宗明道二年放度天下三帳僧尼。觀上所記，即限禁僧尼制起自宋初太宗，至仁宗明道間始得放寬。查宋會要輯稿——道釋㈠亦記宋初限制僧尼事，可補通載之不足，現摘錄如下：「建隆初詔佛寺已廢不得興，開寶中令僧尼百人許歲度一人。至道初又令二百人歲度一人。」「至道元年六月詔江南、兩浙、福建僧尼，今後以見在僧數每三百人放一人，仍依原敕比試，念讀經紙合格者，方得以聞……私制度及買僞濫文書爲僧者，所在官司點檢，許人陳告，犯者刺面，決配牢城，尼即還俗……明年又詔淮南川陜路並依此制。」依上所錄，則限制僧尼當上推至太祖始，殆此等限制與南方禪僧分佈中斷有關？然何以青原派於此等省區中並無產生中斷現象，而獨南嶽有之？

若謂非南嶽有此現象，乃因五燈會元編者普濟所不選之過，是以統計後得此特殊情形。唯會元總輯前五本燈錄，删繁取精，其所選者均具代表性，何巧單於此數代數區中不取代表者？豈又非普濟之過？然則南嶽分佈的特殊情形與其自身內部發展有關？唯上述乃一哲學性問題，非本文討論範圍之內，故不贅述。

前簡述總南嶽派的分佈現象，至於下七以後各世弘法中心的轉移，將分別於下溈仰及臨濟二宗中詳述，今暫不敍。

第二節　溈仰宗之地域傳播

懷讓下三世潭州溈山靈祐（註廿三）創宗，弟子袁州仰山慧寂繼之，故世稱「溈仰宗」。惜慧寂以下，歷四代傳承而寢衰，是以五燈會元所記僅六代，上起靈祐，迄懷讓下八世而止。總會元所錄溈仰一系禪僧駐錫可知者共四十八人，其分佈範圍大抵有河南、陜西、山西、四川、湖北、安徽、浙江、江西、湖南、福建、廣東等省；與前述南嶽主要分佈的十三省相較，則缺江蘇及河北兩省。

溈仰宗傳播時間雖僅六代（下三——下八世），然大抵經唐、五代及宋初三個時期，下將把溈仰一宗的傳承劃分成兩個時期叙述。

㈠下三——下六世

創宗者下三世靈祐以湖南潭州溈山（在今湖南長沙）爲弘法根據地。祐師以後，下四及下五兩世禪僧的分佈中心區已轉向江西及湖北兩省。江西地區，僧人分佈以袁州（江西宜春）爲主，知名者如下四世仰山慧寂及下五世西塔光穆、南塔光涌等，此外，尙有駐錫於吉、江、洪三州。湖北則僅次江西，亦爲分佈中心區，僧人主要集中襄州（湖北襄陽），次及郢、均、蘄、安四地，除上江西、湖北兩省外，尙有散見於河南鄧州、山西晋州、四川益州、安徽壽、滁二州、浙江杭、越二州及福建福州等。

下六世約入五代時候，禪僧見於會元者甚少，弘法中心區亦不復見，大抵星散於山西晋州、湖北郢州，江西吉州、浙江杭州、廣東韶州等。

㈡下七——下八

前述禪僧傳敎集中地的轉移，依次爲湖南及江西、湖北等。降及下七、下八兩世，弘法中心區雖仍以江西、湖北兩省爲主，唯湖北已成重心區，而江西反屈居其後，又駐錫湖北的禪僧大抵以郢州（湖北鐘祥）的芭蕉山及興陽山爲主要根據地，次及蘄州亦有僧人分佈。至於江西地區，僧人分佈則集中於洪、吉二州。除湖北及江西外，其他亦散見於陝西的興元及鳳翔兩府，四川益、彭二州、湖南潭州及廣東韶州等。

自下八世以後，溈仰一系傳承不明，故禪僧駐錫地亦無可攷。

溈仰一系弘法中心區的轉移，可表列於下：

世系	弘法中心區	
	今省名	宋州名
下三	湖南	潭州
下四	江西	袁、吉、洪、江
下五	湖北	襄、郢、均、蘄、安
下六		（無明顯弘法中心區）
下七 下八	湖北	郢（京西南路）
	湖北	蘄（淮南西路）
	江西	洪、吉（江南西路）

大抵自下三至下六世，約相當於兩宋以前，弘法中心區的分佈可參見上表。及下七、下八兩世，約入北宋時代，僧人見錄者不多，主要集中於湖北、江西兩省，以宋代分區單位而言，則分佈於京西南路，淮南西路、江南西路三處。

總爲仰一系歷五傳而速衰，是以其在南嶽派中重要性遠不如臨濟宗。尤以爲仰甫入宋初，即告息微，較之能代表兩宋時期南嶽派的臨濟宗當不可同日而語，故下將繼續述及臨濟宗的地域傳播。

第三節　臨濟宗之地域傳播

臨濟宗流傳甚廣，弟子衆多，五燈會元內錄其世系十四代，上起懷讓下四世臨濟義玄創宗，迄下十七世而止。就中禪僧駐錫可知者共四百八十多人，佔會元所記南嶽派禪僧總數的大半；其分佈區域主要有河南、山西、河北、四川、湖北、安徽、江蘇、浙江、江西、湖南、福建、廣東等省，與前述宋以前南嶽派分佈的十三省比較，獨缺陝西一省。除上列十二省外，宣教的新增地區尚有山東及廣西兩省。

又臨濟的十四代傳承可劃分成三期：（甲）下四——下六世。（乙）下七——下十三世。（丙）下十四下十七世。今按上述三期分述臨濟宗的地域傳播。

（甲）下四——下六世

時間大約相當於兩宋以前，弘法禪僧人數不多，且分佈範圍亦較狹。大抵下四及下五世的弘法中心區以河北爲主，自下四世義玄創教河北鎮州後，河北遂成爲下五世玄師弟子的主要集中地，其中又以鎮州（河北正定）爲分佈的重心區；此外，尚有駐集於幽、滄、定、涿等州及魏府。除河北外，亦有散見於湖北襄州、湖南、江蘇常州三處。

及下六世，已不復集中於河北，禪僧散見於河北鎮州、湖北荊州及安徽的池、廬二州。

總前所述，各區的分佈情形可表列如左：

今省名	宋州名	世系
河北	鎮州	下四、下五、下六
河北	幽、滄、定、涿、魏府	下五
河南	宋、汝	下五
江蘇	常州	下五
湖南	（州名不詳）	下五
湖北	襄州	下五
湖北	荊州	下六
安徽	池、廬	下六

下四至下六世的分佈情形，已見前述。大抵自下七世開始，約入兩宋時期，故下（乙）、（丙）兩段除照上沿用省、州名稱外，並在適當時候附以宋代各分區名稱。

（乙）下七——下十三世

總此段時期禪僧的分佈區域，與前述三世（下四至下六）比較，除河北一省因禪僧分佈停頓被剔除外，其餘各省均無變動；另此時新增禪師駐錫地區，計有山西、山東、四川、浙江、江西、福建、廣東、廣西等省。又僧人分佈各省內範圍，可參見下表：

下七——下十三世臨濟禪僧分佈表

（I下七世前已有的分佈地　II下七世開始新增地區）

今省名	宋州名	京畿路	京東東路	京東西路	京西北路	京西南路	河北東路	河北西路	河東路	永興路	秦鳳路	淮南東路	淮南西路	江南東路
河南	I				汝	唐								
	II	汴京												
山西	I													
	II								并汾忻					
山東	I													
	II		齊											
四川	I													
	II													
湖北	I					襄								
	II					郢							黃蘄	
安徽	I												廬	池
	II											滁泗宿	舒和	宣太平
江蘇	I													
	II											揚眞		昇
浙江	I													
	II													
江西	I													
	II													饒信江
湖南	I													
	II													
福建	I													
	II													
廣東	I													
	II													
廣西	I													
	II													

江南西路	荊湖南路	荊湖北路	兩浙路	福建路	成都路	梓州路	夔州路	利州路	廣南東路	廣南西路
					益彭 嘉漢	果		閬		
		荊								
		鄂安 荊門								
			蘇潤							
			杭湖秀越 婺衢處 溫台明							
洪袁瑞 虔吉										
	潭彬 永邵	鼎								
				福泉漳						
									英	
										桂

前列七代（下七——下十三世）禪僧的分佈範圍，已見上表，又其間各省所產生的禪僧分佈停頓及中脫現象，亦於前節詳述（註廿四），今不再贅。下將依世代敍述其傳播的情形。

自下七至下九三代，無明顯的弘法中心區，禪僧散佈於河南、山西、湖北、安徽、湖南等省。又上述五省內，除河南汝州相繼有僧人駐錫外；餘下各省，大抵湖南潭州於七、八兩世均有僧人分佈，湖北郢、襄二州則分別於下七及下九兩世有僧侶駐錫，至於山西幷、汾、忻三州及安徽池州等在下九世亦有僧人駐集。

總上各省分佈情形，可表列如後：

今省 宋州 世代	河南	山西	湖北	安徽	湖南
下七	汝		郢		潭
下八	汝				潭
下九	汝	幷、汾、忻	襄	池	

下十世僧人分佈地區大抵與前（下七——下九）相若，唯新增地區有浙江、江蘇、江西及四川等省。就中僧人分佈又以河南及浙江兩省較多；河南的唐、汝、汴京及浙江湖、越、處、明、台等州均為僧人的集中地。除河南、浙江兩省外，尚有分佈於山西汾州、四川彭、果二州、湖北荊、蘄二州、安徽滁、舒二州、江蘇蘇、潤二州、江西洪、瑞、袁三州及湖南潭州等。

下十一世弘法中心區以浙江爲主，次及江蘇、江西兩地。浙江省區內，僧人分佈以湖州（浙江吳興）爲多，如廣法院源禪師（註廿五）等，此外，尚有分佈於杭、越、秀、台、明等地。除浙江外，江蘇及江西兩省亦爲次要弘法重心區。江蘇省區內，僧人主要集中於蘇州（江蘇吳縣），次及昇、潤、眞等州。至於江西地區，僧人分佈則以洪州（江西南昌）爲主，次及袁、瑞二州。除上述三省外，並有分佈於河南汴京、湖北郢州、荊門軍二地、安徽滁、宣、廬、太平、宿五州、湖南潭州、福建福、泉二州等。又此段時期內，特別值得注意者有下列數點：㈠山西自此時開始，以後均無禪僧駐錫。㈡河南一省因禪僧人數退減，已不復爲僧人主要集中地。㈢福建爲新增宣教地區。㈣四川於此世有僧人分佈出缺現象。

下十二世僧人宣教的中心區已由浙江西移至江西，其中以洪州（江西南昌）及江州（江西九江）爲主要集中地，知名者如隆興府黃龍祖心禪師及江州東林興龍寺常總禪師等（註廿六）；其次尚有分佈於袁、虔、吉、信、瑞諸州。除江西外，湖南亦躍升爲次要中心區，除以潭州（湖南長沙）爲僧人主要集中地外，亦有分佈於邵州。此外，僧人分佈區並有四川閬州、湖北蘄、安二州、江蘇昇、蘇、揚三州、安徽舒州、浙江湖、明二州、福建福州、山東齊州、廣西桂州等。上列各省中，廣西及山東兩省爲新增弘法區；另安徽及浙江兩省僧侶分佈數目銳減，尤以浙江爲然。

下十三世傳法根據地仍以江西爲主，且人數顯著上升，除仍以洪州爲重心外，瑞州（江西高安）亦成次要分佈地，人數僅次於洪州；此外，尚有分佈於袁、吉、江、信、饒等州。除江西外，湖南及浙江兩省亦爲次要僧人集中區；湖南省以潭州爲中心，次及郴、鼎、永三州，浙江地區在本世中僧人分佈數目回增，以杭

（浙江杭州）、湖（浙江吳興）二州為主要集中地，次及越、明、台、婺、溫、衢等州。其次尚有禪僧分佈之諸區，與前下十二世相較，除剔除山東及增加廣東英州，河南汴京外，餘則同前，唯部份區內諸州分佈稍有變動，現將變動區內分佈之州名列舉如下：四川益、漢、嘉三州，湖北郢、蘄、安、鄂、黃、荊六州，安徽泗、滁、宣、和四州，江蘇蘇州，福建泉、漳二州等。

總上七代（下七——下十三世）弘法中心區的轉移，表列於後：

地區／世系	弘法中心區		次弘法中心區		宋代路別
	今省名	宋州	今省名	宋州	
下七—下九	（無明顯中心區）				
下十	河南	汴京			京畿路
		唐			京西南路
		汝			京西北路
	浙江	湖、越、處、明、台			兩浙路
下十一	浙江	湖、杭、越、秀、明、台			兩浙路
			江蘇	眞	淮南東路
				昇	淮南西路
				蘇、潤	兩浙路

			江西	洪、袁、瑞	江南西路
下十二	江西	江、信			江南東路
		洪、袁、瑞、吉、虔			江南西路
			湖南	潭、邵	荊湖南路
下十三	江西	江、信、饒			江南東鄉
		洪、瑞、袁、吉			江南西路
			湖南	潭、永、郴	荊湖南路
				鼎	荊湖北路
			浙江	杭、湖、越、明、台、婺、溫、衢	兩浙路

又前七代各區禪僧分佈總人數，順次列擧如下：

江西——六十二人　湖南——四十四人

浙江——三十五人　湖北——二十一人

江蘇——十九人　安徽——十八　人

河南——十七人　福建——十　人

四川——六　人　山西——四　人

廣西——二　人　　山東——一　人

廣東——一　人

右列各區人數合計二百四十人。

（丙）下十四——下十七世

上列四代（下十四——下十七）禪僧分佈範圍計有下列十省：河南、四川、湖北、安徽、江蘇、浙江、江西、湖南、福建、廣東。與前七代（下七——下十三）比較，缺山西、山東、廣西三省。又河南一省除在下十四世紀內有禪僧分佈外，餘下各世均無僧人駐錫。總上而言，大抵禪僧駐錫範圍主要集中於淮水以南地區，尤以浙江爲多。

至於各省僧人分佈的詳細範圍，可參見下表：

下十四——下十七世臨濟禪僧分佈表

（Ⅰ下十四世前舊有分佈地　Ⅱ下十四世開始新增地區）

今省名		京畿路	京東東路	京東西路
河南	Ⅰ	汴京		
	Ⅱ			
四川	Ⅰ			
	Ⅱ			
湖北	Ⅰ			
	Ⅱ			
安徽	Ⅰ			
	Ⅱ			
江蘇	Ⅰ			
	Ⅱ			
浙江	Ⅰ			
	Ⅱ			
江西	Ⅰ			
	Ⅱ			
湖南	Ⅰ			
	Ⅱ			
福建	Ⅰ			
	Ⅱ			
廣東	Ⅰ			
	Ⅱ			

（表頭：今省名／宋州名）

京西北路	京西南路	河北東路	河北西路	河東路	永興路	秦鳳路	淮南東路	淮南西路	江南東路	江南西路	荊湖南路	荊湖北路
								蘄				荊鄂安 荊門
								舒	太平			
								無爲軍	廣德軍			
							揚眞		昇			
							楚通泰 漣水					
									饒信江	洪袁撫 瑞吉		
											潭邵	鼎
											衡	澧

兩浙路	福建路	成都路	梓州路	利州路	夔州路	廣南東路	廣南西路
		益彭嘉漢					
		眉簡	潼川府遂寧府合	劍			
蘇潤							
常							
杭湖秀越婺衢處溫台明							
睦							
	福泉漳						
	汀建南劍						
						韶	

前述下十三世中，浙江及湖南僅爲次要弘法中心區，唯迄下十四世，二省已躍升爲主要僧人集中地。又浙江省區內，僧人主要分佈於明州（浙江鄞縣），如天童普交禪師（註廿七）等；次及越、台、秀、睦、衢、

溫各州。至於湖南地區，僧人仍集中於潭州，如上封佛心本才禪師等；次及澧、鼎、衡三州。此外，江西一地因禪僧人數略少於前兩省，而成次要僧人宣教區，僧人分佈大抵仍以洪州爲主，次及信、江、吉、撫、瑞五州。除上述三省外，尚有禪僧分散於河南汴京、四川益、彭、漢、眉、嘉、簡六州、湖北蘄、安二州、安徽舒州、江蘇昇、揚、楚三州、及福建福、泉、建三州。

下十五世浙江仍保有弘法中心區的地位，且人數較前遞增，僧人集中杭（浙江杭州）、明（浙江鄞縣）、台（浙江臨海），湖（浙江吳興）四州，著名者如臨安府徑山宗杲禪師（註廿八）、慶元府育王山佛智端裕禪師（註廿九）等；此外，尚有僧人分佈之諸州，除刪去睦州外，餘則與前下十四世相同。四川地區則僅次浙江成次要中心區，分佈地以益州（四川成都）爲主，次及眉、彭、合、嘉、梓、簡及遂寧府等地。除浙江、四川外，僧人尚有散佈於湖北蘄州、安徽無爲、廣德二軍、江蘇蘇、揚、昇及漣水軍、江西江、洪、吉、饒、撫五州、湖南潭、鼎二州、福建福、漳二州、廣東韶州等。

下十六世弘法根據地仍以浙江爲主、浙江省內僧人的分佈地除剔去秀、越二州及增加婺、處二州外，餘則與上述二世（下十四及十五）相同。又福建一省僅次浙江，成次要中心區，僧人主要集中福州（福建閩侯縣），次及泉、建、南劍三州。此外，僧人尚有駐錫於四川益、漢、劍及遂寧府等、湖北鄂州及荊門軍、安徽太平州及無爲軍、江蘇蘇、眞、常、昇、潤、通、泰七州、江西洪、撫、江、信、饒、袁、吉七州及湖南潭、澧、鼎三州。

下十七世禪僧駐錫可知者較前數世爲少，主要集中於浙江及福建兩省。浙江的婺、杭、明、溫、衢及福建的福、泉、汀、建、南劍等州均爲僧人集中地。除上二區外，尚有分佈於湖北荊州、江蘇常州、湖南潭、鼎二州等，與下十六世互較，則缺江西、安徽、四川三省。

總上四世弘法中心區的分佈，列表於下：

地區／世系	弘法中心區 今省名	弘法中心區 宋州	次弘法中心區 今省名	次弘法中心區 宋州	宋代路別
下十四	浙江 湖南	明、越、台、秀、睦、衢、溫 潭、衡 鼎、澧	江西	信、江 洪、吉、撫、瑞	兩浙路 荊湖南路 荊湖北路 江南東路 江南西路
下十五	浙江	杭、明、台、湖、越、秀、衢、溫	四川	益、彭、嘉、簡、眉 梓、遂寧府、合	兩浙路 成都路 梓州路
	浙江	杭、明、台、湖、婺、處			兩浙路

下十六		衢、溫	福建	福、建、泉、南劍	福建路
下十七	浙江 福建	杭、明、婺、溫、衢 福、建、泉、汀、南劍			兩浙路 福建路

又前四代各區禪僧分佈總人數，依次列舉如下：

浙江——七十五人　江西——三十五人
湖南——三十四人　福建——三十一人
四川——三十　人　江蘇——二十三人
湖北——八　人　安徽——六　人
河南——三　人　廣東——一　人

右列各區合計人數共二百四十六人。

臨濟宗十四代的地域傳播情形，已如前述。大抵自下四世臨濟義玄創教，至下六世爲止，時間約相當於北宋建國以前，弘法區局限於北方的河南、河北及南方的湖北、安徽、江蘇、湖南等省，就中除河北一省禪僧分佈較集中外，其餘各省內僧侶駐集人數甚稀，故上三世僅爲臨濟宗立教的初期，其影響力實未足與其下各世相比。

迄下七世，時間約入北宋時代。從下七至下九三世，僧人分佈仍不脫前代零散的情形。及下十至下十三世，禪僧積極向四方拓展弘教區域，故宣教範圍較前倍增，主要集中於東面沿海各省及淮水以南地區，尤以浙江、江西兩省更為弘法重心所在，此外，湖南、江蘇、河南三省亦為重要弘法區。若以宋代各區單位而言，則分佈以淮南東西二路、江南東西二路、荊湖南北二路、兩浙路為主，次及京畿路、京西南北路、福建路、成都路，至於京東東路、梓州路、利州路及廣南東西路亦有少量僧人駐錫。

下十四世約為兩宋的交替時代，故北方河南仍有少數禪僧駐錫。唯自下十四世以後，各世僧人分佈則純集中於淮水以南各省；大抵仍以浙江為弘法重心區，次及湖南、江西、福建、四川等地，與前下七——下十三世一段時期的宋代區劃中的主要弘法區相較，則除由福建路及成都路，梓州路取代淮南東西二路外，餘則相同。

又下十世石霜楚圓門下分出黃龍慧南及楊歧方會兩支。此兩支諸僧駐錫地，可作表如後：

黃龍、楊歧兩派禪僧分佈表 附註：①無符號者為黃龍派 ②有○者為楊歧派

今省名	宋區及人數	下十一	下十二	下十三	下十四	下十五	下十六	下十七	州總數	省總數
河南	汴京			2	2				4	4
山東	齊州		1						1	1

	四川											湖北				
	益州	彭州	漢州	眉州	嘉州	潼川府	遂州	合州	簡州	劍州	西蜀	荊州	荊門軍	郢州	安州	黃州
															1	
	1	1	1		1									1 ①		1
	2 ①	①	①	1	2 ①						1				1	
	1 ③	①		②	1 ①	①	①	①	①							
	③		①				①			①			①		①	
												①				
	4 ⑦	②	1 ②	1 ②	4 ②	①	②	①	①	①	1	①	①	1 ①	2 ①	1
	11 ㉑											10 ⑨				

江蘇								安徽							
泰州	通州	眞州	揚州	蘇州	常州	潤州	昇州	廣德軍	泗州	滁州	舒州	太平州	宣州	鄂州	蘄州
			1				1 ①				1 ①				3
				3					1	①			1	1	1 ①
			1	1			①				②				1 ②
			1	5			①	1							①
①	①	②		②	③	①	①	1				①		①	
					①										
①	①	②	3	9 ②	④	①	1 ④	2	1	①	1 ③	①	1	1 ①	5 ④
14 ⑮								5 ⑤							

江				江										浙	
袁州	江州	瑞州	洪州	處州	溫州	台州	明州	衢州	睦州	婺州	安吉州	秀州	越州	杭州	漣水軍
①			1												
1	5	1	6								1				
1 ①	6	10	9 ①		1	2		1		1	1 ②		2		
	1	1	6		1	1			1			1	2	1	
	1 ④		②		1 ①	④	①	②			3 ②	1	①	2 ③	1
1	④		②	②	①	1 ②	①			②	②			2 ④	
					1					②				②	
3 ②	13 ⑧	12	22 ⑤	②	4 ②	4 ⑥	②	1 ②	1	1 ④	5 ⑥	2	4 ①	5 ⑨	1
63 ㉓				27 ㉞											

福				建	湖					南	西				
汀州	漳州	泉州	建州	福州	永州	郴州	澧州	鼎州	邵州	潭州	撫州	信州	饒州	虔州	吉州
				1						3 ①		1		2	1
	1	3			1	1		1		14 ①		1 ①	1		2
		1		2			1	1	1	8 ②	1	1			1
	①			4 ①				1 ②		⑤	①		1		①
		②	②	⑦			①	①		⑦	①	①	1 ②		①
①		①		④				①		1					
①	1 ①	4 ③	②	7 ⑫	1	1	1 ①	4 ④	1	26 ⑯	1 ②	3 ②	3 ②	2	4 ②
		13 ⑲					33 ㉑								

南劍州	廣東 英州	廣西 桂州	各世分佈總數
			1 (1)
			30 (3)
	(1)	1	74 (10)
			44 (11)
			24 (44)
1			7 (66)
			2 (13)
1	(1)	1	
	(1)	1	182 (148)

大抵黃龍一派的根據地以江西地區爲主，次及湖南、浙江、江蘇、福建、四川、湖北、河南、廣西及山東等省。至於楊歧派的主要根據地則集中於浙江，次及江西、湖南、四川、福建、江蘇、湖北、安徽及廣東等省。黃、楊二派於各省內之分佈範圍，可列舉於後：

黃龍派

江西——洪、江、瑞、吉、袁、饒、信、虔、撫。

湖南——潭、鼎、澧、郴、永、邵。

浙江——杭、溫、台、越、湖、婺、衢、睦、秀。

江蘇——蘇、揚、昇、漣水軍。

福建——福、泉、漳、南劍。

四川——益、漢、眉、嘉。
湖北——蘄、安、郢、鄂、黃。
河南——汴京。
廣西——桂州。
山東——齊州。

楊歧派

浙江——杭、婺、台、湖、明、溫、衢、處、越。
江西——江、洪、吉、袁、饒、撫、信。
湖南——潭、鼎、澧。
四川——益、彭、漢、眉、合、嘉、梓、簡、遂寧、劍。
福建——福、泉、汀、漳、建。
江蘇——常、蘇、眞、昇、潤、通、泰。
湖北——蘄、郢、鄂。
安徽——舒、滁、太平。
廣東——英州。

綜上所述，有關臨濟一派的地域傳播情形，當可見其梗概。

第四章　青原派之地域傳播

第一節　概述青原派之傳播情形

會元內錄青原一派世系凡十六代，起自初祖青原行思（七四〇年卒），其下分十五世。就中禪僧駐錫可知者約一千多人，分佈於河南、陝西、山西、河北、山東、四川、湖北、安徽、江蘇、浙江、江西、湖南、福建、廣東、廣西等十五省，與前述南嶽派的分佈地域大抵相同，唯除江西及廣西兩省外，其餘各省內禪僧分佈的範圍，均與南嶽派略有差異，至於各省內增減之諸州名稱，可列舉於後：

今省名	增加州名	刪減州名
河南	陝府、懷、衞、相、鄭、陳	宋
陝西	華、耀、延、洋	金、隴
山西	澤	忻、臺
河北	邢	趙、滄
山東	鄆、青、密、沂	
四川	灌、懷安軍、西川	閬、漢、合、簡、劍

湖北	房、隨、復、興國軍	均
安徽	歙、濠、潁。	宿、廣德軍
江蘇	江陰軍	通、楚、漣水軍
浙江		睦
湖南	永、邵	
福建	興化軍、邵武軍	南劍州
廣東	連、南雄、惠、潮、新	

前列青原派分佈的十五省，除江西及廣西兩省內分佈並無變動外，餘下各省情形均如前述。又總青原十六代，可粗分成兩期：（甲）初祖至下六世，（乙）下七至下十五世。現按上兩期略述青原派的傳播情形。

（甲）初祖——下六世。

時間約相當於宋立國以前，禪僧駐錫地區與前述總青原派分佈的十五省相較，除刪去廣西外，餘下十四省均相同。又十四省中，大抵以南方的湖南、江西兩地爲僧人的主要集中地。至於各世僧人的分佈情形，下將述及。

（初祖行思得法於六祖慧能後，以江西吉州青原山（江西吉安縣）爲弘法的根據地。）

下一世石頭希遷自江西受行思心印、弘法潭州南嶽（湖南長沙）。

自希遷宣教湖南潭州，其後三世（下二、下三、下四）禪僧皆多集中湖南，尤以潭州爲主，次及澧、鼎二州，知名者如下二世澧州藥山惟儼，下三世潭州雲巖曇晟（註卅）及澧州龍潭崇信（註卅一）、下四世鼎州德山宣鑒（註卅二）等。僧人除分佈湖南外，尚有散見於河南、陝西、山西、河北、山東，湖北、安徽、浙江、江西、福建、廣東等省。

下五世僧人主要集中地除仍以湖南爲主外，江西亦躍升爲與湖南並列的弘法重心區。又湖南省內，僧人分佈範圍仍舊集中於潭、鼎、澧三州。至於江西地區，僧人分佈以瑞州(江西高安)爲主，次及洪、吉、撫、江諸州。此外，尚有禪僧駐錫的區域與前述三世（下二——下四）比較，除剔去山東及廣東兩地外，餘則相同。另四川一省成爲此時新增的宣教區。

下六世約入五代時候，各區禪僧分佈人數多有遞增現家，唯弘法中心區仍集中江西，僧人分佈大抵以洪州（江西南昌）爲主，如洪州鳳棲同安院常察禪師（註卅三）等；又吉、撫、江、瑞、袁、信等六州亦爲僧人集中地。此外，福建亦僅次江西爲重要弘法區，僧人多集中於福州(福建閩侯縣)，次及泉、漳、建三州。其次，僧人尚有駐錫於河南、陝西、山西、河北、四川、湖北、安徽、江蘇、浙江、湖南、廣東等省；上述諸省中，除新增宣教區的江蘇及維持原狀的山西外，餘下各省禪僧駐錫人數均較前稍增。

總前述七代（初祖——下六世）禪僧主要集中地的轉移，可依次表列於下：

世系	主要集中地（今省名）	宋州名
初祖	江西	吉州
下一	湖南	潭州
下二 下三 下四	湖南	潭、澧、鼎
下五	湖南 江西	潭、澧、鼎 瑞、洪、吉、撫、江
下六	江西 福建	洪、吉、撫、江、瑞、袁、信 福、泉、漳、建

又上七代各區分佈禪僧總數，按人數多寡，順次列舉如下：

湖南——五十一人　江西——四十九人
福建——三十四人　湖北——二十六人
陝西——二十二人　浙江——二十二人
河南——十三　人　四川——九　人
安徽——八　人　河北——五　人

山西——五　人　廣東——五　人

江蘇——三　人　山東——一　人

右列各區合計人數共二百六十二人。

綜上所述，大抵宋初以前，青原派的禪僧分佈地主要集中於南方，尤以長江以南的湖南、江西、福建等省爲最。又其與同時代南嶽數世相比，最大差異者有二：㈠總青原七代分佈的十四省，除山東外，餘下各省與南嶽派分佈地相同，在此諸省中，唯山西、河北、安徽、江蘇、廣東等五省內青原人數略遜南嶽外，其餘各省人數均超越南嶽禪僧數目。㈡南嶽派於下六世，約相當五代時，僧人數目銳減，弘法中心區不復存在；而青原則於此時人數躍增，且分佈中心區亦甚明顯，何以二派所處時代相若，竟有如此差別？殆與其各自弘教的內容有關？抑與兩派自身的傳承者有關？此或有待進一步的探究。

（乙）下七——下十五世

時間約相當於兩宋時期，弘法區域大抵爲青原全派分佈的十五區（註卅四），比前述七代（初祖——下六世）多增廣西一省。又此段時期內，禪僧分佈情形較特殊者，大概有下列幾項：

㈠下七世以前，湖南、江西、福建等省均爲弘法重心區的所在，唯至此時，弘法重心區已更向東移至浙江，而浙江境內禪僧分佈數目亦幾倍於上三地。

㈡廣西雖爲新增宣教區，但僅於下七世有僧人駐錫，其餘各世均未見僧人分佈。

㈢下十一、十二兩世，部份地區僧人分佈呈停頓或劇減現象。

山西、廣東起自下十一世，陝西、河北起自下十二世，以後禪僧分佈停頓。湖南自下十一世、江西、福建自下十二世開始僧人分佈數目劇減。上十一、十二兩世約相當於北宋晚期至南宋初年，其間山西、陝西、河北三地僧人分佈停頓，尚可能由於北方政局較動盪及經濟衰落等因素所致；但何以南方雲門宗創派的根據地——廣東亦有僧人分佈停頓現象？殆與其經濟較落後有關？或另有其他因素存在？實有待日後進一步的研究。至於湖南、江西、福建三省僧人數目劇減，大抵主要由於曹洞、雲門、法眼三宗以外的青原派禪僧分佈停止；其次亦可能與曹洞、雲門二宗僧人分佈地域及人數遞減有關，唯此將於下節敘二宗傳播情形時再述及。以上只就僧人分佈的特殊情況而言，至於下七世以後僧人宣教的地域情形，則於下文曹、雲、法三宗中詳述，今不贅。

青原一派的地域傳播，若從世代而言，則大致可劃分成前（甲）、（乙）兩期，但若從傳承的脈絡而言，則自石頭希遷以下又分成藥山惟儼及天皇道悟兩支。藥山一脈出曹洞宗，天皇一派開雲門、法眼二宗，二派除分別以上三宗作主要代表外，尚各有其他傳承。現將兩派的傳播情形，分述如下：

㈠藥山惟儼一系

禪僧傳承自下二世藥山惟儼開始，僧人主要集中於江西、湖南及湖北三省。除上列三省外，尚有分佈於河南、陝西、河北、山西、山東、四川、安徽、江蘇、浙江、福建、廣東等。其分佈各省境內情形，可表列於後：

藥山惟儼一系僧人分佈表：（○表示曹洞宗僧人）

今省名	河南							陝西			
世系＼宋州名	汴京	洛京	陝府	相州	陳州	唐州	鄧州	京兆	鳳翔	華州	耀州
下二							1	1	1		
下三							1	1			
下四											
下五	1	1 ①	1					②	3		
下六		①	2				1	4 ③	1 ①	①	1
下七					①	①					
下八	①								①		
下九							①				
下十				①							
下十一	①							①			
下十二	②	①					①	①			
下十三	②	①					①				
下十四											
下十五											
州總數	1 ⑥	1 ④	3	①	①	①	3 ③	6 ⑦	5 ②	①	1
省總數	24							26			

四川				山東		河北			山西				陝西		
潼州	嘉州	彭州	益州	沂州	鄆州	定州	幽州	涿州	河中府	晋州	汾州	太原	洋州	興元	延州
											1				
								1							
	1		①		1		1		1			1			
	1	1	①			①	1			①				①	①
①	①		1				1					①	①	①	
	②														
	①														
	①														
①				①											
②	2 ⑤	1	1 ②	①	1	①	3	1	1	①	1	1 ①	①	②	①
18				2		5			5						

四川				湖北									安徽		
遂寧	果州	西川	蜀川	襄州	隨州	郢州	安州	蘄州	鄂州	房州	復州	興國軍	宣州	歙州	池州
									1				1		
									1					1	
			1	1	①	1	2	1							
		①	①	⑤	①	1 ①	①	①						①	①
				⑦	④	①	1 ①	1		1					
				⑦					①						
	①					①									
				①		②					①				
					①										
					②										
①					②							①			
					①										
①	①	①	1 ①	1 ⑳	⑫	2 ⑤	3 ②	2 ①	2 ①	1	①	①	1	1 ①	①
				54											

江　　浙				蘇　　江						徽　　安					
安吉州	秀州	越州	杭州	眞州	泰州	揚州	蘇州	常州	昇州	無爲軍	潁州	濠州	滁州	舒州	太平州
	1														
1														1	
		1 ①										1		1	
			②			①	①	①							
						①					①				
														①	
												①			
		①												①	
													①		
				①											
		②													①
			①	③			①	①	①	①				①	
		①			①										
1	1	1 ⑤	③	④	①	②	②	②	①	①	①	1 ①	①	2 ③	①
25				12						15					

	湖南					江西						浙江			
福州	湖南	澧州	鼎州	衡州	潭州	撫州	吉州	袁州	江州	瑞州	洪州	處州	溫州	台州	明州
		2			4										
1		1			2		1								
		1			4					①					
3	1	1 ①	1		8 ①	2 ②	1 ①	1	1	1 ④	1 ①			1 ①	①
			①	②	9 ③	⑤	3		1 ④	③	6 ⑤				
		1 ①		1	1			①	③	②	③				
			①		②										
		①	②		①										
			①		①										
①						①				①	①				
				①			①		①			①		③	①
②								①	①				①		④
															①
4 ③	1	6 ③	1 ⑤	1 ③	28 ⑧	2 ⑧	5 ②	1 ②	2 ⑨	1 ⑪	7 ⑨	①	①	1 ④	⑦
	56					59									

各世分佈總數	廣東 惠州	廣東 韶州	福建 漳州	福建 泉州	福建 邵武軍	福建 建州
10						
11			1			
11 ①						1
43 ⑱					1	
32 (55)		2		①		
8 ㉝				①		
⑯						
⑨						
⑪	①					
⑤						
⑬						
⑲						
⑲						
③						
	①	②	1	②	1	1
317人	3		12			

(二)天皇道悟一系。

傳承自下二世天皇道悟開始，僧人主要集中於浙江、福建及江西三省。除上列三省外，尚有分佈於河南、陝西、山西、河北、山東、四川、湖北、安徽、江蘇、湖南、廣東、廣西等。其分佈各省境內情形，可表列於後：

天皇道悟一系僧人分佈表：

（□表示法眼宗僧人　○表示雲門宗僧人）

今省名	河南									陝西		
宋州名／人數／世系	汴京	洛京	懷州	衞州	相州	鄭州	汝州	唐州	鄧州	京兆	興元	太原
下二												
下三												
下四												
下五											1	
下六	2	2	1									1
下七		1	1							1	2 ①	
下八		1						1 ①	①	①	①	
下九		[1]			1		①					
下十	①											
下十一	③											
下十二	③	②		①							①	
下十三	③	②		①		①			①			
下十四									①			
下十五												
州總數	2 ⑩	4 [1] ④	2	②	1	①	①	1 ①	③	1 ①	3 ③	1
省總數	33									8		

四川				山東				河北					山西		
眉州	灌州	彭州	益州	沂州	密州	青州	齊州	定州	鎮州	磁州	邢州	北京	澤州	潞府	晉州
			1					1							
②	1		②											1 ①	1
2 ②	②		①							①					
1													[1]		
							①							[1]	
		①		①							①	①			
						①			①						
				①											
					①										
3 ④	1 ②	①	1 ③	②	①	①	①	1	①	①	①	①	[1]	1 1 ①	1
21				5				5					6		

安徽				湖北										四川	
廬州	舒州	池州	宣州	復州	鄂州	蘄州	黃州	安州	郢州	隨州	荊門軍	襄州	荊州	西川	嘉州
													1		
					1							1			
		1				1		1		1		2			
①	1 ①			1	1	3 ①	①	1	1 ④	②		3 ②		2 ①	
①					1 ②	②		①	1	①		3 ④	②	①	1
[1]	①	[1]	[1]	①	①	③	①		①	①	[1]	1 ②			①
[1]	①										①				
	①							①	①				①		
③	②		①					①				①			
②															
											①				
[2] ⑦	1 ⑥	1 [1]	[1] ①	1 ①	3 ③	4 ⑥	②	2 ③	2 ⑥	1 ④	[1] ②	10 ⑨	1 ③	2 ②	1 ①
								64							

浙江					江蘇						安徽				
婺州	安吉州	秀州	越州	杭州	眞州	江陰軍	蘇州	常州	潤州	昇州	無爲軍	泗州	潁州	壽州	和州
			3	5											
4			1	11						2 ②			①		
3				2						2 [1] ①					①
	①	①	①	[6]			[1]	[1]	[1] ①	1 [8]					
[2] ②	①	[1]	[5] ④	[21] ④			[3] ①								
②	[1] ①	①	③	[5] ⑦	[1] ②		[3] ③	①		①	②				①
	①	①	①	[1] ①	②	①	①	[1] ①	①	①		①		①	
④	②	①	③	④			③	①						①	
		①		⑤					②						
				②											
7 [2] ⑧	[1] ⑥	[1] ⑤	4 [5] ⑫	18 [33] ㉓	[1] ④	①	[7] ⑧	[2] ③	[1] ④	5 [9] ⑤	②	①	①	②	②
195					50						28				

湖南		江西									浙江				
衡州	潭州	撫州	信州	饒州	虔州	吉州	袁州	江州	瑞州	洪州	處州	溫州	台州	明州	衢州
										1					
										1			1		
	3		1			2	1						2	1	1
2 ①	7 ④	1	③	①	1	3		1 ③	②	4 ①	1	2	5		2
1	1 ④	1			①	①		1 ①		①	4	1	①		1
	⑤	[3]				①		1 [6] ①	④	[5] ②			[2]	③	
	[1] ②						①	[5] ⑤	②	[1] ①	[1] ①	[4]	[3] ②	[3] ②	[2]
				①			[1]	[1] ②	③	[1] ③	[1] ①		②	[3] ③	
									①		①	①		[1] ③	①
	①					①					①	①	②	②	
	①							①	①				②		
		①										①			
3 ①	11 [1] ⑰	2 [3] ①	1 ③	②	1 ①	5 ③	1 [1] ①	3 [12] ⑬	⑬	6 [7] ⑧	5 [2] ④	3 [4] ②	8 [5] ⑨	1 [7] ⑬	4 [2] ①
		87													

東				廣	建					福	南				湖
潮州	英州	連州	廣州	韶州	汀州	漳州	泉州	建州	興化軍	福州	湖南	郴州	澧州	鼎州	岳州
1															
													1		
														1	
							1								
				1 ①		4	4	1		14	1				
	①	①	④	⑳		5	8	2		38	②		①	3 ②	②
	①	1 ①		⑤		2	2			5		1	①	2 ⑤	②
				①		[2]	①						①	②	
			①	②			[1] ①			[5] ③				①	①
					①		②	②	①	④					
										①			②	①	
										⑤					①
							①			②					
1	②	1 ②	[1] ④	1 ㉙	①	11 [2]	15 [1] ⑤	3 ②	①	57 [5] ⑮	1 ②	1	1 ⑤	6 ⑪	⑥
43					118						66				

東廣 新州	東廣 南雄州	西廣 桂州	各世分佈總數
			1
			1
			2
			6
			58 ①
①		①	124 (72)
	①		40 [1] (51)
			5 [41] ㊳
			[61] ㊵
			[17] (60)
			[3] ㊶
			㊹
			⑰
			⑥
①	①	①	
		1	730人

藥山、天皇兩系的地域分佈，已如前述，至於兩系內所分出的曹洞、雲門、法眼三宗的詳細分佈情形，將於下數節中分述。

第二節　曹洞宗之地域傳播

青原下四世瑞州洞山良价創宗，弟子撫州曹山本寂繼之，世稱「曹洞宗」。會元記曹洞一系凡十二代，自洞山良价始，歷十一傳至十五世而止。大抵僧人分佈不離前述十五省（註卅五），除中缺廣西一省外，其餘各省均相同。

曹洞十二代約可劃分成三期：（甲）初祖洞山良价——下六世。（乙）下七世——下十一世。（丙）下十二世——下十五世。下將按此三期分述曹洞宗的傳播情形。

（甲）初祖洞山良价——下六世

下四世良价師承雲巖曇晟（註卅六）屬藥山惟儼一系，以江西瑞州洞山（在江西高安）爲弘法根據地。下五世良价弟子中，除爲世所熟知的曹山本寂外，其餘亦甚有名，大抵多集中於江西，尤以瑞州（江西高安）爲主，次及洪、吉、撫三州；知名者如洪州雲居道膺禪師及撫州曹山本寂等。除江西外，尚有散見於河南洛京、陝西京兆府、四川益州，湖北隨州、浙江越、明、台三州及湖南潭、澧二州等。

下六世僧人仍沿襲前兩代，多集中江西、唯分佈地則以洪州（江西南昌）及撫州（江西臨川）爲主，次及瑞、江二州，如洪州鳳棲山同安丕禪師（註卅七）及撫州金峯從志禪師（註卅八）等。其次，僧人尚有駐錫於河南洛京、陝西京兆、鳳翔、華、延、興元等五州府、河北定州、山西晋州、四川益州、湖北襄、隨、郢、安、蘄五州、安徽歙、池二州、江蘇常、蘇、揚三州、浙江杭州、湖南潭、衡、鼎三州、福建泉州、廣東韶州等。又上述各省中，河北、山西、安徽、江蘇、福建及廣東六省爲新增地區。

大抵上三世（下四——下六）屬曹洞宗創派初期，弘法中心區主要集中於江西一省；總計此時分佈各省禪僧人數共七十四人。

從下七世開始，約入兩宋時代，故下除沿用省、州名稱外，並於適當時候，附加宋代各路名稱。

（乙）下七——下十一世

此五世僧人分佈各省情形，可列爲下表：

下七——十一世曹洞宗僧人分佈表

（Ⅰ下七世以前舊有分佈地
Ⅱ下七世開始新增分佈地）

今省名	宋州名	京畿路	京東東路	京東西路	京西北路	京西南路	河北東路	河北西路	河東路	永興路	秦鳳路	淮南東路
河南	Ⅰ											
	Ⅱ	汴京			陳	唐鄧		相				
陝西	Ⅰ									京兆	鳳翔	
	Ⅱ											
山西	Ⅰ											
	Ⅱ								幷			
山東	Ⅰ											
	Ⅱ		沂									
四川	Ⅰ											
	Ⅱ											
湖北	Ⅰ					襄隨郢						
	Ⅱ											
安徽	Ⅰ											
	Ⅱ				潁							滁
江蘇	Ⅰ											揚
	Ⅱ											
浙江	Ⅰ											
	Ⅱ											
江西	Ⅰ											
	Ⅱ											
湖南	Ⅰ											
	Ⅱ											
福建	Ⅰ											
	Ⅱ											
廣東	Ⅰ											
	Ⅱ											

淮南西路	江南東路	江南西路	荊湖南路	荊湖北路	兩浙路	福建路	成都路	梓州路	利州路	夔州路	廣南東路	廣南西路
									興元洋			
							嘉	潼川、懷安、果				
				安								
				鄂復								
舒濠												
					越							
	江	洪瑞袁										
			潭	鼎、澧								
						泉						
											惠	

前列五代僧人分佈各省範圍，觀此表已明，今不重述，下將就各世僧人弘法的地域情形，加以說明。

下七世僧人主要集中地已由江西移向湖北，僧人主要集中襄州（湖北襄陽），次及隨、郢、安三州，如襄州谷隱智靜禪師（註卅九）等。又江西境內人數略遜湖北，分佈地主要以洪、江（江西九江）二州爲主，次及瑞、袁二州。除上兩地外，禪僧尚有駐錫於河南陳、唐二州，陝西興元、洋州二地、山西太原、四川嘉州、潼川二地、安徽潁州、江蘇揚州、湖南澧州、福建泉州等地。若與前下六世相較，則缺河北、浙江、廣東三省。

下八世禪僧分佈雖仍以湖北爲中心，唯省內僧人分佈範圍較狹，只集中於襄、鄂二州，其中又以襄州爲主。此外，僧人亦有散佈於河南汴京、陝西鳳翔、四川嘉州、懷安軍二地、安徽舒州、湖南潭、鼎二州等。其次、山西、江西、江蘇、福建四省自下八世開始，以後數世均無禪僧駐錫。

自下九至下十一共三世，僧人分佈零散，無明顯集中地，大抵分佈於河南、陝西、山東、四川、湖北、安徽、浙江、湖南、廣東等省。其間分佈範圍，可表列於下：

世系＼宋州名＼今省名	河南	陝西	山東	四川	湖北	安徽	浙江	湖南	廣東
下九	鄧			懷安軍	郢	濠		澧、潭、鼎	
下十	相			懷安軍	郢、襄、復	舒	越	潭、鼎	惠
下十一	汴京	京兆	沂		隨	滁			

總上所述，各世僧人弘法主要集中地，可簡列如後：

世系	重要集中地 今省名	重要集中地 宋州名	次重要集中地 今省名	次重要集中地 宋州名	宋路別
下七	湖北	襄、隨、郢、安	江西	江州、洪、袁、瑞	京西南路、荊湖北路、江南東路、江南西路
下八	湖北	襄、鄂			京西南路、荊湖北路
下九—十一	（無明顯集中地）				

又上述五世各地區禪僧分佈人數，順次列舉如下：

湖北——廿七人　湖南——十一人
江西——九人　四川——七人
河南——六人　安徽——五人
陝西——四　人　山西——一人
山東——一　人　浙江——一　人

江蘇——一人　福建——一人

廣東——一人

右列各區合計共七十四人。

（丙）下十二——下十五世

禪僧分佈地有下列各省：河南、陝西、四川、湖北、安徽、浙江、江蘇、江西、湖南、福建等。與前（乙）項相比，缺山西、河北、山東、廣東四省；若以宋代各路而言，則京東東路、河北西路、河東路、秦鳳路、成都路、利州路等均無僧人駐錫。至於各省內分佈情形，可參下表。

下十二——十五世曹洞宗僧人分佈表：（Ⅰ下十二世前舊有分佈地　Ⅱ下十二世開始新增分佈地）

今省名	河南		陝西		四川		湖北		安徽		江蘇		浙江		江西		湖南		福建	
宋路別＼宋州名	Ⅰ	Ⅱ	Ⅰ	Ⅱ	Ⅰ	Ⅱ	Ⅰ	Ⅱ	Ⅰ	Ⅱ	Ⅰ	Ⅱ	Ⅰ	Ⅱ	Ⅰ	Ⅱ	Ⅰ	Ⅱ	Ⅰ	Ⅱ
京畿路	汴京																			
京東東路																				
京東西路																				
京西南路	洛																			

京西南路	河北東路	河北西路	河東路	永興路	秦鳳路	淮南東路	淮南西路	江南東路	江南西路	荊湖南路	荊湖北路	兩浙路	福建路	成都路	梓州路
鄧															
				京兆											
															潼川
															遂寧
隨															
									興國						
							舒								
							無爲	太平							
												常蘇			
						泰眞		昇							
												杭越明台			
												溫處			
								江	洪瑞吉						
									臨江、建昌						
											衡				
													福		

利州路																			
夔州路																			
廣南東路																			
廣南西路																			

大抵上列四代，時間約屬北宋末至南宋初，僧人分佈星散，除下十三、十四兩世稍較集中浙江外，其餘各省僧人駐錫甚稀，其間分佈範圍，可以表示之如後：

下十二——十五世各省僧人分佈範圍：

今省名／宋州名／世系	河南	陝西	四川	湖北	安徽	浙江	江蘇	江西	湖南	福建
下十二	汴、洛、鄧	京兆	潼川	隨			眞	洪、瑞、建昌		福
下十三	汴、洛、鄧		遂寧	興國軍、隨	太平	越、台、處、明		吉、江	衡	
下十四				隨	舒、無爲	杭、溫、明	昇、常、蘇、眞	臨江、江		福
下十五						越、明	泰			

又上各省內僧人分佈數目，依人數多寡，列擧於下：

浙江——十五人	河南——八人
江蘇——八　人	江西——七人
湖北——六　人	安徽——三人
福建——三　人	四川——二人
湖南——一　人	陝西——一人

右列各省合計共五十四人。

綜前所述，曹洞十二代禪僧人數不多，駐錫可知者僅二百零二人，就中僧人多分散各處，集中地不甚明顯，大抵兩宋以前多集中江西地區，及北宋時期又以湖北為主，唯迄南宋初年，江西、湖北兩省僧人數目漸次減退，而兩浙地區反為禪僧集中處。又兩宋時期僧人主要分佈地，若以宋代各區單位而言，大概屬京西南路、荊湖北路、及兩浙路等。

曹洞宗雖創派於唐，唯至兩宋交替時期則僧人遞減，故其於宋代，尤以南宋初年，影響力似不如下述雲門一系。

第三節　雲門宗之地域傳播

青原下六世韶州雲門文偃創宗於五代，世稱「雲門宗」，屬天皇道悟一系。會元內錄雲門一系凡十代，起自初祖文偃，歷九傳至下十五世而止，就中僧人分佈區域與前述青原一派分佈的十五省(註四十)完全相同。

初祖文偃得法於雪峯義存（註四一）後，以韶州雲門山爲弘法根據地。自文偃以下，尚有九代傳承，此九代大抵又可分爲兩期：（甲）下七——下十一世。（乙）下十二——下十五世。下文將按此兩期分述雲門一系的地域傳播。

（甲）下七——下十一世

此五世僧人分佈地大抵有下列各省：河南、陝西、山西、河北、山東、四川、湖北、安徽、江蘇、浙江、江西、湖南、福建、廣東、廣西等。其在各省內的分佈情形，可參看下表：

下七——十一世雲門宗僧人分佈表：

今省名＼宋路別（宋州名）	京畿路	京東東路	京東西路	京西北路	京西南路
河南	汴京			汝	唐鄧
陝西					
山西					
河北					
山東		齊沂			
四川					
湖北					襄隨郢
安徽				潁	
江蘇					
浙江					
江西					
湖南					
福建					
廣東					
廣西					

河北東路	河北西路	河東路	永興路	秦鳳路	淮南東路	淮南西路	江南東路	江南西路	荊湖南路	荊湖北路
			京兆							
		潞府								
大名邢磁										
						黃蘄				荊安 荊門 鄂復
						舒廬 和無爲				
					眞		昇			
							江饒信 南康	洪瑞吉 虔臨江		
									潭衡	岳鼎澧

兩浙路	福建路	成都路	梓州路	利州路	夔州路	廣南東路	廣南西路
				興元			
		益彭 嘉眉					
潤常蘇							
杭越秀 安吉婺 明台處							
	福建 泉汀 興化						
						韶廣英 連南雄 新	
							桂

現依世代分述僧人的地域分佈及各區內所生的較特殊情形。

下七世僧人主要集中於廣東，尤以韶州（廣東曲江）爲主，次及廣、英、連三州，知名者如韶州白雲子祥禪師等。除廣東外，尚有分佈於陝西興元、山西潞府、四川益、眉、西川三地、湖北襄、隨、郢、黃、蘄五州、安徽舒、廬、潁三州、江蘇昇州、江西洪、瑞、江、饒、信五州，湖南潭、衡、岳、鼎、澧五州、廣西桂州等。

下八世禪僧主要弘法區已由廣東北移至湖北及湖南兩省。湖北省內，主要分佈於襄州（湖北襄陽），次及荊、隨、安、蘄、郢五州。至於湖南省內，僧人分佈於潭、岳、鼎、澧五州，其中以鼎（湖南常德）、澧（在今湖南澧縣東南）二州爲主。除上兩省外，尚有駐錫於河南唐、鄧二州、陝西興元、河北磁州、四川益、灌、西川三地、安徽廬、和二州、江蘇昇州、浙江台州、江西洪、江、吉、虔四州、廣東韶、英、連、南雄四州等。又山西及廣西兩省，自下八世開始，以後無雲門僧人駐錫。

下九世仍以湖北及湖南爲僧人主要集中地，唯兩省內分佈地稍有變動，大抵湖北省內，僧人主要分佈於蘄州（湖北蘄春），次及襄、隨、郢、黃、鄂、復等地。至於湖南境內，分佈以潭州（湖南長沙）爲主，次及鼎、澧二州。此外，禪僧尚有駐錫於河南汝州、四川嘉州、安徽舒州、江蘇潤州、浙江越、秀、安吉、明四州、江西洪、瑞、江、吉四州、福建泉州、廣東韶州等。上述地區中，浙江及福建兩省爲新增地區。又陝西一地自此時開始，至下十一世均無僧人分佈。

下十至下十一兩世，弘法中心區東移至浙江地區，僧人分佈以杭州（浙江杭州）爲主，次及越、秀、安吉、婺、明、台、處諸州，如杭州佛日契嵩禪師（註四二）及越州天衣懷義禪師（註四三）等。除浙江外，尚有散見於河南汴京、河北大名及刑州、山東齊、沂二州、四川彭州、湖北荊、荊門、郢、安四地、安徽舒、和、無爲三地、江蘇昇、常、蘇、眞四州、江西洪、瑞、江、南康、臨江、饒等六州，湖南潭、岳、鼎三地、福建福、興化、建、泉、汀五處、廣東韶州等。在此段時期中，特別值得留意者有下列幾點：(一)山東爲新增宣教地。(二)河北、四川於下十世，湖南、廣東於下十一世均無僧人分佈。(三)湖北及湖南兩省禪僧人數突減。

總上所述，僧人主要集中地的轉移，依次爲廣東、湖北及湖南、浙江等地，以表示之如後：

世系	弘法中心區		宋代路別
	今省名	宋州名	
下七	廣東	韶、廣、英、連	廣南東路
下八	湖北	襄、隨、郢	京西南路
		蘄	淮南西路
		荊、安	荊湖北路
	湖南	潭	荊湖南路
		岳、鼎、澧	荊湖北路

下九	湖北	襄、隨、郢	京西南路
		蘄、黃	淮南西路
		鄂、復	荊湖北路
	湖南	潭	荊湖南路
		鼎、澧	荊湖北路
下十一	浙江	杭、越、秀、安吉、婺、明、台、處	兩浙路

又上各省內禪僧分佈人數，依人數多寡，順次列舉於下：

浙江——四十三人　江西——四十人
廣東——三十八人　湖南——卅六人
湖北——三十四人　福建——十五人
江蘇——十二人　安徽——十一人
四川——十一人　河南——七人
陝西——三人　河北——三人
山東——二人　山西——一人
廣西——一人

右列各省合計人數共二百五十七人。

（乙）下十二——十五世

此四世禪僧大抵分佈於河南、陝西、河北、山東、湖北、安徽、江蘇、浙江、江西、湖南、福建等省。與前五世（下七——下十一）比較，缺山西、四川、廣東、廣西四省。若以宋代各路而言，則前河北東路、河東路、永興路、成都路、廣南東西二路至此時均無僧人駐錫。至於各省內分佈情形，可參下表：

下十二——十五世雲門僧人分佈表：

（Ⅰ下十二世前舊有分佈地
Ⅱ下十二世開始新增分佈地）

今省名	宋州名	京畿路	京東東路	京東西路	京西北路	京西南路	河北東路
河南	I	汴京				鄧	
	II				洛鄭		
陝西	I						
	II						
河北	I						
	II						
山東	I		沂				
	II		青密				
湖北	I					襄	
	II						
安徽	I						
	II						
江蘇	I						
	II						
浙江	I						
	II						
江西	I						
	II						
湖南	I						
	II						
福建	I						
	II						

河北西路	河東路	永興路	秦鳳路	淮南東路	淮南西路	江南東路	江南西路	荊湖南路	荊湖北路	兩浙路	福建路	成都路	梓州路
衞													
鎮													
									荊門安				
					舒廬								
				泗	壽	宣							
				眞		昇				潤常蘇			
										江陰			
										杭越秀 安吉婺 明台處			
										衢溫			
						江	瑞吉						
							撫						
								潭	岳鼎澧				
											福泉		

利州路			興元																				
夔州路																							
廣南東路																							
廣南西路																							

下十二、十三兩世大抵約爲兩宋交替時期，僧人分佈主要集中於浙江，其中尤以杭（浙江杭州）、明（浙江鄞縣）二州爲主，次及越、秀、安吉、婺、衢、台、溫、處諸州。其次尙有散見於河南汴、洛、衞、鄭、鄧五處、陝西興元、河北鎭州、山東靑、沂二州、湖北襄、安二州、安徽宣、舒、廬、壽、泗五州、江蘇昇、潤、常、蘇、江陰、眞六州、江西瑞、吉二州、湖南潭、岳、鼎、澧四州，福建福州等。又上述各省中，陝西及河北兩省自下十三世開始，以後均無僧人駐錫。

下十四世雖仍以浙江爲弘法中心地，唯境內人數較前減退，只分佈於杭、秀、台三地，其中以杭州爲主。除浙江外，尙有駐錫於河南鄧州、江蘇潤州、湖南潭州、福建福、泉二州等。

下十五世僧人分佈零散，無明顯集中地，大抵散佈於山東密州、湖北荆門、浙江杭、溫二州、江西撫州等。

總上所述，弘法中心區的轉移，可表列於下：

世系	弘法中心區		宋代路別
	今省名	宋州名	
下十二、十三	浙江	杭、明、越、秀、安吉、婺、衢、台、溫、處	兩浙路
下十四	浙江	杭、秀、台	兩浙路
下十五	（無明顯中心區）		

又上列各省內禪僧人數，順次列舉如後：

浙江——四十一人　河南——十五人
江蘇——十三人　安徽——十一人
福建——九人　湖南——六人
江西——五人　山東——三人
湖北——三人　陝西——一人
河北——一人

右列各省合計共一百零八人。

雲門九代的地域傳播情形，已如前述。自下六世文偃開宗於五代後，其下九世約處兩宋時代，大抵下七至下十一世共五世，約相當北宋時期，僧人主要集中於廣東、湖北、湖南及浙江四省，下十二至十五世共四世，約相當於北宋末至南宋初，僧人駐錫以浙江爲主；若以宋代路別而言，前者主要集中於廣南東路、荊湖南北二路、京西南路、淮南西路、兩浙路等，後者則集中於兩浙路。縱觀上述各分佈重心區中，又以浙江一省最重要，實爲雲門一派僧人的主要根據地。

又前述下十四、十五兩世，約相當於南宋初年，唯僧人尚有少數駐錫北方河南及山東兩地，此中原因可能與同世僧人彼此年歲差距有關，故上述情形僅可視爲一特殊例子而已。

總雲門一系禪僧駐錫可知者約三百六十多人，佔會元所錄青原全派人數的三分之一，故在其傳播情形中，亦足可略窺青原派在宋代的發展狀況。

第四節　法眼宗之地域傳播

青原下八世昇州金陵清涼文益開宗於五代，其下弟子頗衆；益師後謚法眼禪師，故世以「法眼宗」稱其派系，屬天皇道悟一脈。惜益師以下，歷四傳而衰，是以會元內記法眼一系僅五世，起自初祖下八世文益，至下十二世而止；其間僧人大抵分佈於河南、山西、湖北、安徽、江蘇、浙江、江西、湖南、福建、廣東等十省，若與全青原派分佈地相較，則陝西、河北、山東、四川、廣西等省均無法眼系列僧人駐錫。至於各省內僧人分佈範圍，可參後表。

下八——下十二世法眼宗僧人分佈表

（表內有（ ）者爲第十二世僧人駐錫地）

宋路別＼今省名（宋州名）	河南	山西	湖北	安徽	江蘇	浙江	江西	湖南	福建	廣東
京畿路										
京東東路										
京東西路										
京西北路	洛									
京西南路										
河北東路										
河北西路										
河東路		潞澤								
永興路										
秦鳳路										
淮南東路				廬	眞					
淮南西路										

江南東路				宣池	昇		江南康			
江南西路							洪臨江撫			
荊湖南路								潭		
荊湖北路			荊門							
兩浙路					潤(常)蘇	(杭)越秀安吉婺(衢)明台溫處				
福建路									福泉漳	
成都路										
梓州路										
利州路										
夔州路										
廣南東路										廣
廣南西路										

自文益弘法於金陵後，青原下九世益師弟子的弘法根據地已從江蘇南移至江西。江西省內禪僧分佈以洪（江西南昌）、江(江西九江)二州爲主，次及南康軍及撫州等地；知名僧人如廬山歸宗義柔禪師等。此外，江蘇亦僅次江西，成次重要弘法重心區，僧人主要集中昇州（江蘇南京），次及潤、常、蘇三地，如金陵清涼泰欽禪師等。其次，尚有駐錫於河南洛京、山西澤州、湖北荊門、安徽宣、池、廬三州、浙江杭、台二州、福建漳州等地。

下十世法眼僧人的分佈重心區又從江西東移至浙江、境內僧人分佈以杭州爲主，次及越、秀、婺、衢、明、台、溫、處諸州，著名者如杭州慧日永明延壽禪師（註四四）等。除浙江外，尚有散見於山西潞府、安徽廬州、江蘇蘇、眞二州、江西洪、江、南康等地、湖南潭州、福建福、泉二州、廣東廣州等。

下十一世僧人雖仍以浙江爲主，唯浙江區內禪僧數目已較前稍減，分佈地僅有杭、明、處三州，其中又以杭州爲主。此外，僧人尚有分散於江蘇蘇州、江西洪、南康、臨江三地等。

下十二世僧人數目稀少，僅散見於江蘇常州及浙江杭、明二州等。

綜上所述，初祖文益以下各世僧人主要弘法重心區的轉移，可表列於後：

世系	弘法重心區		次弘法重心區		宋路別
	今省名	宋州名	今省名	宋州名	
下九	江西	江、南康			江南東路
		洪、撫			江南西路

			江蘇	昇	江南東路
				潤、常、蘇	兩浙路
下十	浙江	杭、越、秀、婺、衢、明、台、溫、處			兩浙路
下十一	浙江	杭、明、處			兩浙路
下十二	浙江	（無明顯中心區）			

又法眼宗於各省內僧人分佈數目，順次列舉如下：

浙江——五十六人　江西——二十三人
江蘇——二十　人　福建——八　人
安徽——四　人　山西——二　人
河南——一　人　湖北——一　人
湖南——一　人　廣東——一　人

右列各區合計人數共壹百零七人。

法眼五世的地域傳播情形，已如前述。大抵法眼一系僧人主要集中於浙江、次及江西、江蘇兩省；若以宋代各區單位而言，則主要以兩浙路為主，次及江南東西二路。

法眼自文益創宗，僅歷四傳，約至北宋末年而終，其速亡頗類南嶽之溈仰宗，故其於青原一派的地位，自難與曹洞、雲門二宗相較。

第五章　宋代禪宗之地域分佈與理學之關係

若論宋世思想界的主流，當推禪學及理學。禪學雖傳自北魏菩提達磨，而實發展於唐代，尤以慧能門下懷讓、行思兩系相傳不竭，下及五代而禪門五宗——潙仰、臨濟、曹洞、雲門、法眼俱備。迄宋初，除潙仰漸趨衰微外，其餘諸宗均甚流行，就中臨濟、曹洞、雲門更爲鼎盛；禪學發展至此，幾成宋代佛學的主流，其影響所及，非獨限於寺廟僧尼之間，實遍於社會每一階層。在此禪風泛濫之際，能異軍突出而與禪學相抗衡者，乃爲世所熟知的理學。理學雖與禪學並盛於宋代，唯就二者產生的時代而言，當有禪先理後之別，故二者相互間的關係，又成學者爭論的課題。

近儒爲理學的興起，主要因宋儒察覺禪學境界雖高，然終無補於國家治亂及時代盛衰，故轉而斥佛老，上宗先秦儒學，弘揚先哲賢人之道，以成德、匡國、化民等爲己任，故曰：「爲天地立心，爲生民立命，爲往聖繼絕學，爲萬世開太平。」雖然理學與禪學在內容旨趣上相異，但理學的出現，亦不得不承認其實因受禪學的刺激，並由與禪學思想相對照下而引起的。

又有謂禪、理二者於內容旨趣上雖異，然理學各家，除關中張載一系外，其餘在講學的風格與方法上又頗多近禪宗。

上述兩種說法，無論其所討論的內容及可靠性如何，亦足展示出禪學與理學間關係的密切；若如是，則二者於地域分佈上可又有其同異之處？

依何祐森「兩宋學風的地理分佈」（註四五）一文統計所得，除京西南路、利州路、廣南東路、廣南西路等四路外，其餘各路均爲理學的分佈區。大抵理學各派分佈以南方爲多，其中尤以兩浙路及福建路爲中心，次及江南東西二路等。至於北方地區，分佈則以京西北路、京畿路及永興路爲多。總括而言，理學分佈主要集中於東南沿海的兩浙及福建兩地，距離兩浙、福建越遠，則分佈越少。又北方的京西北路及永興二路，除分別爲洛學及關學早期學者分佈較多外，其後人數亦漸減退，而轉向南方的兩浙及福建等兩路。

至於宋代禪宗的地域分佈，已於前數章中述及，其分佈情形，大抵除京東西路及夔州路外，其餘各路均有僧人駐錫，就中禪僧又多集中於長江以南，尤以兩浙及福建二路爲主，次及江南東西二路、荊湖南北二路等。其次，長江以北的僧人分佈地中，則以京西南路、淮南西路等較多。至於淮水以北地區，除京畿路、淮南東路及京西北路外，其分佈人數與西南的廣南西路同樣稀少。

綜前禪學與理學的分佈範圍而言，二者所處地區大體相同，皆以兩浙、福建及江南東西二路等爲分佈的主要集中地。若就二者分佈區域的相若，約可見其關係的密切，唯亦有視二者所處地區皆宋代經濟重心之所在，不足顯示彼等關係的特殊性；然上溯禪學的地域分佈，可知該等地區在宋以前已爲禪僧宣教的重要根據地，雖此不能證禪、理二者間確有淵源，但禪宗弘法於前，對其後宋儒闡揚心性之學作一準備，此或當可從二者的地域分佈作一證明而殆無異議者也。

第六章　總　結

南嶽、青原兩派的僧人分佈情形，已於前數章中詳述，今再握要統述其地域傳播。

南嶽一系主要以潙仰、臨濟二宗爲代表。潙仰自唐靈祐開宗於今湖南潭州爲山後，其下弟子積極向江西及湖北兩省拓展弘法區，惜潙仰傳承甚短，至宋初即告衰微，故其主要弘法中心地不離上述湖南、江西及湖北三省。至於臨濟宗，自唐義玄創教於今河北鎮州後，弟子多以河北爲弘法重心區，唯唐末至宋初，臨濟系列僧人亦分向河北以外的河南、山西、安徽、江蘇、湖南等省推進。及北宋中期，僧人闡法的主要區域，除前述的江蘇、湖南外，更伸展至浙江及江西兩處，而北方地區僧人的分佈則漸次減退，故迄南宋時期，北方各地已不復爲宣教區；至於南方地區，除浙江、江西、湖南三省仍保有弘法重心區的地位外，福建及四川亦成僧人的集中地，臨濟宗發展至此，弘法根據地亦已全集中於南方。

總南嶽一派發源於湖南，至馬祖而大盛於江西。馬祖以後，開潙仰、臨濟二宗，除臨濟曾一度盛於河北外，二宗的弘法重心區均處南方，其中除湖南、江西兩省爲二宗僧人共有的主要集中地外，浙江、江蘇、福建等亦爲臨濟宗的重要宣教區，尤以浙江一省，更爲臨濟宗傳教的重心所在。綜上而言，則南嶽派的主要傳教地區始終不離於南方，若以宋代路别而言，則又主要集中於兩浙路、江南西路、荆湖南路、江南東路及福建路等，其與宋代各路人口之比較，可參見附表「三」，今不贅。

青原一系主要以曹洞、雲門、法眼三宗爲代表。曹洞自唐良价創宗於江西瑞州，其下弟子主要以江西爲根據地；宋初，弘教重心區雖一度移向湖北，但爲期甚短，其後僧人皆分散於河南、陝西、山東、四川、湖北，安徽、浙江、江蘇、湖南、福建及廣東等省，惜上列各省終未爲曹洞僧人拓展成弘法重地。至於雲門及法眼二宗，則分別由文偃及文益創教於五代，雲門雖興於廣東，唯至宋初，弘法重心區已北移至湖南、湖北兩省；迄北宋中至南宋，根據地更東移入浙江省內。法眼自興於江蘇後，門下弟子積極向江西及浙江兩地拓展，故宣教中心亦不離上述三省，惜法眼亦如爲仰宗之速衰，甫入南宋而傳承不明。

總青原一派發源於江西，經希遷而傳至湖南，希遷以下，分出藥山惟儼及天皇道悟兩系，藥山出曹洞宗，而天皇則開雲門、法眼二宗。兩系的主要根據地不但仍以江西、湖南爲主，藥山一系且推展至湖北，而天皇一系僧人除在下八世前多分佈於福建外，亦伸展至浙江、江蘇、廣東等省。綜上而言，青原派僧人的弘法重心均偏重於南方，若以宋代路別而言，則又集中於兩浙路、福建路、京西南路、江南東西二路、荆湖北路及廣南東路等，其與宋代各路人口之比較，可參附表〔三〕，今不贅。

綜前所述，南嶽、青原二派的發展主要偏重於南方，尤以浙江、福建、江西、兩湖等地更爲其弘法的重心所在，此恰與宋代理學的分佈地相若。若就二者歷史發展的先後而言，則曰禪學之傳播實爲後世理學之發展作一準備，殆亦不爲過也。

註釋

①道原景德傳燈錄、李遵勗天聖廣燈錄、惟白建中靖國續燈錄、悟明聯燈會要、正受嘉泰普燈合稱五燈。

②第二章第二節。

③劉宋時中天竺沙門求那跋陀羅譯。
④參攷任繼愈著漢——唐中國佛教思想論集——「禪宗哲學思想略論」。
⑤見禪源諸詮集都序卷一。
⑥見石刻史料叢書——兩浙金石志卷九。
⑦又名皖山，位安徽灊山縣西。
⑧位安徽太湖縣北。
⑨又名西山，在湖北黃梅縣西北三十里。
⑩即馮茂山，在湖北黃梅縣東北二十五里。山有法雨塔，爲五祖寂滅之所。
⑪根據景德傳燈錄及宇井伯壽的禪宗史研究第一册第三「五祖弘忍の法嗣」**P.135-144**。
⑫同前註十一。
⑬上述統計根據景德傳燈錄，凡非禪僧者均不入上列統計數字。
⑭參攷宇井伯壽的禪宗史研究第一册第五「荷澤宗の盛衰」**P.195-262**。
⑮下或簡稱「會元」。
⑯各省內每代每州分佈禪僧數目，可參見第三章第一節內「南嶽僧人分佈表」及論文末所附南嶽派計計表。
⑰懷讓下三世——黃檗希運弟子。
⑱懷讓下三世——杭州天龍和尚法嗣。
⑲懷讓下三世——黃檗希運弟子，創臨濟宗。

⑳ 參同節（甲）部。

㉑ 見中國歷史地理——嚴耕望「五代十國」篇，及本文附表〔三〕。

㉒ 元代念常著。

㉓ 懷讓下二世百丈懷海弟子。

㉔ 參見同章第一節（乙部）。

㉕ 懷讓下十世石霜楚圓弟子。

㉖ 懷讓下十一世黃龍慧南弟子。

㉗ 懷讓下十三世泐潭善清法嗣。

㉘ 懷讓下十四世昭覺克勤法嗣。

㉙ 同註廿八。

㉚ 青原下二世藥山惟儼弟子。

㉛ 青原下二世天皇道悟弟子。

㉜ 青原下三世龍潭崇信弟子。

㉝ 青原下五世九峯道虔弟子。

㉞ 參見同節。

㉟ 參同章第一節。

㊱ 同註三十。

㊲ 青原下五世雲居道膺法嗣。
㊳ 青原下五世曹山本寂弟子。
㊴ 青原下六世鹿門處眞弟子。
㊵ 參同章第一節。
㊶ 青原下四世德山宣鑒法嗣。
㊷ 青原下九世洞山曉聰法嗣。
㊸ 青原下九雪竇重顯法嗣。
㊹ 青原下九世天台德韶法嗣。
㊺ 見新亞學報第一卷第一期。

主要參攷書目：

一　宋普濟五燈會元二十卷（新文豐印）
二　宋釋道原景德傳燈錄三十卷（大正藏本）
三　唐圭峯宗密禪源諸詮集都序（新文豐印）
四　宋惠洪禪林僧寶傳三十卷（續藏本）
五　元念常佛祖歷代通載廿二卷（大正藏本）
六　清釋自融、釋性磊南宋元明僧寶傳十五卷（續藏本）
七　宇井伯壽禪宗史研究一至三册（岩波書局印）
八　印順中國禪宗史。
九　任繼愈漢——唐中國佛教思想論集（三聯書店印）
十　陳垣中國佛教史籍概論（鼎文書局印）
十一　陳垣釋氏疑年錄（中華書局印）
十二　兩浙金石志十八卷（石刻史料叢書輯）
十三　宋會要輯稿（中華書局印）
十四　中國歷史地理（中華文化出版事業委員會印）
十五　何佑森兩宋學風之地理分佈（新亞學報第一卷第一期）

附表〔一〕南嶽派禪僧總表：

今省	宋州名	世系	潙仰人數	合計	臨濟人數	合計	其他人數	合計	州總計	省總計
河南	汴京	下十			1	〈9〉			9	30人
		下十一			2					
		下十三			3					
		下十四			3					
	洛京	下二					3	〈4〉	4	
		下三					1			
	宋州	下六			1	〈1〉			1	
	汝州	下六			2	〈10〉			10	
		下七			1					
		下八			2					
		下九			3					
		下十			2					
	唐州	下二				〈3〉	1	〈1〉	4	
		下十			3					
	鄧州	下三		〈1〉			1	〈1〉	2	
		下四	1							

陝西								山西					
京兆府				鳳翔府	隴州	興元府	金州	并州（太原府）	汾州			晉州	
下二	下三	下四	下五	下七	下四	下七	下三	下九	下二	下九	下十	下四	下六
		1				1						1	1
〈1〉						〈1〉						〈2〉	
				1				1		1	1		
				〈1〉				〈1〉	〈2〉				
5	3		1		1		1		1				
〈9〉					〈1〉		〈1〉		〈1〉				
[10]				[1]	[1]	[1]	[1]	[1]				[2]	
14人								13人					

河北								山西					
定州	鎮州					磁州	魏府	蒲州	代州		忻州		潞州
下五	下六	下五	下四	下三	下二	下二	下五	下二	下三	下二	下九	下二	下四
1	2	4	1				2				1		
〈1〉	〈7〉						〈2〉				〈1〉		
				2	1	1		1	1	1		2	1
	〈3〉					〈1〉		〈1〉	〈2〉		〈2〉		〈1〉
[1]	[10]					[1]	[2]	[1]	[2]		[3]		[1]
20人													

河北				山東	四川
涿州	滄州	幽州	趙州	齊州	益州（成都府）
下五	下五	下二 下五	下三	下十二	下四 下五 下七 下十三 下十四 下十五 下十六
					1 3 1
					〈5〉
1	1	1		1	1 3 5 3
〈1〉	〈1〉	〈1〉		〈1〉	〈12〉
		2	1		2
		〈2〉	〈1〉		〈2〉
1	1	3	1	1	19
				1人	

四川

彭州	下七	1	〈1〉		〈3〉			4
	下十			1				
	下十四			1				
	下十五			1				
漢州	下十三			1	〈3〉			3
	下十四			1				
	下十六			1				
眉州	下十四			1	〈3〉			3
	下十五			2				
嘉州（嘉定府）	下十三			1	〈5〉			5
	下十四			2				
	下十五			2				
懷安軍	下十四			1	〈1〉			1
梓州（潼川府）	下十五			1	〈1〉			1
遂州（遂寧府）	下十五			1	〈2〉			2
	下十六			1				

44人

湖北	四川					
荊州（江陵府）	西蜀	劍州	簡州	果州（順寧府）	閬州	合州
下十七 下十三 下十 下六 下三	下十四	下十六	下十五	下十	下十二	下十五
1 1 2 1	1	1	1	1	1	1
〈5〉	〈1〉	〈1〉	〈1〉	〈1〉	〈1〉	〈1〉
1						
〈1〉						
[6]	[1]	[1]	[1]	[1]	[1]	[1]

湖北

襄州					荊門軍		郢州					安州（德安府）				黃州	
下二	下三	下四	下五	下九	下十一	下十六	下六	下七	下九	下十一	下十三	下五	下十二	下十三	下十四	下三	下十三
		2					1	6	1			1					
〈2〉							〈8〉					〈1〉					
			1	2	1	1		1		2	2		1	1	1		1
〈3〉					〈2〉		〈5〉					〈3〉				〈1〉	
1	2	1														1	
〈4〉																〈1〉	
9					2		13					4				2	

53人

湖北	蘄州	下四	1	〈2〉		〈10〉			12
		下八	1						
		下十			1				
		下十二			3				
		下十三			2				
		下十四			3				
		下十五			1				
	均州	下五	1	〈1〉					1
	鄂州	下二				〈2〉	1	〈2〉	4
		下三					1		
		下十三			1				
		下十六			1				
安徽	宣州（寧國府）	下十一			1	〈2〉			2
		下十三			1				
	池州	下二				〈2〉	3	〈5〉	7
		下三					2		
		下六			1				
		下九			1				

安徽

太平州	下十一			1	〈2〉			2
	下十六			1				
舒州（安慶府）	下十			3	〈7〉			7
	下十二			2				
	下十四			2				
廬州	下六			2	〈3〉			3
	下十一			1				
和州	下十三			1	〈1〉			1
滁州	下四	1	〈1〉		〈4〉			5
	下十			1				
	下十一			2				
	下十三			1				
壽州	下三		〈1〉			1	〈1〉	2
	下五	1						
宿州	下十一			1	〈1〉			1
泗州	下十三			2	〈2〉			2

35人

安徽			江蘇													
無爲軍	廣德軍		昇州（建康府）						潤州（鎮江府）			楚州	常州			
下十五	下十五	下十六	下五	下十一	下十二	下十四	下十五	下十六	下十	下十一	下十六	下十四	下二	下五	下十六	下十七
1	1	1		2	2	1	1	1	1	2	1	1		1	3	1
〈1〉	〈2〉		〈7〉						〈4〉			〈1〉	〈5〉			
			1										1			
			〈1〉										〈1〉			
1	2		8						4			1	6			
			47人													

江蘇	蘇州（平江府）	下三				〈18〉	1	〈1〉	19	
		下十			1					
		下十一			5					
		下十二			1					
		下十三			3					
		下十四			1					
		下十五			5					
		下十六			2					
	揚州	下四				〈3〉	1	〈1〉	4	
		下十二			1					
		下十四			1					
		下十五			1					
	眞州	下十一			1	〈2〉			2	
		下十六			1					
	通州	下十六			1	〈1〉				
	泰州	下十六			1	〈1〉			1	
	漣水軍	下十五			1	〈1〉			1	

浙江																			
秀州（嘉興府）			越州（紹興府）							杭州（臨安府）									
下十五	下十四	下十一	下十五	下十四	下十三	下十一	下十	下六	下二	下十七	下十六	下十五	下十四	下十三	下十一	下五	下四	下三	下二
								1								1	1		
			〈1〉							〈2〉									
1	1	2	1	2	2	2	1			2	6	5	1	3	2				
〈4〉			〈8〉							〈19〉									
									1								3	3	1
			〈1〉							〈7〉									
4			10							28									
129人																			

浙江			
安吉州（湖州）	婺州	睦州	衢州
下十 下十一 下十二 下十三 下十五 下十六	下二 下三 下四 下十三 下十六 下十七	下四 下十四	下三 下十三 下十五
2 3 1 3 5 2	1 2 2	1	2 2
〈16〉	〈5〉	〈1〉	〈4〉
	1 1 3	1	1
	〈5〉	〈1〉	〈1〉
16	10	2	5

浙江

浙江	明州（慶元府）	下二				〈23〉	1	〈2〉	25
		下四					1		
		下十			1				
		下十一			2				
		下十二			1				
		下十三			2				
		下十四			6				
		下十五			5				
		下十六			5				
		下十七			1				
	台州	下三				〈14〉	1	〈3〉	17
		下四					2		
		下十			1				
		下十一			1				
		下十三			2				
		下十四			2				
		下十五			5				
		下十六			3				

江西												浙江							
洪州(隆興府)												處州		溫州					
下十六	下十五	下十四	下十三	下十二	下十一	下十	下七	下五	下四	下三	下二	下十六	下十	下十七	下十六	下十五	下十四	下十三	下二
							1	1											
〈2〉																			
2	3	7	12	5	4	1						1	1	1	3	3	1	1	
〈34〉												〈2〉		〈9〉					
									1	4	7								1
〈12〉														〈1〉					
48												2		10					

西　　　　　　　　江

江州								
下十六	下十五	下十四	下十三	下十二	下十一	下五	下三	下二
						1		
〈1〉								
1	1	1	1	2	1			
〈7〉								
							1	1
〈2〉								
10								

瑞州						
下十四	下十三	下十二	下十一	下十	下四	下三
1	10	1	2	1		
〈15〉						
					1	1
〈2〉						
17						

132人

江西 南康軍	下十一			1	〈11〉			11
	下十二			2				
	下十三			1				
	下十五			4				
	下十六			3				
袁州	下二		〈4〉		〈3〉	2	〈2〉	9
	下四	1						
	下五	3						
	下十一			1				
	下十二			1				
	下十三			1				
臨江軍	下十			1	〈4〉			4
	下十二			1				
	下十三			1				
	下十六			1				
吉州	下三		〈4〉		〈6〉	1	〈1〉	11
	下五	1						
	下六	1						
	下七	2						
	下十二			1				

西														江		
信州					饒州				南安軍	虔州			吉州			
下十六	下十四	下十三	下十二	下二	下十六	下十五	下十三	下四	下十二	下十二	下三	下二	下十六	下十五	下十四	下十三
1	2	2	1		1	1	1		1	1			1	1	1	2
〈6〉					〈3〉				〈1〉	〈1〉						
				1				1			1	1				
〈1〉					〈1〉					〈2〉						
[7]					[4]				[1]	[3]						

南湖														西江				
潭州														江西	撫州			
下十七	下十六	下十五	下十四	下十三	下十二	下十一	下十	下九	下八	下七	下三	下二	初祖	下二	下十六	下十五	下十四	下二
										1	1							
〈2〉																		
1	7	5	11	18	10	6	3	1	1						1	1	1	
〈63〉															〈3〉			
											1	6	1	2 1				1
〈8〉														〈3〉	〈1〉			
73														3	4			

	南													湖	
湖南	永州	郴州	澧州			鼎州							邵州		衡州
下二	下十三	下十三	下十六	下十四	下二	下十七	下十六	下十五	下十四	下十三	下三	下二	下十四	下十二	下十四
	1	1	1	1		1	1	3	1	1			1	1	1
	〈1〉	〈1〉	〈2〉			〈7〉							〈2〉		〈1〉
1					2						1	1			
			〈2〉			〈2〉									
	1	1	4			9							2		1

96人

建																福			
泉州					建州（建寧府）			福州										湖南	
下十四	下十三	下十一	下四	下二	下十七	下十六	下十四	下十七	下十六	下十五	下十四	下十二	下十一	下五	下四	下三	下二	下五	下三
														1	2				
								〈3〉											
1	3	2			1	2	2	4	7	5	2	3	1					1	
〈9〉					〈5〉			〈22〉										〈1〉	
			1	1											3	5	1		3
〈2〉								〈9〉										〈4〉	
11					5			34										5	

西廣		東 廣								建 福								
桂州		英州	廣州		韶州					南劍州		汀州		漳州				
下十三	下十二	下十三	下四	下三	下十五	下七	下六	下四	下二	下十七	下十六	下十七	下二	下十五	下十三	下四	下十七	下十六
						1	2											
					〈3〉													
1	1	1			1					1	1	1		1	1		1	2
〈2〉		〈1〉			〈1〉					〈2〉		〈1〉		〈2〉				
			1	1				1	1				1			2		
			〈2〉		〈2〉							〈1〉		〈2〉				
[2]		[1]	[2]		[6]					[2]		[2]		[4]				
2人		9人								58人								

附表〔二〕青原派禪僧總表：

今省	河南																
宋州名	汴京						洛京							陝府		懷州	
世系	下五	下八	下十	下十一	下十二	下十三	下五	下六	下七	下八	下九	下十二	下十三	下五	下六	下六	下七
曹洞人數		1		1	2	2	1	1				1	1				
合計	〈6〉						〈4〉										
雲門人數			1	3	3	3						2	2				
合計	〈10〉						〈4〉										
法眼人數											1						
合計							〈1〉										
其他人數	1						1	2	1	1				1	2	1	1
合計	〈1〉						〈5〉							〈3〉		〈2〉	
州總計	17						14							3		2	
省總計	55人																

南												河			
鄧州								唐州		陳州	汝州	鄭州	相州		衞州	
下十四	下十三	下十二	下九	下八	下六	下三	下二	下八	下七	下七	下九	下十三	下十	下九	下十三	下十二
	1	1	1						1	1			1			
〈3〉								〈1〉		〈1〉			〈1〉			
1	1			1				1			1	1			1	1
〈3〉								〈1〉			〈1〉	〈1〉			〈2〉	
					1	1	1	1						1		
〈3〉								〈1〉					〈1〉			
9								3		1	1	1	2		2	

陝西

延州	耀州	(華州)	鳳翔府				京兆府							
下六	下六	下六	下八	下六	下五	下二	下十二	下十一	下八	下七	下六	下五	下三	下二
1		1	1	1			1	1			3	2		
〈1〉		〈1〉	〈2〉				〈7〉							
									1					
							〈1〉							
	1			1	3	1				1	4		1	1
	〈1〉		〈5〉				〈7〉							
[1]	[1]	[1]	[7]				[15]							

34人

西								山			西					陝
澤州	潞府		河中府		晉州		汾州	并州（太原府）			洋州	興元府				
下九	下十	下七	下九	下五	下七	下六	下二	下七	下六	下五	下七	下十二	下八	下七	下六	下五
						1		1			1			1	1	
					〈1〉			〈1〉			〈1〉	〈2〉				
		1										1	1	1		
	〈1〉											〈3〉				
1	1															
〈1〉	〈1〉															
		1	1	1	1		1		1	1			2			1
	〈1〉		〈2〉		〈1〉		〈1〉	〈2〉				〈3〉				
[1]	[3]		[2]		[2]		[1]	[3]			[1]	[8]				
12人																

山東		河北								
齊州	鄆州	幽州			涿州	定州	鎮州	磁州	邢州	大名府（魏府）
下十	下四	下七	下六	下五	下四	下六	下十二	下八	下十一	下十二
						1				
						〈1〉				
1							1	1	1	1
〈1〉							〈1〉	〈1〉	〈1〉	〈1〉
	1	1	1	1	1			1		
	〈1〉	〈3〉			〈1〉			〈1〉		
[1]	[1]	[3]			[1]	[1]	[1]	[2]	[1]	[1]
		10人								

<table>
<tr><td colspan="11">四川</td><td colspan="4">山東</td></tr>
<tr><td colspan="3">眉州</td><td colspan="2">灌州</td><td colspan="2">彭州</td><td colspan="4">益州(成都府)</td><td colspan="2">沂州</td><td>密州</td><td>青州</td></tr>
<tr><td>下九</td><td>下八</td><td>下七</td><td>下八</td><td>下七</td><td>下十一</td><td>下六</td><td>下八</td><td>下七</td><td>下六</td><td>下五</td><td>下十三</td><td>下十一</td><td>下十五</td><td>下十二</td></tr>
<tr><td></td><td></td><td></td><td></td><td></td><td></td><td></td><td></td><td></td><td>1</td><td>1</td><td></td><td>1</td><td></td><td></td></tr>
<tr><td colspan="3"></td><td colspan="2"></td><td colspan="2"></td><td colspan="4">〈2〉</td><td colspan="2">〈1〉</td><td></td><td></td></tr>
<tr><td></td><td></td><td>2</td><td>2</td><td></td><td>1</td><td></td><td>1</td><td>2</td><td></td><td></td><td>1</td><td>1</td><td>1</td><td>1</td></tr>
<tr><td colspan="3">〈2〉</td><td colspan="2">〈2〉</td><td colspan="2">〈1〉</td><td colspan="4">〈3〉</td><td colspan="2">〈2〉</td><td>〈1〉</td><td>〈1〉</td></tr>
<tr><td colspan="3"></td><td colspan="2"></td><td colspan="2"></td><td colspan="4"></td><td colspan="2"></td><td></td><td></td></tr>
<tr><td colspan="3"></td><td colspan="2"></td><td colspan="2"></td><td colspan="4"></td><td colspan="2"></td><td></td><td></td></tr>
<tr><td>1</td><td>2</td><td></td><td></td><td>1</td><td></td><td>1</td><td></td><td>1</td><td>1</td><td></td><td></td><td></td><td></td><td></td></tr>
<tr><td colspan="3">〈3〉</td><td colspan="2">〈1〉</td><td colspan="2">〈1〉</td><td colspan="4">〈2〉</td><td colspan="2"></td><td></td><td></td></tr>
<tr><td colspan="3">5</td><td colspan="2">3</td><td colspan="2">2</td><td colspan="4">7</td><td colspan="2">3</td><td>1</td><td>1</td></tr>
<tr><td colspan="11">37人</td><td colspan="4">7人</td></tr>
</table>

四川															
蜀川		西川			果州（順寧府）	遂州（遂寧府）	梓州（潼川府）		懷安軍			嘉州（嘉定府）			
下六	下五	下八	下七	下六	下九	下十三	下十二	下七	下十	下九	下八	下九	下八	下七	下六	下五
1				1	1	1	1	1	1	1	1		1	1		
〈1〉		〈1〉			〈1〉	〈1〉	〈2〉		〈3〉			〈2〉				
		1	1									1				
		〈2〉										〈1〉				
	1		2										1		1	1
〈1〉		〈2〉										〈3〉				
[2]		[5]			[1]	[1]	[2]		[3]			[6]				

湖北																		
荊州（江陵府）			襄州							房州	荊門軍			隨州				
下二	下八	下十一	下五	下六	下七	下八	下九	下十	下十二	下七	下九	下十	下十五	下五	下六	下七	下八	下九
				5	7	7		1						1	1	4		
			〈20〉											〈12〉				
	2	1			2	4	2		1			1	1			2	1	1
〈3〉			〈9〉								〈2〉			〈4〉				
											1							
											〈1〉							
1			2	2	3	3	1			1					1			
〈1〉			〈11〉							〈1〉				〈1〉				
4			40							1	3			17				
118人																		

湖北																		
黃州		安州(德安府)						郢州							隨州			
下九	下七	下十二	下十一	下八	下七	下六	下五	下十一	下十	下九	下八	下七	下六	下五	下十四	下十三	下十二	下十一
					1	1			2	1		1	1		1	2	2	1
		〈2〉						〈5〉										
1	1	1	1	1				1		1		4						
〈2〉		〈3〉						〈6〉										
					2	1	2				1	1	1	1				
		〈5〉						〈4〉										
2		10						15										

安徽			湖北														
宣州(寧國府)			興國軍	復州			鄂州						蘄州				
下十二	下九	下三	下十三	下十	下九	下七	下九	下八	下七	下五	下四	下三	下九	下八	下七	下六	下五
			1					1								1	
			〈1〉	〈1〉			〈1〉						〈1〉				
1					1		1	2					3	2	1		
〈1〉				〈1〉			〈3〉						〈6〉				
	1																
〈1〉																	
		1				1		1	1	1	1	1			4	1	1
〈1〉				〈1〉			〈5〉						〈6〉				
[3]			[1]	[3]			[9]						[13]				

安																徽
歙州		池州		太平州	舒州（安慶府）									廬州		
下四	下六	下六	下九	下十三	下四	下五	下七	下八	下九	下十	下十一	下十二	下十四	下七	下八	下九
	1	1		1				1		1			1			
〈1〉		〈1〉		〈1〉	〈3〉											
							1		1	1	1	2		1	1	
					〈6〉									〈7〉		
			1													1
		〈1〉												〈2〉		
1		1			1	1	1									
〈1〉		〈1〉			〈3〉											
2		3		1	12									9		

43人

徽						安							
無爲軍		泗州	潁州	濠州		壽州		滁州	和州				
下十四	下十一	下十二	下七	下九	下五	下十三	下十二	下十一	下十一	下八	下十三	下十二	下十
1			1	1				1					
〈1〉			〈1〉	〈1〉				〈1〉					
	2	1	1			1	1		1	1	2	3	
〈2〉		〈1〉	〈1〉			〈2〉			〈2〉				
													1
					1								
				〈1〉									
3		1	2	2		2		1	2				

蘇													江					
蘇州(平江府)				常州						鎮江府(潤州)			昇州(建康府)					
下十一	下十	下九	下六	下十四	下十三	下十二	下十一	下九	下六	下十四	下十二	下九	下十四	下十二	下十一	下九	下八	下七
			1	1					1				1					
〈2〉				〈2〉									〈1〉					
3	1				1	1	1			2	1	1		1	1		1	2
〈8〉				〈3〉						〈4〉			〈5〉					
3	3	1				1		1				1				8	1	
〈7〉				〈2〉						〈1〉			〈9〉					
																1	2	2
													〈5〉					
17				7						5			20					

62人

江浙																		
杭州（臨安府）								泰州	眞州			揚州		江陰軍				
下十三	下十二	下十一	下十	下九	下八	下七	下六	下十五	下十四	下十二	下十一	下七	下六	下十二	下十四	下十三	下十二
							2	1	3	1		1	1		1		
〈3〉								〈1〉	〈4〉			〈2〉					
4	1	7	4							2	2			1		3	1
〈23〉									〈4〉					〈1〉			
	1	5	21	6							1						
〈33〉									〈1〉								
					1	11	5										
〈17〉																	
[76]								[1]	[9]			[2]		[1]			
220人																	

江浙																	
秀州（嘉興府）							越州（紹興府）									杭州	
下十四	下十三	下十二	下十一	下十	下九	下三	下十五	下十三	下十二	下十一	下十	下九	下七	下六	下五	下十五	下十四
							1	2			1				1		1
							〈5〉										
1	1	1	1		1			3	1	3	4	1				2	5
〈5〉							〈12〉										
				1							5						
〈1〉							〈5〉										
						1							1	3	1		
〈1〉							〈5〉										
[7]							[27]										

江																		浙
明州				衢州					婺州					安吉州（湖州）				
下十	下九	下六	下五	下十二	下十	下八	下七	下六	下十三	下十一	下十	下八	下七	下十三	下十二	下十一	下十	下九	下四
			1																
2	3			1					4	2	2			2	1	1	1	1	
						〈1〉					〈8〉					〈6〉			
3					2						2					1			
						〈2〉					〈2〉					〈1〉			
		1				1	2	1				3	4						1
						〈4〉					〈7〉					〈1〉			
						7					17					8			

浙江																
明州（慶元府）					台州									溫州		
下十一	下十二	下十三	下十四	下十五	下五	下六	下七	下八	下九	下十	下十一	下十三	下十四	下七	下八	下十
		1	4	1	1							3				
〈7〉					〈4〉											
3	3	2						1		2	2	2	2			
〈13〉					〈9〉											
3	1								2	3						4
〈7〉					〈5〉											
					2	2	5							2	1	
〈1〉					〈9〉											
28					27											

江西									浙江									
洪州（隆興府）									處州									
下十二	下十一	下十	下九	下八	下七	下六	下五	下四	下十三	下十二	下十一	下十	下八	下七	下十五	下十四	下十三	下十二
1					3	5	1		1							1		
〈10〉									〈1〉						〈1〉			
	3	1	2	1	1				1	1	1	1			1		1	1
〈8〉									〈4〉						〈3〉			
	1	1	5								1	1						
〈7〉									〈2〉						〈4〉			
					4	6	2	1					4	1				
〈13〉									〈5〉						〈3〉			
38									12						11			
148人																		

西　　　　　　　　江

江州									瑞州								
下十四	下十三	下十一	下十	下九	下八	下七	下六	下五	下十四	下十二	下十一	下十	下九	下七	下六	下五	下四
1	1					3	2			1				2	3	4	1
〈7〉									〈11〉								
	1	2	1	1	1	3			1	1	3	2	4	2			
〈9〉									〈13〉								
			3	5													
〈8〉																	
				1	1	1	1	1								1	
〈5〉									〈1〉								
29									25								

江西

吉州								臨江軍			袁州			南康軍			
下十三	下九	下八	下七	下六	下五	下三	初祖	下十四	下十一	下十	下七	下六	下五	下十一	下十	下九	下六
					1			1			1						2
〈2〉								〈1〉			〈1〉			〈2〉			
1	1	1								1					4		
〈3〉								〈1〉						〈4〉			
									1					1	2	1	
								〈1〉						〈4〉			
			3	5	1	1	1					1	1				
〈11〉											〈2〉						
16								3			3			10			

西江												
建昌軍	信州		撫州						饒州		虔州	
下十二	下七	下六	下十五	下九	下八	下七	下六	下五	下十一	下七	下八	下七
1							5	2				
〈1〉			〈7〉									
	3		1						1	1	1	
	〈3〉		〈1〉						〈2〉		〈1〉	
				3								
			〈3〉									
		1			1	1		2				1
	〈1〉		〈4〉								〈1〉	
[1]	[4]		[15]						[2]		[2]	

湖南																
岳州		衡州			潭州											
下八	下七	下十三	下七	下六	下十四	下十三	下十	下九	下八	下七	下六	下五	下四	下三	下二	下一
		1		2			1	1	2		3	1		1		
		〈3〉			〈9〉											
2	2		1		1	1	2	5	4	4						
		〈1〉			〈17〉											
							1									
					〈1〉											
			1						2	10	12	9	3	2	4	1
		〈1〉			〈43〉											
		5			70											

1 24人

南																湖
澧州							鼎州								岳州	
下八	下七	下六	下五	下四	下三	下二	下十二	下十	下九	下八	下七	下六	下五	下四	下十三	下十
	1		1					1	2	1		1				
〈3〉							〈5〉									
1	1						1	1	2	5	2				1	1
〈5〉							〈11〉								〈6〉	
		1	1	1	2	2				2	3		1	1		
〈7〉							〈7〉									
15							23								6	

福建										湖南					
福州										湖南			郴州		
下十四	下十三	下十二	下十一	下十	下八	下七	下六	下五	下三	下七	下六	下五	下八	下十二	下九
2		1													1
〈3〉															
2	5	1	4	3						2				2	1
〈15〉										〈2〉					
				5											
〈5〉															
					5	38	15	3	1		1	1	1		
〈62〉										〈2〉			〈1〉		
85										4			1		
132人															

福建													
興化軍	建州（建寧府）				邵武軍	泉州							
下十一	下四	下六	下七	下十一	下五	下五	下六	下七	下八	下九	下十	下十一	下十四
							1	1					
	〈2〉												
1				2						1	1	2	1
〈1〉	〈2〉					〈5〉							
											1		
						〈1〉							
	1	1	2		1	1	5	8	2				
	〈4〉				〈1〉	〈16〉							
1	6				1	24							

廣東												
廣州		韶州					汀州	漳州				
下十	下七	下十	下九	下八	下七	下六	下十一	下九	下八	下七	下六	下三
						2						
		〈2〉										
	4	2	1	5	20	1	1					
〈4〉		〈29〉					〈1〉					
1								2				
〈1〉								〈2〉				
						1			2	5	4	1
		〈1〉						〈12〉				
5		32					1	14				
46人												

西廣	東			廣		
桂州	新州	潮州	惠州	南雄州	連州	英州
下七	下七	下二	下十	下八	下八 下七	下八 下七
			1			
			〈1〉			
1	1			1	1 1	1 1
〈1〉	〈1〉			〈1〉	〈2〉	〈2〉
		1			1	
		〈1〉			〈1〉	
[1]	[1]	[1]	[1]	[1]	[3]	[2]
1人						

附表〔三〕宋代各路户數及南嶽、青原兩派僧人分佈數目：

宋路別	北宋戶數	下七至下十三世南嶽派			下七至下十三世青原派					南青二派僧人總數
		潙仰宗	臨濟宗	合計	曹洞宗	雲門宗	法眼宗	其他	合計	
京畿路	261.117		6	6	2	4			6	12
京東東路	817.355		1	1	1	2			3	4
京東西路	526.107									
京西北路	545.098		8	8	2	2	1	2	7	15
京西南路	472.358	7	10	17	26	20		11	57	74
河北東路	648.757									
河北西路	526.704				1			2	3	3
河東路	613.532		4	4	1	1	2	2	6	10
永興路	111.498				1	1		2	4	4
秦鳳路	449.884				1				1	1
淮南東路	664.257		9	9	2	2	3		7	16

淮南西路	709.919	1	14	15	3	17		5	25	40
江南東路	1.012.528		20	20	3	21	23	8	55	75
江南西路	1.461.131	3	47	50	6	23	11	10	50	100
荊湖南路	952.397	1	42	43	4	16	1	14	35	78
荊湖北路	580.636		8	8	9	28	1	10	48	56
兩浙路	1.975.041		49	49	1	50	69	36	156	205
福建路	1.061.759		10	10	1	14	8	62	85	95
成都路	882.519	2	4	6	2	7		7	16	22
梓州路	561.838		1	1	5				5	6
利州路	297.629		1	1	2			2	4	5
夔州路	246.521									
廣南東路	574.276	1	1	2	1	38	1		40	42
廣南西路	236.533		2	2		1			1	3

附註：①北宋期間戶數主要以宋史地理志崇寧年間戶數爲依據；若缺崇寧戶數者，則以元豐年間戶數補上。

②南宋期間戶數以文獻通攷卷三寧宗嘉定十六年諸路戶數爲依據。

③上述表內南、青二派禪僧總數爲一千二百六十三人。北宋佔八百六十六，南宋佔三百九十七。

附表〔三〕宋代各路户數及南嶽、青原兩派僧人分佈數目：

宋路別	南宋戶數	下十二至十七世南嶽派：臨濟宗	下十二至十七世南嶽派：合計	下十二至十五世青原派：曹洞宗	下十二至十五世青原派：雲門宗	下十二至十五世青原派：法眼宗	下十二至十五世青原派：合計	南青二派僧人總數
京畿路		3	3	4	6		10	13
京東東路					3		3	3
京東西路								
京西北路				2	5		7	7
京西南路				7	3		10	10
河北東路								
河北西路					3		3	3
河東路								
永興路				1			1	1
秦鳳路								
淮南東路	127.369	7	7	5	3		8	15

淮南西路	218.250	7	7	2	9		11	18
江南東路	1.046.272	14	14	4	3		7	21
江南西路	2.267.983	20	20	6	4		10	30
荊湖南路	1.251.202	26	26	1	2		3	29
荊湖北路	369.820	12	12		6		6	18
兩浙路	2.220.321	81	81	17	52	3	72	154
福建路	1.599.214	31	31	3	9		12	43
成都路	1.139.790	23	23					23
梓州路	841.129	4	4	2			2	6
利州路	401.174	1	1		1		1	2
夔州路	207.999							
廣南東路	445.906	1	1					1
廣南西路	528.220							

附註：①北宋期間戶數主要以宋史地理志崇寧年間戶數爲依據；若缺崇寧戶數者，則以元豐年間戶數補上。

②南宋期間戶數以文獻通攷卷三寧宗嘉定十六年諸路戶數爲依據。

③上述表內南、青二派禪僧總數爲一千二百六十三人。北宋佔八百六十六，南宋佔三百九十七。

五燈會元南嶽禪僧分佈圖

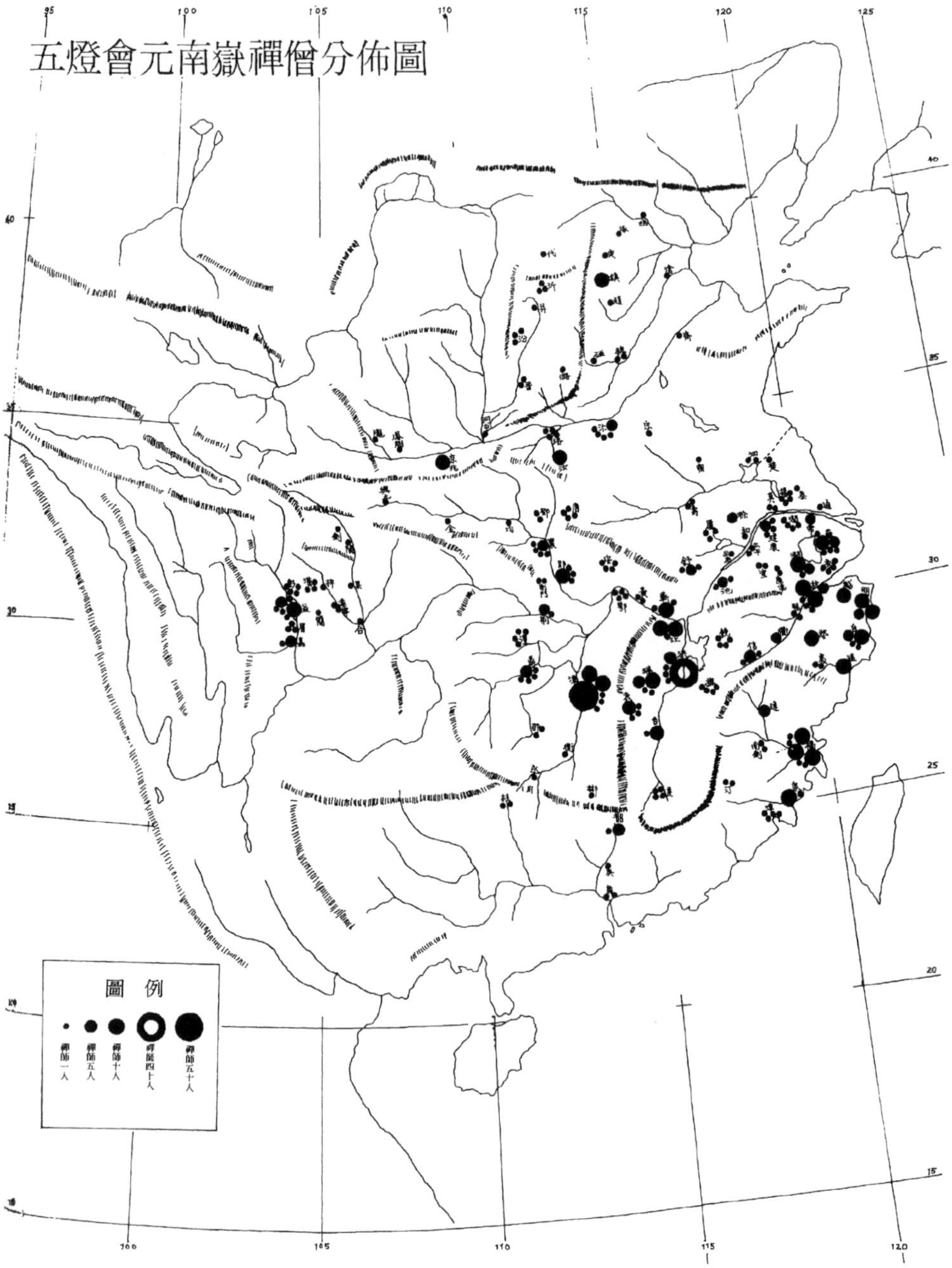

五燈會元南嶽青原禪僧分佈圖

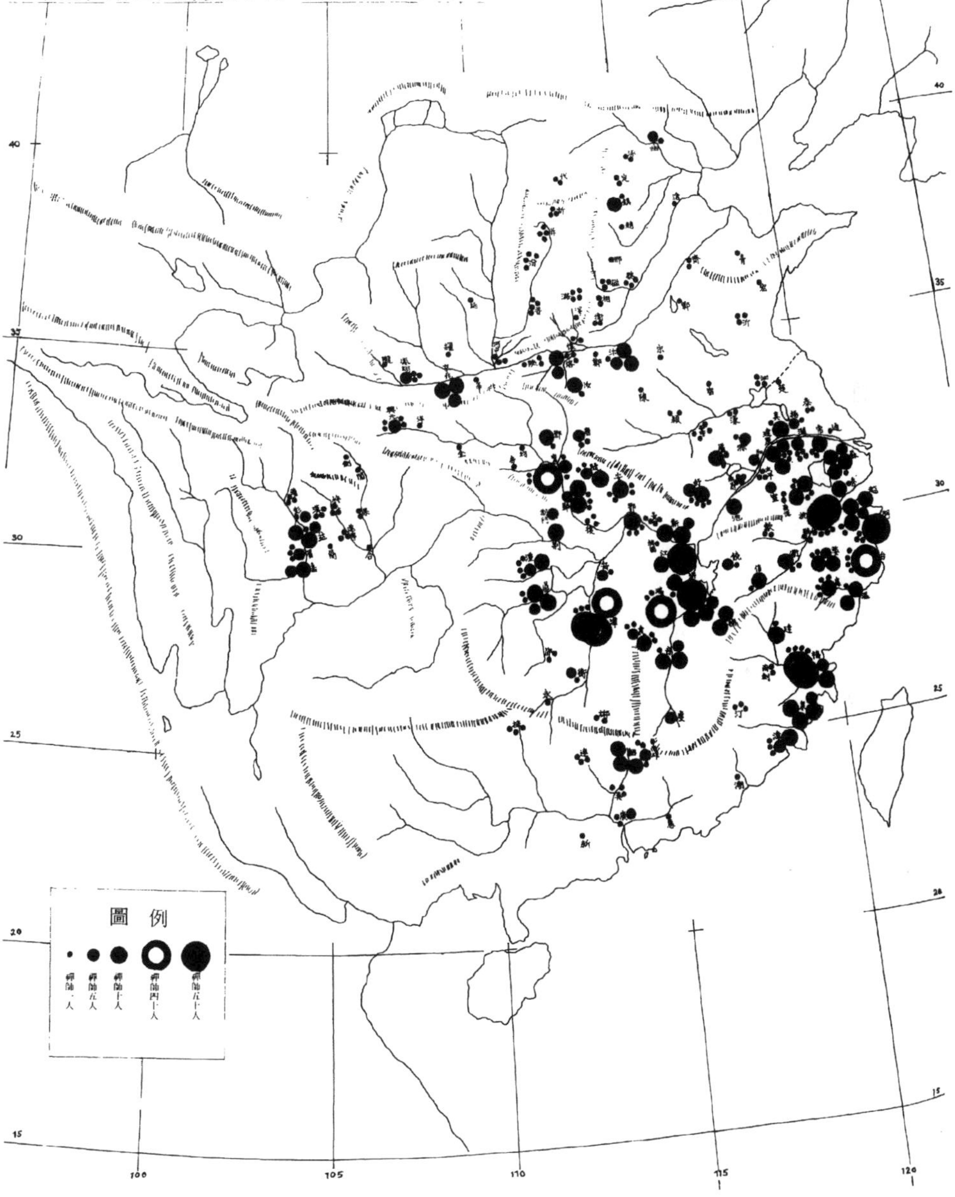

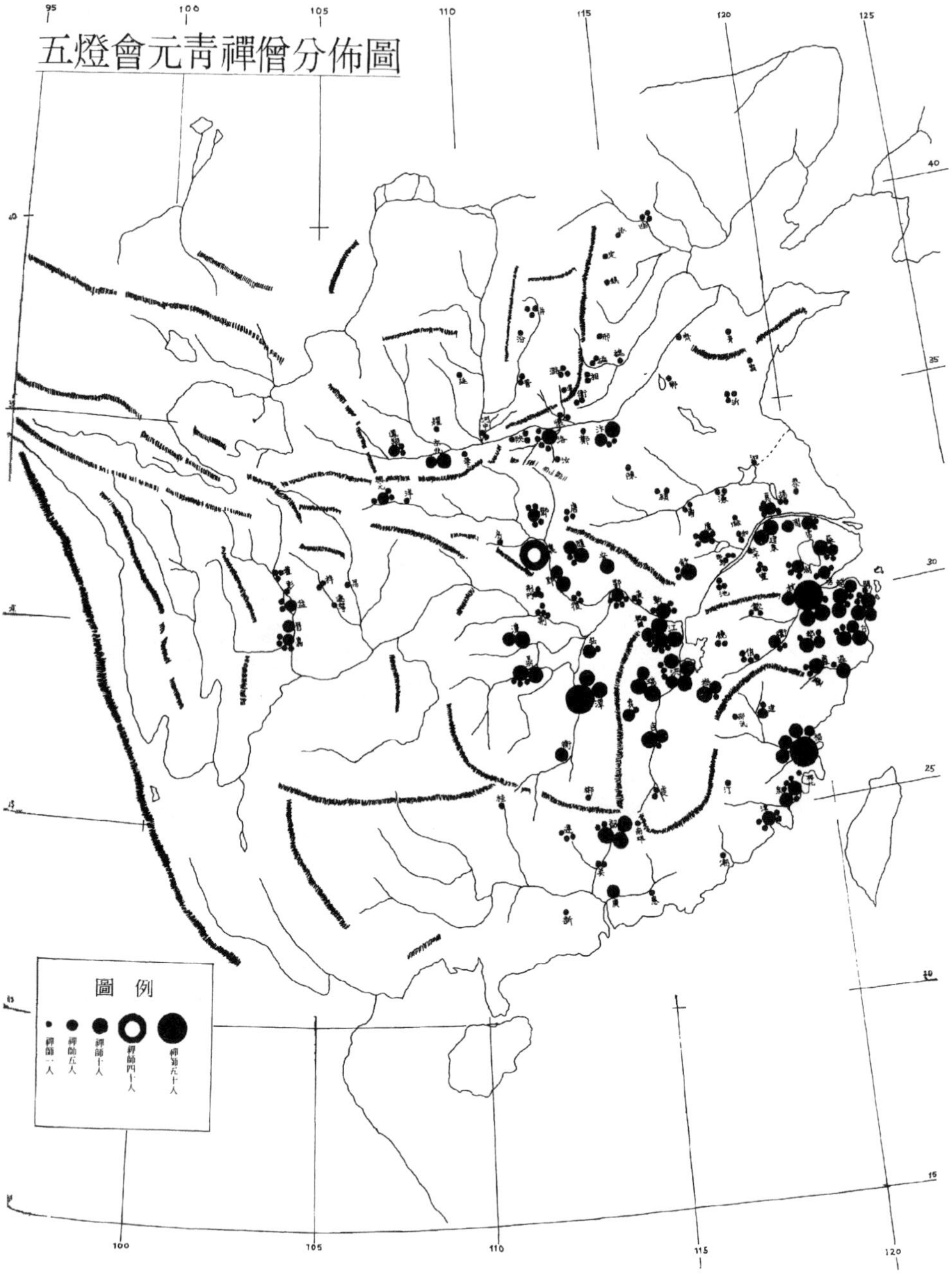
五燈會元青禪僧分佈圖
圖例
禪師一人
禪師五人
禪師十人
禪師四十人
禪師五十人

論明代北方邊防內移及影響

吳緝華

一、引　言

中國北方的邊疆，歷代邊患幾乎不絕；到明代，自然也不能例外。特別是明太祖推翻元朝，元後裔退到塞外，對北方更不能忽略防禦。據明太祖的『皇明祖訓』云：『但胡戎與西北邊境，互相密邇，累世戰爭；必選將練兵，時謹備之。』（註一）明太祖指出北方邊疆的重要，必須『選將練兵』，時加『謹備』。這是明代建國對北方邊疆的戒備；也是整個明代對北方邊防的原則。

有明一代的北方邊疆，雖在防範戒備中，但明代邊防却有在外扼險及內移的演變。本文擬把明初建國在外扼險設防的重要性，後來邊防內移的原因及影響，和邊防內移後形成九邊鎮防守的劣勢等，試予討論。

二、明初在外扼險設防的重要性

明代開國，明太祖在中國北方邊疆上已設防戒備。如『明史』『兵志』『邊防』云：『東起鴨綠，西抵嘉峪，綿亘萬里；分地守禦。……初，洪武二年……自永平薊州密雲迤西二千餘里，關隘百二十有九，皆置戍守。……十五年，又於北平都司所轄關隘二百，以各衞卒守戍。……二十年，置北平行都司於大寧，其地在喜峯口外，故遼西郡，遼之中京大定府也。西大同，東遼陽，南北平，馮勝之破納哈出，還師城之；因置都司，及營州五屯衞。而封皇子權爲寧王，調各衞兵往守。先是李文忠等取元上都，設開平衞及興和等千戶所，東西各四驛。東接大寧，西接獨石。二十五年，又築東勝城於河州，東受降城之東，設十六衞，與大同相望。自遼以西數千里，聲勢聯絡。』（註二）這是明初北方邊疆設防的大概。

就明初在北方所設邊防的重要軍事機構而言，於洪武時代，已設有遼東、大寧、大同、甘州四都指揮司，簡稱都司。（註三）都司是直屬於京師的五軍都督府管轄，都司以下，又設若干衞所直接統率軍兵。（註四）如果把明代在北方邊疆上，不論是都司或衞所，只要是邊疆上第一防線的重要設施，而連起來看。由遼東向西算起，有開原、廣寧、大寧、開平、興和、大同、東勝、寧夏、甘州等，確形成明初在外據險設防的一條重要防線。

在這條防線中，我們要特別注意最前哨的大寧、開平、興和、東勝等地區；因爲到永樂時代，這四個地區的軍事設防已內移，即是本文討論的中心。在這裡首先把這四個地區，從地理環境及歷史背景，加以分析，以見明初在外設險的重要性。

大寧，在今赤峯以南，平泉以北之地。所管轄的地區，是西遼河及沙拉木倫河以南，喜峯口以東的廣大地區。（見圖）在歷史上，這一地區原爲契丹所在地。到遼代，大寧即爲中京大定府。（註五）元代爲大寧路。到明代建國之初，在洪武二十一年（一三八八）始決定設都司於此。如『明太祖實錄』云：『秋七月……

甲申，置北平行都指揮使司於大寧」（註六）大寧在設都指揮使前後情形。案「明史」「地理志」云：「大寧衞，元大寧路，治大定縣，屬遼陽行省。洪武十三年爲府，屬北平布政司，尋廢。二十年八月置衞。九月分置左右中三衞。尋又置前後二衞。二十八年四月改左右後三衞爲營州左右中三護衞。」（註七）所以在明初太祖時代，大寧所管轄之地已爲邊防重要軍事地區。

又如明太祖曾封自己的皇子於大寧，據「明史」「寧王權傳」云：「寧獻王權，太祖第十七子，洪武二十四年封，踰二年就藩大寧。大寧在喜峯口外古會州地，東連遼左，西接宣府，爲巨鎭。帶甲八萬，革車六千；所屬朶顏三衞騎兵皆驍勇善戰。權數會諸王出塞，以善謀稱。」（註八）到洪武後期，又以藩王擁有重兵駐大寧，來鎭守這一地區。

如果明初在大寧設重要軍事機構都指揮使司，統治這一地區的衞所，而又以寧王在此擁有重兵，轄屬兀良哈三衞的軍兵，（註九）不但可以抵禦北方外力的侵入，又能控制兀良哈三衞本身的地域。並可使東北的遼東與中國內陸連接構成北方邊防的一個整體。

開平，其地理形勢，據顧炎武的「天下郡國利病書」云：「開平所轄輿恆諸州，最宜田牧。……開平之間有玻璃谷之要。」（註十）這裏有天險可守，又有田牧可供守軍糧餉的需要，實爲邊防設防的好地方。

又如「明史」「兵志」云：「先是李文忠等取元上都，設開平衞。」（註十一）元上都即開平地，原爲蒙古南下統治中國的一個重要政治及軍事重心。反過來看，明朝在這一地區設防，也是防範蒙古南侵有價值的軍事據點。

關於開平在明代的軍事設施，據『明史』『地理志』云：『開平衞，元上都路，直隸中書省。洪武二年爲府屬北平行省。尋廢府置衞，屬北平都司。……開平左屯衞，洪武二十九年八月置於七合營。……開平右屯衞，洪武二十九年置於軍臺。……開平中屯衞，洪武二十九年置於沙峪。……開平前屯衞，洪武二十九年八月置於偏嶺。……開平後屯衞，洪武二十九年八月置於石塔。』(註十二)可知明初洪武時代，在開平地區曾置重要的軍事設施。

興和，在明代開國時，曾置府，到洪武晚年又設千戶所。如『明史』『地理志』云：『興和守禦千戶所。元隆興路直隸中書省，皇慶元年十月改爲興和路。洪武三年爲府，屬北平布政司。四年後府廢。三十年正月置所。』（註十三）在明洪武三十年，太祖感到興和形勢的重要及有軍事的價值，而設守禦千戶所。

興和的形勢確爲重要，如『天下郡國利病書』云：『興和在萬全都司，野狐嶺之外，其地遠望若高阜，至則又是平地，乃陰山之瘠地。……元號爲中都地，宜牧馬，可樹稻麥。……興和之間，有哈刺罕之險。哈刺罕者，即五雲關也。關內諸山，古稱陰山之脊，深塹澗谷宛然天成。嗚呼！守玻璃以衞開平，戍五雲以固興和，大興耕牧以息轉輸，勿貪邊功以富守關之卒，則東北永以不疎，萬全勢重，而燕京益壯矣。』（註十四）可見明初在興和據險設防的價值。

由此可知，開平及興和的地勢又險要，又能耕牧供守軍之糧餉，可省轉運輸餉之苦。並且開平爲元之上都，興和爲元之中都，都有政治及軍事的重要性。如果明代在此有衞所的軍事設施，實爲北京以北宣府以外的門戶。同時在開平及興和設防，東可聯大寧，西可接大同和東勝，這在中國整個北方邊防來看，實有據險守邊的重要性。

東勝，是在黃河以北，河套的東北角上，即今之托克托城。這一地方，在中國史上並不陌生。如『新唐書』『地理志』記載有勝州。(註一五)又據『遼史』『地理志』云:『東勝州，武興軍下刺史。隋開皇七年置勝州，大業五年改楡林郡，唐貞觀五年於南河地置決勝州，故謂此爲東勝州。』(註一六)在隋唐時代，雖由勝州演變到東勝州。而『金史』『地理志』又云:『東勝州，下，邊刺史，國初置武興軍，有古東勝城。』(註一七)元代也稱東勝州，『元史』『地理志』云:『東勝州，下，唐勝州。……今東勝州是也。……元至元二年，省寧邊州之半入焉，舊有東勝縣及錄事司。四年省入州。』(註一八)所以由隋唐以來到元代，這一地區，成爲行政組織的州，已爲歷史記載的史事。

同時從『元史』『世祖本紀』又知:『至元元年……十二月……戊辰，命選善水者一人，沿黃河計水程，達東勝，可通漕運，馳驛以聞。』(註一九)可見東勝守軍，若不以河套屯田耕牧以充糧餉；也可以由黃河水路航行，可通漕運，並有馳驛相連，東勝得到經濟上的資源，又易於防守。

統治東勝，並在黃河以北之地區設防，使邊疆民族不能南下過黃河進入河套侵犯，在中國漢唐的歷史上，是有前例的。

如『漢書』『衞青霍去病傳』云:『明年(元朔二年)，青復出雲中，西至高闕，遂至於隴西，捕首虜數千，畜百餘萬。……遂取河南地爲朔方郡。』(註二〇)同時在河套以北地區，設五原郡。案『漢書』『地理志』『王先謙補註』云:『五原郡，秦九原郡。「補註」先謙曰:「通典」，趙置九原郡，秦因之，漢爲九原郡縣五原郡治焉。……武帝元朔二年更名。「補註」全祖望曰：漢初入匈奴，武帝始與朔方同置。』（註二一）所以在漢武帝時代，河套內設有朔方郡，外設五原郡。漢代在外據險設防，而匈奴不敢南下牧馬及入侵河套。

又如唐代，河套內的朔方之地，則爲唐所有；但黃河以北地區，曾被突厥所侵。於是在唐代中宗復位的神龍三年（七〇八），大將軍張仁愿逐突厥之入侵。據『新唐書』，『張仁愿傳』云：『仁愿請乘虛取漠南地於河北，築三受降城，南直朔方西城，南直靈武東城，南直榆林三壘，相距各四百餘里。其北皆大磧也，斥地三百里。又於牛頭朝那山北置烽候千三百所，自是突厥不敢踰山牧馬，朔方益無寇。』（註二二）唐代在黃河以北設險，並置烽堠千餘所。而突厥不敢踰山南下入侵。邊疆可得到安寧。所以由中國歷史上看，河套以北的設防極爲重要。

明代開國，據『明太祖實錄』記載於洪武三年（一三七〇）取東勝，（註二三）到洪武四年（一三七一）如『明太祖實錄』又云：『春正月……癸卯……。故元樞密都連帖木兒等，自東勝州來降，詔置失寶赤千戶所一，百戶所十一。五花城千戶所一，百戶所五。斡魯忽奴千戶所一，百戶所十。燕只千戶所一，百戶所十。瓮吉剌千戶所一，百戶所六。』（註二四）到洪武二十六年（一三九三）『明太祖實錄』云：『二月……辛巳，置大同後衞及東勝左右陽和天城懷安萬全左右宣府左右十衞于大同之東，高山鎮朔定邊玉林雲川鎮虜宣德七衞于大同之西，皆築城置兵屯守。』（註二五）由此可知東勝之左右二衞，置於洪武二十六年。

所以到洪武後期東勝衞已設置，可以說黃河以北，已有堅强的軍事設施。如前文『明史』『兵志』云：『二十五年，又築東勝城於河州，東受降城之東設十六衞，與大同相望。自遼以西數千里，聲勢聯絡。』

（註二六）同時再由東勝往西，也是邊防嚴密，沿黃河通寧夏，如『讀史方輿紀要』云：『是時，自東勝迤西路通寧夏，皆有墩臺牆塹。』（註二七）由此可知，明初在黃河以北設防，不但可保衛河套的安全，又可東連大同，甚至於再連興和及開平。西通寧夏，衞所兵力及墩臺設施相接，實爲北方邊防要害。又可充分看出，明初太祖時代在此設防的重要性。

總之明初在北方的大寧、開平、興和、東勝設防，再聯東北的開原、廣寧及西北的寧夏、甘州等地邊防，已形成中國當時北方在外據險而綿延不斷的前哨防線。如上文的討論，不論從自然地理上的險要形勢來看，或者從歷史背景來分析，明代若能防守這條前哨防線，方能使明代邊防得到優勢。

明代開國，洪武時代在外扼險設防，這是明太祖有計劃的想鞏固明代邊防長久政策。本文再從明太祖時代，把出征和鎮守的重要軍事職權由武將轉移到藩王手中來看，如上文所述封寧王於大寧鎮守邊疆，這是明初洪武時代軍事職權轉移的大事。（註二八）也曾在明代北方前哨邊防封有其他數位藩王（親王）鎮守邊疆，就是實例。

例如以北方邊防前哨而言，太祖曾封第二十子韓王於開原（未就藩王而卒），封第十五子遼王於廣寧，封寧王於大寧，封十九子谷王於宣府，封十三子代王於大同，封第十六子慶王於韋州（寧夏後衞之地），封第十四子肅王於甘州。（註二九）即在明初北方邊防前哨，曾封韓王、遼王、寧王、谷王、代王、慶王、肅王等七個藩王於邊疆。其他的十七位藩王是封於全國其他地方（註三〇）。所以由明太祖轉移軍事職權到藩王手中時，在北方邊疆險要地區，又封七位藩王鎮守邊疆，可見明太祖在外據險設防的決心。

由本文的討論，可知明代初年，明太祖在北方邊疆據險設防的優勢上，是決心防守這條前哨防線。而做到『皇明祖訓』所載對北方邊疆施行『選將練兵』，時加『謹備』；能有効的控制北方邊疆，及防範外患的侵入。所以明初在外扼險設防，是有其重要的意義。

三、邊防內移原因的討論

明初開國，在外扼險設防，已如前文所論。然而到明成祖即帝位，在永樂元年（一四〇三）以後，北方邊防已有顯著的變化。即明初太祖在北方扼險所設邊防中的幾個重要地區，如大寧、東勝、開平、興和的防守軍力，已有內移。

明成祖永樂時代邊防的內移，本文可以肯定的說，並不是明代衰弱的時期，也不是明代無力抵抗外患的時期。相反的，邊防內移的永樂時代，可以說是明代最強大的時代，也是明代向外發展的時期。明成祖永樂時代為何內移邊防？其中的原因，是本節討論的重點。

明成祖即位後，邊防內移影響最大的，要算大寧及東勝；而開平及興和尚佔較次要地位。首先看大寧的內移。

大寧軍事機構所轄的地區，即兀良哈三衞之地。如『大明會典』云：『兀良哈即古山戎，後稱庫莫奚。在烏龍江南，漁陽塞北。元時為大寧路北境，國初設北平行都司，洪武十四年，以大寧地封子權為寧王。二十一年，東夷遼王惠寧王朶顏元帥府元帥等，各遣使來朝。二十二年，乃分兀良哈為三衞於橫水之北，曰朶顏，曰福餘，曰秦寧，以處降胡。授指揮使等官，各賜冠帶，俾領所部。』（註三一）在明初施行朝貢制度下，各賜冠帶，而遣使入貢。同時，在明初太祖時代，又設北平都司於大寧統治這一地區的衞所軍力，並且封寧王朱權握有鎮守出兵征討的權力，鎮守這一廣大的地區。

然到明成祖即位後，大寧內移，其內移的原因，據明朝官方記載的『大明會典』云：『永樂元年，三衞來朝，益求內附，因改封寧王於南昌，移行都司於保定，而以大寧全地與之。授都督、都指揮、指揮、千百戶鎮撫等官。』（註三二）由此可知，明代官方的理由，在朝貢制度下，因『三衞來朝，益求內附』，於永樂元年（一四〇三）而內移大寧地區的軍事防衞，放棄大寧地區的統治。則把這一廣大地區與兀良哈三衞，授當地統治者官職，來管轄這一地區。

明成祖內移大寧地區的軍力，讓兀良哈三衞自治，而以朝貢制度加以羈縻，又可見於明成祖在永樂元年十一月給兀良哈的勅諭。據『國朝典彙』云：『朕承天眷，君臨天下，嘗遣使賚詔諭爾。爾等聞命即遣人來朝，其誠可嘉。今仍舊制設泰寧、福餘、朵顏三衞，俾爾等統屬軍民，鎮守邊境。舊嘗授官者列名以聞，咸復之。若頭目人等，今當授者，亦第其名來聞，朕即授俾世居本土，安其生業。』（註三三）

此處記載明成祖云：『今仍舊制設泰寧、福餘、朵顏三衞，俾爾等統屬軍民，鎮守邊境』。所謂舊制，即如上文引『大明會典』所說：在洪武二十二年（一三八九）分兀良哈爲三衞，各授官賜冠帶，以處降胡。明成祖雖然說因舊制，仍授兀良哈三衞等官職，而統治這一地區，本文認爲則與明初太祖的舊制不同。因爲如前文引『明太祖實錄』記載，在洪武二十一年。曾設北平行都指揮使司軍事機構於大寧，而大寧地區的軍事防守已由行都指揮使司統轄。並且又據『明史』『寧王權傳』記載，明太祖封寧王朱權爲藩王駐大寧，並擁有雄厚的兵力，所屬三衞騎兵又驍勇善戰。於洪武時，明朝在此仍設强有的軍力，是有効的控制這一地區；兼以朝貢制度維持政治關係。這與後來明成祖永樂時代內移大寧的都司衞所邊防，使兀良哈三衞自治而直接統屬軍民鎭守邊疆，僅以朝貢制度加以羈縻不同。

總之，從明代官方的史料如『大明會典』及『明實錄』等來看，大寧地區邊防內移的理由是：當明成祖即位後，因兀良哈三衞來明朝入貢，『益求內附』，於是明成祖才內移大寧的軍事防衞，而放棄大寧地區的。

但是到清代，史學家對大寧的內移原因，另有解釋。本文例舉清代史學家所修『明史』的著錄爲例，如『明史』『朶顏傳』云：『成祖從燕起兵靖難，患寧王躡其後，自永平攻大寧，入之。謀脅寧王，因厚賂三衞，說之來。成祖行，寧王餞諸郊，三衞從，一呼皆起，遂擁寧王西入關。成祖復選其三千人爲騎兵從戰。天下旣定，徙寧王南昌，徙行都司於保定。遂盡割大寧地界三衞，以償前勞。』（註三四）此處又說出，當明成祖南下篡位時，而聯三衞解除寧王的兵力，並內移寧王。明成祖即位後爲了酬償其勞，以大寧地界三衞。『明史』是清代所修，不必顧及政治上的限制，而有揭發明成祖內移大寧軍力的內情之意。

我們不抹煞明代『會典』及清代修『明史』記載內移大寧兩種不同的理由。誠然，兀良哈三衞在當時是內附，這一地區平靜無事，明成祖才能撤離軍兵，使這一地區邊防軍力內移，而讓兀良哈三衞自治。但這僅是內移大寧邊防一部份理由，實際上，大寧邊防內移原因，不如此單純。大寧地區邊防的內移，也與永樂初年的時代背景，及北方整個軍事部署有關聯，將在下文討論。

再看東勝衛的內移，東勝衛內移影響較大，但史籍記載內移的原因却簡單。如『明史』『兵志』云：『又以東勝孤遠難守，調左衛於永平，右衛於遵化，而墟其地。』（註三五）本文認爲『明史』解釋東勝內移的理由，也很簡略。我們知道，明代初年以屯田命邊疆的官兵自耕自耘，支持守軍糧餉需要，況且河套又是肥沃的地區。假若守東勝衛的官兵不施行屯田，就元朝守東勝之例，而以山西及陝西間的黃河運輸軍餉，可支持守軍。在經濟的資源上，實不會受孤遠，而遭到補給不足的影響。

同時，我們認爲在明成祖永樂內移邊防的時代，前文已述過，是明代強大時期，也是明代向外發展的最盛時期。在軍事上絕不是一個懦怯的時代。例如鄭和航海下西洋，經南洋過印度洋到達阿拉伯及非洲的東岸，這一孤遠艱苦的情況是超過守東勝衛的。同時明成祖在永樂時代又有五次親征漠北，深入漠北的孤遠艱難，早已超過守東勝的艱苦。所以『明史』『兵志』僅以孤遠難守的看法，解釋東勝衛內移的原因，似爲不充份。

清代顧祖禹在『讀史方輿紀要』中又云：『永樂初，見亡元遠遁，始移治延綏，棄河不守。』（註三六）當然元代後裔向北退去，東勝一帶的邊疆平安無事，明代才能內移東勝的邊防，這雖是一個理由。然顧氏在此處僅言內移東勝衛治於延綏，也不可盡信。實際上，明成祖移東勝衛的主要軍力不是在延綏。並且明成祖內移東勝衛的理由，也不完全是『見亡元遠遁』，實有其重要原因。

本文擬從明代邊防內移的時代背景，及內移大寧及東勝邊防軍事到達的地區，加以分析，而可獲得邊防內移的重要解釋。

由明代邊防內移時的時代背景來看，在永樂元年內移邊防的前一年，是明成祖以燕王的身份，由北方南下，經四年的內戰（一三九九—一四〇二），攻進南京篡惠帝位（註三七），這在中國歷史上的傳統政治觀念中，不合理。所以明成祖在南京雖即皇帝位，而在當時的政治氣氛下，是潛伏着不穩定。因此明成祖即位之初，不得不加强軍事防備國內的不安。

北方的北平（後改爲北京）是明成祖起兵的根據地，在明成祖南下奪取皇位之初，國家尚待安定之際，根據地北京的鞏固，在明成祖眼中看來是十分重要的。當時明成祖已有計劃建北京爲明代的新政治重心。就在邊防內移的前一個月，即永樂元年（一四〇三）正月，據『明史』『地理志』云：『建北京於順天府稱行在。二月罷北平布政使司，以所領直隸北京行部。』（註三八）永樂元年正月正式改北平爲北京，顯然的，已在增加明成祖起兵根據地的政治地位。

接着又決定六十一衞，及三守禦千戶所，隸屬北京留守行後軍都督府。據『明太宗實錄』云：『永樂元年二月……辛亥……以燕山左、燕山右、燕山前、大興左、濟州、濟陽、眞定、遵化、通州、薊州、密雲中、密雲後、永平、山海、萬全左、萬全右、宣府前、懷安、開平、開平中、興州左屯、興州右屯、興州中屯、興州前屯、興州後屯、隆慶、東勝左、東勝右、鎭朔、涿鹿、定邊、玉林、雲川、高山、義勇左右中前後，成武左右中前後、武成左右中前後、忠義左右中前後、武功中、盧龍、鎭虜、武淸、撫寧、天津右、寧山六十一衞。梁成、興和、常山三守禦千戶所，俱隸北京留守行後軍都督府。』（註三九）由這一史料可知，以北京爲中心，而以六十一衞及三個千戶所，都劃歸北京留守行後軍都督府統治，不但可以加强北京的防衞同時又可增高北京的軍事地位。

就在上述的這一個時代背景下，明代大寧邊防則在永樂元年三月即內移。據『明太宗實錄』云：『壬午，改北平行都指揮使司爲大寧都指揮使司，隸後軍都督府。設保定左右中前後五衞，俱隸都司。調營州左屯衞于順義，右屯衞于薊州，中屯衞于平峪，前屯衞於香河，後屯衞於三河，衞設左右中前後五所，仍隸大寧都司。』（註四〇）所謂調大寧都司於保定。保定是在北京以南，由北京南下的一個重鎮。同時也是由中原之地北上達北京的重要據點。明成祖內移大寧都司於保定，並於保定設左右中前後五衞，實在加强北京的軍事防禦，並且以保定的重要軍事組織都指揮使司，及五衞，隸北京後軍都督府，也在增高北京的軍事地位。又如調營州左右中前後五屯衞於順義、薊州、平峪、香河、三河等。而這些地區都在北京以東附近之地。當然是加强北京以東的軍事防備，也增高北京的軍事地位。

所以由本文的討論，在明成祖篡位時的政治背景中，及開始計劃建設北京的時代下。要加强北京根據地的軍事防禦，以北方六十一衞及三千戶所隸屬北京留守行後軍都督府統治；並內移大寧的軍力於北京附近地區，以保衞北京，並增高這一新建設的政治重心的軍事及政治地位。

同時在明代邊防內移的時代背景下，東勝也內移。前文引『明太宗實錄』在永樂元年二月以六十一衞，隸北京留守行後軍都督府管轄。曾言及在洪武二十六年（一三九三）所設的東勝左衞和右衞，也於永樂元年二月隸北京留守行後軍都督府管轄。東勝的左右二衞在河套以北，中間又隔山西一省，如何能隸屬北京後軍都督府管轄？實際上，在明成祖加强鞏固北京的軍事防衞力量時，也內移東勝左右二衞到北京的周圍。

據嘉慶重修『大清一統志』云：『東勝州故城，……明洪武初改建左右二衛，兵民皆耕牧河套中。永樂初移治畿輔，其地遂墟。』（註四一）所謂移東勝左右二衛於畿輔之地。如『明史』『地理志』云：『永樂元年二月，徙左衛於北直盧龍縣，右衛於北直遵化縣，直隸後軍都督府。』（註四二）盧龍縣及遵化縣，都在接近北京以東的地區。盧龍縣也是永平所在地。所以『明史』『兵志』記載云：『調左衛於永平，右衛於遵化，而墟其地。』（註四三）無疑的，東勝衛內移，同樣的也是在充實北京軍事的防衛，加强北京的軍事地位。

關於大寧及東勝邊防內移，由於本文從內移到達的地域，及當時的時代背景來分析。可知內移的原因，不像前文所引『大明會典』及『明史』等記載的那樣單純。所以永樂元年正月建北京於順天府，增高北京的政治地位。在永樂元年二月，以六十一衛三千戶所，隸屬北京留守行後軍都督府，又加强北京軍事統治的地位；與永樂元年二月內移東勝左右二衛於北京的周圍；又於永樂元年三月也內移大寧地區的軍事設施於北京周圍，都在增加北京的軍事地位及防禦力量。這些史事的發展，是有密切關聯的。同時在明成祖當時篡位的目光中看來，蒙古已退往漠北，邊疆無大邊患之際，鞏固北京的安全，比屯兵於邊疆更重要，於是確造成大寧及東勝等地邊防內移的一個重要原因。

開平衛的內移，前文引『明太宗實錄』載永樂元年二月以六十一衛隸北京留守行後軍都督府，增高北京軍事統治地位時，已言及開平衛開平中衛隸北京留守行後軍都督府管轄。但是從那一史事記載，看不出開平衛內移的詳情。

據『畿輔通志』則有開平衛內移較詳細的記載。如云：『開平衛，……永樂元年二月徙衛治京師直隸後軍都督府。』（註四四）又接着在『開平中屯衛沿革說』云：『開平中屯衛洪武二十九年置於沙峪。永樂元年二月徙治眞定府直隸後軍都督府，尋徙治灤州西石城，廢縣。』（註四五）由此可知，在永樂元年，明成祖調動軍力增强北京的防禦時，已徙開平衛屬北京留守行後軍都督府，並內移開平中屯衛於北京以南的眞定府。同時又據『畿輔通志』記載，在永樂元年內移邊防時期，設於七合營的開平左屯衛，設於軍臺的開平右屯衛，設於石塔的開平後屯衛，設於石塔的開平前屯衛，都在永樂元年廢止（註四六）。我們可以肯定的說，在永樂元年內移大寧及東勝邊防時，開平地區的邊防也有內移及變動。

自永樂元年二月開平地區的邊防內移及變動以後，又有演變。如上文引『畿輔通志』所載，移開平中屯衛於眞定府後，不久又徙於京東的灤州。並且開平衛自徙於北京後軍都督府管轄以後，『畿輔通志』又云：『開平衛……永樂元年二月，徙衛治京師直隸後軍都督府。四年二月還舊治。宣德五年遷治獨石。』（註四七）到宣德五年獨石堡修成，又移開平衛於獨石堡，而開平衛自此以後完全放棄。

雖然開平衛後來有遷移及演變，實際上，開平地區的軍力，在永樂元年內移大寧及東勝邊防時期，已有內移及變動。並且由永樂元年徙治開平衛於北京後軍都督府，以及內移開平中屯衛於眞定（尋徙灤州）來看，也在充實北京的防禦力量，及增加北京後軍都督府的軍事統治地位。

興和守禦千戶所，算是較小的軍事設施。由於距北京較近，而在永樂元年二月調動衛所增加北京軍事統治地位時，前文引『明太宗實錄』曾云，興和千戶所也在當時劃歸北京後軍都督府管轄，但是由於明代永樂元年北方軍事設施重新部署時，大寧及東勝的邊防內移，開平中屯衞之內移及左右前後衞的廢止，而影響興和守禦千戶所在北方邊疆成爲孤立形勢。所以到永樂晚年，北方的阿魯台入犯邊疆，曾直接攻擊興和。

興和之被侵犯，據『明太宗實錄』云：『永樂二十年春三月……乙亥，邊將奏虜寇阿魯台犯興和。先是阿魯台爲瓦剌馬哈木等所敗，窮蹙日甚，以其妻奴部落奔竄而南，保息塞外，遂表稱臣，遣使貢駝馬。……數年畜牧益蕃，生聚益富，而兇悖之心復萌。……至是大寇興和，親征之議遂決。』（註四八）由此可知，阿魯台犯興和的情形，以及促成明成祖第三次率大軍親征塞外的原因。

由於阿魯台犯興和，而興和千戶所又內移到宣府。如『畿輔通志』云：『永樂元年二月直隸後軍都督府，二十年爲阿魯台所攻，徙治宣府衞城，而所地遂虛。』（註四九）然而明成祖在永樂二十年(一四二二)親征蒙古的大軍已越過興和，曾深入漠北追擊阿魯台，當凱旋歸來，邊疆平靜無事時，興和守禦千戶所徙宣府城後，並沒有再遷回興和。所以『畿輔通志』云：『興和守禦千戶所，永樂二十年自興和舊城徙宣府城內，宣德五年六月改屬。』（註五〇）興和千戶所到宣德五年（一四三〇），便正式改屬宣府衞，而放棄興和。其實早在永樂元年邊防內移之際，爲了增加北京軍事統治地位，已把興和守禦千戶所隸屬北京留守後軍都督府管轄。

然而可惜的事，當明成祖的永樂時代，政治及軍事統治已穩固，北京逐漸建設起來，已把南京的政治重心遷移到北京，永樂十九年（一四二一）元旦正式定北京爲明代的京師，（註五一）永樂已成強大穩定的時代後，明代並沒有恢復大寧東勝開平及興和的防禦，而忽略在外據險守邊的邊防，只是在內移邊防的防線上加强防衞。如『明史』『兵志』云：『以大寧地界兀良哈，自是遼東與宣大聲援阻絕。又以東勝孤遠難守，調左衞於永平，右衞於遵化，而墟其地。先是興和亦廢，開平徙於獨石，宣府遂稱重鎮。然帝於邊備甚謹，自宣府迤西迄山西，緣邊皆峻垣深濠，烽堠相接。隘口通車騎者，百戶守之；通樵牧者，甲士十人守之。……各處烟墩務增築高厚，上貯五月糧及柴薪藥弩。墩傍開井，井外圍牆，與墩平，外望如一，重門禦暴之意，常凜凜也！』（註五二）所以明代邊防內移後，只是在內移的邊防上，加强防禦，而形成明代後來兩百餘年北方邊防防線。

四、邊防內移與形成九邊鎮守邊的劣勢

明成祖時代北方對外邊防雖內移，然而明成祖在北方的對外政策，並不是死守這條內移的邊防。我們認爲他在施行三種不同的策略。例如：一、除了上文所述在內移邊防上『邊備甚謹』，嚴加防範外。二、又在施行朝貢制度，而以朝貢制度建立關係，對邊疆民族加以覊縻。三、明成祖又積極的親自率大軍深入漠北，遠征蒙古。在這三種不同的政策配合下，可以說形成永樂時代在北方對外的重要政策。

永樂時在邊防上嚴加防備，前文已述過。至於朝貢制度，當蒙古後裔被逐出塞外，東有韃靼，西有瓦剌，亦漸入貢。按『大明會典』云：『永樂元年，韃靼知院阿魯台，瓦剌馬哈木，各遣人入貢。七年封瓦剌馬哈木順寧王，太平賢義王，把禿孛羅安樂王，通貢不絕。十一年阿魯台乞降，奉表稱臣，貢駝馬，封和寧王，尋各叛去。』（註五三）由此可知，永樂時代北方的邊疆民族在朝貢制度下，雖來明朝入貢，但在叛服

的情形下，當然促使明代對北方嚴加防範。

邊疆民族叛服無常，明成祖並沒因此把內移的邊防，再向外伸展，恢復明太祖時在外據險設防的形勢。但是明成祖是一位勇猛好武功的人物，他對北方邊疆民族的處理，如上文所述，在永樂時代，明成祖則又實行積極的政策。曾主動的親自率大軍五次深入漠北遠征塞外。（註五四）明成祖不斷的遠征，把靜止被動守邊的邊防政策，變成活的運用。所以在明成祖的征討下，而使邊疆民族向北方遁去，不易得到大規模南下侵犯邊疆的機會，邊疆上可免去許多邊患。

雖然如此，我們認爲明代邊防內移後，確潛伏着危機。邊防內移對明代的影響，是不能抹煞的。如大寧軍力的內移，兀良哈三衞地區失去控制，即叛服無常。又如明成祖死後，停止對北方的遠征，而北方邊疆民族在安寧中發展，即逐漸南下入侵。

北方邊疆民族的入寇擾亂，當然明代必須加强防禦。於是在內移的邊防上，形成明代九邊鎮對外的防衞形勢。所謂九邊鎮，如『明史』『兵志』云：『初設遼東宣府大同延綏四鎮，繼設寧夏甘肅薊州三鎮。而太原總兵治偏頭，三邊制府駐固原，亦稱二鎮，是爲九邊。』（註五五）本文認爲九邊鎮的形成，也與明成祖永樂後邊防內移有關係。再把明代邊防的內移影響九邊鎮的形成，加以討論。

如大寧地區軍事內移後，由兀良哈三衞管轄這一廣大地區。據『明史紀事本末』云：『遂以三衞地畀兀良哈，……約以爲外藩。居則偵探，警則捍衞。然諸部落已列我門庭矣。亡何，三衞復叛，附阿魯台。終明之世，泰寧福餘常與東合；而朶顏常與西合，爲中國膏肓之患，則皆三衞爲鄉導也。』（註五六）因兀良哈外連邊疆民族,受到外力的影響,對明朝叛服的主動,是操於兀良哈之手。所以明成祖永樂時代邊防內移，已埋下邊患危機。

事情發生的快，就在永樂時代晚年，北方邊疆民族阿魯台的南侵，不但兀良哈沒有替明朝抵禦外患，反而附阿魯台,助其入犯。如『明太宗實錄』記載明成祖親征阿魯台凱旋班師的途中，明成祖又征討兀良哈。（註五七）並且在征兀良哈時，明成祖對諸將曾說出一番話，據『明通鑑』記載：『方阿魯台之入寇也，大寧三衞之衆，實陰附之。至是上謂諸將曰：「阿魯台恃烏梁海（兀良哈）爲羽翼，二寇相結，邊患無已時，今當移師翦之。」』（註五八）由這一史料來看，可知大寧邊防內移後，兀良哈已對明代有了不利的影響。

到宣德三年（一四二八），宣宗也有親征兀良哈的史實。據『明宣宗實錄』可看出親征的本意，云：「上御奉天門，召公侯伯五軍都督府都督諭之曰：「胡虜每歲秋高馬肥必擾邊。比來邊備不審，何以東北諸關隘皆在畿內。今農務將畢，朕將因田獵親歷諸關，警飭兵備，卿等整齊士馬以俟。」』（註五九）宣宗在朝廷中正式提出他行軍的主張。當準備行軍時，名將英國公張輔向宣宗報告扈從官軍之數時，宣宗又云：『朕此行豈爲田獵，但以國家雖安，不可忘武。況邊境之民，每及秋則憂虜患；若在我有備，虜何能爲患?朕爲民故特因田臘閱武，遂飭邊備耳。』（註六〇）所以由此可知，宣宗的行軍意義,爲了防兀良哈的犯邊,而以田臘親歷京東諸關，警飭邊備而已。

宣宗行軍，雖然如『明實錄』記載：有吏部尚書蹇義、戶部尚書夏原吉、兵部尚書兼華盖殿大學士楊士奇、工部尚書兼謹身殿大學士楊榮、禮部尚書胡濙、都察院僉都御史凌晏、太常寺卿兼翰林院學士楊溥等，

（註六一）幾乎明朝在北京的重臣都隨軍出動了。雖然扈從宣宗行軍的官員陣容是強大的，但是隨宣宗的軍隊，却不是大規模的。如『明宣宗實錄』云：『勑畿內諸衞選精銳官軍扈從。勑薊州以東諸衞整備士馬以俟扈從。』（註六二）隨行的軍隊只是選京師畿輔以內的精軍，及薊州以東接近兀良哈的諸衞士馬，不是動員全國性的大軍。

明宣宗的行軍是由宣德三年，（一四二八）八月出發到九月返回京師，（註六三）不過二十六天的時間。在行軍的期間曾出喜峯口，而以三千軍兵征討兀良哈，俘獲而歸。宣宗曾親製詩歌慰勞，將士皆叩首抃舞。及凱歸京師，又以國家大典，謁告宗朝。（註六四）成爲明代轟轟烈烈的大事。但是我們認爲，宣宗的巡邊出征，頗似一種戲劇性的粉飾太平盛世的軍事活動。

所以據史事來看，所謂明宣宗的親征，僅以一種田臘式的整飭邊備，對兀良哈做爲象徵性的警惕罷了。決不能與永樂時代，明成祖親率五十萬大軍，曾以長時間不斷深入漠北遠征北方，使北方邊疆民族向北遁去的主動征討政策相比。宣宗征兀良哈，雖凱旋而歸，也並沒有乘勝收復大寧三衞之地，實際上這一地區的邊患，沒有根除。

宣宗時代後，是英宗正統時代（一四三六——一四四九），這時距永樂元年（一四〇三）內移邊防時期，已有三四十年了。北方民族的南下侵犯，邊疆的不安，已是明顯的事實。

關於北方邊疆民族的演變及對明朝的叛服，『大明會典』有記載。本文摘要如下：『北狄，韃靼最大……瓦剌强，數敗韃靼。……永樂元年韃靼知院阿魯台，瓦剌馬哈木各遣人入貢。七年封瓦剌馬哈木順寧王，……十一年阿魯台乞降，奉表稱臣貢駝馬，封和寧王，尋各叛去。……二十年阿魯台弒其可汗本雅失里而自立，馬哈木攻破之，遂立元孽脫脫不花爲可汗，居漠北。……宣德元年，……馬哈木子脫歡嗣順義王。』（註六五）所以當明代開國，北方的邊疆民族有韃靼瓦剌，韃靼雖然最大，但是經過永樂宣德時代，瓦剌數敗韃靼，而瓦剌的馬哈木又立元後裔脫脫不花爲可汗。後瓦剌的馬哈木，傳子脫歡，尤其能操縱政治，而瓦剌的勢力已超過韃靼，成爲明代邊疆民族勁敵。

到正統時代，瓦剌脫歡又傳子也先，曾敗脫脫不花，而自立爲可汗。如『大明會典』云：『正統初，可汗脫脫不花及脫歡遣人貢馬。六年，脫脫不花及其太師也先貢馬，也先者脫歡子也。……（景泰）三年……也先旣攻敗脫脫不花，獻艮馬二匹來告捷。……及也先自立爲可汗，遣哈只貢馬及貂鼠銀鼠皮，書稱大元田盛大可汗。朝廷亦稱瓦剌可汗以報之。……也先新立，欲與中朝通好，貢市往來，然賞賜亦以百萬計。』（註六六）所以永樂時代邊防內移後，邊疆民族可以在北方不斷滋蔓。到正統時代，明朝僅守著內移的防線，雖以朝貢制度大量的賞賜來覊縻，而求維持太平，又是明代大量經濟上的消耗。

所以在北方的邊疆上，自邊防內移後，雖以朝貢賞賜維持太平，只是暫時的，北方邊疆民族入寇，實不可避免。如『明史紀事本末』『土木之變』云：『正統八年，癸亥夏四月，瓦剌太師順寧王脫歡死，子也先嗣。自脫歡殺阿魯台，併吞諸部，勢浸强盛。至也先益橫，屢犯塞北，邊境自此多事。十二年，春正月巡撫宣大僉都御史羅亨信上言，瓦剌也先專候釁端，圖入寇。』（註六七）也先在正統時屢犯邊疆，正如『明史紀事本末』『設立三衞』云：『（正統）九年秋七月，兀艮哈入寇，命成國公朱勇等率諸軍二十萬分道出塞擊之。……破福餘於全寧，復破泰寧朶顏於虎頭山。出所掠萬計，而都督楊洪出黑山，俘斬安出部，各論功加秩。三衞從是寖衰，然怨中國益刺骨，因糾也先入寇爲之鄉導矣。』（註六八）

也先入寇規模較大的，是在正統十四年（一四四九）。也先以入貢並候釁端入寇，而明代宦官王振挾英宗親征，竟在宣府以南的懷來土木堡全軍覆沒，英宗被俘，明代遭到空前的挫折，這是著名的土木之變。（註六九）也先的入寇，不但是兀良哈三衞爲鄉導，同時這次入寇，三衞也結合也先入侵。如『明史紀事本末』云：『十四年三月，福餘泰寧共潛結也先入寇,朶顏獨扼險不從。也先至，不能入，大掠二衞人畜去。其秋旋與也先合，土木北狩。』（註七〇）自土木之變後，北方的邊患便層出不盡。

自邊防內移外患入侵後，在內移的邊防上促成明代九邊鎭守禦形式。先就遼東鎭而言，如大寧地區軍事設施內移，三衞內侵，對遼東的影響也很大。據『九邊圖說』云：『臣等謹按遼東全鎭，延袤千有餘里。北拒諸胡南犯朝鮮，東控福餘眞番之境，實爲神京左臂。自大寧失險，山海以東橫入虜地，寧前高平諸處，一線之塗，聲援易阻，識者有隱憂焉。』（註七一）大寧地區邊防內移，已直接使遼東與北方邊防的聯防受到阻礙。所以『明史』『兵志』又云：『自是遼東與宣大聲援阻絕。』（註七二）我們認爲不但如此，更重要的是，兀良哈三衞在這一地區發展其勢力,而成了明代的直接邊患。西可入寇北京以東畿輔之地；東可向遼東侵犯，已成不可抹煞的史實。因此明代要加重遼東軍事防守邊疆的重要性，於是遼東即成爲九邊之一的重鎭了。

再看大寧地區軍事防禦內移，而形成薊州爲一軍事重鎭。當明代初年，明太祖在大寧地區設都司及營屯等衞所，使羣山天險相連，由於大寧地區軍事設施，可與遼東宣府東西連絡，稱爲『外邊』。同時從古北口東達山海關的防線上，增設關隘，稱爲『內邊』。由於『外邊』與『內邊』的設施，形成雙層的邊防，這對邊疆的防禦，極爲有利。

然而自大寧地區軍事防禦內移後，放棄險要的『外邊』，僅守古北口到山海關的『內邊』。自此以後這一帶邊防已薄弱。於是『皇明九邊考』云：『邊人謂外山勢連千里，山外撒江環繞，誠自然之險也，北虜不敢內侵。三衞者以此，今棄此而守內邊，失地險矣。』（註七三）這是中肯之言，因此明代內移邊防，兀良哈三衞可在『外邊』之內，及『內邊』之外的地區發展，形成邊疆的邊患；特別對明代在北京的京師，威脅更加嚴重。

不但兀良哈三衞入寇，成爲明代的邊患。同時前文也述過兀良哈三衞因與明代接近，多瞭解中國內情，又不斷引導北方邊疆民族入寇明代。如『九邊圖說』又云：『臣等謹按薊鎭自山海抵居庸，延袤遼闊，國初號稱腹裏。頃緣大寧內徙，宣遼隔絕，沿邊千里，與虜爲鄰。雖有屬夷駐牧，甘心附虜。每犯內地，輒爲嚮導。頻年撫賞，勞費不貲。甚至肆爲要挾，悖逆極矣。』（註七四）已成爲邊疆上的大問題。

兀良哈三衞的侵犯腹裏地區薊州一帶，北京受到威脅。如果明代要挽救這一危機，就應該把放棄的三衞之地再收復，仍在『外邊』設防。例如成祖在永樂二十年（一四二二）第三次率大軍遠征阿魯台，當旋師征討兀良哈時，就應乘勝設軍事重鎭控制三衞。或宣德三年（一四二八），宣宗出喜峯口敗兀良哈時，也是控制三衞地區的機會。因永樂及宣德時代都是明代强盛時期，乃可實現的事，但是明代忽略了，沒有這樣做。

所以後來『皇明九邊考』又云：『自來論薊州邊者，皆謂外邊山河並險；內邊城堡疏夷。外邊直而近，內邊曲而遠。從國初長久之計，惟在驅三衞復舊制，以守外邊。若事勢難爲，仍守內邊，必從邊人長計，據險要修墻堡，增墩軍，益邊糧，以嚴防守，其庶幾矣。』（註七五）此一史料在說明代沒有收復三衞以恢復防守『外邊』，只有在『內邊』增墩軍修墻堡，加以防守。我們認爲這是下策，因爲這一地區的邊患根源沒有剷除，並且又失防守外邊的優勢，確帶給明代的邊患非淺。因此形成內邊以內的薊州軍事地位，尤其重要。

所以大寧地區邊防內移，而兀良哈三衞的入寇，北京以東的防禦必須加强。於是在北京以東的薊州，因地勢的適中，便成爲邊防的重鎮。如『皇明九邊考』云：『薊州一邊，拱衞京師，密邇陵寢，比之他邊尤重。三屯營居中，爲本邊鎮，東至山海關三百五十里，西至黃花鎮四百五十里。』（註七六）在這八百餘里的防線上，薊州實爲一重要地區。又云：『東至山海關，西至黃花鎮，爲關寨者二百一十二，爲營堡者四十四，爲衞二十二，爲守禦所三。』（註七七）明代薊州軍事設施的加重，可以說直接受到大寧邊防內移，因兀良哈三衞的寇亂，京東的防禦吃緊，而促成薊州鎮軍事地位的提高，於是薊州也成爲北方邊防的九邊鎮之一。

宣府是北京以北的門戶，當明初洪武時代，明太祖在外據險要設防之時，宣府在軍事上雖成重鎮。然而當時的宣府東有大寧，外（北）有開平及興和，西有大同等的屏障，宣府在這種保障下，並沒有面對外力侵犯的危機。

然而自大寧地區邊防內移後，不但像『明史』所說的遼東與宣府的聲援斷絕。同時宣府以東可直接面對兀良哈三衞的侵犯。又如宣府以外的開平及興和內移，宣府面對塞外，若外力南下入侵，直接可抵達北京對外的門戶——宣府，這在邊防形勢上已起了很大的變化。以北京爲京師的政治重心而言，北面防守太薄弱了。如面臨外敵的宣府有了危機，就可影響到北京的安全。所以自明代邊防內移以後，宣府必須加強防禦，而宣府的軍事地位即刻又提高。如『明史』『兵志』云：『先是興和亦廢，開平徙於獨石，宣府遂稱重鎭。』（註七八）

因此明代則必須要增加宣府的防禦設施，所以當宣德五年（一四三〇）正式宣佈放棄開平及興和時，據『明宣宗實錄』云：『宣德五年六月……壬午，置萬全都指揮使司，時關外衞所皆隸後軍都督府。上以諸軍散處邊境猝有緩急，無所統一，乃命於宣府立都司。……宣府第十六衞所皆隸焉。』（註七九）由於邊防的內移，設都司於宣府，宣府的軍事地位提高，及增強軍事設施，並加強這一地區的軍事統治，於是宣府在北方的邊防上，必然而成爲九邊鎭之一。

關於大同，據前文引『明史』所述，已在洪武時曾設重要軍事機構都司於大同，做爲山西對外邊防的重鎭。雖然如此，明初大同的形勢與明代邊防內移後的形勢不同。因爲在明初大同的東北有興和及開平做爲對外的邊防；在大同的西北有東勝衞的守備，已形成對外的鉗制。可有助於防衞外力入寇大同。

然而明代內移開平及興和，又內移東勝，於是大同失去有利的屏障，形成大同孤立的形勢。到正統時代，如『明史紀事本末』云：『正統十二年春正月，巡撫宣大僉都御史羅亨信上言，瓦剌也先專候釁端，圖入寇。』（註八〇）因大同外圍屏障已失，瓦剌也先南下入寇大同，也是必然的史實。

到正統十四年（一四四九），明代對北方邊疆民族重要的事件發生。如『明史記事本末』云：『十四年春二月，也先遣使二千餘人進馬，詐稱三千人。王振怒其詐，減去馬價，使回報，遂失和好。先是也先遣人入貢，通事輩利其賄，告以中國虛實。也先求結婚，通事私許之，朝廷不知也。至是貢馬曰，此聘禮也。答詔無許婣意，也先益媿忿，謀寇大同。』（註八一）因明代邊防內移後，而在邊疆上以保守的態度，僅在內移的防線上做被動防守，所以也先的南下謀寇大同，以及邊疆民族大規模的入寇，已是不可避免的。

北方邊疆民族大規模的入寇，案『明英宗實錄』云：『正統十四年秋七月，……已丑……，是日虜寇分道刻期入寇。也先寇大同，至貓兒莊，右參將吳浩迎戰敗死；脫脫卜花王寇遼東；阿剌知院寇宣府，圍赤城；又別遣人寇甘州。諸守將憑城拒守，報至，遂議親征。』（註八二）北方邊疆民族大規的入寇，於是宦官—振挾英宗率五十萬大軍親征也先。英宗的所謂親征，並沒有出明代的邊疆。

英宗的親征，明朝遭到慘敗。如『明英宗實錄』云：『正統十四年八月戊申朔，車駕至大同。……已酉，駐蹕大同，王振尚欲北行，鎮守太監郭敬密告振曰：「若行，正中虜計，」振始懼。……庚戌，車駕東還。……辛酉，車駕次土木。……地高無水，掘井二丈餘亦不得水；其南十五里有河，已爲虜所據。絕水終日，人馬饑渴。虜分道自土木旁近麻峪口入，守口都指揮郭懋力拒之，終夜虜兵益增。壬戌，車駕欲啓行，以虜騎繞營窺伺，復止不行。虜詐退，王振矯命擡營行就水，虜見我陣動，四面衝突而來，我軍遂大潰。虜邀車駕北行，中官惟喜寧隨行，振等皆死。官軍人等死傷者數十萬，太師英國公張輔……等，皆死焉。』（註八三）這是明代史上著名的土木之變，在這一場戰亂中全軍崩潰，英宗被俘虜，而明代遭到空前的浩劫。自此以後，明代北方的邊患層出不盡。

明代北方邊疆，遭到正統十四年（一四四九）這次也先入寇大同的經驗，更可看出興和開平及東勝內移後，孤立的大同在北方邊疆上軍事地位的重要。於是大同必須嚴加防備，而大同成爲北方對外邊防的九邊鎮之一，也是必然的事實。

偏頭關之軍事地位，當明初在外設防時，在內又設偏頭、寧武、雁門三關。如『皇明九邊考』云：『黃河東北舊有東勝城，與大同大邊興和開平相聯，通爲一邊，外狹內寬。復設偏頭、寧武、雁門三關，三十八隘口於內，以爲重險。』（註八四）其實在明初，因爲在外拒險設防，而內設偏頭、寧武、雁門三關，其軍事地位並不重要。然而自明代邊防內移後，東勝及興和開平棄而不守，大同孤立，則偏頭、寧武、雁門三關便直接面對北方，軍事地位才較重要。如『皇明九邊考』云：『往年東勝開平能守，三關未爲要害。正統以來東勝開平俱失，三關獨當其衝。』（註八五）因之偏頭關等地而受到北方邊疆民族直接南下入侵之害。正統『皇輿考』又云：『正統以來，有司又失東勝，大虜乃得逾河，而偏頭關迤西，遂有河套之虞』。（註八六）所謂正統以來又失東勝，至正統時代土木之變後，邊患愈來愈熾。東勝已被邊疆民族佔有，而山西偏頭關等地區，成了對外直接的邊防，常遭到侵犯。實際上東勝等地區的邊防，如前文所述，早在永樂時代已內移而棄守。

到明代中葉，邊疆民族定居水草肥美的河套，不斷入侵，成爲明代嚴重邊患時，所謂『河東』地區，首當其衝，三關逼近河套，特別是偏頭關之地，就是入侵之路，所以這一地區的邊防殊爲重要。如『皇明九邊考』又云：『弘治十四年以後，虜住河套中，地勢平漫；偏頭關逼近黃河，焦家坪、娘娘灘、羊圈子地方，皆套虜渡口，往來蹂踐歲無虛日，保障爲難。今三關要害雖同，偏頭尤急。』（註八七）因偏頭關軍事地位的重要，也成爲對外邊防的九邊鎮之一。

延綏之爲重鎮，與東勝邊防內移，也有直接關係。然而成化時代兵部尚書王復曾替明成祖洗刷錯誤，如『明史』『王復傳』云：『自永樂初，北寇遠循，因移軍延綏，棄河不守；誠使兵強糧足，仍準祖制據守黃河萬全計也。』（註八八）王復所說，成祖內移軍延綏，而以河套南的延綏來防守河套北邊等地，如外力佔據黃河兩岸，入犯河套以內，然後再從河套以南之延綏擧兵向北討伐，乃爲不智的策略及看法。關於以河套以南的延綏設防，保衞河套的失利史事，可參閱下文第五節。

所以東勝內移，到英宗正統時代，在土木之役，明代喪師敗績，北方邊患不息後。待邊疆民族逾黃河入駐河套，進可向明朝進攻，退可盤踞水草肥美的河套中，休養滋長，成爲明代嚴重的邊患，『明史』曾稱之爲『套寇』。延綏的軍力並不能逐『套寇』北去，又不能收復黃河兩岸地帶。但是明代在失利的邊防情況下，又不得不加强延綏鎮的軍力，而防禦『套寇』向河套以南的地區入侵。於是延綏的軍事地位提高，則延綏鎮也成爲九邊鎮之一。

寧夏之爲重鎮，前文曾述過，在明初明太祖開國時，也在寧夏設有邊防。如『皇明九邊考』云：『國初立寧夏府，洪武五年廢之，徙其民於陝西。九年復設寧夏等伍衞于上郡，東南距河西，北抵賀蘭山，蓋四塞之地。內有漢唐二渠，引水灌田，足稱富庶，亦陝之樂土也。』（註八九）而寧夏地區，農業生產，可供食用，有經濟上的資助，這對寧夏邊防是有很大幫助。

但是在明代早期，賀蘭山外的邊疆民族，時有入犯，當然寧夏便首當其衝，所以在明代早期寧夏的設防，也是必然的。到明成祖永樂時代邊防內移時，並沒有內移寧夏的邊防。

然而河套以北的東勝內移，邊疆民族過賀蘭山入河套盤踞，更可進一步的內侵。如『皇明九邊考』云：『成化以前虜患多在河西，自虜據套以來，而河東三百里間更爲敵衝。』（註九〇）當然在河套以南陝西一帶地區，又無黃河之阻，也是易於侵略的地區。而寧夏居河套之西，所面臨的入侵反較河東及河套以南不嚴重。但是寧夏接近河西邊陲之地，古代爲夏州，晋及南北朝時赫連夏及拓跋魏皆都于此。唐宋時胡裔據朔方之險相繼爲中國之邊患，（註九一）所以這一地區在邊防上，也居重要地位，於是寧夏也爲九邊鎮之一。

固原是河套以南之地區，在寧夏的正南，明代早期應算內邊。因爲在東勝衞內移以前，此地不易受外患的擾亂。但到明代邊防內移，東勝棄而不守，邊患發生;至明中葉弘治時代小王子火篩等入侵河套，盤踞不去，寇邊南犯，而固原即首當其衝。如『皇明九邊考』云：『（弘治）十五年本部議奏，設總制于固原，推用戶部尚書秦紘兼左副都御史，後總制皆住劄此城。於是始改立州衞，以固靖甘蘭四衞隸之。嘉靖十八年因主事許論議，以總制移鎮花馬池，仍以陝西巡撫總兵提鎮此邊。』（註九二）由此可知，固原面臨外力侵犯，而成爲邊防重鎮，實直接因邊防內移及『套寇』入侵的影響。

固原地區，由於東勝邊防內移，河套之失去，而必須加强固原軍事防禦。所以『皇明九邊考』在固原鎮『保障考』內云：『弘治間，總制秦紘築內邊一條。自饒陽界起，西至徐斌水，三百餘里，係固原地界。自徐斌水起，西至靖虜花兒岔止，長六百餘里，亦各修築。至今于二月八月各修理一次，屹然爲關中重險。東向可以顧楡林，西向可以顧甘肅，總兵遊擊守備，皆住箚于此，猶室家之有堂奧也。東之于胡也，以花馬池一帶爲門戶。西之于番也，以西蘭一帶爲門戶。門庭有故，總制運籌于中，總兵參遊提兵，會各鎭折衝于外，處置得宜，全陝無憂矣。』（註九三）此一史料，已簡要的把固原在邊防上的重要性闡明。而固原在對外禦敵的邊防上，實居有重要地位，所以固原在北方邊防上也成了九邊鎭之一。

甘肅地帶，即漢武帝開設武威、張掖、酒泉、敦煌之河西四郡地區，是通西域的走廊，又北連蒙古，實爲西北邊防的要地。到明代開國，明太祖並沒有忽略這一地區的防禦。如『皇明九邊考』『甘肅考』云：『洪武九年設甘州等五衞于張掖，設肅州衞于酒泉，設西寧衞于湟中，又設鎭番莊浪二衞，又于金城設蘭州衞，皆置將屯兵拒守。』（註九四）在明代邊防內移時期，這一地區的邊防，並沒有內移，所以西北甘肅地區的邊防一直是被重視，因之甘肅鎭也爲九邊之一。

上文的討論，由於明代邊防內移，乃促成九邊鎭的形成。於是在明代的北方邊防上，東起鴨綠江，西抵嘉峪關，綿延萬里，在所謂遼東、薊州、宣府、大同、偏關、延綏、寧夏、固原、甘肅九邊鎭的防衞下，而形成一條邊防的防線。這條九邊鎭的邊防防線的形成，由上文可知，薊州、宣府、偏關、延綏、固原五鎭，直接是受到邊防內移的影響，成爲重鎭；又如遼東大同等鎭，也受邊防內移的影響，而增加其軍事地位的重要性。所以明代形成九邊鎭做爲對北方的邊防，實受明代邊防內移影響的關係很大。

九邊鎭形成了，只是增加內移邊防的防守而已。本文認爲因明代邊防內移，放棄在外據險設防的政策，已在邊防上居於劣勢。所以明代又在劣勢的內移邊防上，雖形成九邊鎮的防守，其邊防劣勢並沒有改變，可以說明代以九邊鎮守邊，仍居於劣勢的邊防形勢。

五、邊防內移對延綏鎮及榆林鎮演變的影響

雖然九邊鎮的形成，仍居於邊防劣勢。但畢竟在明代內移邊防的劣勢上，也增加了防守力量。所以關於明代九邊的史事，可常見於記載。如『明史』『兵志』『邊防』，又如明刊本的『廣皇輿考』、『輿圖備考』、『圖書編』、『廣輿記』等等史籍，皆述及九邊鎮有遼東、薊州、宣府、大同、三關、延綏、寧夏、固原、甘肅等。（註九五）。

然而這九邊鎮的名稱，各家記載而有不同。如上文所述九邊鎮中有延綏鎮，而在明末清初顧炎武的『天下郡國利病書』『邊備』只述到榆林論，（註九六）並未言及延綏鎮。如前文引『皇明九邊考』，在第一卷『鎮戍通考』中言延綏鎮爲九邊之一，而正文目錄則爲『第貳卷遼東考，第叁卷薊州考，第肆卷宣府考，第伍卷大同考，第陸卷三關考，第柒卷榆林考，第捌卷寧夏考，第玖卷甘肅考，第拾卷固原考，以上九邊，每邊又各分類以考。』（註九七）其中沒有延綏考；同時在正文中言榆林，而不書延綏。又如明刊本徐學聚的『國朝典彙』『兵部』中的『邊備』『北虜』及『河套』內，皆有延綏鎮的記載；然而在『九邊說』中（註九八）只述榆林爲九邊之一，而不言延綏鎮。

又如『皇輿考』中的『九邊圖敍』，及『九邊圖論』中的『九邊總論』，皆云明初設九邊有延綏鎮，而

在正文各別論九邊時，則稱『楡林，延綏二邊在此。』（註九九）論楡林爲九邊之一，也兼論延綏鎭。由以上的舉例，顯然的，各家述九邊鎭，而有不同的記載。在明代北方邊防的九邊鎭中，延綏鎭及楡林鎭又成了混淆的問題。我曾在「延綏鎭的地域及其軍事地位」（註一〇〇）中，已有考証。但本文認爲延綏及楡林邊防的演變，也受到東勝邊防內移的影響而產生。因與本文討論明代內移北方邊防有關係，再做整理增補，擬加述論。

延綏鎭原設於河套以南，陝西延安府內的綏德州，『延綏鎭志』：『延綏鎭……明洪武初定陝西，分綏德衞千戶，劉寵屯治。至正統中，河套髮髮爲患害，特敕都督王楨鎭守。延綏城鎭，舊治綏德，而外棄米脂魚河地，幾百里。』（註一〇一）延綏鎭在河套以南，距北方邊防較遠。但是如『大明一統名勝志』云：『國初設東勝於套北，又設延綏鎭於套南，藉如帶之河，相爲犄角。與雲川玉林衞所聲援聯絡，以故關陝晋雲之間，晏無虜警。』（註一〇二）在明初，河套以北的東勝設衞，外力不能侵犯河套，而河套以南的延綏，自然平安無事，所以在明代早期，延綏在邊防上的軍事地位並不重要。

然而前文已述過，明代東勝衞內移，河套棄守，到『土木之役』後，經景泰時則河套常被入侵。到天順時代，阿羅出入居河套，而犯邊劫掠，愈演愈熾。又如『明憲宗實錄』云：『到天順間，虜酋阿羅出入居之，時出劫掠。成化初，毛里孩、乩加思蘭、孛羅忽，滿都魯繼至，初猶去住不常。六年以後，始爲久居計。深入諸郡，殺掠人畜，動輒數千百萬，歲常四三入。』（註一〇三）而河套成了邊疆民族入侵的根據地。

在『套寇』不斷入侵的情勢下，而河套以南延綏鎭的邊防軍事地位即不同了。如『國朝典彙』云：『國初虜遁河外居漠北，延綏無事。正統以後浸失其險，虜始渡河犯邊。鎮守都督王楨始築楡林城，創沿邊一帶營堡，墩臺累增至二十四所。歲調延安綏德慶陽三衞官軍分戍，而河南陝西客兵助之，列營積糧，以遏寇路。景泰初，虜犯延慶不敢深入。天順初，阿羅出掠我邊人以爲嚮導，因知河套所在，不時出沒，遂爲邊境剝膚之害。』（註一〇四）自明代邊防內移，而河套棄守後，待北方民族知河套所在，便不斷侵入而成邊患。

到天順以後的憲宗成化時代，而『套寇』不斷侵犯，邊患漸熾。如『明憲宗實錄』云：『成化二年三月……已未……延綏紀功兵部郎中楊琚奏，延綏慶陽二境，東接偏頭關，西至寧夏花馬池，相去二千餘里，營堡迂疏，兵備稀少，以致河套達賊，屢爲邊患。』（註一〇五）由於河套棄守，邊患而不斷產生。在河套以南的延綏鎮的軍事地位便提高。案當時右副都御史余子俊的『余肅敏公奏議』云：『自成化五年以來，秋冬則擧衆爲寇，春夏則潛退河套。近邊軍民多被搶虜，近裏軍民因之不安。仰賴朝廷憫念，陝西爲中原安危所繫，延綏爲陝西切近藩籬。添調京營並大同、宣府、寧夏、甘涼、陝西等處軍馬，通計數萬。用勦前賊，頒給銀兩。起倩陝西、山西、河南三處軍民，或僦運，或糴買，或預徵，或開平，或採打，多方設法整理草束，以濟軍餉。』（註一〇六）於是加强延綏鎮的軍事設施，及經濟力量的支持，以防衞陝西一帶的邊區。

『套寇』的入侵，在河套以南的延綏鎮，已成爲極重要的邊防。然而有眼光的官員也看出這一帶的邊患是在河套內的『套寇』。所以當時的兵部尙書白圭，爲了解決這一邊患，力主搜勦河套，予『套寇』征討。案『明史』『白圭傳』云：『六年（成化），阿羅出等駐牧河套，陝西數被寇。……圭乃議大擧搜河套，發京兵及他鎭兵十萬屯延綏，而以輸餉責河南、山西、陝西民不給，則預徵明年賦，於是內地騷然。而前後所遣三大將朱永、趙輔、劉聚皆畏怯不任戰，卒以無功。』（註一〇七）由於套寇的侵犯，官軍不斷的抵抗，又因經濟上糧餉資助不足，邊將畏怯不任戰，因此大規模搜勦河套不能實現，而這一帶的邊患仍不能消除。

由上文的討論，河套地區的邊患不能消除，明代以河套以南的延綏鎭抵禦『套寇』，是失利的。明代為了征討『套寇』又費過苦心，『套寇』常年的入犯，大量的人力物力，也隨着『套寇』侵犯的戰爭而消耗了。由正統經景泰天順到成化時代，『套寇』的侵犯，愈演愈熾，所以明代邊防內移，東勝衞內徙後，形成『套寇』的入侵，確成了明代的嚴重國防問題。

在這一嚴重的國防問題下，余子俊見於『套寇』的侵犯，以延綏鎭抵禦『套寇』的失利，為了久遠計，主張沿邊築牆置堡加以防範。余子俊提出築邊牆（即今萬里長城）的理由，乃因『套寇』之侵入，官軍征討無功效；然而由於累次調兵戰守，一年中的供餽浩繁，又成了國家經濟上的大問題，而使國家難以支持。案『明憲宗實錄』云：『成化八年九月，……癸丑，……巡撫延綏右副都御史余子俊等奏，虜寇自成化五年以來，相繼犯邊，累次調兵戰守，陝西、山西、河南供餽浩繁。今邊兵共八萬之上，馬亦七萬五千餘匹。略計今年運納之數，止可給明年二月。……如此虜今冬不北渡河，又須措備明年需費。姑以今之數計之，截長補短，米豆每石俱作值銀一兩，共估銀九十四萬六千餘兩。每人運米六斗，共用一百五十七萬七千餘人。每草一束，值銀六分，共估銀六十萬兩，每人運草四束，共用二百五十萬人。往回兩月，約費行資二兩，共費八百一十五萬四千餘兩。脫用牛驢載運，所費當又倍之。』（註一〇八）自明代邊防內移，外力進駐河套入侵，後因征討『套寇』，一年中的供餽及耗費，共八百十五萬四千餘兩，確是經濟上一個嚴重問題。

一年所需是八百十五萬四千餘両的銀子，已是國家財政經濟上的大量消耗。譬如就以成化八年全國夏稅秋糧的總收入來看，如『明憲宗實錄』云：『是歲……田賦米二千二百七萬五百六十石有奇。麥四百三十一萬三千六百一十石有奇。』（註一〇九）若以余子俊舉例，糧一石值銀一両計算，與全國總稅收入來比較。而這八百一五萬四千餘両，爲全國夏稅秋糧的米麥合計二千六百三十八萬四千一百七十両的百分之三十點零九，也是十分之三點零九，爲全國夏稅秋糧米麥徵收的三分之一弱，這是一個比例而已。由此可知一年需要八百十五萬四千餘両銀子，對國家財政經濟而言，實在是難以支持的消耗數字。所以余子俊認爲如用這樣大的數目來供給邊防需要，應有經久之計，不然國家會遭到經濟上的困窘。

在權衡之下，余子俊認爲一勞永逸的辦法，便堅決主張沿邊築牆，增加河套以南延綏鎮一帶的防禦。案『明憲宗實錄』記載余子俊的主張又云：『自古安邊之策，攻戰爲難，防守爲易。向者奏乞剷削邊山一事，已嘗得旨令於事寧之後舉行。竊計工役之勞，差減運輸戰鬥之苦，欲於明年摘取陝西運糧軍民五萬，免徭給糧，倍加優恤。急乘春夏之交，虜馬罷弱不能入寇之時，相度山界剷削如牆。縱兩月之間不能盡完，而通寇之路已爲有限，彼既進不得利，必當北還。稍待軍民息肩，兵食强富，則大舉可圖。……上曰：「修築邊牆，乃經久之策，可速令處治。」』（註一一〇）這時，爲了避免延綏鎮一帶『套寇』的侵犯，及明代常年戰爭的經濟大量消耗，便決定重修中國史上的萬里長城了。

在余子俊的計劃下，能大舉興工修築邊牆，乃由於成化九年（一四七三）明軍在河套內的紅鹽池征討『套寇』的勝利，（註一一一）『套寇』敗走北遁，河套稍寧之際。又如『明史』『余子俊傳』云：『明年又用紅藍池搗巢功，進右都御史。寇以搗巢故遠徙，不敢復居套，內地患稍息，子俊得一意興役。東起清水營，西抵花馬池，延袤千七百七十里，鑿崖築牆。』（註一一二）關於修這條長城的詳細情形，『明憲宗實錄』又云：『成化十年閏六月，……乙巳，……巡撫都御史余子俊奏修築邊牆之數，東自清水營紫城砦，西至寧夏花馬池營界牌止，剷削山崖及築垣掘塹。定邊營平地仍築小墩，其餘二三里之上，修築對角敵台。崖砦接連，巡警險如墩臺。及於崖砦空內適中險處築牆三堵，橫一斜二，如箕狀，以爲瞭空避箭，及有警，擊賊之所。及三山石澇池把都河，俱添築一堡。凡事計能經久者始爲之。……凡修邊牆，東西長一千七百七十里一百二十三步，守護壕牆崖砦八百一十九座，守護壕牆小墩八十七座，邊墩一十五座。奏上，令所司知之。』（註一一三）這是河套以南地區，因明代邊防內移，爲了防備外力入侵所修長城的實況。

這段長城，東起清水營，經榆林堡、靖邊營、定邊營、鹽池，西抵花馬池。這一地區雖屬延綏鎮的管轄，但實際上這段長城，在延綏鎮以北的數百里外。明代若以長城爲這一帶地區的邊防，而統領這一地區軍事的延綏鎮，反在數百里以南，實爲劣勢。因此明朝爲了防守的便利，又移延綏鎮於榆林。『國朝典彙』云：『成化九年，都御史余子俊議徙鎮榆林堡，內地稍安。』（註一一四）。

到明代中葉成化的時代，延綏鎮徙於榆林，而以榆林據長城守邊，因此榆林的軍事地位提高；榆林便成了防守北方的重鎮，則延綏鎮之名被淹沒。所以明代北方對外的邊防重鎮，仍爲九邊鎮，沒有多出一個邊鎮。並且我們認爲由於明代邊防內移，而河套以北東勝衛邊防內徙河套以北東勝衛邊防內移的影響，河套被侵，而造成延綏鎮與榆林鎮的遷徙演變，使一些史籍記載九邊，而有了混淆。

甚至於明末清初著名的學者，黃宗羲（梨洲）在『明夷待訪錄』『方鎭』內亦云：『今封建之事遠矣，因時乘勢，則方鎭可復也。……宜將遼東、薊州、宣府、大同、榆林、寧夏、甘肅、固原、延綏俱設方鎭外，則雲、貴亦依此例。分割附近州縣屬之，務令其錢糧兵馬內足自立，外足捍患。』（註一一五）明代對外邊防應設方鎭，當然是黃宗羲的理想邊防制度。我們認爲黃氏主張北邊應設的方鎭，沒有超出明代原設九邊的地域。如根據上文的論證，本文對黃氏北方設方鎭的理想邊防制度，應有兩點懷疑。

第一點，黃氏主張在榆林設方鎭，又在延綏設方鎭，由於上文的論証，明代的延綏鎭初設於綏德，榆林堡屬於延綏鎭。後長城修成，又徙延綏鎭於榆林，榆林就是延綏鎭。可以說延綏鎭與榆林鎭是一個地區。而黃氏則不明瞭此一史事的演變，著『明夷待訪錄』『方鎭』時，在同一管轄地區設兩個方鎭，是一錯誤。

第二點，黃氏不提由大同到榆林中間九邊之一的山西偏頭關。假若把山西靠近河套以內的偏頭關鎭去掉，而偏頭關北方的東勝衞已內移，在這蔓長的邊疆上，北方的邊疆民族，大可由此一地區入寇。並且東勝衞內移後，河套被佔，從河套向東入侵，沒有偏頭關的邊防，又是空虛而遭刼掠。所以黃氏在設方鎭的理想邊防制度中，又是一漏洞。

黃梨洲在『明夷待訪錄』『方鎭』內，雖說出他的沿邊設方鎭的理想邊防政策，但始終沒有跳出明代永樂時內移邊防及後來形成九邊鎭防線的圈子。由本文的討論看來，明代在內移的防線上設防是失利的。所以黃氏主張在北方內移的防線上設方鎭，而做爲明代對外的邊防，同樣的也是失利的，實非理想的邊防政策。

六、結語

由於本文的討論，明代北方邊防的內移，實際上，即是放棄了明初在外扼險設防的地區。放棄的廣大地區沒有防守，無疑的，邊疆民族即可順利的南下及進佔。可以說邊防的內移，明代邊疆已潛伏了危機；也是明代由最初在外扼險設防的優勢，而轉變爲劣勢。

明代在受內移邊防劣勢的影響中，邊疆民族進入明代放棄的廣大地區，滋長發展，可不斷向明代寇邊侵犯，實成了明代肘腋之患。因此在內移邊防上又加强防禦，而促成以九邊鎭防衞邊疆的形勢。

九邊鎭形成，雖增加防衞，只是以保守態度被動備兵防守，不能剷除外患。以東勝邊防內移爲例，反使外力南下盤踞河套入侵，在邊患影响下，又促成萬里長城修築；及延綏鎭與榆林鎭遷徙形勢。然長城又築於九邊鎭的防線上，依然是劣勢的防守。所以自明代內移在外扼險的邊防後，帶來的影響是不可補償的。

註解

註一：『皇明祖訓』，見『開國文獻』，學生書局影印明刋本，第三册P.一六八六，一六八七。

註二：『明史』，卷九一，『兵志』三，『邊防』，藝文影印殿本，P.九七七。

註三：參閱田村實造：『明代九邊鎭』，石濱先生古稀記念，『東洋學論叢』，一九五八，P.二九四；又見『明代の北邊防衞體制』，在『明代滿蒙史研究』，一九六三，P.八二。

註四：拙文：「明代最高軍事機構的演變」，「南洋大學學報」，第六期，一九七二，P.一四五—一五五。

註五：「明史」，卷九一，「兵志」三，「邊防」，藝文影印殿本，P.九七七。

註六：「明太祖實錄」，卷一九二，洪武二十一年秋七月甲申，中央研究院影印本，P.二八八八；北平行都指揮使司，本爲大寧都指揮使司。如「明史」，卷四〇，「地理志」云：「北平行都指揮司，本大寧都指揮使司。洪武二十年九月置，治大寧衛。二十一年七月更名，領衛十。永樂元年三月復故名。」藝文影印殿本，P.三九八。

註七：「明史」卷四〇，，「地理志」，同上，P.三九八，三九九。

註八：「明史」，卷一一七，「寧王權傳」，仝上，P.一三五八；並可參閱拙作：「明代皇室中的洽和與對立」，見「明代制度史論叢」下册，學生書局版，一九七一年，P.二六五—三二七。

註九：關於兀良哈及三衛，請參閱和田清：「兀良哈三衛の本據について」，「兀良哈三衛に關する研究」上下，見「東亞史研究」（蒙古篇），一九五九，P.一〇七—四二二。

註一〇：顧炎武：「天下郡國利病書」，卷一一五，「邊備」，「周宏祖輿和論」，光緒二十七年（辛丑）（一九〇一）石印本，P.六，七。

註一一：「明史」，卷九一，「兵志」，仝上，P.九七七。

註一二：「明史」，卷四〇，「地理志」，仝上，P.四〇〇。

註一三：「明史」，「地理志」，仝上頁。

註一四：「天下郡國利病書」，「周宏祖輿和論」，仝前頁。

註一五：「新唐書」，卷三七，「地理志」，藝文影印本，P.四五〇。

註一六：「遼史」，卷四一，「地理志」五，藝文影印本，P.二二二。

註一七：「金史」，卷二四，「地理志」上，藝文影印本，P.二七四。

註一八：「元史」，卷五八，「地理志」一，藝文影印本，P.六九三。

註一九：『元史』，卷五，『世祖本紀』二，藝文影印本，P.七五。

註二〇：『漢書』卷五五，『衛青霍去病傳』，藝文影印本，P.一一五三，一一五四。

註二一：『漢書』，卷二八，『地理志』八下，仝上，P.八一四。

註二二：『新唐書』，卷一一一，『張仁愿傳』，仝上，P.一四八一。置烽候千三百所，案『舊唐書』，卷九三，『張仁愿傳』，P.一四六四，又云：「於牛頭朝那山北置烽候一千八百所。」

註二三：『明太祖實錄』，卷四九，洪武三年二月乙酉，中研院影印本，P.九七二。

註二四：『明太祖實錄』卷六〇，洪武四年春正月癸卯，仝上，P.一一七九。

註二五：關於東勝設衛，據『明史』卷四一，『地理志』二『山西』云：『洪武四年正月，州廢置衛。二十五年八月，分置東勝左右中前後五衛，屬行都司。二十六年罷中前後三衛。』藝文影印本，P.四二二。而東勝衛設於洪武四年。但案『明太祖實錄』洪武四年正月癸卯載元朝樞密都連帖木兒等自東勝來降，明朝在這一地區曾置千戶所及百戶所。（見上註）並未言置衛。然而在同年同月，自正月癸卯後八天，到正月辛亥，『明太祖實錄』卷六〇云：『洪武四年正月……辛亥……陞東勝衛指揮僉事程暹爲鞏昌衛指揮使。』從癸卯到辛亥這八天內，自癸卯元樞密來降，而設有千戶所後，『明實錄』並沒再記載又設東勝衛。卻在正月辛亥『明實錄』云：『陞東勝衛指揮僉事程暹爲鞏昌衛指揮使』似有懷疑。而到洪武二十五年，『明太祖實錄』始云：「八月……丁丑，……詔致仕武官，自指揮而下俱往東勝大同等處，置衛。』這時『明實錄』始記載詔致仕武官，往東勝置衛，所以到洪武二十六年載置左右衛。見本文引『明太祖實錄』，卷二二五，洪武二十六年二月辛巳，P.三二九五，並參閱拙作：『明代東勝的設防與棄防』，見『明代制度史論叢』下冊，學生書局印，P.三二九—三四八。

註二六：『明史』，卷九一，『兵志』三，『邊防』，藝文影印殿本，P.九七七。案『明太祖實錄』，卷二三二，記載發山西軍士築東勝城，在洪武二十七年三月甲辰，有二年之差，P.三三八七。

註二七：顧祖禹：『讀史方輿紀要』，卷六一，『陝西』一〇，中華書局，一九五五年版，P.二六五三。

註二八：拙作：『論明代封藩與軍事職權之轉移』，見『明代制度史論叢』，上冊，P.三一—五五。

註二九：拙作：『明代皇室中的洽和與對立』，仝上，P.二八三。

註三〇：『明代皇室中的洽和與對立』，仝上，P.二七六。

註三一：『大明會典』，卷一〇七，『朝貢』三，仝上，P.一六〇五。

註三二：『大明會典』，仝上頁。

註三三：徐學聚：『國朝典彙』，卷一七四，『兵部』三八，『三衞』，學生書局影印本，P.二〇六九。

註三四：『明史』，卷三二八，『朵顏福餘泰寧傳』，仝上，P.三七〇八。

註三五：『明史』，卷九一，『兵志』三，『邊防』，仝上，P.九七七。

註三六：『讀史方輿紀要』，卷六一，『陝西』一〇，中華書局，一九五五年版，P.二六五三。

註三七：參閱拙作：『論建文時的宰輔及其對明代政局的影響』，在『明代制度史論叢』上冊，P.一五九—一七八。

註三八：『明史』，卷四〇，『地理志』，『京師』，仝上，P.一三九一。北京興建爲京師，參閱拙作，『北京建設與政治重心北移』，見『明代海運及運河的研究』，第三章，第一節，中央研究院歷史語言研究所專刊之四十三，一九六一，P.三六—四二。

註三九：『明太宗實錄』，卷一七，永樂元年二月辛亥，同上，P.三〇二。

註四〇：『明太宗實錄』，卷一八，永樂元年三月壬午，仝上P.三二〇。

註四一：嘉慶重修『大清統志』，卷一二四，『歸化六廳』，光緒二八年（一九〇二），上海寶善齋石印本，P.三a。

註四二：『明史』，卷四一，『地理志』二，『山西』，仝上，P.四二二。

註四三：『明史』，卷九一，『兵志』三，仝上，P.九七七。

註四四：『畿輔通志』，卷二〇，『沿革』五，光緒十年開雕板，P.三三a。

註四五：『畿輔通志』，仝上卷，P.三三b。
註四六：『畿輔通志』，仝上頁。
註四七：『畿輔通志』，仝上卷，P.三三a。案『明宣宗實錄』卷六七，宣德五年六月癸酉，仝上，P.一五七四，云：『初築獨石、雲州、赤城、鵰鶚城堡完，上命兵部尙書張本往獨石，與陽武侯薛祿議守備之方。勅祿曰：『一切邊事卿與本共熟籌之，必有益於國，有便於人，可以經久。」至是本還，上所議，請以兵護送開平衞所印信及軍士家屬置於獨石等城堡。且屯，且守。』所以開平之正式放棄，是因獨石堡完成，在兵部尙書張本等的計劃下放棄的。
註四八：『明太宗實錄』，卷二四七，永樂二十年春三月乙亥，仝上，P.二三一三。
註四九：『畿輔通志』，卷二〇，『府廳州縣沿革』五，仝上，P.三三b。
註五〇：『畿輔通志』，仝上卷，P.三〇a
註五一：參閱拙文：『明代海運及運河的研究』第三章，第一節，『北京建設與政治重心北移』中央研究院史語所專刊之四三，P.三六—四二。
註五二：『明史』，『兵志』三，『邊防』，仝上，P.九七七。
註五三：『大明會典』，卷一〇七，『朝貢』三，『北狄』，東南書報社影印明萬曆十五年（一五八七）司禮監本，P.一六〇三。
註五四：拙作：『明代海運及運河的研究』仝上，P.四三—四七。
註五五：『明史』，『兵志』三，『邊防』，仝上，P.九七七。
註五六：『明史紀事本末』，卷二〇，『設立三衞』，三民書局，P.二一三。
註五七：『明太宗實錄』，卷二五〇，永樂二十年六月乙未，同上，P.二三三二、二三三三。
註五八：『明通鑑』，卷四八，成祖永樂二十年，世界書局印行『新校明通鑑』本，P.七五二，七五三。

註五九：「明宣宗實錄」，卷四六，宣德三年八月癸巳，仝上，P.一一二五。

註六〇：「明宣宗實錄」，仝上卷，宣德三年八月丁酉，仝上，P.一一三〇。

註六一：「明宣宗實錄」，仝上卷，宣德三年八月癸卯，仝上，P.一一三二、一一三三。

註六二：「明宣宗實錄」，仝上卷，宣德三年八月乙未，仝上，P.一一二六、一一二七。

註六三：「明宣宗實錄」，仝上卷，宣德三年八月丁未，車駕發京師，P.一一三六。卷四七，宣德三年九月癸酉車駕至京師，P.一一四七。

註六四：「明宣宗實錄」，卷四七，宣德三年九月戊午，宣宗親製詩歌，將士皆叩首抃舞，P.一一四二；九月癸酉，謁告太廟，P.一一四七。

註六五：「大明會典」，卷一〇七，「朝貢」三，「北狄」，P.一六〇三。

註六六：「大明會典」，同上頁。

註六七：「明史紀事本末」，卷三二，「土木之變」，P.三三二。

註六八：「明史紀事本末」，卷二〇，「設立三衞」，P.二二六。

註六九：「明史紀事本末」，「土木之變」，P.三三一—三三六。

註七〇：「明史紀事本末」，「設立三衞」，P.二二六。

註七一：霍冀：「九邊圖說」，「遼東鎮圖說」，「中國邊疆史地叢書」，初編，第五冊，台聯國風出版社，影印明代隆慶三年（一五六九）刋本，P.一七五六。

註七二：：「明史」，卷九一，「兵志」三，P.七七。

註七三：魏煥：「皇明九邊考」，卷三，「薊州鎮」，中華文史叢書，華文書局影印明嘉靖二十年（一五四一）刋本，P.一五八。

註七四：「九邊圖說」，「薊鎮圖說」，仝上，P.一八〇八。

註七五：『皇明九邊考』，仝上卷，P.一八二、一八三。
註七六：『皇明九邊考』，仝上卷，P.一五七。
註七七：『皇明九邊考』，仝上卷，P.一六〇，一六一。
註七八：『明史』，卷九一，『兵志』三，『邊防』，P.九七七。
註七九：『明宣宗實錄』，卷六七，宣德五年六月壬午，P.一五七九。
註八〇：『明史紀事本末』，卷三二，『土木之變』，P.三三二。
註八一：『明史紀事本末』，仝上頁。
註八二：『明英宗實錄』，卷一八〇，正統十四年七月已丑，P.三四八五，三四八六。
註八三：『明英宗實錄』，卷一八一，正統十四年八月戊申朔，P.三四九五。
註八四：『皇明九邊考』，卷六『三關鎭』，P.二六一。
註八五：『皇明九邊考』，仝上頁。
註八六：張天復輯：『皇輿考』，卷九，『九邊圖叙』，明刊本，參見拙文：『明代延綏鎭的地域及其軍事地位』引證，在『明代社會經濟史論叢』下册，學生書局，P.二九八。
註八七：『皇明九邊考』，卷六，『三關鎭』，P.二六一。
註八八：『明史』，卷一七七，『王復傳』，仝上，P.一八八七。
註八九：『皇明九邊考』，卷八，『寧夏鎭』，P.三二〇。
註九〇：『皇明九邊考』，仝上卷，P.三四二。
註九一：『皇明九邊考』，『寧夏鎭』，P.三一九。
註九二：『皇明九邊考』，卷一〇，『固原鎭』，P.四〇四。
註九三：『皇明九邊考』，『固原鎭』，P.四〇六。

註九四：『皇明九邊考』，卷九，『甘肅鎮』，P.三五二。

註九五：拙作：『明代延綏鎮的地域及其軍事地位』，見拙著：『明代社會經濟史論叢』下册，學生書局，P.二九一—三○八。

註九六：顧炎武：『天下郡國利病書』，卷一一五，『邊備』，清光緒二七年（一九○一）石印本，P.一—一二。

註九七：『皇明九邊考』，『目錄』，P.九—一二。

註九八：徐學聚：『國朝典彙』，卷一五九，『九邊圖說』，學生書局影印明刊本，P.一八四二—一八四七；卷一五九，『邊備』，P.一八二二—一八四二　卷一七○，『北虜』，P.一九九九—二○四五；卷一七一，『河套』，P.二○四六—二○五五。

註九九：『皇輿考』，卷九，『九邊圖敍』；參閱拙作：『明代延綏鎮的地域及其軍事地位』，見『明代社會經濟史論叢』，下册，P.三○六。

註一○○：見註九九。

註一○一：『延綏鎮志』，卷一，參見拙文：『明代延綏鎮的地域及軍事地位』，在『明代社會經濟史論叢』，下册，P.二九四。

註一○二：『大明一統名勝志』，『陝西名勝志』，卷一二，參閱拙文：『明代延綏鎮的地域及其軍事地位』，仝上，P.二九六。

註一○三：『明憲宗實錄』，卷一二一，成化九年冬十月壬申，P.二三三八。

註一○四：『國朝典彙』，卷一七一，『兵部』三五，『河套』，P.二○四六。

註一○五：『明憲宗實錄』，卷二七，成化二年三月巳未，P.五三八。

註一○六：余子俊：『余肅敏公奏議』，明刊本，參見『明代延綏鎮的地域及其軍事地位』，仝上，P.三○○。

註一○七：『明史』，卷一七二，『白圭傳』，P.一八三○。

註一〇八：「明憲宗實錄」，卷一〇八，成化八年九月癸丑，P.二一〇九。

註一〇九：「明憲宗實錄」，卷一一一，成化八年十二月，P.二一六八。

註一一〇：「明憲宗實錄」，卷一〇八，成化八月九月癸丑，P.二一〇九、二一一〇。

註一一一：紅鹽池之戰，可參閱「明憲宗實錄」，卷一二一，成化九年冬十月壬申，P.二三三七、二三三八。

註一一二：「明史」，卷一七八，「余子俊傳」，P.一八九六。

註一一三：「明憲宗實錄」，卷一三〇，成化十年閏六月乙已，P.二四六七、二四六八。

註一一四：徐學聚：「國朝典彙」，卷一五九，「兵部」二三，「九邊說」，學生書局影印明刊本，P.一八四四。

註一一五：黃宗羲：「明夷待訪錄」，「方鎮」，「明清史料彙編」初集，第五冊，P.二五一五—二五一八。

脫稿於澳洲國立大學太平洋研究院遠東歷史系，緝華識。

明代北方邊防內移圖

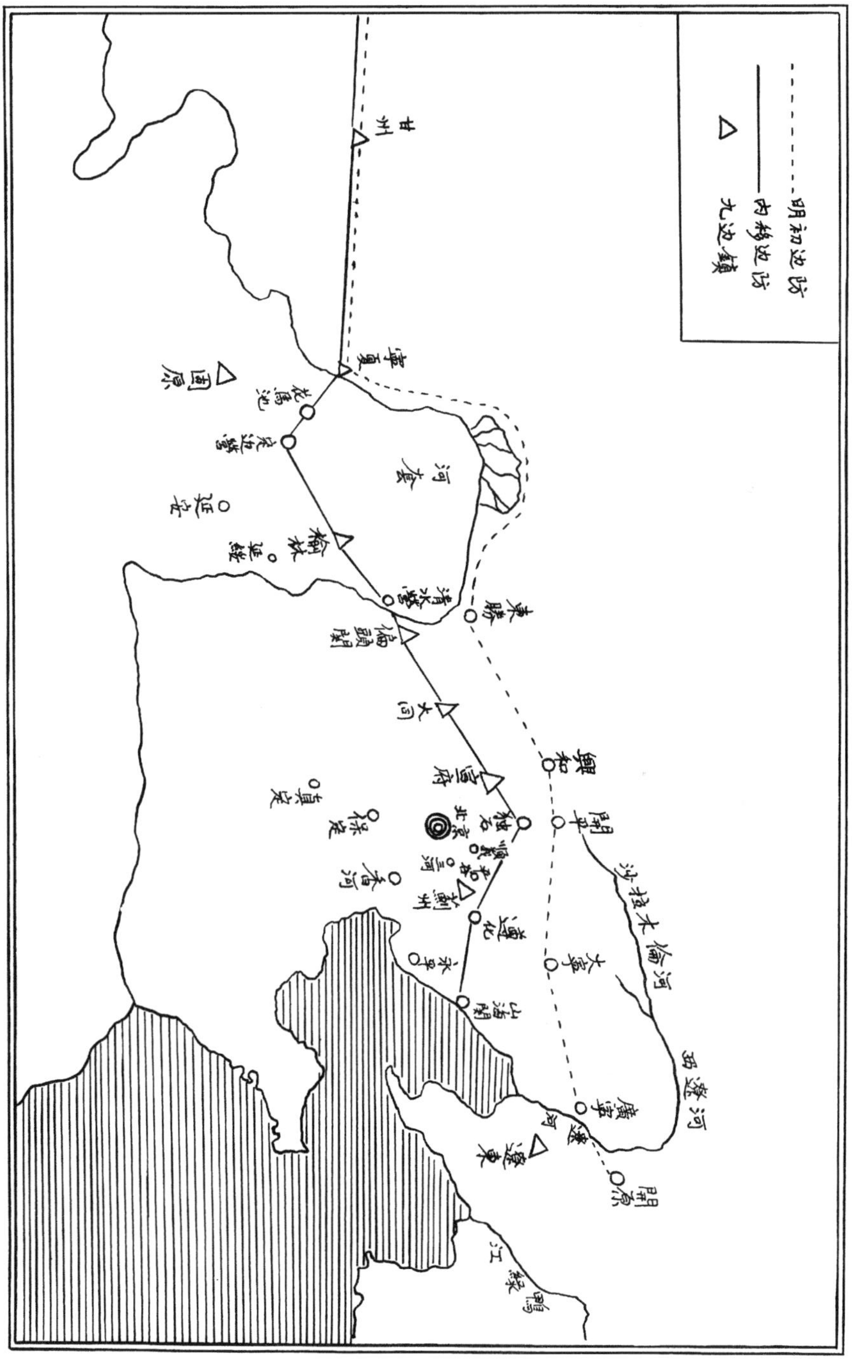
明初边防
内移边防
九边鎮
甘州
寧夏
固原
花馬池
定邊營
河套
延安
榆林
延綏
清水營
東勝
偏頭關
大同
宣府
興和
開平
獨石
北京
保定
真定
三河
薊州
遵化
永平
山海關
大寧
沙拉木倫河
西遼河
廣寧
遼河
遼東
開原
鴨綠江

清代蘇州的踹布業

全漢昇

一

在拙著「鴉片戰事前江蘇的棉紡織業」一文（一）中，作者曾經指出，最早種于印度的棉花，約在宋末元初，已經由中亞陸路移植至中國西北的陝西，由海道移植至東南沿海的廣東和福建，其後又在松江府及附近各地種植起來。在長江下游的棉產區中，松江烏泥涇（在上海縣西南二十六里）有一名叫黃道婆的婦女，曾經在較早移植棉花的海南島居住，在那裡學會了把棉花的纖維和棉子分開，把棉花彈鬆，以及紡成紗、織成布的方法。她于元朝元貞年間（一二九五—九六）返回松江故鄉，把這些與棉紡織有關的各種技術傳授給她的同鄉，此後以松江爲中心的廣大地區，棉紡織工業便發展起來。

松江及附近地區的棉紡織業，經過多年的發展，到了明、清之交，仍然具有家庭工業的特點，因爲在由棉花製成棉布的生產過程中，紡紗織布等工作都在各人家庭中進行，而生產所需的工具和原料也爲各人所私有。可是，布疋紡織好以後，在生產過程中的最後階段，還要用一千斤重的巨石、木滾、家伙（器具）來碾壓，以便布質緊薄而有光，換句話說，比較美觀耐用。這些碾布所用的生產工具及其他有關設備，遠較手紡車、手織機的規模爲大，其所需資本遠較紡紗織布爲多，故不便像紡織工具那樣在各人家中安裝，同時一般人家也不能出資購置。因此，隨着棉紡織業的發達，碾布工作首先脫離家庭工業的階段，而改由財力較大的「包頭」投資設立踹坊（又稱踹布坊、躧布坊、踏布坊、踹作、或踏布房）來進行。因爲布疋在各人家庭中紡織後，經過這種加工碾壓的最後手續，便可賣給各地消費者使用，故踹坊多設于交通便利、商業發展的地方，以便自廣大產區中收集布疋來加工碾製，然後轉運往各地市場上出賣。在明代，松江、洙涇（今江蘇金山縣治，在松江府西南三十六里），及楓涇（在浙江嘉善縣東北十八里，松江府西南五十六里）都設有踹坊，來替數百家布號碾壓布疋。（二）但到了清朝中葉前後，隨着長江下游棉布產銷規模的擴大，蘇州顯然更適合踹坊設立的條件，故那裡的踹布業特別發達起來。

在上引拙文中，作者對清代蘇州的踹布業，曾經約略加以研討。該文發表後的第二年，江蘇省博物館編「江蘇省明清以來碑刻資料選集」（北京，一九五九，以下簡稱「碑刻集」）出版，其中刊出有關清代蘇州踹布業的碑刻十二種。這些碑刻的發表，再加上其他有關資料，使我們對清代蘇州踹布業發展的情況，認識得更加清楚。雖然日本橫山英教授及寺田隆信教授都曾經利用這些碑刻資料來研究清代蘇州的踹布業，（三）但因爲各人研究的著眼點不盡相同，故現在作者不揣冒昧，撰寫此文。

（2）

註　釋

（一）原刊于「清華學報」新第一卷第三期，台北市，民國四七年九月；又編入拙著「中國經濟史論叢」（香港，新亞研究所，一九七二年八月）第二冊，頁六二五—六四九。

（二）清顧公燮「消夏閑記摘鈔」（涵芬樓秘笈第九册，台灣商務印書館）卷中，頁一三，「芙蓉塘」。
（三）橫山英「中國近代化の經濟構造」，東京，一九七二，頁六三—一四三；寺田隆信「山西商人の研究」，京都，一九七二，頁三三七—四一〇。

二

松江及鄰近地區的棉紡織業者，在明代已經紡織成各種不同的布疋，（一）獲得廣闊遼遠的銷塲。其中一種上闊尖細的布疋，名叫標布，「走秦、晋、京、邊諸路」。另外一種較標布稍狹而長的布疋，名叫中機（一作中機布），「走湖廣、江西、兩廣諸路，價與標布等。」當明代標布盛行的時候，「富商巨賈，操重貲而來市者，白銀動以數萬計，多或數十萬兩，少亦以萬計。」可是到了清朝初葉，「標客巨商罕至，……而中機之行轉盛。而昔日之作標客者，今俱改爲中機。」（二）

因爲要經營布疋的買賣，「前明數百家布號，皆在松江、楓涇、洙涇樂業。」（三）這裡說的松江，當包括上海在內，因爲上海縣屬松江府。由於交通方便，有許多布疋都以上海爲集散地，在那裡有人專門充任秦（陝西）、晋（山西）布商的經紀（或牙行），介紹他們收買布疋，獲利甚厚，因此富甲一邑。（四）因爲利之所在，故那裡「牙行奉布商如王侯，而爭布商如對壘。」（五）

到了清代，除上海以外，蘇州因爲位于棉布產區，同時又有運河等水道交通的便利，也發展爲非常重要的布疋貿易中心。當原來大量運銷于西北及華北的標布，到了清朝初葉，銷路減少，而「走湖廣、江西、兩廣諸路」的中機布銷路轉盛的時候，蘇州因爲要大量輸入湖廣、江西的米，它在棉布貿易上的地位便特別重要起來。以蘇州一帶爲中心的長江三角洲，在過去本來是全國的穀倉，故宋代有「蘇、常熟，天下足」這句俗語的流行。可是，到了清中葉前後，因爲江、浙人口激爭，當地糧產不足，故蘇州等地每年都要自江西、湖廣輸入大量食米。以雍正十二年（一七三四）爲例，自湖廣運往江、浙的食米，約多至一千万石。裝載這一千萬石的湖廣米船，由漢口出發，沿長江東下，大部份都運往蘇州出售。（六）這些沿江東下的船，在蘇州等地卸下食米以後，回航時多半在揚州載運淮南食鹽，或就近在蘇州載運蘇、松棉布。（七）因爲每年自湖廣運往蘇州的米，數量大到要把「蘇、常熟，天下足」改爲「湖廣熟，天下足」，（八）我們可以推想得到，由蘇州輸往湖廣的布疋，爲數也一定非常之大。（九）

自然，以蘇州爲集散地的布疋，並不以「走湖廣、江西、兩廣諸路」的中機布爲限。蘇州的青藍布疋，大量運銷于南北各省。（一〇）自西北販運貨物往蘇州的商人，往往把賺獲的利銀購買梭布等物回去。（一一）在蘇州有一位姓趙的商人，曾利用別人存放的五十萬兩銀子作資本來「走京、西兩標」（把標布運銷于北京及山西、陝西等地）。（一二）

這許多自蘇州輸往各地市場上出賣的布疋，並不限于當地或附近的產品，此外又有不少由專人在上海收購，轉運往蘇州出售的。（一三）蘇州的布商，因爲要自廣大產區中收購布疋，然後加工精製，運銷于全國各地，需要的資本非常之大。上述蘇州商人趙某「走京、西兩標」的資本，主要來自別人的存銀五十萬兩。這些布商或布號，在康熙三十二年（一六九三）蘇州碑刻上列名的，共七十六家；（一四）此外當日蘇州另外一些布商，可能尚有未列名的，不包括在內。其中有些布商，如汪益美（後改爲程益美）設立的布號，其出品徧行天下，遠及滇南漠北，一年消布以百萬疋論，獲利很大。（一五）由于鉅額利潤的賺取，蘇州布商的財富，在乾隆皇帝的心目中，認爲可與揚州鹽商互相媲美。（一六）這些蘇州布商，也和揚州鹽商一樣，大部分都是在明、清時代善于經商致富的新安商人（或徽州商人）。（一七）

註　釋

（一）在明代，松江府（包括華亭、上海、青浦諸縣）出產的棉布，有標布、中機、扣布、稀布、紫花布、藥斑布、番布、斜文布、飛花布、尤墩布、眉織、衲布、錦布、綾布、雲布等。參攷貫敬顏「明代景德鎮的瓷器業和松江的棉織業」，見李光璧編「明清史論叢」，武漢，一九五七，頁八五—八七。

（二）清葉夢珠「閱世編」（明清史料彙編六集，文海出版社）卷七，頁五，食貨五。

（三）顧公燮前引書卷中，頁一三，「芙蓉塘」。

（四）清褚華「木棉譜」（上海掌故叢書），頁一〇下。

（五）同註二。

（六）拙著「清朝中葉蘇州的米糧貿易」，（「中央研究院歷史語言研究所集刊」）第三十九本，台北，民國五八年十月；又參攷拙著「中國經濟史論叢」第二册，頁五七二—五七四。

（七）以湖廣、江西的米，和江蘇的布互相交換，可說是清朝中葉前後長江流域貿易最習見的方式。關於此點，我們可從崇明島商人要運布往江寧與江西、湖廣商人換米，得到一些消息。清賀長齡輯「皇朝經世文編」（文海出版社影印本）卷四七，頁二〇，晏斯盛「上制府論布商易米書」（約雍正末年）說：「查本年四月，經蘇藩司議準，令崇〔明〕商每年載布前往江寧，易米三萬石。……本司隨將江寧省會地廣人稠，本處產米無多，尚賴江〔西、湖〕廣客米接濟，不便又令崇商易買，致滋昂貴等情稟詳。續據蘇司詳請仍照前議，令其在江寧易米，奉前憲批允在案。本司覆查江南省城，烟戶稠密，需用食米甚多，歷係仰給客米接濟。三五日內客販不到，米價即昂。而上元、江寧等縣，現有偏災，賑恤平糶，需米甚多，勢難再听崇商搬運。……至所云江、廣米商稔知江寧有布可易，故歲歲載米依期而來，今若聞崇商載布他往，恐楚商亦因之而別赴，似覺反有未便云云，查江、廣米船開江東下，其口岸有三：棕陽、蕪湖、蘇州是也，其來至江寧者不過十之一二。崇商如欲以布易米，遠則原派買之棕陽，近則蕪湖、運漕，俱可易換，何必定在江寧？即江、廣米客如欲易布，亦可在于棕陽、運漕二處，何必迂道而至省城？……」

（八）同註六。

（九）由蘇州運往湖廣布疋的數量之所以增大，一方面由于當地人士的消費，他方面又由于漢口交通方便，有不少布疋轉運往西北、西南各省出賣的緣故。關于此點，我們可由乾隆初葉，漢陽縣南鄉出產的扣布，「鄉逐什一者，盈千累萬，買至漢口加染造，以應秦、晋、滇、黔遠賈之貿，」（乾隆「漢陽縣志」卷一〇物產；原書未見，兹引自藤井宏「新安商人の研究（一）」，「東洋學報」第三六卷第一號，昭和二十八年六月。）推斷出來。

（一〇）拙著「中國經濟史論叢」第二册，頁六三四—六三五。

（一一）「史料旬刊」（國立北平故宮博物院出版）第二八期，地一三—一四，「伊齡阿摺」（乾隆四十三年十一月二十二日硃批）說：「據王洪緒供：小的是陝西同州府蒲城縣人，年三十三歲。……聞得西安人徐子建從口外販回玉石，買到蘇、揚轉賣，得利甚大，遂……向徐子建買玉。……運到蘇、揚賣出銀兩，……小的名下……利銀一千五百六十兩，在蘇州盤纏用去二百幾十兩，置買梭布、綢緞、皮衣，共用去九百餘兩……」

(一二)許元仲「三異筆談一集」（中華圖書館印行）卷三，頁一三，「布利」說：「某年橫雲山人假歸〔蘇州〕，山人姪爲曼園弟茹英員外，歸觴之。酒間言及聞鄮府解庫〔典鋪〕頗多，某積有廉俸，欲祈附存。問數，擧手示之。曼園諾之。明日送滙票，則五十萬〔兩〕也。曼園恐難于轉運，召趙商之。趙曰：息若何？曰：八分。曰：舅已諾之，不可辭矣。惟爲數太多，解庫難存，兼走京、西兩標，始可得利。曼園從之。後十年，山人再歸，曼園已老，趙公手爲歸楚，本利井井，而藉以營運，趙資亦與王、張埒矣，即雪舫、雲垂兩君先德也。臨終囑二子收業，盡以置產，產亦萬畝。……」按許元仲序此書于道光七年（一八二七），時年七十三歲，故所記事約發生于乾隆年間。

(一三)許元仲前引書卷三，頁一三，「布利」又說：「滬瀆梭布衣被天下，良賈多以此起家。張少司馬未貴前，太翁已致富累鉅萬。五更篝燈，收布千疋，運售〔蘇州〕閶門，每疋可贏五十文。計一晨得五十金，所謂鷄鳴布也。」

(一四)「碑刻集」，頁三四—三六，「蘇州府處理踹匠羅貴等聚衆行凶肆凶科斂一案，并規定以后踹布工價數目碑」（康熙三十二年十二月）。

(一五)許元仲前引書卷三，頁一三下，「布利」說：「新安汪氏設益美字號于吳閶，巧爲居奇。密囑衣工，有以本號機頭繳者，給銀二分。縫人貪得小利，遂羣譽布美，用者競市，計一年消布約以百萬疋論。疋贏利百文，如泒機頭多二萬兩，而增息二十萬貫矣。〔作者此處計算，疑有錯誤——漢昇〕十年富甲諸商，而布更徧行天下。嗣汪以宦游輟業，屬其戚程。程後復歸于汪。二百年間，滇南漢北，無地不以益美爲美也。」此外，康熙「具區志」卷一三，「人物篇」也記載蘇州府吳江縣盛澤鎭兩個商人，主要由于布疋貿易的經營而發了大財。其中一個名叫翁遵，號少山，他命子弟「以布縷、靑靛、棉花貨賂往來荊、襄、建業、閩、粵間，甚至遼左、江北聞其名，非少山布勿衣勿被，于是南北轉轂無算，海內有翁百萬之稱。」另一商人名席端樊，號左源，他「運籌握算，遣賓客北走齊、燕，南販閩、廣，不二十年，累資巨萬。凡吳會之梭布，荊、襄之土靛，往來車轂，無非席商人左右源者。」（原書未見，茲引自叢翰香「中國封建社會內資本主義萌芽諸問題」，「歷史研究」，一九六三年，第六期；又見于存萃學社編集「中國近三百年社會經濟史集」，香港崇文書店，一九七四，第四集，頁五五—五六。）

（一六）「乾隆東華續錄」（文海出版社影印本）卷二〇，頁三下—四載乾隆二十七年（一七六二）三月「癸亥，諭軍機大臣等：朕車駕所經，……其綵亭，鐙棚一切飾觀之具，屢經降旨飭禁。今江、浙兩省塗巷，尚有踵事因仍者。此在蘇、揚鹽、布商人等出其餘貲，偶一點綴，本地工匠貧民，得資力作以霑微潤，所謂分有餘以補不足，其事尚屬可行。若地方官專欲倣而效之，以爲增華角勝，則甚非奉職之道。……」

（一七）參攷註一五。又參攷藤井宏前引文，「東洋學報」第三六卷第一號至第四號；「碑刻集」，頁三三，「奉督撫各大憲核定踹匠工價給銀永遵碑記」（康熙九年十月）；頁五二—五三，「吳縣永禁六坊坊戶領踹布疋毋得再定隨牌名目，應听鋪戶自行發踹，不得壟斷把持碑記」（道光十二年十二月十八日）；頁五三—五四，「蘇州府爲布商坊戶應照章听號擇坊發踹，不得無端另換，致碍貧民生計出示碑記」（道光十四年十二月三十日）。按後兩種碑刻，在末了都說明「發新安會館竪立」，或「新安會館竪立」，可見蘇州布號大部分或甚至全部都由新安商人設立。

蘇州各布號自廣大產區中收集布疋後，先行染色精製，然後運銷于各地市場上。布疋染色之後，要用大石脚踹砑光，以便光滑美觀，同時又可使布質緊薄，比較耐用。因爲要有一千斤重的巨石及其他設備纔能碾壓布疋，而布號的業務須集中于布疋的買賣，不宜把資金分散，用來購置踹布所需的各種設備，故另外由「包頭」投資開設踹坊，「置備菱角樣式巨石、木滾、家伙、房屋，招集踹匠居住，墊發柴、米、銀、錢，向客店領布發碾。」（一）碾布所用的巨石，在明末「每塊佳者值十餘金」，（二）而雍正九年（一七三〇）蘇州三百四十餘名包頭開設的四百五十幾處踹坊，共有一萬零九百餘塊巨石，（三）故我們可以估計巨石的投資約共十餘萬兩銀子。此外，包頭又須置備木滾、家伙、房屋，向踹匠墊發柴、米、銀、錢，故他們開設踹坊，必須籌措相當大的一筆資金纔成。

另一方面，在蘇州爲布商踹布的工匠（踹匠），大多數來自江南、江北各縣人口過剩的農村。他們往蘇州出賣勞力，都是「孑身赤漢，一無携帶」，「率多單身烏合不守本分之輩，」（四）自然得不到布商的信任。爲着要避免損失，布商不直接把布疋交給他們碾壓，而讓「有身家之人」的包頭先由同業互保，向布號領布發碾。這樣一來，在布商、踹匠之間，包頭便加重了他的責任：他要擔保踹匠不爲非作歹，拐竊盜逃；負責使踹匠把布踹得光明，以免灰黯不能行銷；同時答應把碾好的布疋「克〔剋〕期交〔布〕號」，而且不「短交布疋」。（五）因此，包頭又稱爲「保頭」。

關於蘇州包頭與布商、踹匠的關係，康熙九年（一六七〇）政府「飭諭徽商布店、踹布工匠人等知悉，嗣後一切踹工人等，應听作頭〔包頭開設兩三家踹坊時，爲他管理踹坊的人，又名坊長。〕稽查，作頭應听商家約束。」（六）及康熙四十年（一七〇一），爲免踹坊容留爲非作歹的踹匠，包頭組織起來，互相稽察防範，並設循環簿（一作循環印簿），分別登記踹匠的姓名、籍貫、何人保引、何日進坊，及何日出坊等項。（七）可是，包頭雖然對踹匠加以防範，因爲蘇州踹匠人數衆多，良莠不齊，故包頭仍然要因踹匠偷竊布疋等盜賊行爲而受累。（八）爲着免受害累，包頭們于康熙五十九年（一七二〇）提出對策說：「身等同爲包頭，約有三百餘戶，或有兩作，或有三坊，不能分身稽察，每作用管帳一人，專責稽查，名曰坊長。凡有踹匠投坊傭趁，必須坊長認識來歷，方許容留。然坊長之責，必自包頭，即將包頭立于居民之外，每十二家編爲一甲，每月輪值甲長，每歲週而復始。各給循環印簿，開明某月甲長某人，查填踹匠姓名。仍于衆包頭中，擇一老誠練達者，舉充坊總，頒給團牌，管押各甲。踹匠五人連環互保，取結册報，一人犯事，四人同罪。日則做工，夜則關閉在坊。如有拐布盜逃、賭博、行奸、鬬毆、聚衆插盟、停工科歛、閑闖花鼓、糾衆不法者，坊長報明包頭，會同甲長，塡簿交坊總，申明拏究。如有狥隱發覺，互結保人，本坊坊長，一體同罪。簿列管、收、除、在四柱開塡，每月朔日，甲長彙交坊總稽查，循環倒換。倘甲內擅留匪類，坊總協同甲長，立刻驅逐，仍將窩頓之坊長，按以窩盜之例，通同狥庇，一體治罪。查簿內無名，即係流棍，如此則來歷彰明，奸良易辨。」（九）其後到了雍正九年（一七三一），由于李衞的提議，蘇州踹坊也設立坊總、甲長，以便防範踹匠的不法行爲。（一〇）

包頭出資設立踹坊，在那裡預備工作場所和生產工具，由踹匠利用來碾壓布疋。除投資于踹坊外，包頭又由同業互保，向布號領布發碾，並負責管束踹匠，擔保後者把布踹得光明，而不偷竊盜逃。踹布的工價銀，按疋計算，爲踹匠所得，但每人每月須扣除三錢六分給包頭，以償房租家伙之費。（一一）雍正八年（一七三〇）蘇州共有踹匠一萬零九百餘人，包頭三百四十餘人，踹坊四百五十餘處。由此我們可以推知，踹匠每月約給包頭銀三千九百餘兩。這些銀兩如由三百四十餘名包頭均分，每人約月入銀十一兩半有多；如由四百五十餘處踹坊均分，每坊約月入銀八兩七錢多點。

因爲踹坊由包頭出資設立，布商便可不用另外花錢購置踹布所需的設備。包頭因爲是有身家之人，在社會上的信用遠較孑身赤漢的踹匠爲大，故宜于充任布商、踹匠的中間人，向布號領布發碾，同時負責稽察踹匠，以免布被偷竊，或踹不光明，致使布商蒙受損失。包頭提供的服務，對于布商的專心經營布疋買賣，顯然大有幫助，故他除每月自每一踹匠的工價銀中扣除三錢六分以外，又時常借端向布號勒借銀兩，甚至有借無還，以增加收入。當布號可以自由擇坊發踹的時候，踹坊的包頭向布商勒借的情形，可能還不致過于嚴重。可是，到了嘉慶（一七九六—一八二〇）末葉，踹坊「私議隨牌領踹」，即規定某一布號的布，一定要交某一家或某幾家踹坊來碾壓。這樣一來，開設踹坊的包頭便可乘機把持壟斷，向布商勒索借貸了。對于包頭的把持勒借，自嘉慶二十五年（一八二〇）至道光（一八二一—五〇）中葉，政府曾應布商的請求，先後命令禁止。（一二）可是，到了同治十一年（一八七二），蘇州布業慶昌豐等仍控告「踹坊坊戶硬行掗折（霸摺？）領踹，把持坊務，增添踹價，停領踹布挾制」（一三）。

註釋

（一）「雍正硃批諭旨」（文源書局影印本），第八冊，頁四八一四—四八一五，雍正八年（一七三〇）七月二十五日李衞奏摺；拙著「中國經濟史論叢」第二冊，頁六三四。

（二）明宋應星「天工開物」（中華叢書本）卷上，頁六八—六九，「布衣」。

（三）同註一。

（四）同上；「碑刻集」，頁三四—三六，「蘇州府處理踹匠羅貴等聚衆行凶肆凶科斂一案，并規定以後踹布工價數目碑」（康熙三十二年十二月）；燕石「幾塊有關鎭壓踹坊染紙坊手工工人的碑刻資料」，「文物參攷資料」，北京，一九五七，第九期，頁三八。

（五）上註引康熙三十二年十二月碑刻說：「踹匠皆係膂力凶悍之輩，俱非有家土著之民，散漫無稽，盜迯叵測，且異方雜處，奸宄易生。故擇有身家之人，踹坊領布轉發，則踹匠之來歷，貨物之失錯，悉與布商無預，責有攸歸。……又緣踹匠孑身赤漢，一無携帶，保頭租賃房屋，備買踹石，家伙〔此四字據燕石前引文補入——漢昇〕，……是亦有本。……至于踹匠，如有拐竊盜逃，爲非作歹，責成保頭，與字號、染坊店主無涉。……」又參攷同書，頁五三—五四，「蘇州府爲布商坊戶應照章昕號擇坊發踹，不得無端另換，致碍貧民生計出示碑記」（道光十四年十二月三十日）。

（六）「碑刻集」，頁三四，「奉督撫各大憲核定踹匠工價給銀永遵碑記」（康熙九年十月）；燕石前引文。

（七）「碑刻集」，頁三八—三九，「遵奉督撫各憲定例永禁碑記」（康熙四十年十月）說：「如請將包頭編甲，責其互相稽察□□，其內擇一能〔此字據燕石前引文補入〕幹老成者充任坊長，今〔令?〕其管轄□家□□，盤查來歷，一家有事，九家連坐，則彼此俱有責成。再設循環簿，着令登塡何處籍貫、何人保引、何日進坊、何日出坊，分例〔列?〕舊管、新收、開除三項，每逢朔望，必與坊長倒換，則來踪去跡自明，而奸宄之徒無處隱藏矣。」參攷燕石前引文。

（八）「碑刻集」，頁四三——四四，「長吳二縣踹匠條約碑」（康熙五十九年十一月）說：「案照先據各踹坊包頭業主邢慶生、吳義生、王文卿、吳元凱、陳公茂、尤禹生等節詞內稱：蘇城內外，踹匠不下萬餘，均非土著，悉係外來，奸良莫辨。奉憲設立管坊汎役，晝夜巡查，凡有踹匠遊蕩邪僻，把總確查，立行驅逐。經今日久法弛，奸匠得以逞志。其中奸宄竊發，竊布逃遁，害累包頭。更有爲賊爲盜，已經出坊，盡皆□窩，餒歇賭場，一經敗露，彼黨毫不拉扳。其踹作包頭，原爲風馬，盡〔儘?〕有遭其扳害，傾家蕩產，異寃莫伸。……踹匠爲匪事發，扳害包頭，必如何立法，永杜爲匪妄扳之弊，仰江蘇按察司酌議妥協詳奪……」

（九）同上。

（一〇）「皇朝文獻通攷」（浙江書局本）卷二三，頁一七下——一八，「職役攷三」載雍正「九年，令江南蘇州踹坊設立坊總、甲長。南北商販青藍布疋，俱于蘇郡染造，踹坊多至四百餘處，踹匠不下萬有餘人。時浙江總督李衞節制江南，因陳地方營制事宜，言此等踹匠多係單身烏合，防範宜嚴，請照保甲之法，設立甲長，與原設坊總互相稽查。部議從之。」又參攷顧公燮前引書卷下，頁一六，「李制台治吳」。

（一一）「雍正硃批諭旨」，第八冊，頁四五一四—四五一五，雍正八年（一七三〇）七月二十五日李衞奏摺；拙著「中國經濟史論叢」第二冊，頁六三四。又「碑刻集」，頁三六，上引康熙三十二年（一六九三）十二月的碑刻也說：「踹石坊戶，每月得賃石租銀三錢六分。」其後，在乾隆四十四年（一七七九）十月，蘇州府長洲、元和、吳三縣布商等公立的碑記說：「該商等給發坊主伙食銀兩，應照陳平九□□□□□□□□□□□□□□□銀一兩，給錢八百二十文。」（同書，頁五〇）又乾隆六十年（一七九五）十一月蘇州踹匠建立的碑記說：「嗣後各布號給發踹布工價，遵照新定章程，統以陳平九八兌九六色銀給坊，該坊戶即以布號所發之銀，亦以陳平九八兌九六色，每兩給匠九錢五分，听其自行換錢，餘銀五分留坊，以爲添備家伙之用。」（同書，頁五二）這些發給坊主伙食及用作添備家伙的銀兩，很可能包括在自踹匠工價銀中扣除的三錢六分之內。

（一二）「碑刻集」，頁五三—五四，「蘇州府爲布商坊戶應照章听號擇坊發踹，不得無端另換，致碍貧民生計出示碑記」（道光十四年十二月三十日）說：「查蘇城各號發踹布疋，向听布號擇坊發踹。嘉慶二十五年，坊戶私議隨牌領踹，經前督糧廳訊斷禁革。嗣于道光十二年，復借米貴勒借。……十三年七月，……坊戶又以發布不公，稟廳議請隨牌。……查坊戶領踹布疋，先由同業互保，寫立承攬交號，然後立折〔摺？〕領踹。其所立經折〔摺？〕，不過登記布數，稽查坊號，並非一經立折〔摺？〕，即應認定隨牌，不准另換也。且百工藝業，首禁把持隨牌名目，本屬私議，雖名爲杜布號營私勾串之弊，正所以啓坊戶把持勒借之端，一經准行，勢必挾制布號，不能改發。該坊任意勒索，有借無還，借得銀兩，坊戶分肥克〔剋〕扣，匠工轉無實濟，而布業累何底止？訟蔓迨無已日。且查坊戶向號攬踹布疋，是猶佃戶向業攬種田畝。佃戶拖欠租籽，尚得退田另召。坊匠踹不光明，豈竟不能更換？任其把持壟斷，殊非平允。欲期商匠相安，故特給示遵守。爲此示仰布商、坊戶人等知悉，自示之后，務各遵照規定章程，听號擇坊發踹，擇其踹踏光明，又無勒借情弊，即行照舊交踹，不得無端另換，致力作貧民，失其生計。設有領布積壓，不能克〔剋〕期交號，及灰黯不能行銷，准號另擇發踹，不准借折〔摺？〕把持。……惟遇災勸借一節，坊戶果無前欠勒借情事，該號仍當照舊通融，以示體恤，仍于工價內扣還歸款，不致懸宕。如有前欠未清，不得再行借給。則坊戶無從把持，布號不致累業，踹匠不致失生，實屬三面皆平，彼此各安生業。」

又同書，頁五二—五三，「吳縣永禁六坊坊戶領踹布疋毋得再立隨牌名目，應听布號自行發踹，不得壟斷把持碑記」（道光十二年十二月十八日）說：「據布鋪程三茂、元記、正記……等稟稱：前控坊棍王協昌、陶善、繆萬和、程阿三等私議隨牌霸摺，借端勒借累業一案，荷蒙訊明定斷，詳奉府憲，轉詳撫臬二憲，沐「蒙？」批，永禁坊戶私議隨牌名目，布疋應听布號自行擇坊發踹；至遇災借貸，本係通情，如有借欠未清，各鋪號概不准再行借給等諭曉示在案。王等……固非安分之徒，即此外坊戶，亦良莠不齊，若再故智復萌，布業仍遭其害。……爲此示仰六坊坊戶人等知悉：嗣后爾等領踹布疋，毋許再立隨牌名目，硬行霸折「摺？」，應听鋪號自行擇坊發踹，不得壟斷把持。至偶遇歉歲， 如有前欠未清，不得再向各鋪勸借錢米。如敢故違，一經該布鋪指告，立即嚴提，通詳究辦，決不姑寬。」

（一三）同書，頁五七，「蘇州府規定踹價……碑記」（同治十一年十月初九日）。

四

包頭投資設立踹坊，一方面向布號領布發碾，他方面招集精壯而强有力的人，把布用大石脚踹砑光。這些人多半來自江南、江北各縣，其中尤以來自江蘇西部的江寧，及安徽東南部的太平、寧國爲多。由于人口過剩，耕地不足，他們在家鄉生計困難，故成爲單身游民，流浪到「上有天堂，下有蘇、杭」的蘇州去。在另外一方面，以蘇州爲集散地的布疋，需要體力勞動者來加以碾製，因此他們有機會充當踹匠，在十八世紀上半人數多至一萬餘人。(二)可是，他們到蘇州時，都是「孑身赤漢，一無携帶」，並不像家庭紡織工業者那樣在家中自有手紡車、手織機來紡紗織布，而須住進踹坊，利用包頭出資置備的一千斤重巨石及其他設備來碾壓布疋，故每月所得的工價銀，須扣除三錢六分給包頭，以償房租家伙之費。不獨如此，踹匠又要受到包頭的監管，因爲他們本是單身游民，得不到布商的信任，須由有身家之人的包頭向布號領布發踹。同時，關于他們踹布所得的工價，他們既然只是一無携帶的孑身赤漢，自然沒有討價還價的力量，而被迫听命于「一年消布約以百萬疋論」的大布商了。現在根據有關資料，撰成第一表，看看在清代有記載的二百年中，蘇州踹布工價與米價變動的情形。

第一表　清代蘇州踹布工價與米價的變動

年代	踹布每疋工價(兩)	指數(一六九三=一〇〇)	上米每石價格(兩)	指數(一六九三=一〇〇)
康熙四年(一六六五)			〇·八五	八七
康熙九年(一六七〇)及以前	〇·〇一一	一〇〇		
康熙三十二年(一六九三)	〇·〇一一	一〇〇	〇·九八	一〇〇
康熙三十七年(一六九八)			一·〇〇	一〇二

康熙四十年（一七〇一）	〇・〇一一	一〇〇		
康熙四十五年（一七〇六）			一・三九	一四一
康熙四十六年（一七〇七）			一・二五	一二八
康熙四十七年（一七〇八）			一・六五	一六八
康熙四十八年（一七〇九）			一・三五	一三八
康熙五十一年（一七一二）			〇・八〇	八二
康熙五十二年（一七一三）			〇・九九	一〇一
康熙五十三年（一七一四）			一・〇五	一〇七
康熙五十四年（一七一五）	〇・〇一一三	一〇三	一・一七	一一九
康熙五十五年（一七一六）			一・一〇	一一二
康熙五十六年（一七一七）			一・〇五	一〇七
康熙五十七年（一七一八）			〇・九六	九八
康熙五十八年（一七一九）			〇・八六	八八
康熙五十九年（一七二〇）	〇・〇一一三	一〇三		
雍正元年（一七二三）			一・一〇	一一二
雍正二年（一七二四）			一・二六	一二九

雍正三年（一七二五）			一·三三	一三六
雍正四年（一七二六）			一·一一	一一三
雍正五年（一七二七）			一·一九	一二一
雍正七年（一七二九）			○·九四	九六
雍正八年（一七三○）	○·○一一三	一○三		
雍正九年（一七三一）			一·二○	一二二
雍正十一年（一七三三）			一·五五	一五八
雍正十二年（一七三四）			一·三一	一三四
雍正十三年（一七三五）			一·一○	一一二
乾隆四年（一七三九）	○·○一一三	一○三		
乾隆十三年（一七四八）			二·○○	二○四
乾隆三十五年（一七七○）			四·四六	四五五
乾隆三十七年（一七七二）	○·○一三	一一八		
乾隆四十四年（一七七九）	○·○一三	一一八		
乾隆五十一年（一七八六）			四·三○（十）	四三九
同治十一年（一八七二）及以前	○·○一四	一二七		

資料來源：「碑刻集」，頁三三—三六，四一，四四—四五，四七，四九—五〇，五七；「雍正硃批諭旨」，第八冊，頁四五一四—四五一五，雍正八年七月二十五日李衛奏摺；拙著「中國經濟史論叢」，第二冊，頁四八三—四八四，五二一—五二二。除表中所列踹布每疋工價外，康熙五十九年又規定：「工價每疋一分一厘三毫，……其米價貴至一兩五錢，每踹布千疋，加銀二錢四分，米價一兩二錢則止。」（「碑刻集」，頁四四）。

根據第一表，我們可知，在康熙（一六六二—一七七二）初葉以後的兩個世紀中，踹布工價的增加不及米價上升得那麼快，換句話說，踹匠勞動所得的貨幣工資，其購買力下降的時候多，上升的時候非常之少。如以康熙三十二年（一六九三）爲基期，當康熙、雍正年間（一六六二—一七三五），米價有時下降，而踹布工價仍舊，這時踹匠的生活可能還過得去。可是，這種年頭，在康熙、雍正兩朝的長期間內，前後祇有四年（即康熙五十一年、五十七至五十八年、及雍正七年），其餘絕大部份時間，踹布工價都遠落在米價之後，故由于工價銀購買力的下降，踹匠生活往往不免受到影響。其後到了乾隆年間（一七三六—一七九五），當米價上漲的時候，布價亦步亦趨。（二）當布價上漲而踹布工價仍然滯留在較低水準的時候，布商自然可因布疋生產成本與售價的懸殊而賺得鉅額的利潤。上文說乾隆皇帝認爲蘇州布商的富有，和揚州鹽商不相上下，顯然是有事實作根據的。

當蘇州七十餘家布商因做布疋買賣而大賺其錢的時候、人數多至一萬餘名的踹匠，却因爲本來都是外來單身游民，孤立無助，而被迫按件計工，爲低微工資來辛苦工作。他們過去在家鄉時，可能曾經倚賴家庭手工業爲生，或以它爲副業。在這種制度之下，他們自己預備工作場所及生產工具來從事手工業活動，仍然保持自由獨立的地位。可是，當他們到達蘇州，要靠踹布爲生的時候，却發現踹布所需的固定資本設備太大，自己無力購置，不得不前往踹坊，使用爲包頭所有的生產設備，在包頭（或他的代表作頭、坊長）監督之下，從事工作，以致每月所得的工價銀被包頭扣除三錢六分。

因爲布疋要用大石脚踹砑光，踹匠體力的消耗非常之大。雍正八年（一七三〇），浙江總督李衞等奏：「習此〔踹布〕業者，非精壯而强有力不能。」（三）踹匠從事這樣劇烈的體力勞動，自布商方面領得的低微工資，還要被包頭扣除一部份，才成爲自己的淨收入。在這種情形之下，他們的生活自然不免發生種種問題，亟需社會福利的援助。例如，爲着要救濟失業，早在康熙四十年（一七〇一）左右，蘇州踹匠曾經各捐銀二、三分。（四）在康熙五十四年（一七一五），踹匠要求增加踹布工價，以便幫助普濟院、育嬰堂。（五）其後到了雍正七年（一七二九），踹匠密謀暴動，被人誤以爲匪，但他們却辯解說：「異鄉在外，止圖疾病扶持，別無爲匪之情。」（六）

踹匠們希望得到社會福利的救濟而改善生活，事實上不容易達到目的。當他們所過的悲慘貧困的生活，和富有布商（或甚至包頭）的奢侈享受，在社會上形成一個强烈的對照的時候，他們對現狀不滿的情緒自然要爆發出來。踹匠生活之所以貧困，主要由于踹布工資水準的低下，故在清朝中葉前後的長期間內，他們屢次發動要求增加工資的罷工。例如康熙九年（一六七〇），由于水災，收成歉薄，米價上漲，（七）踹匠感到生活困難，由竇桂甫倡導，索添工銀；他們停工洶洶，爲着要一致行動，把不肯附會的踹匠加以處罰。（八）及康熙三十一、三十二年（一六九二—一六九三），踹匠在甘貴、羅貴、張爾惠等領導之下，「聚衆齊行威脅罷市，……倡議加價，……結黨橫行，……」（九）其後到了康熙三十九、四十年（一七〇〇—一七〇一），踹匠的罷工暴動，延續到將近一年之久，迫使布商蒙受損失。關于這次罷工暴動的規模之大，政府「據布商程同言、吳永亨、程廣泰、鄭元貞等呈詞前事內稱：切蘇郡出產布貨，所用踹匠，盈萬成千，俱責包頭約束，工價有例，食用有條，原自相安。……不意去年〔康熙三十九年〕四月，流棍之禍復起。……流棍之令一出，千百踹匠景從，成羣結隊，抄打竟無虛日。以致包頭畏避，各坊束手，莫敢有動工開踹者。變亂之勢，比諸昔年尤甚，商民受害，將及一載。」這次罷工暴動，在「踹匠夥而強，包頭寡而弱」的情況之下，聲勢非常浩蕩。（一〇）再往後，到了康熙五十四年（一七一五），踹匠「復要各〔布〕商增價〔踹布工價〕，以助普濟院、育嬰堂之用。」（一一）及康熙五十九年（一七二〇），仍「有一班流棍，寄跡寺院，隱現踹坊，或稱同鄉，或認親戚，煽惑衆匠齊行增價，……倡亂不絕。」（一二）

對于踹匠屢次提出的增加踹布工資的要求，蘇州布商利用當日勞工供過于求的特殊情況，（一三）事實上並沒有給予滿意的答覆。根據第一表，可知每踹布一疋的工價銀，在康熙朝（一六六二—一七二二）的大部分時間都是一分一厘，自康熙五十四年（一七一五）起纔增加至一分一厘三毫，增加不到百分之三。後來到了康熙五十九年（一七二〇），規定如米價貴至一兩五錢，每踹布千疋，加銀二錢四分，增加的幅度也非常之小。

踹匠增加工資的要求既然沒有達到目的，他們便被迫忍受低微的工資來工作，忍受不了的，則自己組織起來，從事暴動，以爭取本身的利益。在康熙四十年（一七〇一）左右，踹匠「多在西山廟、半塘寺、西園禪院、菩提場、鄉山廟等處，爲聚衆倡亂之場。」（一四）到了康熙五十四年（一七一五），他們計劃創立踹匠會館，以便加强團結，保護自身的權益。可是，對于踹匠設立會館的計畫，政府同意布商的看法，認爲足以「謀害商民」，而加以禁止。（一五）

創立踹匠會館的計劃既然沒有成爲事實，到了雍正（一七二三—一七三五）年間，蘇州踹匠便私下拜把結盟，密謀顚覆活動，以發洩對現狀不滿的情緒。例如雍正八年（一七三〇），七月二十五日李衞等奏：「蘇郡……踹匠……率多單身烏合不守本分之輩。因其聚衆勢合，姦良不一。雍正元年（一七二三），有踹匠欒晋公、徐樂也糾集拜把，商謀約會，欲于五月五日放火刼庫，如遇官出救護，即乘便爲害，勢敗則奪船下海。被包包頭吳景範（一作凡）知風出首。拏獲夥犯三十五人，其爲首之欒晋公、徐樂也在逃，至今未獲。彼時地方官止將十三人處死，給賞吳景範銀二十兩結案。」（一六）踹匠欒晋公等企圖暴動的陰謀，雖然因爲包頭吳景範知風出首而遭受挫折，他的姪兒踹匠（一作研匠）欒爾集，又于雍正七年（一七二九）「九月初十日，糾合段秀卿等共二十二人，拜把結盟，祀神飲酒。……爾集又復爲首，邀衆結盟，……其听從之段秀卿等堅稱：異鄉在外，止圖疾病扶持，別無爲匪之情。……」這些踹匠被捕後，他們的拜把結盟，祀神飲酒，雖然因爲辯稱「異鄉在外，止圖疾病扶持」而從輕發落，爲首的欒爾集却仍受到枷責、監禁的處分。（一七）

雍正年間，蘇州一部份踹匠，因爲不能忍受生活的壓迫，拜把結盟，企圖暴動，却由于包頭的告發、統治階級的鎭壓而失敗。自此以後，踹匠們爲生計所迫，不得不繼續忍受低微的工資來工作。可是，在乾隆（一七三六—一七九五）年間，物價不斷上漲，原定的踹布工價更覺偏低，故到了乾隆三十七年（一七七二），每踹布一疋的工價銀，由舊日的一分一厘三毫，增加至一分三厘，約增加百分之一五。不過在此時前後，米價作加速度的上升，故踹匠的生活並不好過。（一八）

康熙五十九年（一七二〇）曾經規定，如米價貴至一兩五錢，每踹布千疋，加銀二錢四分。但米有各種不同的等級，從而價格亦有高下的不同，布商到底根據那種食米的價格來決定應否貼補踹匠呢？因爲這個問題，乾隆二年（一七三七）至四年（一七三九），蘇州踹匠、布商間曾經發生糾紛，踹匠並因此而控告布商扣剋工價。結果由政府派人調解，議定米價以「土米中名上色者」爲準，「查土〔原誤作上〕米之上色者，即黃米白米是也，其價素貴于秈。」（一九）

乾隆年間蘇州踹匠、布商間的另一項糾紛，是支付踹布工價的銀、錢問題。乾隆末葉，布商曾經以「輕平短色」（重量、成色不足）的銀來支付踹布工價。在此以前，布商、包頭(或踹坊坊主)支付踹布工價，往往把銀換成錢來發給，例如在乾隆四十四年（一七七九），參照市場上的銀、錢比價，規定每銀一兩，給錢八二〇文。（二〇）可是，到了乾隆六十年（一七九五），由于私錢充斥，市場上銀每兩換錢多至一、三〇〇文，（二一）而布商、包頭仍以錢八二〇文代替銀一兩來給付踹布工價。這樣一來，踹匠們無形中收入銳減，大吃其虧，故「停工觀望」來抗議。爲着要解決踹匠的罷工風潮，政府特地規定：「嗣后各布號給發踹布工價，遵照新定章程，統以陳平九八兌九六色銀給〔踹〕坊，該坊戶即以布號所發之銀，亦以陳平九八兌九六色，每兩給匠九錢五分，聽其自行換錢，餘銀五分留坊，以爲添備家伙之用。布號、坊戶，不得再以錢文放給，其所發銀兩，亦不得輕平短色。各踹匠如再滋生事端，定各從嚴究辦，斷不稍貸。」（二二）

註釋

（一）「雍正硃批諭旨」，第八册，頁四五一四—四五一五，雍正八年七月二十五日李衞奏摺；拙著「中國經濟史論叢」，第二册，頁六三四。

（二）洪亮吉「卷施閣文甲集」（四部備要本）卷一，頁七，「生計篇」（撰于乾隆五十八年，一七九三）說：「聞五十年以前，吾祖若父之時，米之以升計者錢不過六七，布之以丈計者錢不過三四十。……今則不然。……昔之以升計者，錢又須三四十矣；昔之以丈計者，錢又須一二百矣。」按洪氏的家鄉陽湖（江蘇常州府治），和蘇州距離很近，文中所說米布價格的變動趨勢，當指蘇州一帶而言。參攷呂培等編「洪北江先生年譜」；拙著「中國經濟史論叢」，第二册，頁四七九。

（三）同註一。

（四）「碑刻集」，頁三八，「遵奉督撫各憲定例永禁碑記」（康熙四十年十月）說：「盖〔蘇州踹〕匠之數萬人，奸良不一，好惡易投。棍等從而籠絡之，誘導之，東挑西撥，借景生端。或曰……某匠無業，□許□每匠應出銀二分、三分不等，而衆匠無一不出。」

（五）見下文。按「雍正硃批諭旨」，第三册，頁一九二二，雍正三年（一七二五）九日初六日法敏奏摺說：「普濟堂之設，使老疾無依之人，得有棲息，最爲善擧。」普濟院的業務，當即指此而言。

（六）「雍正硃批諭旨」，第七册，頁四四五七—四四五八，雍正七年十二月初二日李衞奏摺；拙著「中國經濟史論叢」，第二册，頁六三五。

（七）王業鍵教授根據葉夢珠「閱世編」的記載，說上海米價指數（一六八二＝一〇〇）在一六六三年為一一三；一六六九年為九四，及一六七〇年（康熙九年），因水災歉收，上漲至一三八。（王業鍵「清代物價的長期趨勢」，見「香港中文大學中國文化研究所學報」，第五卷第二期，頁三四九，一九七二年。）因為蘇州和上海的距離很近，故蘇州米價變動的趨勢，可以約略拿上海這幾個指數來作代表。

（八）「碑刻集」，頁三三，「奉督撫各大憲核定踹匠工價給銀永遵碑記」（康熙九年十月）說：「〔蘇州〕所用踹布之人，俱從江寧屬縣遠來。……今歲六〔燕石前引文作一〕月間，□〔燕石前引文作突〕有竇桂甫倡言年荒米貴，傳單約會衆匠停踹，索添工銀。布商程、高、張□□□□□□□□開，相率呈縣。而地方陳全等見此輩停工洶洶，恐成亂萌，亦具呈該縣，申報憲台。……竇桂甫□□□□□□□□□敢于鼓衆添價，因〔踹匠〕王明浩不肯附會，輒罰令唱戲酬神，以致餘人皆停工觀望，凶橫如此，實係罪□□□□□□也。」又見于燕石前引文。

（九）「碑刻集」，頁三五，上引康熙三十二年十二月碑刻；燕石前引文。

（一〇）「碑刻集」，頁三七—四〇，「遵奉督撫各憲定例永禁碑記」（康熙四十年十月）；燕石前引文。

（一一）「碑刻集」，頁四一，「奉欽差部堂督撫各憲驅逐踹染流棍禁碑」（康熙五十四年十二月）；燕石前引文。

（一二）「碑刻集」，頁四三—四四，「長吳二縣踹匠條約碑」（康熙五十九年七月）；燕石前引文。

（一三）清朝中葉左右，以蘇州為中心的江蘇省，其人口密度，居全國第一位。參攷拙著「中國經濟史論叢」，第二冊，頁六〇〇、六二七—六二八。

（一四）「碑刻集」，頁三九，「遵奉督撫各憲定例永禁碑記」（康熙四十年十月）；燕石前引文。

（一五）「碑刻集」，頁四一—四二，「奉欽差部堂督撫各憲驅逐踹染流棍禁碑」（康熙五十四年十二月）說：「又布商程同言等告王德等煽惑踹匠加價斂銀，欲助普濟院、育嬰堂，結黨創立會館等情，……今欲倡踹匠會館，暗害□□占地，又可科斂錢財。倘會館一成，則無籍之徒，結黨羣聚，害將叵測。程同言等請禁止控府。……奉批：邢春林等創立會館，謀害商民，不法已極！……」又見于燕石前引文。

（一六）「雍正硃批諭旨」，第八册，頁四四一五，雍正八年七月二十五日李衞奏摺。又同書，第七册，頁四四五七—四四五八，載雍正七年十二月初二日李衞奏：「其在蘇州者，則布坊研匠欒爾集……之叔欒晉公，于雍正元年，同徐樂也糾聚研匠黨衆，拜把約會，欲于五月五日放火劫庫，奪船下海。有吳景凡（一作範）知風出首。該地方官止將現拏同謀之人處死數名，其首犯二人在逃，至今未獲。」又同書，第九册，頁五一八一，載雍正元年四月初五日蘇州織造胡鳳翬奏：「查蘇州係五方雜處之地，閶門、南濠一帶，客商輻輳，……又有染坊、踹布工匠，俱係江寧、太平、寧國人民，在蘇俱無家室，總計約有二萬餘人。凡遇盜案發覺，常有踹匠在內。」參攷拙著「中國經濟史論叢」，第二册，頁六三五—六三六。

（一七）「雍正硃批諭旨」，第七册，頁四四五七—四四五八，雍正七年十二月初二日李衞奏摺。又同書，第十册，頁六三一九，載雍正七年十二月初四日蘇州巡撫尹繼善奏：「續拏各犯有係蘇城踹匠拜把結盟之二十餘人，當即拏獲，並搜出結拜盟單。……謹將追出踹匠盟單抄呈聖覽。」參攷同書，第七册，頁四四七〇，雍正八年正月十七日李衞奏摺；第八册，雍世八年七月二十五日李衞奏摺；顧公燮前引書卷下，頁一六，「李制台治吳」；拙著「中國經濟史論叢」，第二册，頁六三五—六三六。

（一八）參攷第一表。

（一九）「碑刻集」，頁四七—四八，「長吳元三縣規定踹匠踹布千疋，加貼銀二錢四分，店商不得扣尅，致啓爭端碑記」（乾隆四年七月）。

（二〇）「碑刻集」，頁四九—五〇，「蘇州府規定踹匠每布一疋，工價連薪菜米加等計銀一分三厘，該商等給發坊主伙食銀一兩給錢八百二十文，以後不許增加碑記」（乾隆四十四年十月）。

（二一）陳昭南「雍正乾隆年間的銀錢比價變動」，台灣商務印書館，民國五十五年，頁一四、一六。

（二二）「碑刻集」，頁五一—五二，「長元吳三縣規定各布號給發踹布工價，統以陳平九八兌九六色銀給坊，即以所領之銀每兩給匠九錢五分，听其自行換錢，餘銀留爲添備家伙之用，各踹戶如再滋事定從嚴辦碑記」（乾隆六十年十一月）。

五

在本文中，我們曾經對清代蘇州踹布業發展情況，布商、包頭及踹匠在該業中扮演的角色，及他們相互間的關係，分別加以研討。大約自十三世紀末葉黃道婆傳授棉紡織技術後，以松江爲中心的長江三角洲及附近各地，棉紡織業便特別發展起來。這個棉紡織區出產的布疋，約自明、清之間開始，大部分先集中于蘇州，加工精製，然後轉運往各地出售。因爲蘇州成爲蘇、松棉布的重要集散中心，布商在那裡投資開設布號，在康熙（一六六二—一七二二）年間多至七十餘家，其中資本雄厚的，一家「一年消布約以百萬疋論」，銷路伸展至滇南漠北。他們的財富，可與揚州鹽商互相媲美。

蘇州布疋買賣的擴展，一方面刺激附近各縣，「家家紡織，賴此營生」；（一）他方面又促使蘇州成爲踹布業中心，因爲各地紡織的布疋，分別收集到蘇州後，須先加以碾壓，使之美觀耐用，然後運銷于各地市場上。隨着銷路的擴大，須在蘇州碾製的布疋越來越多。爲着滿足業務上的需要，雍正（一七二三——一七三五）年間，蘇州共有踹坊四百五十餘處，由包頭三百四十餘人投資開設。他們由同業互保，向布號領取布疋，轉交給踹匠用大石脚踹研光。踹匠人數多至一萬餘人，主要來自江蘇、安徽間人口過剩、耕地不足的地區；故蘇州踹布業的發達，爲這些地區的過剩人口創造了就業的機會。

可是，當這許多過剩人口移入蘇州的時候，布商往往利用勞工供過于求的特殊情況，乘機壓低踹匠的工資，以便減輕生產成本，賺取更多的利潤。不特如此，因爲踹匠都是無產階級，他們要使用包頭在踹坊裝置的巨石及其他設備纔能踹布，故他們因勞動而得到的微薄工資，又要被包頭扣除一部分，纔算是自己的淨收入。這樣一來，他們雖然消耗大量體力來勞動，由于待遇的低下，只能過着非常貧苦的生活，和富有的布商比較起來，簡直有天淵之別。因此，康熙（一六六二——一七二二）、乾隆（一七三六——一七九五）間，他們屢次發動罷工來爭取待遇的改良。例如在康熙三十九至四十年（一七〇〇——一七〇一）踹匠罷工的時候，「包頭畏避，各坊束手，莫敢有動工開踹者。……商民受害，將及一載。」羣衆的力量着實不容輕視！不過，在清朝中葉前後的長期間內，由于人口增加，勞動力供過于求，踹布工價的增加，遠不及米價增長得那麼利害；故當布商大發其財的時候，踹匠却因入息微薄而生活水準非常低下。

一九七五年七月六日初稿。
一九七八年八月十五日改訂畢。

註釋

（一）拙著「中國經濟史論叢」，第二冊，頁六二九。

清史稿列傳本證

——諸王列傳

蘇慶彬

一、緒　言

修撰清史稿，始於民國三年，趙爾巽爲館長，歷時十四年而成。清史館之設，袁世凱意在安置遜清遺老，況趙氏久任封疆，初非文學侍從之臣，豈足言史。其後柯鳳孫先生雖接館事，北政府已瀕傾覆之際，史館欠薪，改補修撰均無從措手。比張作霖倉皇下野，館中一二人恃其餘勢，妄自主張，以史稿付印，柯氏阻之而未能。史稿既行世，即引起學人之批評，尤以傅振倫先生，仿吳縝新唐書糾謬之例，撰清史稿評論，引證書中謬誤，頗爲詳盡。且慨言以爲「此書不絕，是無天理」。其後故宮博物館呈請禁此稿之發行，亦謂此書「乖謬百出，開千古未有之奇」，又云：「其書之決不宜再流行海內，貽笑後人，爲吾民國之玷……爲今之計，宜將背逆之清史稿一書，永遠封存，禁其發行」。此種意見與禁令，甚爲激烈，不論其用意爲何，要皆有影響於清史之研究。近年國防研究院以清史稿爲藍本，重修清史，惟亦倉卒成書，僅就史稿稍作訂補而已。至於書中牴牾重複處，多未修改，以言整理，實尙有待。

竊嘗論之，史稿一書，舛謬固多，若謂全無價值，實亦未然。蓋當時秉筆撰述者，尚有史學名家，對於前史體例，斟酌損益，研討至詳，故其體製頗具規模。且此書取材，有歷朝實錄及軍機處、各部、督署檔案，並徵集其他有關史料，有清一代之重要史實，可謂略備於此。至於史實之謬誤，體例之不純，則當考核整理之，俾更爲有用。

余有鑑於此，乃試作初步研究，先以清史稿列傳爲範圍，略仿汪輝祖元史本證之例，將各人有關之史料，散見於本紀、表、志、及其他列傳者，一一檢出，與本傳互相校勘，同者註明另見何處，誤者加以考證，異者錄附本傳之後，俾各列傳傳主史料散見於本書者聚於一處（本文爲省篇幅，此處從略），顏曰清史稿列傳本證，以便學人進一步之研考。

本篇僅以諸王列傳爲範圍。經此一番整理，不惟書中牴牾舛誤多可發現，且覺諸王列傳與皇子表頗多重複，列傳所繫子孫，其事功既無可紀，爵位之升降，皇子表已詳之，與傳所載無異重複。又如睿親王多爾袞，本爲滿清入關之關鍵人物，傳文既未能闡述其個人之重要，其後之史事，傳文多同世祖本紀。此無異與紀重複。再如各傳所記戰役，當詳於有關之重要人物傳中，他傳應從略，以收互見文簡之功，而史稿諸傳，往往同記一事，輕重莫別，不僅文字重複，且孰爲主從，亦無復辨認。至於人名、地名，由於音譯，異名極多，不僅同在一書，甚而同在一卷一頁，亦復不同。又滿蒙人名，多取吉祥，故多雷同。傳中又往往省書姓氏，以致淆混百出。蓋秉筆諸人，各自任意，互不相下，稿成以後，亦無一人爲之總閱，刪繁就簡，使歸一致。此夏孫桐先生所以稱此書不宜付印也。今就本書材料，互相校勘，條分縷析，實事求是，雖不免餖飣之譏，要於清史研究，不無裨益云爾。惟自揆學殖疏淺，疏誤必多，尚祈時賢斧正！。

二、列傳二諸王一——景祖諸子、顯祖諸子

列傳二　禮敦

禮敦。

按禮敦皇子世表(下稱皇子表)一作「禮敦巴圖魯」、本傳謂其有功「號曰巴圖魯」，皇子表則以號混作名。景祖討平碩色、納奈呼二部。

按本紀一太祖紀「時有碩色、納加虎二族……景祖率禮敦……攻破之。」作納加虎與傳異。

崇德四年八月，進封武功郡王，配享太廟。

按皇子表一，「禮敦……崇德元年，追封武功郡王。」又禮志五，「崇德元年，追封皇伯禮敦……配東廡。」表、志均作崇德元年，與本傳異。疑傳誤。又本傳作「進封」，上文既云太祖起兵而禮敦卒久矣，而崇德爲太宗年號，不應作進封，當從表、志作追封。

貝和齊　（附列傳二禮敦傳）

（禮敦）子貝和齊。

按皇子表一，禮敦子無貝和齊，有「博伊和齊、禮敦巴圖魯第一子。」表、傳均不載其餘子名，疑博伊和齊即貝和齊。

色勒 （附列傳二禮敦傳）

（禮敦）孫色勒。

按皇子表一，禮敦孫無色勒而有塞勒，爲博伊和齊第一子，卒謚勤愨。以本傳校之，塞勒即色勒。

列傳二　額爾袞

順治十年，追封謚，配享太廟。

按本紀五世祖紀，「順治十年……五月……追封……額爾袞……爲多羅郡王……十一年……三月……以多羅慧哲郡王額爾袞……等……配享太廟。」檢皇子表一，「額爾袞……順治十年，追封慧哲郡王。」又禮志五，「順治十一年，東廡增祀……慧哲郡王額爾袞。」是追封與配享太廟，非同在一年。本傳以追封配享均在順治十年，小誤。

列傳二　塔察篇古

塔察篇古……順治間追封謚。

按皇子表一，塔察篇古，「順治十年，追封恪恭貝勒。」本紀五世祖紀，順治十年「六月乙未朔，追封塔察篇古……爲多羅貝勒。」作多羅貝勒與表、傳異。

列傳二　穆爾哈齊

穆爾哈齊及左右顏布祿、兀淩噶從上馳近敵陣。

按本紀一太祖紀，「弟穆爾哈齊近侍顏布祿、武陵噶直前衝擊。」「兀淩」作「武陵」，或形近而誤。

務達海 （附列傳二穆爾哈齊傳）

順治……六年，偕……代英親王阿濟格討叛將姜瓖。

按姜瓖爲明大同總兵官，順治元年，斬賊首柯天相等以大同來降。（見世祖紀）五年，姜瓖以大同叛，阿濟格圍大同。務達海傳亦載此事。考世祖紀有「阿濟格復左衞，乙未命貝子吳達海等代征大同。」一條。檢吳達海之事蹟載於清史稿者：

一、崇德七年「吳達海爲刑部承政郎」（本紀三太宗紀）

二、順治元年「刑部滿尚書吳達海自承政改」。（自元年至七年始去職，部院大臣年表）

三、順治九年「貝子吳達海爲左右宗正」（本紀五世祖紀）

四、順治十年「命……貝子……吳達海率八旗兵送（達賴）至代噶。」（藩部傳八）

綜上所述之史實觀之，吳達海即務達海。務達海從阿濟格討姜瓖，吳達海亦從之 其證一也。務達海傳謂崇德七年擢爲刑部承政，與吳達海事亦契合，其證二也。且務達海卒於順治十二年，而吳達海之事蹟均在十二年前，其證三也。蓋「吳」「務」音近而字異耳。

漢岱 （附列傳二穆爾哈齊傳）

漢岱……（順治）七年，授吏部尚書。

按部院大臣年表（下簡稱部臣表）一是年韓岱爲吏部尚書，無漢岱，疑韓岱即漢岱也，茲錄韓岱事蹟如下：

一、崇德七年「以宗室韓岱爲兵部承政。」（本紀三太宗紀）

二、順治二年「多鐸……分遣……兵部尚書韓岱……等由南陽合軍歸德。」（本紀五世祖紀）

三、順治五年「命貝子屯齊爲平西將軍，同韓岱討陝西叛回。」（同上）

四、順治八年「調陳泰爲吏部尚書，以韓岱爲刑部尚書。」（同上）

五、順治九年「乙卯，以韓岱爲吏部尚書。」（同上）

六、順治十二年「辛丑，以韓岱爲吏部尚書。」（同上）

按一、以宗室爲兵部承政，與漢岱傳事合；二、韓岱從多鐸由南陽合歸德，與漢岱傳「自南陽趨歸德」事同；三、從貝子屯齊討回亂，與漢岱傳亦合；四、韓岱於順治八年調刑部，與漢岱傳所載無異；五、以韓岱爲吏部尚書，漢岱傳亦云是年授吏部尚書，徧檢韓岱事蹟，一一與漢岱相合，可證韓岱即漢岱，惟漢岱傳不載順治元年自兵部承政改爲尚書，而部臣表又作韓岱，遂使漢岱歧出爲二人。

（6）

列傳二　舒爾哈齊

夜陰晦軍行，蠹有光，舒爾哈齊曰：吾從上行兵屢矣，未見此異，其非吉兆耶。欲還兵，褚英、代善（疑有脫字）不可。

按列傳三褚英傳，「軍夜行，陰晦，蠹有光，舒爾哈齊疑不吉，欲班師，褚英、代善持不可。」本傳「其非吉兆」之下有一「耶」字。蓋「耶」字與「也」字古雖相通，但亦可作爲疑問助語，褚英傳則直書「疑不吉」，與本傳之意不同，考舒爾哈齊爲太祖努爾哈赤同母弟，初起二人並稱，然史稿於舒爾哈齊傳殊爲疏略，然在其傳猶得見太祖對其猜嫌甚深，茲列其事以證之：

一、舒爾哈齊以五百人止山下，以不力戰論罪，屬將常書、納齊布當死，太祖雖赦之，自是不遣舒爾哈齊將兵。

二、褚英、代善雖破敵，但亦明言其未能多所斬獲，師還，則賜號達爾漢巴圖魯。

三、舒爾哈齊自罷將後，居恒鬱鬱，謂其子曰：「吾豈以衣食受羈於人哉。」後移居黑扯木，太祖怒誅其子，遂復還。

綜上所述，褚英、代善既言其「未能多斬獲」而得賞，舒爾哈齊則僅以「不力戰」而黜其兵柄，則未免有過厚過苛之嫌。又移居黑扯木，太祖怒誅其子，使之復還，傳文雖未言其有異志，亦可窺其消息。再檢阿敏傳「上（太宗）御殿令貝勒岳託宣於衆曰：阿敏怙惡久矣，當太祖時，嗾其父移居黑扯木，太祖坐其父子罪，既而宥之……及上嗣位，禮待如初。師征朝鮮，定盟受質，不願班師，欲與杜度居王京……此阿敏有異志之見端也。」從阿敏傳，益見太祖當時對舒爾哈齊之猜忌。其事之發端，殆因夜行軍，見纛有光以其有吉兆之意，而以爲天命之所歸，遂欲班師。（時太祖尚未即汗位）蓋有光之出現，自古多視爲吉祥之徵，清史所載此事亦屢見，故以前後之事證之，以舒爾哈齊疑爲吉兆之意較近情理。滿清王室之爭奪，官書多諱之，故紀史者雖不能詳，而於此中亦一破綻也。

阿敏（附列傳二舒爾哈齊傳）

按皇子作「阿慜」。

阿敏。

歲戊申（明萬曆三六年），偕褚英伐烏喇，克宜罕山城。

按宜罕山城，本紀一太祖紀作「宜罕阿林城」列傳一〇布占泰傳作「宜罕阿麟城」與本傳字異，實一城異寫耳。又列傳三褚英傳「阿敏為貝勒」，而布占泰傳作「台吉」，考阿敏授貝勒在太祖天命元年，伐烏喇在明萬曆三六年，相距八年，當時不應稱貝勒，布占泰傳為是。

天命元年……阿敏以序稱二貝勒。

按本紀二太宗紀，天聰四年「上還瀋陽，庚寅，遣三貝勒阿敏……守永平四城。」阿敏原以序稱二貝勒，此作三貝勒蓋誤。

還擊明將喬一琦，一琦奔固拉庫崖，與朝鮮將姜功烈合軍。

按列傳一二扈爾漢傳「從貝勒阿敏……與明游擊喬一琦遇，擊敗之，時朝鮮出軍助明，其帥姜立屯孤拉庫嶺。」事與本傳合，惟固拉庫崖，作孤拉庫嶺，姜功烈又作姜立，蓋人名、地名異寫耳。

十一年……伐札嚕特部。

按列傳一六鄂齊爾桑傳，「太宗即位，以扎魯（即嚕）特部敗盟貳於明，命貝勒代善、阿敏等將萬人討之，斬倡叛者貝勒……等十四人以歸」。此云太宗即位，以扎魯特部敗盟而討之，考太祖紀「（天命）十一年……夏四月丙子，征喀爾喀五部，為其背盟也」。可見征喀爾喀及其原因在是年四月，太宗尚未即位也（太宗即位於瀋陽，是年九月）其事當在太宗即位之前。

阿敏欲遂破其都城……總兵李承芳進曰：我等奉上命仗義而行，……背之不義。阿敏怒叱之。

按列傳一八李永芳傳「阿敏欲攻其(朝鮮)都城，……永芳進曰，我軍奉上命，仗義而行……食言不義……諸貝勒皆是其言，阿敏怒叱永芳。」本傳作李承芳，恐「承」「永」形似致誤。

遣副將劉興祚入江華島責倧，倧遣族弟原昌君覺等詣軍，爲設宴。

按本紀二太宗紀，「倧懼，率妻子遁江華島……阿敏復遣副將劉興祚入島而諭倧，倧遣其族弟原昌君李覺獻馬百匹，豹皮百、綿、苧各四百，布一萬五千。」屬國傳一朝鮮傳「倧遣族弟原昌君李覺等獻馬百，虎豹皮百、綿、綢、苧布四百，布萬有五千。」所獻方物，本紀作「綿、苧各四百」，屬國傳作「綿、綢、苧布四百」，本紀作「豹皮百」，屬國傳作「虎豹皮百」，品名及數量稍異，必有一誤。

岳託議還師，阿敏曰：吾慕明帝及朝鮮王城宮殿，今既至此，何遽歸耶……杜度變色曰……何爲與爾同居，濟爾哈朗亦力阻，諸貝勒乃定議，許倧盟，阿敏縱兵掠三日乃還。

按阿敏欲留居朝鮮，諸將阻之，致使阿敏縱兵掠三日而還，此事本傳所載不甚了了，檢屬國傳一朝鮮傳，「阿敏慕朝鮮國都城郭宮殿之壯，不肯旋師，貝勒濟爾哈朗及岳託、碩託密議，令阿敏軍平山，而先與朝鮮盟，事成始告阿敏，阿敏謂己不預謀，縱兵四掠，乃復使李覺與阿敏盟於平城。」阿敏之所以縱兵掠三日者，是其洩先不預盟之忿耳。

孫承宗督兵攻灤州，阿敏遣數百人赴援。

按列傳四湯古代傳，「天聰四年，明兵攻灤州急，貝勒阿敏怯不敢援，遣巴都禮率數百人突圍。」又列傳一三巴篤理傳，「天聰……四年……五月，明圍灤州，貝勒阿敏守永平，不即赴，城垂破，乃遣巴篤理率兵赴之。」均與本傳稍異，未知孰實。

瓦三（附列傳二舒爾哈齊傳）

聖祖初……從岳託定湖廣。

按岳託傳無載定湖廣事。岳託爲代善子，卒於太宗崇德四年，何由於聖祖時平定湖廣？檢本紀六聖祖紀云：「廣西提督馬雄叛，命安親王岳樂爲定遠平寇大將軍，率師赴廣東，宗室瓦山、覺羅畫特副之。」宗室瓦山即瓦三也（辨詳下）蓋經略湖廣者爲岳樂（阿巴泰子）非岳託也，本傳涉「岳樂」而誤耳。

俄羅斯侵據雅克薩，上遣瓦三偕侍郎果丕會黑龍江將軍薩布素按治，尋……以瓦三統轄黑龍江將士。

按此事紀、傳均不作「瓦三」。檢本紀七聖祖紀「二十三年……以公瓦山爲滿洲都統。」又同卷「命公瓦山視師黑龍江。」本傳記此事在二十一年至二十三年。考列傳六七薩布素傳「上命都統瓦山，侍郎果丕，與薩布素議，師期，薩布素請以來年，四月，水陸並進，攻雅薩克城。」綜上所述，可證瓦三即瓦山之異譯。

濟爾哈朗（附列傳二舒爾哈齊傳）

既克永平，輿貝勒薩哈璘駐守。

按「輿」字爲「與」字之譌。

（崇德）五年……蒙古多羅特部蘇班岱、阿爾巴岱附於明，屯杏山五里台，請以三十戶來歸，上命率師千五百人迎之。

按列傳一四特錦傳，「崇德五年……蒙古多羅特部蘇班代等降明，居杏山西五里台，使通款，上命鄭親王移師迎護。」又列傳二一祖大壽傳，「（崇德）五年三月，命鄭親王濟爾哈朗……屯田義州，五月，上幸義州，視蒙古蘇班代等，牧杏山城西，使請降。上命濟爾哈朗等率……兵千五百人往迓，大壽偵我師寡，令……杏山總兵劉周智合兵七千人邀擊……上親圍錦州城，攻城東五里台，城北晒馬台，皆下。」特錦傳及祖大壽傳，蘇班岱作「代」。又五里台在杏山西，而杏山又在錦州城之南，祖大壽傳言城東，恐誤。

濟爾哈朗子十一，有爵者四，富爾敦、濟度、勒度、巴爾堪。

按皇子表一所載，濟爾哈朗子有爵者實不止四人。除傳所載四人外，尚有第五子輝蘭，順治十一年封三等輔國將軍；第七子固美，順治十六年封三等輔國將軍；第九子武錫，康熙六年封三等輔國將軍。表、傳互異。

濟度 （附列傳二舒爾哈齊傳）

（順治）十二年九月次福州，久之進次泉州。

按列傳二九阿克善傳，「順治十三年……從鄭親王世子濟度討鄭成功，師次烏龍江，水險不可渡，乃間趨福州。」與本傳異。又列傳一一鄭成功傳，「順治……十二年……濟度次泉州。」與阿克善傳校之，其次泉州之時亦早一年。未知孰是。

喇布 （附列傳二舒爾哈齊傳）

（康熙）十三年九月，命爲揚威大將軍，率師駐江甯。

按喇布命爲揚威大將軍，在康熙十三年，率師駐江甯，列傳四一阿密達傳、列傳四〇王之鼎傳均同。而列傳六〇阿席熙傳則云「十二年」。又駐江甯，本紀六聖祖紀康熙十三年九月「命簡親王喇布爲揚威大將軍，率師赴江西。」此云駐江西，與諸傳異。蓋江甯屬江蘇，喇布移師江西是在十四年九月，而本紀率師赴江西事附於十三年九月，必有一誤。

雅布　（附列傳二舒爾哈齊傳）

（康熙）二十九年……以恭親王常甯爲安北大將軍，雅布與信郡王鄂扎副之，出喜峯口。

按本紀七聖祖紀，「康熙二十九年……恭親王常甯爲安遠大將軍，簡親王喇布、信郡王鄂扎副之，出喜峯口。」考簡親王喇布卒於康熙二十年十月，不當有二十九年出喜峯口事。蓋雅布康熙二十二年爲簡親王，「雅」「喇」又音近。修史者不察，遂涉兄喇布致誤。又常甯爲安北大將軍，常甯傳同，惟本紀作「安遠大將軍。」

德沛　（附列傳二舒爾哈齊傳）

（乾隆）十二年五月，署山西巡撫。

按部臣表四上，德沛自乾隆八年六月己酉即遷吏部右侍郎，至十二年，始遷吏部尙書。本傳則云「十二年五月署山西巡撫。檢疆臣年表（下稱疆臣表）六「乾隆十二年，山西巡撫愛必達，五月辛亥免，準泰山西巡撫。」本紀十一高宗紀同，而無德沛署山西巡撫事。

積哈納（附列傳二舒爾哈齊傳）

（乾隆）四十三年正月，復號鄭親王，四十九年薨。

按皇子表一，「四十三年以濟爾哈朗茂著壯猷，仍復鄭親王，十九年薨。」此作十九年薨，誤也，疑脫「四」字。

端華（附列傳二舒爾哈齊傳）

降爵爲不入分輔國公。

按本紀二十一穆宗紀，咸豐十一年十二月「壬申降端華、載垣世爵爲不入八分輔國公。」皇子表一同。本傳脫「八」字。

又按：端華，清史稿不立傳，僅附舒爾哈齊傳後，傳文不足百二十字。端華二次受顧命，權傾人主，朝臣側目，後雖受極刑，其事蹟不可不紀，今其傳文寥寥數事，語焉不詳，又其爲兵、戶二部侍郎，傳文全不涉，殊爲疏略。

岳齡（附列傳二舒爾哈齊傳）

同治元年二月，以濟爾哈朗八世孫岳齡襲。

按此事亦見皇子表一。傳云八世，不連本身計。

又：封爵表二有「一等侯岳齡」，爲漢人馬得功之後，同名而人異。

承志（附列傳二舒爾哈齊傳）

以奇通阿五世孫襲。

按承志傳作「奇通阿五世孫」，考皇子表一，若云五世孫，則連本身計。淸史稿序世次，或連本身計，或不連本身計，至爲混亂，無一定例。

（同治）十一年，坐令護衞玉壽毆主事福珣奪爵。

按本紀二二穆宗紀，「同治……十年……五月……鄭親王承志有罪褫爵逮訊。」又皇子表一亦作同治十年。傳作十一年恐誤。

又：封爵表有「二等伯承志」與此同名。

費揚武　（附列傳二舒爾哈齊傳）

費揚武……舒爾哈齊第六子。

按皇子表一，「舒爾哈齊第八子。」其行第與傳異。舒爾哈齊第六子爲濟爾哈朗，非費揚武，本傳云第六子誤也。

又：淸史稿名費揚武者凡三見：一爲舒爾哈齊子，（又名芬古）；一見列傳二九附噶達渾傳，滿洲藍旗人，與噶達渾同族（噶達渾爲納喇氏）；一見列傳二八，爲赫舍里氏伊拜第三子。

尙善　（附列傳二舒爾哈齊傳）

（順治）六年進貝勒。

按皇子表一同。列傳二四洪承疇傳，順治十六年「疏言信郡王（多尼）令貝子尙善……追剿至永昌騰越。」尚善於六年已進貝勒，十七年始以罪降貝子，十六年不應稱貝子。

十七年，追論尚善撤永昌守兵致軍士入城傷人罪，降貝子。

按列傳六〇麻勒吉傳，順治十六年，「以雲南初定，往賑，並按大將軍貝勒尚善縱兵擾民狀，麻勒吉爲奏辦。尋安親王岳樂覆勘尚善兵入永昌掠民婦事實。」皇子表一，「（順治）十六年，緣事降貝子。」表、傳載此事在十六年。本傳則云「十七年」未知孰是。若云事發生於十六年，追論其罪在十七年，則皇子表不當言十六年緣事降貝子。疑必有一誤。

吳三桂反，授安遠靖寇將軍。

按本紀六聖祖紀，命貝勒尚善爲「定遠靖寇大將軍」。

（康熙）十七年……。三桂將杜輝等犯柳林觜，師迎擊，舟師來會，合戰，輝敗走。八月卒於軍。

按列傳二六一吳三桂傳，康熙十七年「八月……時尚善卒。……詔趣諸軍分道並進。並勅招撫陷賊官民。察尼屯君山，不能斷湖道，至是造鳥船百，沙船四百餘，配以兵三萬，水師始成軍，……（吳）應麒與諸將……杜輝駕巨艦二百，乘風犯柳林嘴，察尼令水師……發炮擊之，毀過半，兵皆入水死。應麒敗走，杜輝有子在師中，通使約降，事泄，應麒殺輝。」此云敗杜輝事在尚善卒後，主事者爲察尼。本傳則敗杜輝事屬尚善。檢兵志六，「征吳三桂之役，命尚善率師入洞庭，取岳州……增造鳥船百艘，沙船四百三十八艘，置水師三萬人。」所叙事亦在尚善卒前。疑三桂傳誤。又列傳五察尼傳「貝勒薨於軍」，同書一作「卒」一作「薨」，體例不純。

按：列傳四三蔡毓榮傳有「討逆將軍岳納等以舟八百餘入洞庭湖。」岳納，通檢全書未見重出。考與尙善合攻湖南者爲定遠平寇大將軍岳樂，疑察傳以岳樂作岳納，定遠大將軍作討逆將軍。

富善（附列傳二舒爾哈齊傳）

按名富善者凡二見。一爲傅喇塔子，襲貝子，授左宗人；一爲愛星阿子，領侍衞大臣。（見列傳二三愛星阿傳）

富善。

德普（附列傳二舒爾哈齊傳）

按皇子表一，「德普……康隆三十九年襲鎮國公，雍正七年卒。」既卒於雍正七年，則上文「康隆」當爲「康熙」之譌。

德普，襲鎮國公，授左宗人，卒。

興兆（附列傳二舒爾哈齊傳）

按興兆事蹟，本傳所載，始於事高宗從征金川，迄於嘉慶授侍衞駐和闐塔爾巴哈台坐事復奪官止。檢興兆之事蹟散見於本紀及其他列傳者，則止於乾隆五十三年。嘉慶以後闕如。復檢史稿有名興肇者，其事蹟恰由嘉慶四年迄十七年，疑興肇即興兆也。如疆臣表一〇云，興肇以乾隆五十三年遷綏遠城將軍，接嵩椿職，與本傳謂「歷西安綏遠城將軍」合，又檢本紀一五高宗紀，「乾隆五十三年……十月……癸卯

興兆。

……改嵩椿爲西安將軍，以興兆代之。」與疆臣表載亦合。又本紀一六仁宗紀，「嘉慶……四年……十一月戊寅，興肇……以帶兵不力遣戍。」與本傳「嘉慶初討教匪……師久無功奪官，戍烏魯木齊。」皇子表一「嘉慶四年緣事革退。」亦同。綜上史實，可證興兆即興肇無疑也。「肇」「兆」音同而字異，修史者不察，遂歧出爲二人。

札喀納 （附列傳二舒爾哈齊傳）

崇德……四年……封鎭國公。

按皇子表一，「崇德四十年封鎭國公」。考崇德爲太宗年號，僅八年而止。此云四十年誤也。「十」字爲衍文。

（崇德）七年……追論敏惠恭和元妃喪時，扎喀納從武英郡王阿濟格歌舞爲樂，大不敬，削爵黜宗籍幽禁。

按列傳一敏惠恭和元妃傳，「上命內大臣掖輿臨妃墓，郡王阿達禮，輔國公扎哈納，當妃喪作樂，坐奪爵。」此作「郡王阿達禮」，本傳則云「武英郡王阿濟格」。檢阿濟格及阿達禮傳，與太宗紀、皇子表均不及此事。阿達禮於崇德七年七月仍命管禮部事，十月又令駐兵寗遠，八年始與碩託謀立睿親王伏誅。元妃傳云皆奪爵事，恐涉武英郡王致誤。

屯齊 （附列傳二舒爾哈齊傳）

（順治）十一年，追坐衡州敗績，削爵。

按皇子表一，「九年緣事革爵」，表不言因何事革爵，若云坐衡州敗績，則與本傳異。檢李定國及金國光傳，順治十年，屯齊仍稱貝勒，若九年革爵，則十年不當仍稱貝勒。又檢科爾崑傳，有貝勒屯齊遣學士碩岱與科爾崑還奏軍事，疏不言王（尼堪）戰沒，事聞，下議政王。表謂九年緣事革爵，恐涉此事致誤。

富達禮（附列傳二舒爾哈齊傳）

按諸臣封爵表三，有石廷柱曾孫亦名富達禮，與此異。

富達禮。

列傳二　巴雅喇

按皇子表表一，「順治十年，追封貝勒，諡曰剛果。」貝勒是卒後追封。惟各傳所載其事，皆冠以貝勒，以史稿之例，事蹟均書生前官爵，於此特書其死後之封號，以後蒙前，體例不合，當書台吉爲是。

順治十年，追封謚。

拜音圖（附列傳二巴雅喇傳）

按散見諸本紀有拜尹圖，茲列舉其事如下：

一、天聰八年四月，以太祖弟之子拜尹圖爲總管。（本紀二太宗紀）

二、順治二年閏六月，多鐸遣拜尹圖阿山率師趣杭州。（本紀四世祖紀一）

三、順治九年，鞏阿岱以罪伏誅，籍其產，拜尹圖免死幽繫。（本紀五世祖紀二）

拜音圖。

考拜音圖爲太祖弟巴雅喇子，與拜尹圖事合；阿山傳云「從固山額眞拜音圖徇浙江，師次杭州。」與拜尹圖事亦合。本傳稱鞏阿岱事多爾袞，多爾袞既薨，坐黨附罪死，拜音圖亦牽連削爵幽禁，與拜尹圖事亦合。綜此數事，可證拜尹圖即拜音圖也。修史者異譯，遂歧出爲二人。

又：順治二年，多鐸師出虎牢關「分遣固山額眞拜伊圖等出龍門關」，疑「伊」「尹」又形似而誤。

褚英屢有功，上委以政，不恤衆，諸弟及羣臣愬於上，上寖疏之，褚英意不自得，焚表告天自訴，乃坐咀呪，幽禁，是歲癸丑，越二年乙卯閏八月，死於禁所。

按本紀一太祖紀，歲乙卯「八月，帝長子褚英卒，先是，太祖將受政於褚英，褚英暴伉，衆心不附，遂止。褚英怨望，焚表告天，爲人所告，自縊死。」褚英爲太祖之長子，其死關係頗大，史載甚略，若非時値滿清草創之際，文獻不足，則爲宗室爭奪勢位而諱之，紀傳所言其死，意亦不顯，皇子表二則又云「以罪賜死」。所說互異。

穆爾祜（附列傳三褚英傳）

崇德元年，封輔國公。

按皇子表二，「天聰九年，以功封輔國公。」表傳互異。

薩弼（附列傳三褚英傳）

薩弼杜度第七子，杜爾祜得罪從坐黜宗室……（順治）二年復宗室，封輔國公……六年……進貝子，十二年卒。

按本紀七聖祖紀，康熙三十一年二月辛卯「陝西巡撫薩弼以賑災不實褫職。」本傳薩弼卒於順治十二年，亦未嘗爲陝西巡撫。檢疆臣年表五「康熙三十一年，有陝西巡撫薩弼圖，二月辛卯罷。」則紀實脫一圖字，非薩弼也。

尼堪（附列傳三褚英傳）

尼堪，褚英第三子。

按史稿名尼堪者有二。一爲褚英子敬謹莊親王尼堪；一爲理藩院尚書尼堪，納喇氏（見列傳十五）二人均爲太宗、世祖間人，史稿所載僅書名而不冠姓，致使讀者易於混淆。

（順治）六年，命爲定西大將軍。

按尼堪命爲定西大將軍事無可考。命爲定遠大將軍又在順治九年後。考本紀四世祖紀順治六年四月乙卯，「賊黨陷汾州，命和碩端重親王博洛爲定西大將軍，帥師討之……尼堪移師大同。」蓋博洛爲定西大將軍，非尼堪世，若非涉博洛致誤則「定西」爲「定遠」之誤，此又與時間不合。

尋掌禮部，居數月。

按部臣表一上，順治八年，無尼堪掌禮部事，而有禮部尚書阿哈尼堪（富察氏）十二月卒，未知是否因其所掌未及一年而不載，或涉阿哈尼堪而致誤，待攷。

三、列傳三諸王二——太祖諸子一

列傳三　代善

太祖崩，岳託與其弟薩哈璘告代善，請奉太宗嗣位，代善曰：是吾心也，告諸貝勒定策。太宗辭再三，代善等請益堅，乃即位。

按本紀二太宗紀，「太祖崩儲位未定，代善與其子岳託、薩哈廉以上才德冠世，與諸貝勒議請嗣位，上辭再三，久之乃許。」太宗之被擁立，本傳意以代善二子爲主謀，與本紀所載略異，史稿凡有關皇位之嗣立，總覺不甚了了。

是冬，伐蒙古喀爾喀札魯特布，擒貝勒巴克等，斬鄂爾齊圖。

按本紀二太宗紀，「蒙古喀爾喀扎魯特部敗盟」命代善討之，並「獲貝勒巴克及其二子並拉什希布等十四貝勒而還。」本傳「布」爲「部」字之譌。又列傳一六鄂齊爾桑傳「獲巴克及其二子諸貝勒喇布希代青桑噶爾塞等十四以歸。」又列傳六豪格傳，「偕貝勒代善等征扎嚕特部，斬其貝勒鄂齊圖。」鄂爾齊圖，又作「鄂齊圖」，藩部傳又作「鄂爾齊圖」，名字無一定譯。又列傳四德格類傳，十四貝勒又作「十四台吉」。

滿達海（附列傳三代善傳）

（崇德）八年，授都察院承政。

按本紀三太宗紀，崇德八年七月辛酉「命滿達海掌都察院事」。部臣表一下，順治元年至五年，滿達海爲都察院承政滿左都御史。太宗卒於崇德八年，明年始改順治，表始於順治元年，殆因此而略順治元年前事。

（順治八年）諸王分治部務，滿達海掌吏部。

按部臣表順治八年，無滿達海掌吏部事，考尼堪傳，順治七年與巽親王滿達海……理六部事。」又博洛傳「七年偕滿達海尼堪同理六部事。」二傳不言所掌何部，而時間亦稍異。

星海　（附列傳三代善傳）

乾隆四十三年，追錄滿達海功，命星海孫福色鏗額以輔國將軍世襲。

按皇子表二，「福色鏗額，常平子（常平爲星海子）乾隆五十三年封一等輔國將軍。」與本傳異，疑必有一誤。

崇安　（附列傳三代善傳）

（雍正）十一年薨。

按皇子表二同，惟本紀九世宗紀，「雍正……十二年……夏四月丁未……康親王崇安薨。」與表傳異，必有一誤。

又：本紀二〇文宗紀，咸豐七年正月丙子有「召……崇安回京」一事。檢疆臣表十一「嘉慶二十四年十一月乙丑召崇安庫車辦事大臣」。至道光三年十一月乙卯去職。崇安既卒於雍正，不當事於仁宗、宣宗、文宗三朝，其必有同名無疑也。

巴爾圖　（附列傳三代善傳）

巴爾圖。

按列傳一〇一富德傳有名巴爾圖，疑同名而已。

（崇安）子永安，四十三年復號禮親王。

按崇安子永安，皇子表不載，而見於表者有第二子永恩，第三子永𢡟，餘不錄。永安既襲爵，表不應缺。又傳文復號禮親王之下突插入「永恩性寬易」一句。於上文無所承，文亦不通。疑必有一誤。檢皇子表二，「永恩（康熙）四十三年，以代善茂著壯猷，乃復原號爲禮親王。本紀一六仁宗紀又作「禮親王永恩」可證永恩即永安之誤。

又：史稿名永安者凡三見：一見封爵表五下有三等男杜克孫永安；一見列傳一五明安達禮傳，都克孫永安，按都克即杜克，表傳同是一人；一見列傳一二〇五岱傳，李侍堯副都統永安。其事雖不詳，斷非崇安子永安可知。

世鐸（附列傳三代善傳）

（光緒）十九年命增護衞。

按軍機大臣年表下，光緒十九年無增護衞事，檢十五年有「禮親王世鐸正月賜增護衞」疑必有一誤。

誠厚（附列傳三代善傳）

（世鐸）子誠厚襲、薨謚曰敦。

按皇子表二，「誠厚，世鐸子，光緒十年封不入八分輔國公」表不言襲禮親王爵，亦不言卒謚，蓋其父世鐸已入民國，諒其人或亦卒於民國，本傳何以仍書諡號？若遜國後有諡法，則表不當闕如以亂其例。

羅洛渾（附列傳三代善傳）

按皇子表二同，本紀三、四有名羅洛宏者，攷其事蹟與羅洛渾合。同人而名異譯耳。

羅洛渾。

訥爾蘇（附列傳三代善傳）

（納爾福）子訥爾蘇。

按本紀八，有名訥爾素者，其事蹟與訥爾蘇同，檢本紀七，「訥爾福薨，子訥爾素襲」，可證同是一人。

慶寧（附列傳三代善傳）

（福彭）子慶寧襲，（乾隆）十五年薨，諡曰僖。

按皇子表福彭子無慶寧。表云，「慶明，福彭第一子，乾隆十四年襲平郡王，十五年薨，諡曰僖」。考其事蹟，慶明即慶寧也。

又史稿封爵表有德寧子「慶明」，嘉慶五年襲父爵。又部院大臣年表八下，同治元年，有「理藩院左侍郎慶明」，疆臣年表十二有「烏什辦事大臣慶明（未就任）此疑同是一人。惟德寧子慶明在嘉慶十五年襲爵距同治恰爲六十年，史稿無可考，未知同是一人否？

雅朗阿（附列傳三代善傳）

（訥爾圖）孫雅朗阿襲，五十九年薨，諡曰莊。

按皇子表二，雅朗阿爲訥清額子，訥爾圖孫，「乾隆四十五年襲克勤郡王，五十九年薨，謚曰莊。」其事蹟可考者僅此。蓋史稿名雅朗阿者，除此凡數見：一見本紀一四有「綏遠城將軍雅朗阿」。又疆臣表一〇，乾隆四十一至四十四年有「綏遠城將軍雅朗阿」當同是一人；一見屬國傳三緬甸傳有「副都統雅朗阿」；一見本紀一三高宗紀有「烏里雅蘇臺將軍雅朗阿」。疆臣表一〇亦同。而本傳所記甚疏略，諸人均同時間人。未知即是一人，待攷。

慶惠（附列傳三代善傳）

咸豐八年，授黃旗漢軍都統。

按本紀一七宣宗紀，道光元年「慶惠爲熱河都統」。又六年五月「慶惠爲熱河都統」。疆臣表十一同。檢部臣表五上，「嘉慶十三年六月庚申遷慶惠工部左侍郎」，至十四年四月。又同卷下，嘉慶十三年五月甲辰「遷慶惠理藩院右侍郎」。又部臣表六上，道光元年「兵部滿尚書慶惠」上述諸事，本傳全不及。始疑有誤。再檢列傳一二九保甯傳，保甯，圖伯特氏，下云：「次子慶惠，由廕生授侍衞，歷官侍郎三以罪黜復起，道光中，官至熱河都統，以疾歸卒，謚勤僖。」於此可證爲熱河都統者非宗室之慶惠也。彼同名而又爲嘉道間人，撰史不冠姓氏，最易混淆，讀者不可不愼。

魯賓（附列傳三代善傳）

（克齊）子魯賓。

按皇子表二，克齊子有「祿賓」無魯賓，而祿賓行事與魯賓合，可證同是一人。

雍正元年襲爵，四年坐狂悖削爵，復封輔國公。

按皇子表二，「雍正四年緣事革退，復封輔國公。」蓋表例凡封、革之年均詳載，此不載其襲爵之年，疑有脫漏。

碩託 （附列傳三代善傳）

（天聰）八年……偕薩哈璘略代州……分克原平驛。

按本紀二太宗紀，八年……命諸將略代州，薩哈廉襲崞縣……碩托入圓平驛。」「原平驛」作「圓平驛」又薩哈「璘」作「廉」，碩「託」作「托」。

太宗崩，碩託與阿達禮謀立睿親王多爾袞，譴死，黜宗室。

按列傳五多爾袞傳，崇德八年太宗崩，多爾袞與諸王貝勒大臣奉世祖即位，並與濟爾哈朗同輔政，「郡王阿達禮，貝子碩託勸王自立，王（多爾袞）發其謀，誅阿達禮、碩託。」本紀四世祖紀、皇子表二同。碩託等既欲謀立多爾袞，而多爾袞何以揭發其謀？紀、傳敘述此事均甚模糊，清室諱之而致史料殘缺歟？

薩哈璘 （附列傳三代善傳）

薩哈璘。

按薩哈璘，代善第三子，本紀二太宗紀，「代善子……薩哈廉」。又本紀三，「追封薩哈廉爲和碩穎親王」與本傳，皇子表二合，可證同是一人。

勒克德渾 （附列傳三代善傳）

（順治）九年三月薨。

按本紀五世祖紀，（順治）九年三月戊戌，多羅承郡王勒克德渾薨，追封多羅恭惠郡王。檢列傳四一穆占傳，「康熙……十五年……統陝西河南諸軍赴湖廣，討三桂……十六年正月至荆州，時大將軍順承郡王勒克德渾守荊州。」本傳、紀、表，均載其卒於順治九年，何以於康熙十六年仍守荊州？蓋勒克德渾率師克湖廣，是在順治二年至七年事。復檢勒爾錦傳，「康熙十三年駐荊州，十五年出師敗績，退保荊州」可證守荊州者爲勒爾錦，穆占傳或涉勒爾錦致誤。又穆占傳作「順承郡王」勒克德渾或另有其人。

揚奇 （附列傳三代善傳）

（勒爾貝弟）楊奇襲，二十六年薨。

按皇子表二無揚奇，表云「延奇，勒爾錦第四子，康熙二十一年襲順承郡王，二十六年薨。」考其事跡與揚奇合，疑即其人。

充保 （附列傳三代善傳）

（充保）弟布穆巴襲，五十四年坐以御賜鞍馬給優人削爵。

按皇子表二，無充保弟布穆巴，表云，「穆布巴，勒爾錦第五子，康熙三十八年襲順承郡王，五十四年緣事革爵。」以布穆巴事校之均合。而穆布二字倒誤耳。惟布穆巴爲勒爾錦第五子，充保爲勒爾錦第七子，布穆巴於充保不當稱弟，表、傳必有一誤。

又按：藩部表一，藩部傳一，地理志二四有布木巴，爲郭爾羅斯部人，非宗室也。

錫保（附列傳三代善傳）

（雍正）九年……命守察罕叟爾。

按本紀九世宗紀，雍正九年「勅錫保固守察罕瘦爾。」叟作瘦。

十一月授靖遠大將軍。

按本紀九世宗紀，雍正九年十一月「命順承親王錫保爲靖邊大將軍。」列傳八三策棱傳、八四傅爾丹傳及馬爾賽傳均同。與本傳異。

恒昌（附列傳三代善傳）

（泰斐英阿）子恒昌。

按名恒昌者，除此凡三見，一封爵表有恩啓子恒昌；二列傳二四一文麟傳有佐領恒昌，史料不足，未知即恩啓子否？待攷；三忠義傳崇壽傳，光緒時有工部主事恒昌。

春山（附列傳三代善傳）

（倫柱）子春山。

按皇子表二，「倫柱第四子，道光元年封輔國將軍。」檢本紀九世宗紀，雍正十二年有侍讀春山（土司傳四，屬國傳二同）蓋同名耳。

瓦克達（附列傳三代善傳）

（順治）七年師還。

按本紀四世祖紀，「順治七年……多羅謙郡王瓦克達師還。」其下又云：「順治……八年……進封……多羅瓦克達爲多羅謙郡王。」本傳亦云「八年加封號」。可證加封號者在八年。本紀不當於七年即稱「多羅謙郡王」也。

哈爾薩（附列傳三代善傳）

授（瓦克達）子哈爾薩三等奉國將軍。

按皇子表二，無哈爾薩名，表云「噶爾賽，瓦克達第三子，順治十年封三等奉國將軍。」以下所記事略均與哈爾薩傳同，疑噶爾賽即哈爾薩也。

又皇子表一，漢岱孫亦名哈爾薩，亦在順治十年封三等奉國將軍，卒於康熙十九年，二人同名耳。

四、列傳四諸王三——太祖諸子二

列傳四　阿拜

天命十年，偕塔拜、巴布泰伐東海北路呼爾哈部，俘千五百戶還。

按本紀一太祖紀，天命十年「皇子阿拜，塔拜、巴布泰征虎爾哈，以千五百人歸。」列傳四巴布泰傳同。紀「呼」作「虎」，「戶」又作「人」必有一誤。

列傳四　湯古代

湯古代偕圖爾格……守灤州……明兵以礮壞城……棄城奔永平，旣還，太宗廷詰之，湯古代引罪請死，太宗曰：汝不能全師而歸，殺汝何益，下所司論罪免死。

按此事亦見本紀二太宗紀天聰四年條，本傳所記太宗責其不能全師而歸，殺汝何益二語，讀之不甚了了。檢列傳二〇圖爾格傳記太宗之言曰：「汝等不能全師而歸，陷於彼爲敵所殺，歸至此，朕又殺之，於朕何益，且汝等旣携俘獲人畜而還，何不收我士卒與之俱來，彼等何辜忍其呼天搶地以死也。」事較湯古代爲詳，而其所以致罪之由較明。

列傳四　莽古爾泰

（天命）六年……莽古爾泰偕代善遷金州民復州。

按本傳「遷金州民復州」文義不明。檢列傳三代善傳，「復偕莽古爾泰遷金州民於復州。」文義始明。

十年，克旅順口。

按列傳一三巴篤理傳，「（天命）十年……明發兵航海至旅順，……巴篤理從貝勒莽爾古泰攻之。」又本紀一太祖紀，天命十年「命皇子莽古爾泰率師至旅順擊明戍兵。」可証「莽爾古泰」即「莽古爾泰」，「古」「爾」二字倒誤。

諸貝勒議莽古爾泰大不敬，奪和碩貝勒，降多羅貝勒，削五牛彔，罰銀萬，及甲胄雕鞍馬十，素鞍馬二。

按本紀二太宗紀，天聰五年，「議三貝勒莽古爾泰上前持刀罪，降貝勒，奪所屬五牛彔。」六年「給還貝勒莽古爾泰所罰人口。」此事關係重大，本傳不言其上前持刀一事，而見諸本紀，不僅有輕重繁簡倒置之嫌，亦爲清史王室爭奪隱諱之一例。

列傳四　塔拜

塔拜，太祖第六子。

按塔拜爲太祖子，卒於太宗崇德四年。本紀八聖祖紀康熙五十四年十二月己巳以塔拜爲杭州將軍。此人僅一見，事無可考，以時間較之，必非太祖子甚明，殆同名耳。

順治十年追封謚。

按皇子表二，「順治十五年追封輔國公，謚曰愨厚。」表作十五年，與傳異，必有一誤。

塔拜子八，有爵者三。

按皇子表二，塔拜子八人，其中有爵者五人，本傳云三人，傳表互異。

額克親　（附列傳四塔拜傳）

（崇德）八年，坐附羅什、博爾惠諂媚諸王，造言構釁削爵，黜宗室。

按列傳三三博爾輝傳，「博爾輝及諸大臣羅什、額克親、吳拜、蘇拜，皆謹事睿親王……王薨……英親王阿濟格爲睿親王同母兄，欲繼王柄政，博爾惠等與阿爾津共發其罪。英親王奪爵幽禁，賞告者博爾惠……博爾惠等傳睿親王遺言，復理事二王親王爵，以先兩黃旗大臣，居月餘未下，博爾輝有疾，穆爾泰往視之，博爾輝以爲言……遂與端重郡王博洛訴於鄭親王……八年……執博爾輝等下獄，坐博爾輝、羅什動搖國事，蠱惑人心論死……額克親削宗室籍。」同一傳中有名博爾惠、博爾輝，似爲二人。考列傳一五馬福塔傳，天聰九年，「與參政博爾惠使朝鮮。」博爾輝傳云「（天聰）五年兼戶部參政。」九年「命偕承政馬福塔齎敕諭朝鮮國王。」「輝」、「惠」又音近，可證博爾惠即博爾輝也。同一傳更不當歧出二人。

班布爾善（附列傳四塔拜傳）

（塔拜）子班布爾善。

按皇子表二無班布爾善，表云「巴穆布爾善，塔拜第四子。」檢列傳三六鰲拜傳有班布爾善附傳，僅言塔拜子，不序行第。以傳校之，可證巴穆布爾善即班布爾善也。又班布爾善既附塔拜傳，又附鰲拜傳，失之綜核。

巴都海（附列傳四塔拜傳）

（塔拜）子巴都海，亦封輔國公，諡恪僖。

按皇子表二無巴都海，表云「拔都海，塔拜第六子，順治二年封奉恩將軍，六年晉三等鎮國將軍，八年晉輔國公，十七年卒，諡曰恪僖。」以其封諡證之，拔都海即巴都海也。

列傳四　阿巴泰

阿巴泰，太祖第七子。

按忠義傳一有阿巴泰，姓覺羅察。又藩部傳三喀爾喀右翼部子阿巴泰，號鄂齊賴賽因汗，二人與皇子同名。

略山海關，俘數千人還。

按本紀二，崇德七年八月，略明山海關，「九月庚子貝勒阿巴泰等師還。上以其不深入責之。」此不言俘獲之功，且云責之，與本傳異。

康熙十年追謚

按皇子表二，「康熙元年追封饒餘親王，謚曰敏。」本傳不言追封。而表謚在元年，與本傳異。

岳樂（附列傳四阿巴泰傳）

岳樂……初封鎭國公。

按列傳二八科爾崑傳，從豪格討張獻忠，「復與輔國公岳樂……殲其餘黨。」考岳樂初封鎭國公，至順治六年晋封貝勒，史無載封輔國公事，此云輔國公，恐誤。

子二十，有爵者三，蘊端，瑪爾渾，經希。

按皇子表所載，除三人外，復有第八子色楞額，康熙十一年封三等輔國將軍；第十六子賽布禮，康熙十七年封三等輔國將軍。」本傳所云恐誤。

蘊端（附列傳四阿巴泰傳）

蘊端封勤郡王

按皇子表二「蘊端，岳樂第十八子，康熙二十三年封勤郡王。」檢本紀七聖祖紀「（康熙二十三年……加封安親王岳樂子袁端爲勤郡王。」袁端即蘊端之異譯。又文苑傳一文昭傳附蘊端傳，云：「以詩名者蘊端，初名岳端，字正子，號江蘭主人，多羅安郡王岳樂子，封貝子。」蓋蘊端既附岳樂後，事無可紀，再附文昭傳後，亦復如是，殊爲重複。

彰泰（附列傳四阿巴泰傳）

其將何進忠等出降，彰泰戒將士毋殺掠，入城安撫，收倉庫。

按列傳四二趙良棟傳，「自三桂鎮雲南至世璠覆之，歷年久，子女玉帛充積饒富，城破，諸將爭取之，獨良棟無所取戢，所部兵絲毫無敢犯」。「此云諸將爭取之」，與本傳稍異。

（康熙）二十九年正月卒。

按皇子表二同，檢列傳四十二趙良棟傳，「（康熙）三十三年，命良棟率兵駐土喇禦噶爾丹，旋召詣京師，三十四年，良棟復自陳戰功，爲大將軍圖海、彰泰所抑。」彰泰明言卒於康熙二十九年，何得抑良棟戰功？若非良棟追述前事，則必有一誤。

博洛（附列傳四阿巴泰傳）

博洛，阿巴泰第三子。

按皇子表二同。又此外名博洛者凡二見：一見列傳一五達海傳，達海祖名博洛；一見列傳六豪格傳，蒙古台吉亦名博洛。

列傳四　巴布泰

巴布泰，太祖第九子。

按皇子表二同。檢列傳一〇布揚古傳，「太祖……第七子巴布泰。」與表、傳異，作第七子恐誤。

噶布喇（附列傳四巴布泰傳）

（巴布泰）子噶布喇。

按索尼孫又名噶布喇。外戚表喇又作拉。

祜錫祿（附列傳四巴布泰傳）

祜錫祿。

按本紀五世祖紀，順治九年二月丁未「以祜錫布爲鑲紅旗滿洲固山額眞」。祜錫布在史稿僅一見，布、祿音相近，又同時人，未知即其人否？待攷。

列傳四　德格類

至海州城中，官民張樂舁輿迎德格類等，令軍士毋擾民，毋奪財物，毋宿城上，毋入民居。

按本紀一太祖紀，「命皇子德格類徇遼以南，所至迎降，兵宿城上，不入民舍。」所載與本傳稍異。

列傳四　阿濟格

（天聰）四年，復從伐明，趨廣甯，會師大凌河，夜圍錦州。明兵襲阿濟格營，霧不見人，阿濟格嚴陣待，青氣降，霧豁若門闢，急縱擊，獲明裨將一，甲械及馬二百餘，上酌金卮親勞之。

按本紀二太宗紀，「天聰……五年……八月……阿濟格以兵二萬由義州入屯錦州大凌河之間……明錦州兵六千來攻阿濟格營，會大霧，覿面不相識，忽有青氣衝敵營，闢若門，我軍乘霧進，大戰敗之，擒游擊一，盡獲其甲仗馬匹。辛未上詣貝勒阿濟格營酌金卮，勞諸將。」此事本傳屬四年至五年，今以紀校之，知事在五年。惟紀作「忽有青氣衝敵營」，上既言明兵來攻阿濟格營，而阿濟格嚴陣待，青氣所降處當在阿濟格營也，紀稱「敵營」謬甚。

（崇德）八年，復偕濟爾哈朗攻甯遠……明總兵黃色棄城遁。

按本紀四世祖紀，崇德八年「九月……壬寅濟爾哈朗阿濟格征明攻甯遠……阿濟格尼堪等率師至中前所，明總兵官黃色棄城遁。」此云「阿濟格尼堪等」非阿濟格與尼堪二人也。阿濟格尼堪是一人名字，是達音布之子，列傳二二有傳，其時亦參加是役。

（順治）八年五月，多爾袞薨於喀喇城，阿濟格赴喪次諸王夜臨獨不至，召其子郡王勞親以兵脅多爾袞所屬使附己。

按本紀五世祖紀，「（順治）八年春正月……甲寅和碩英親王阿濟格謀亂，幽之，其黨郡王勞親降貝子。」列傳一七蘇拜傳，「八年正月，吳拜、蘇拜及內大臣洛什、博爾輝（即博爾惠詳見上文）發英親王阿濟格罪狀。」列傳三三錫圖庫傳，「八年春吳拜、洛什、博爾輝等訐英親王阿濟格將謀亂，鞫實，錫圖庫坐與謀，誅死，籍其家。」本傳謂「八年五月，多爾袞薨於喀喇城」誤也。考多爾袞傳載「卒於七年十二月」，故訐阿濟格諸臣均在多爾袞卒後。又本紀五世祖紀，八年「二月……壬戌幽阿濟格於別室，籍其家削貝子勞親爵爲庶人。」而本傳則謂八年五月召其子勞親以兵脅多爾袞所屬附己。而其時已爲階下囚，勞親亦爲庶人，安得召其子以兵脅？時間不相合，必有一誤。

勞親 （附列傳四阿濟格傳）

勞親與阿濟格同賜死。

按傳文僅九字，事蹟不詳，據阿濟格傳云，子有爵者三，檢皇子表無勞親名而有樓親，下云：「樓親阿濟格第五子，原封親王，以罪削爵，賜自盡。」以本紀所載事校之，樓親即勞親也。惟本紀載僅謂郡王，無「原封親王」亦無「賜自盡」，大凡清王室謀亂之事均語焉不詳。且多乖謬。

列傳四　賴慕布

順治二年封奉恩將軍，三年卒。

按皇子表二，「（順治）二年封奉恩將軍，二年卒。」與傳異，必有一誤。

五、列傳五諸王四——太祖諸子三

列傳五　多爾袞

從上圍大凌河戰，多爾袞陷陣，明兵墮壕者百餘，城上礮矢發，將士有死者，上切責諸將不之阻。

按本紀二太宗紀，天聰五年八月，分八旗兵合圍，……貝勒多爾袞亦率兵入城內，礮矢俱發，圖賴被創，副將孟坦、屯布祿……戰歿，上以圖賴等輕進切責之。」又列傳二二圖賴傳，「城上兵爭發礮矢，師退，副將穆克譚、屯布祿……皆戰死，圖賴亦被創，上怒曰：圖賴輕進，諸弟從之入，朕弟亦衝鋒而進，有不測，將傑爾等食之……朕兵天所授，皇考所遺……穆克譚我舊臣，死非其地。」副將穆克譚，紀、傳互異。考史稿紀傳名「孟坦」者僅此一見，穆克譚與孟坦二名，音亦相近，疑即一人。

祖大壽約以錦州獻，多爾袞與阿巴泰等以兵四千僑裝，從大壽作潰奔狀，襲錦州，錦州兵迎戰，擊敗之。

按本紀二太宗紀，天聰五年八月「遣祖大壽書……大壽不答。……九月……復以書招祖大壽，庚寅，上設伏山內誘大壽出，將擒之，大壽驚遁，自是閉門不出。時城中穀止百石，馬死，盡煮馬肉爲食，以鞍代爨。……冬十月丁未，以書招祖大壽……己酉再遺大壽書。……甲寅，遣降將姜新招祖大壽，大壽遣游擊韓棟來會……乙丑，祖大壽約我副將石廷柱議降，丙寅，大壽遣其子可法爲質，戊辰，大凌河舉城降，獨副將何可剛不從，大壽掖可剛至軍前殺之。夜至御營，上優遇之，大壽遂獻取錦州策。己巳，遣兵隨大壽夜襲錦州，會大霧，失伍，還。」此事亦見列傳二一祖大壽傳。蓋本傳謂「祖大壽約以錦州獻」一語校諸本紀不合。時祖大壽督兵城大凌河，大壽語石廷柱曰「人安得不死，今不能忠於國，亦欲全身保妻子耳。我妻子在錦州，上將以俾我，得以妻子相見耶。」（祖大壽傳）其不在錦州可知，安得以錦州獻？蓋其降後，欲得見妻子，而獻取錦州之策耳。非降前欲以錦州獻而取功也。當從本紀及大壽傳。何可剛，大壽傳作「綱」。

（崇德）三年，上伐喀爾喀，王留守，築遼陽都爾弼城。

按本紀三太宗紀，崇德二年八月「命睿親王多爾袞……築都爾鼻城。」崇德三年二月丁酉，親征喀爾喀……睿親王多爾袞……居守。」本紀都爾弼作都爾鼻。同名異譯耳，又據紀則多爾袞築城實始於二年八月，非肇於三年二月留守時也。

八年，太宗崩，王與諸王貝勒大臣奉世祖即位。

按列傳三六索尼傳，「太宗崩後五日，睿親王多爾袞詣三官廟召索尼議冊立，索尼曰：先帝有皇子在，必立其一，他非所知也。是夕巴喇纛章京圖賴詣索尼，告以定立皇子。黎明兩黃旗大臣盟於大清門，令兩黃旗巴牙喇兵張弓挾矢環立宮殿，率以詣崇政殿，諸王大臣列坐東西廡，索尼及巴圖魯鄂拜首言立皇子，睿親王令暫退，英郡王阿濟格、豫親王多鐸，勸睿親王即帝位，睿親王猶豫未允，豫親王曰：若不允當立我，我名在太祖遺詔，睿親王曰：肅親王亦有名，不獨王也。豫親王曰：不立我，論長當立禮親王。禮親王曰：睿親王若允，我國之福，否則當立皇子，我老矣，能勝此耶？乃定議奉世祖即位。」此較本傳爲詳。

進（吳）三桂平西王……以馬步兵各萬人屬三桂。

按列傳二六一吳三桂傳同。惟本紀四世祖紀，順治元年四月「封三桂爲平西王，以馬步軍一萬隸之。」其數量與傳異。疑紀脫一「各」字。

用湯若望議釐正歷法，定名曰時憲歷。

按本紀四世祖紀，順治元年「七月丁亥，考定歷法，爲時憲歷。」此事本紀在定都燕京之後。（五月定都燕京）而本傳則書於定都前。考列傳五九湯若望傳，「順治元年，睿親王多爾袞定都京師，是歲湯若望啓言……王命湯若望修正歷法，七月禮部啓請頒曆……順治二年始即用新曆，頒行天下。」可見釐正曆法，似在六月前，七月禮部已請頒新曆矣，紀云「七月考定」似有可疑。

復令曰，養民之道，莫大於省刑罰，薄稅斂，自明季禍亂，刁風日競，設機搆訟，敗俗傷財，心竊痛之。自今咸與維新，凡五月初二日昧爽以前，罪無大小，悉行宥免……反坐前朝弊政，莫如加派遼餉之外，復有勦餉，練餉，數倍正供……今與民約，額賦外一切加派盡予删除……。」

按本紀四世祖紀，順治元年十月乙卯朔，祗告天地宗廟社稷……叙自順治元年五月朔昧爽以前，官吏軍民，罪犯，非叛逆十惡死在不赦者，罪無大小，咸赦除之。官吏貪贓枉法剝削小民，犯在五月朔以後不在此例。地畝錢糧悉照前明會計錄，自順治元年五月朔起，如額徵解。凡加派遼餉、新餉、練餉召買等項，俱行蠲免……。」此令之頒布在順治元年五月，其斷限則在五月，此為滿清入定中國之重要政綱，於本紀五月事全不涉，僅記於多爾袞傳中，則此令究出自何人？亦難辨別。

啓心即渥赫建碑紀績。

按清官制有啓心郎，屬宗人府，此「即」字為郎字之誤甚明。

其年（二年）六月，豫親王克揚州，可法死之。

按本紀四世祖紀，順治二年「四月……庚午，豫親王多鐸師至揚州……丁丑拜尹圖、圖賴、阿山等克揚州，故明閣部史可法不屈殺之。」此作四月與本傳異。

肅親王既平四川，摘其微罪置之死。

按本傳此事附四年十二月前，檢列傳六豪格傳，順治四年定四川，五年二月師還，上御太和殿宴勞。睿親王多爾袞與豪格有夙隙，坐豪格徇隱部將冒功，及擢用罪人揚善弟吉賽，繫豪格於獄，三月薨。」本紀四順治五年三月條同。可證豪格死於五年三月，本傳不當將此事附四年十二月前。

六年二月……拔渾源。

按列傳四博洛傳，下「清源」與本傳異。

（順治七年）十二月薨於喀喇城。

按本紀四世祖紀、列傳三三錫圖庫傳同，惟皇子表二則云「順治四年薨」恐表誤。

多爾博（附列傳五多爾袞傳）

封貝勒。

按皇子表二，「多爾博……順治十四年封貝勒」。又本紀五世祖紀，「順治十四年……封多爾傅爲多羅貝勒。」「傅」「博」形似而誤。

淳穎（附列傳五多爾袞傳）

四世祖鎮國公博爾發。

按皇子表二淳穎四世祖無博爾發。表云：「蘇爾發，多爾博第二子。」檢列傳五多鐸傳有蘇爾發，以世系校之，知蘇爾發即博爾發也。本紀七聖祖紀，康熙三十七年七月庚子，以蘇爾發爲滿洲都統，即其人也。

曾祖輔國公塞勒。

按皇子表二，淳穎曾祖無塞勒，表云：「塞勒，蘇爾發第一子。」多鐸傳，「蘇爾發生塞勒」，以世系校之可證塞勤即塞勒，「勒」「勤」形似而誤。

又按，此外名塞勤者有二，一見孝義傳三有傳；一見皇子表一禮敦孫，惟「塞勤」又作「色勤」。

瑞恩（附列傳五多爾袞傳）

（寶恩）弟瑞恩，道光六年薨，謚曰勤。

按皇子表二，寶恩弟無瑞恩，表云：「端恩，溎穎第四子……道光六年薨，謚曰勤」考其卒年、謚號及世系與本傳合，可證端恩即瑞恩也。

列傳五　多鐸

（天聰）五年，從圍大凌河城……上率二百騎馳擊，明兵走，多鐸逐之，薄錦州，墜馬，馬逸入敵陣，乃奪軍校馬乘以還。

按本紀二太宗紀，天聰五年九月丁亥，「上……自率擺牙喇兵二百與貝勒多鐸緣山潛進，明錦州兵七千突出進上前，上甫擐甲，從者不及二百人，渡河衝敵軍，敵不能當，潰走，諸軍繼至，又大敗之，斬一副將而還。」所載與本傳稍異。

（順治）三年，……偕承澤郡王碩塞討蘇尼特部騰機思、騰機特等，師次盈阿爾察克山，聞騰機思方在袞噶嚕台……敗之於謂特克山，斬台吉茂海，渡圖拉河，追至布爾哈圖山，斬騰機特子二，騰機思孫三，盡獲其孥。師次扎濟布喇克，喀爾喀土謝圖汗遣兵二萬，碩雷車臣汗遣兵三萬迎戰，我師奮擊逐北三十餘里，先後斬級……師還。

按諤特克山，本紀四世祖順治三年五月條作「歐特克山」列傳一六奇塔特徹爾貝傳又作「鄂」。台吉茂海又作「台吉毛害」，圖拉又作「土喇」，騰機思列傳一七穆徹納傳作「騰吉思」，列傳一三舒里渾傳，思又作「斯」，盈阿爾察克，奇塔特徹爾貝傳作「英噶爾察克山」。袞噶嚕台又作「滾噶魯台」，碩壘又作「碩類」。又列傳一四康喀喇傳，「順治四年蘇尼特部騰機思與弟騰機特叛」。按討騰機思其事在三年五月至十月，各紀傳均同，且紀明言「十月師還」，說在四年疑誤也。

費揚古（附列傳五多鐸傳）

費揚古。

按皇子表二，費揚古，多鐸第八子。考史稿名費揚古者，除此凡三見，一見列傳六八棟鄂氏；一見封爵表五上奇塔特子；一見封爵表五下朱馬喇子（疑同卷阿哈旦兄即其人）。

多尼（附列傳五多鐸傳）

多尼，多鐸第一子。

按皇子表二，「多尼，多鐸第二子。」此作第二子與本傳異。又本紀六聖祖紀，多尼又作「鐸尼」。

（順治）十六年……薄雲南……十七年五月師還。

按列傳一二多頗羅傳，「（順治）十四年從信郡王多尼征雲南，死磨盤山」。蓋多尼征雲南，在十五年正月始受命，且戰磨盤山事在十六年（見列傳四五瑚里布傳）作十四年恐誤。

董額（附列傳五多鐸傳）

董額、襲信郡王，董額，多鐸第三子。

按本傳，董額為多鐸第三子，檢皇子表二無此名。表云，「洞鄂多鐸第七子」。初疑洞鄂為董額之兄弟，復檢洞鄂事蹟：

一、康熙十三年，貝勒洞鄂為定西大將軍（本紀六聖祖紀），而董額亦於是年為定西大將軍。

二、康熙十五年，命大學士圖海為撫遠大將軍，統轄全秦，自貝勒洞鄂以下咸受節制（本紀六聖祖紀列傳四五瑚里布傳略同），而董額傳亦云，康熙十五年，命大學士圖海視師，改授董額固山額眞聽圖海節制。

三、康熙四十二年，洞鄂襲信郡王（本紀八聖祖紀），而董額亦於是年襲信郡王。

綜上所述，加以討王輔臣之事亦相脗合，可證洞鄂、董額實一人而名異寫耳。表、傳所書行第互異，必有一誤。又列傳二三海爾圖傳，有定西將軍貝勒「董鄂」亦同名異寫。

察尼（附列傳五多鐸傳）

察尼勞苦久，率滿兵還京師，吏議退縮罪，削爵職，籍其家，幽禁，上念克岳州功，命但削爵。

按本紀六聖祖紀，康熙十九年十月「王太臣議上師行玩誤之王貝勒犬臣罪……革去王爵，籍沒覊禁，尚善、察尼均革去貝勒。」考尚善卒於十七年八月，紀不當於十九年與察尼同革去貝勒。

六、列傳六諸王五——太宗諸子、世祖諸子

猛峩（附列傳六豪格傳）

猛峩，豪格第五子，順治十四年封康熙十三年薨。

按皇子表三略同，表作「封溫郡王…諡曰良」，考本紀五順治十四年正月丁卯「封猛峩……爲多羅郡王」與表異。又檢聖祖紀康熙十一年有「溫郡王孟峩疏辭議政」。孟猛音相近，且亦爲溫郡王，疑孟峩即猛峩也。

延信（附列傳六豪格傳）

進貝子，再進貝勒。

按皇子表三，「雍正元年襲貝子，尋以功進郡王。」又本紀九世宗紀，雍正元年二月乙丑「封輔國公延信爲貝子。」表作「進郡王」與本傳異，紀則兩者均不載，未知孰是，待考。

授西安將軍。

按本傳延信授西安將軍在雍正元年二月後。而本紀九世宗紀，「（康熙）六十一年……十二月……癸亥……以輔國公延信爲西安將軍，署撫遠大將軍事。」又雍正元年十月戊申「改延信爲平逆將軍」，以紀校之，則授西安將軍當在康熙六十一年也。藩部傳稱「撫遠大將軍」亦當在元年十月前。其實署撫遠大將軍而已。

五年……按治讞上，延信黨援欺罔……失誤兵機……凡二十罪，當斬，上命幽禁，子孫降紅帶。

按傳文五之前不冠「雍正」二字，直承康熙五十九年不合。又皇子表三，「雍正……六年因罪革爵，子孫降爲紅帶子。」削爵之年亦與傳異。

列傳六　常舒

常舒，太宗第七子。

按名常舒者此外凡二見，諸臣封爵表五下，席特庫子名常舒；部臣表二上，康熙四十一年至四十四年，有吏部右侍郎常舒，太宗子常舒卒於康熙三十八年，當非此人，上述二人蓋同名耳。

列傳六　常寗

常寗，世祖第五子，康熙十年封。

按皇子表三，世祖子無常寗，表云，「常穎，世祖第五子，康熙十年封恭親王，四十二年卒。」考其封號，行次，及卒年均與常寗合，寗穎又音近可證即爲一人。

常寗爲安北大將軍。

按列傳二喇布傳同，惟本紀七聖祖紀康熙二十九年七月「命……恭親王常寗爲安遠大將軍」一作安北，一作安遠，未知孰正。

七、列傳七諸王六——聖祖諸子、世宗諸子

列傳七　允禔

允禔，聖祖第一子。

按聖祖諸子，本傳及諸列傳所載，均以允字行，本紀則作胤，而本紀一〇以後又作允，允禔即胤禔也。

二字前人混而用之，如尚書胤征又作允征，滿人姓名，本無定字，修史者各就所據書之，故紀傳用字不一。以下諸王傳均同，不詳辨。

皇太子允礽既廢，允禔奏曰，允礽所行卑汚失人心，術士張明德嘗相允禩必大富貴，如誅允礽，不必出皇父手。上怒，詔斥允禔凶頑愚昧。

按列傳七允禩傳，康熙四十七年，「太子允礽既廢，允禩謀代立，諸皇子允禟、允䄉、允禵諸大臣……等附允禩，允祉言於上，謂相士張明德言，允禩後必大貴，上大怒，會內務府總管凌普以附太子得罪，籍其家，允禩頗庇之，上以責允禩。」此云「允祉言於上」「允禩後必大貴」與本傳異。考同卷允祉傳不及此事，疑允禩傳誤。

允禔用喇嘛巴漢格隆魘術厭廢太子，事發，上命監守，尋奪爵幽於第。

按上文之意，允禔被監守。惟同卷允礽傳，康熙四十七年，「諭曰：允礽不法祖德……朕所治之，天下斷不可付此人……即日執允礽，命直郡王允禔監之。……皇三子允祉發喇嘛巴漢格隆爲皇長子允禔厭允礽事，上令侍衞發允礽所居室，得厭勝物十餘事（允祉傳略同）。又本紀八聖祖紀，是年十一月癸酉「削直郡王胤禔爵，幽之。……四十八年……四月甲辰……移禁胤禔於公所，遣官率兵監守。」允禔上文既謂被怒斥，何以仍用允禔監之，疑必有一誤。

列傳七　允礽傳

允礽……康熙十四年十二月乙丑……立爲皇太子。

按本紀六聖祖紀允礽册立爲皇太子在是年是月「丙寅」與本傳稍異。

（康熙）四十七年……尋以廢太子，詔宣示天下。

按本紀八聖祖紀，康熙四十七年九月丁丑「召集廷臣行宮宣示皇太子胤礽罪狀，命拘執之，送京幽禁……丁酉，廢皇太子胤礽，頒示天下。」列傳五八王鴻緒傳廢太子事亦在是年。惟皇子表四「（康熙）四十六年廢」恐誤。又列傳四十九李光地傳，「皇太子允礽以疾廢。」

列傳七　允祉

（康熙）四十三年，命勘三門底柱。

按本紀八聖祖紀，「（康熙）四十二年……十一月……己巳，上次陝西，命皇三子胤祉往閱三門底柱。」此作四十二年與本傳異。

聖祖邃律歷之學，命允祉率庶吉士何國宗等輯律呂算法諸書……五十三年十一月書成奏進。

按本紀八聖祖紀，康熙五十三年十一月「誠親王胤祉等以御製律呂正義進呈得旨。律呂、歷法，算法三書共爲一部，名曰律歷淵源。」又時憲志一推步因革：「（康熙）五十二年五月，修律呂，算法諸書，以誠親王允祉，皇十五子允禑，皇十六子允祿承旨纂修，何國宗、梅瑴成允彙編，陳厚耀，魏廷珍、王蘭生、方苞等充分校，所纂之書，每日進呈，上親加改正焉。五十三年四月諭誠親王允祉……十一月誠親王允祉等言郭守敬造授時術，遣人二十七處分測，故能密合……六十年御製算法書成，賜名數理精蘊，諭此書賜梅文鼎一部，命悉心校對，遣其孫梅瑴成齎書賜之。六十一年六月，歷書稿成，並律呂，算法共爲律歷淵源一百卷。一曰歷象考成上下編；一曰律呂精義上下編續編；一曰數理精蘊上下編。」

蓋書成之時間與紀傳相差八年，未知孰正。

列傳七　允祐

康熙三十五年，上征噶爾丹，命允祐領鑲黃旗大營。

按列傳五四溫達傳，康熙三十五年，「上親征噶爾丹，命溫達隨皇七子允祜，都統都爾瑪管鑲黃旗大營。」考允祜爲聖祖二十二子，此云皇七子，亦管鑲黃旗，是允祐無疑也，「祜」，「祐」形似而誤。

五十七年十月……命允祐管正藍三旗事務。

按本紀七聖祖紀，康熙五十七年十月「命皇七子胤祐，皇十子胤䄉，皇十二子胤祹分理正黃，正白，正藍滿蒙漢三旗事。」若以文章敘述次第言，允祐當理正黃，惟本傳作正藍，若非有誤，則本紀行文欠妥。

（雍正」八年四月薨，予謚。

按本紀九世宗紀，雍正八年四月，「淳親王胤祐薨，謚曰度。」皇子表四同。又本紀一〇高宗紀，「（乾隆）三年……十一月……庚戌，以孫家淦劾貝勒允祐，上嘉之，予議敘允祐下宗人府嚴議。」蓋允祐卒於雍正八年，傳表均明言之，何得在乾隆三年被家淦所劾。且允祐在雍正元年已晉爲親王，此云貝勒，事必有誤。又家淦又作嘉淦。

列傳七　允禩

（康熙）四十七……太子允礽既廢，允禩謀代立，諸皇子允禟，允䄉、允禵、諸大臣阿靈阿、鄂倫岱、揆叙、王鴻緒等皆附允禩……上責允禩……允禩亦奪貝勒。

按此事本紀八聖祖紀、列傳七四馬齊傳、揆叙傳、佟國維傳、列傳五八王鴻緒傳、列傳七允禟、允䄉傳，均在康熙四十七年。惟列傳七四阿靈阿傳，「康熙四十九年，與揆叙、王鴻緒等密議擧允禩爲皇太子，上以馬齊示意諸大臣，予嚴譴不復窮治。」考聖祖紀康熙四十九年亦無此事，疑阿靈阿傳「九」字爲「七」字之譌。

允禩因怨朕與褚英孫蘇努相。

按褚英孫蘇努誤，辨詳褚英條。

乾隆四十三年正月，高宗諭曰……允禩……仍復原名，收入玉牒，子孫一并叙入。

按本紀一〇高宗紀是年無此諭。檢雍正十三年十月癸亥，有「賞阿其那塞思黑子孫紅帶收入玉牒。」而高宗紀不應省略。

列傳七　允禟傳

（康熙）四十八年三月封貝子。

按本紀八聖祖紀，康熙四十八年「十月……戊午册封……皇九子胤禟……俱爲貝勒。」此作十月，且封爲貝勒，與傳異。而同日受封諸皇子，表作「貝子」若非三月封貝子，十月改封貝勒，則必有一誤。又檢雍正三年作「貝子胤禟」各紀傳中無稱貝勒者，稱封貝勒恐誤。

私行禳禱，疏文內連書雍正新君，爲上所知，斥爲不敬，兵部劾奏，命允禩議其罪，四月奪爵逮京師拘禁。

按本紀九世宗紀，雍正二年「四月……己巳，敦郡王胤䄉有罪削爵拘禁。」而本傳云，「命允䄉議其罪」蓋是月，上召王大臣訓飭允䄉，令其改行，何以又命其議允䄉罪？

列傳七　允䄉傳

允䄉……康熙四十八年十月封貝子。

按皇子表四同，惟本紀八聖祖紀作「封貝勒」恐誤。

參閱允禟條。下允禵傳同。

世宗即位，進封履郡王。

按本紀九世宗紀，康熙六十一年十二月「戊午……封……胤䄉爲履郡王。」皇子表四作「晋嘉郡王」，與紀傳異。

雍正二年……奪爵。

按本紀九世宗紀，雍正二年「六月……乙酉……降貝子胤䄉爲鎭國公。」皇子表四同。蓋世宗即位後已封爲郡王，此後未見削奪，若非脫誤，當仍稱郡王，而紀作貝子殆誤。

列傳七　允祥

（雍正）七年六月，命辦理西北兩路軍機，十月命增儀仗一倍。

按軍臣表上，「雍正七年六月，始設軍機房，怡親王允祥，六月癸未，命密辦軍需，一應事宜，十月賜加儀仗一倍。」又列傳七五張廷玉傳，（雍正）八年，上以西北用兵，命設軍機房，隆宗門內，以怡親王允祥，廷玉及大學士蔣廷錫領其事。嗣改稱辦理軍機處，廷玉定規制……自是內閣權移於軍機處。大學士必充軍機大臣，始得預政事。」蔣傳此事在八年，與紀傳異。清設軍機處，為清代政制一大變革，本紀是年隻字不提，殊為疏略。

列傳七　允禵

（康熙）五十九年二月，允禵移軍穆魯斯烏蘇，遣平逆將軍延信率師入西藏，令查布防西甯。……五月允禵率師駐甘州。

按本紀八聖祖紀「命西安將軍宗查木駐西甯。疑宗下脫一「室」字。布又作「木」，與傳異。穆魯斯烏蘇又作「木魯烏蘇」。移師甘州，紀在六十年五月壬戌，此恐為抵達甘州之時。

列傳七　允禵

與其子白起並錮於壽皇殿

按本紀九世宗紀，「禁錮皇十四弟胤禵及其子白起於起於壽皇殿側」。「於起」疑非其子名，或為衍文。

列傳七　允禑

允禑，聖祖第十五子……雍正四年封貝勒……八年封愉郡王，九年二月薨，予謚。

按此事皇子表四同，惟本紀九世宗紀，雍正八年二月丁巳「復……貝勒胤禑為愉郡王。」紀上文無降爵事，似不當作復。

列傳七　允禮

（雍正）三年，諭曰果郡王……宜給親王俸，護衛亦如之。

按本紀九世宗紀，雍正三年「八月……壬辰……加怡親王胤祥俸，果郡王胤禮護衛。」據紀，果郡王所加僅護衞耳。

列傳七　弘晝

好言喪禮，言人無百年不死者，奚諱爲？嘗手訂喪儀，坐庭際，使家人祭奠，哀泣岸然，啖以爲樂，作明器象鼎彝盤盂置几榻側。

按此事有僭妄之嫌，傳無降罰事，考本紀十二高宗紀乾隆二十八年，五月己巳「和親王弘晝以儀節僭妄罰俸三年。」疑即指此事也。

（乾隆）三十年薨，予諡。

按本紀十三高宗紀，「（乾隆）三十五年……七月……癸丑，上臨和親王弘晝第視疾。丁丑，和親王卒。」皇子表五所載卒年亦同。紀、表均云卒於三十五年，疑本傳十下脫「五」字。

列傳七　福惠

福惠，世宗第七子，八歲殤，高宗即位，追封親王，諡曰懷。

按皇子表五，「福惠，世宗第九子，雍正六年薨，十三年追封親王，諡曰懷，無嗣。」又禮志一二「雍正六年，皇八子福惠卒，帝輟朝大內，素服各三日，不祭神，詔用親王禮葬，十三年追封親王，諡曰懷。」一作世宗第七子；一作第九子；一作第八子，表、志、傳互異，若以表所排列行第較之，似表近是，惟表弘瞻（繼允禮後）弘盼均作第六子，必有一誤。

八、列傳八諸王七——高宗諸子、仁宗諸子、宣宗諸子、文宗子

列傳八　永瑆

嘉慶四年正月，仁宗命在軍機處行走，總理戶部三庫故事，親王無領軍機者，自永瑆始。

按軍臣表上，「成親王永瑆，（嘉慶四年）正月丁卯，在軍機處行走，旋署戶部尙書。」本紀十六仁宗紀同。蓋本傳云「親王無領軍機者，自永瑆始。」考雍正七年，始設軍機房，怡親王允祥曾領軍機事，而傳謂「自永瑆始」未知作何解釋？

列傳八　永璘

（嘉慶）二十五年三月，永璘疾篤，上親臨視，命進封親王，尋薨。

按本紀十六仁宗紀，嘉慶二十五年，「二月……乙卯，慶郡王永璘有疾，上臨視，晋封親王……三月……己巳慶親王永璘薨。」所載較本傳爲詳。

列傳八　綿愷

（嘉慶）二十四年封惇郡王，宣宗即位進親王。

按本紀十七宣宗紀，「（嘉慶）二十五年……七月……辛巳……晋封惇郡王綿愷爲惇親王。」宣宗即位是年與傳合，惟皇子表五晋封惇親王在二十年，疑脫五字致誤。

列傳八　奕誴（附列傳八綿愷傳）

（咸豐六年）十月進親王。

按文宗紀咸豐六年十月無進親王事，檢文宗紀「咸豐十年春正月丙寅……加恩親藩惇親王奕誴晉親王。」皇子表五，「（咸豐）十年晉惇親王。」紀表均在十年，傳在六年十月恐誤。

列傳八　奕緯

嘉慶二十四年封貝勒，道光十一年四月薨……進封隱志貝勒。

按本紀十六仁宗紀，嘉慶二十四年正月「甲午朔……封……皇長孫奕緯爲貝勒。」而皇子表五隱志下無「貝勒」二字。

文宗即位，進郡王。

按本紀二〇文宗紀，道光三十年「正月……追封兄貝勒奕緯……爲郡王。」此作追封較妥。

列傳八　奕繼

奕繼，宣宗第三子，三歲殤，文宗即位，追封謚。

按皇子表五，「奕繼，宣宗第三子，道光三九年薨，三十年追封慧郡王，謚曰質，無嗣。」此云道光三九年薨，誤也。奕繼之卒年雖無可考，以其行第及情理推之，似卒於九年，必非三年（兄二歲殤，又卒於七年）疑「三」字爲衍文。

列傳八　奕訢

誘執法使巴夏禮。

按邦文志二，咸豐十年八月「英人犯通州，帝命怡親王載垣赴通（脫一州字）議款……英使額爾金遣其參贊巴夏里入城議和。……」又本紀二〇文宗紀，咸豐十年八月「洋兵至通州，載垣擒英使巴夏禮解京……恭親王奏請還巴夏禮於英軍。」可證巴夏禮爲英人非法使。本傳誤。

胡風及胡風集團重要成員歷略

翟志成

導　言

一九五四年末至一九五五年末發生在大陸的「反胡風」運動，是中國現代史上的一件極其重要的事件。所以說極其重要，是因爲它是在中共政權統治下的中國知識分子有組織有計劃地反抗馬列教條控制意識形態領域的第一次嘗試。所以說極其重要，是因爲它是中共政權動用專政機器對中國知識分子在意識形態領域中的集體反抗行動的第一次鎮壓。所以說極其重要，是因爲它上承一九五二年「反武訓」和一九五四年「反胡適」的餘波，下開一九五五年「鎮反」與一九五七年「反右」的先河的鈕帶，是中共對中國知識分子由說服教育到暴力鎮壓的一個重要轉捩點。

中外學者討論胡風事件的文字，眞可以稱得上「汗牛充棟」。然而，幾乎所有這類的文字，對胡風，特別是對胡風集團的其他重要成員的生平，只作了驚鴻掠影式的介紹。要系統、深入、全面地研究和分析胡風集團及胡風文藝思想的形成過程、發展趨勢以及鬥爭經緯、非要溯本追源不可；而這溯本追源，又非要先搜集出大量有關胡風以及胡風集團的重要成員的個人歷史資料不可。這是研究胡風問題的第一步的工作。筆者曾用了八個月的時間，讀了所有能讀到的有關胡風問題的文章，這些文章，加起來恐怕接近一千萬字。從這龐大而蕪雜的文字海洋中，把隱藏在裏面的和胡風或胡風集團成員的歷史有關的片言隻字統統鉤勒出來，再通過分類、排列、比較、去粗取精、去僞存眞的校正過程，總算是勉強把胡風及其集團的重要成員的歷略整理出來了。所謂「勉强」，是因爲胡風在被中共清算前，遠不如魯迅、郭沫若等有名，暫時還沒有請人替自己修撰傳記或年譜的資格。當他成了「反革命頭子」後，名氣自然是大了許多，但試問在國內，誰敢甘冒天下之大不韙，替「反革命集團頭子」「樹碑立傳」？海外文士不是沒有這個膽量，而是因爲胡風一生廝混在左派陣營，道不同不相往來，沒有一個是胡風的眞相知，故雖有「樹碑立傳」之心，亦無從樹立。胡風集團的其他重要成員，幾乎全是胡風獎掖提攜的後進，換言之，大都是胡風的弟子。連師傅也沒有碑傳，何況徒弟？沒有傳記年譜，要了解他們的歷史是困難的。雖說流傳到海外的有關胡風問題的文字超過一千萬，但這一千多萬字，只能在同類文字中佔一個很小的比例。要根據這一千萬字，寫出一部詳實的胡風年譜或傳記是不可能的，要替胡風的弟子們作傳更是不可能的。更兼胡風事件迄今已逾廿年，在這廿多年中，中國經歷過多少次翻雲覆雨的大變革，文化界又遭受過多少次「焚書坑儒」的文字獄！這些變革，這些文字獄，當然會使有關胡風及其集團的資料大量散佚。由於制度不同，海外學人不能到大陸去搜尋這些散佚的資料，即使能進去，也決不能搜到什麼有價值的第一手資料。

由於有時間，空間和人爲（制度）的限制，所以，筆者整理出來的資料不敢稱爲傳紀或年譜，而只能稱爲歷略。即使是歷略，也不能不冠以「勉强」兩字。

又由於資料取材自左、中、右三方，各方基於不同的政治立場和政治觀點，公說公有理，婆說婆有理。特別是左右雙方，往往爲了政治目的而有意或無意地抹煞和歪曲了歷史的眞相。爲了使歷史的眞相重現，筆者不能不用辯正的形式把胡風的歷略寫出，俾便在介紹胡風身世的同時，駁正一些意圖掩飾眞相的謬說。但在介紹其他胡風分子的身世時，限於篇幅，却只能採用簡介的形式。

上篇　胡風的身世

一　胡風的眞實姓名及其他筆名

胡風，原名張光人，①又名張光瑩。（「人」「瑩」諧音，疑是同一名之誤傳）。②撰文除用胡風筆名外，爲了「佈成疑陣」，使論敵「看來遍山旗幟，不敢輕易來犯」，③亦用谷音、谷非、張古音及鼓聲等多個不同筆名。④他曾在書信中自稱「荒胖子」，⑤他的門徒書信間亦稱其爲「谷公」、「古公」，生於湖北省蘄春縣第二區邵壠鄉和下石潭鄉（中共政府成立前的地名是蘄春縣菩堤霸區大徑橋鄉。）（同②）

二　胡風的年齡

關於胡風年齡，有以下三種不同的說法：

(1)生於公元一九〇四年（顧牧丁）。⑥

(2)生於公元一九〇二年（屈不平）。⑦

(3)大約生於公元一九〇三年（魯㟾然）。⑧

以上三種說法，那一種才是最正確的呢？竊以爲魯㟾然的說法，不知本自何書，且作者本人亦不敢確定，只用了「大約」這模稜兩可的字眼，故可以不論。

屈不平先生在文中自稱與胡風是中學同學，後雖各因政見不同而分道揚鑣，但還保持私人來往云，故其說當非信口開河者可比，似較可信。

顧牧丁是南開大學中文系副教授，也是胡風集團的成員之一。他在南開講授「現代詩選」時，曾對學生說，胡風是一九〇四年出生的。（同⑥）

一個是早期同學，一個是晚期戰友，就時間而言，晚期比早期更難記錯；就關係而言，戰友又遠比同學親密得多。所以顧牧丁的說法，比屈不平更加可信。

事實上也證明了顧牧丁的說法是正確的，因爲胡風曾爲了某外國文藝雜誌寫過一篇極簡略的自傳，先在「野草」發表，後來又收在他的論文集——「民族戰爭與文藝性格」裏，⑨極明確地說：「一九〇四年冬天，我生在湖北省東部一個窮苦的湖濱的鄉村。」這是最有力和最權威的證據。

由此，可得以下結論：胡風生於一九〇四年冬。

必須指出，屈不平撰寫此文時是在一九五五年，而他與胡風同窗時約在一九二〇年，前後相差了三十五年，記憶上的錯誤是難免的，把胡風的年齡說大了兩歲也是可以原諒的。由於屈先生是胡風的同學，他的文章仍是作者研究胡風身世的重要參考資料。

三　胡風的家庭成份

胡風的父親名叫張濟發，兄弟四房，大哥名張名山，二哥叫張名梯，胡風（張光人）排行第三，四弟叫張學仁，（同②）關於胡風的家庭成份，一直是爭議最多的問題：

胡風曾寫過兩篇自傳性的文章，一篇是上文提及的「自傳」；另一篇是收在「文藝筆談」裏的「理想主義者時代的回憶」。⑩雖然都太過簡略，但在介紹自己的家庭成份時，還是比較清楚的。他在「自傳」中介紹自己的家世時說：

聽說原來是一個富有的「世家」，但到了早死的祖父底前一代就已經衰落了。孤兒的父親和母親——一窮苦的農民底女兒——結婚的時候，當天就得向鄰舍借米。那以後是夫妻兩人長年間做豆腐手藝勞動。但到了我能夠有記憶的時候，兩個哥哥都成年了的家境，已經稍稍寬裕了。大哥是個能幹的手藝人，二哥是一個勤勞的佃農。父親性格剛直，治家非常嚴厲。母親是一個心腸慈善而多感的女人，對於窮苦的鄰舍和親戚，總是偷偷地給予幫助，她由於長年的艱苦的勞動和營養不足，害了貧血病，常常忽然間陷入了意識迷糊的狀態。

因爲勞動的人手不夠，在童年時代我做着牧牛，看守稻子一類的事情。到了十一歲或十二歲的時候才被送進一個村學。

(5)

由胡風的自述，我們可以知道，他出身於一個貧無立錐的農村無產階級的家庭，全仗一家老小胼手胝足，克勤克儉地慘淡經營，處境才稍稍寬裕了一些。

但是，他的中學同學屈不平先生却不大同意他的自述。屈先生也承認胡風家世代以務農爲生，但到他父親張濟發的時代，家境已經好轉，家中不但有一瓦窰，有田，而且還僱用了「長年」（長工）。張濟發與張明山都不下田，放小款給附近農民，取子金爲活。並且，屈先生還說「從沒見過他父親和大哥做過豆腐或麵作」。

根據屈先生的證明，胡風的家庭成份似應評爲工商業地主或高利貸者（也是地主），最起碼也是小土地出租。

在批判胡風的高潮中，「湖北日報」發表了該報某記者對胡風家庭的調查報告——「從胡風對地主家庭的態度看他一貫的反革命立場」，該文後來轉載於一九五五年六月二十日「人民日報」第三版。據那記者揭發：

他（胡風——引者）的家庭是個反革命的地主家庭……胡風兄弟四房，共有田一百五十多畝，其中三十多畝僱長工耕種，一百二十五畝出租，年收租課穀二百五十多石。

該記者繼續揭露，胡風大哥張名山是個「罪大惡極的惡霸地主」，當地農民叫他是「五毒」、「恆豐堤內一霸」，說他「心毒嘴狠」，「平時對農民窰民惡言大語，開口就駡，動手就打」。他曾霸佔同鄉畢海元的土地，逼債强搶貧農張伯勝的漁船、五十多歲時還仗勢强姦霸佔一個貧農的妻子，一九四七年二月，因爲與方姓豪族爭奪蘄（春）廣（濟）兩縣六區盛產魚類的公湖「鬧門擋」，在械鬥中被殺。

胡風二哥張名梯，據該記者揭露：「是一個自家不勞動，僱長工，出租土地，放高利貸的十足的地主。是一個被當地農民稱之為『細心細肝，面善心毒』的狡猾的地主。」

該記者還揭發胡風四弟張學仁，是一個「當過僞聯保主任，殺死過農民，强姦過無數婦女，霸佔過人妻女的反革命地主」。

「解放」後，胡風的二哥和四弟被評爲地主，經過土改複查，他們還是被評爲地主。

必須指出，該記者是帶着陷人於罪的用心或任務而進行「調查」，在「調查」中當然會做了些手脚，對事實的加加減減是在所不免的。他的調查報告，儘管言之鑿鑿，我們還是不能也不應該全信。但是，我們也不能因爲他做過手脚就把他的話全部推翻，一概否定。我們有理由懷疑張氏兄弟是否眞象他所說的那麼壞，但我們沒有理由不相信張氏兄弟是地主這一事實。因爲，土改是有政策的，成份不能亂評，評定後更不能亂改。以毛澤東之尊，也不能把自己的家庭成份評爲貧農，以陶鑄之威，也不能把自己的地主家庭成份改爲貧農。

會不會是受了胡風之累，家庭跟着倒了霉，在評成份時被有意陷害呢?這也是很難說得通的。因爲土改運動在一九五〇年，土改複查在一九五二年，那時胡風的身份還是革命作家，並且在一九五一年還被派到四川參加和領導土改，⑪按理，家裏不但不會跟着倒霉，反而應當沾了「革命幹部」的光才對。沾了光還要被評爲地主，可見是眞地主。

而且，他的中學同學屈不平先生的話，和「湖北日報」記者的調查在家庭經濟環境方面是比較吻合的。重要的是，屈先生是在海外的所謂「反共義士」，汚蔑醜詆中共的言行容或有之，而幫助中共對胡風落井下石恐怕絕不可能！所以，胡風的家庭成份是地主的事實，已經不容懷疑了。

那麼，是不是胡風在自述中「僞造成份」或蓄意撒謊呢？答案也是否定的。因爲胡風撰寫「自傳」時，中共還未得勢，胡風決不會未卜先知地預見十多年後大陸會實行土改，而有意先去「僞造成份」。再者，「越窮越光榮」，是「解放」後的事，「解放」前「窮」並不是一件什麼體面的玩意兒，胡風如果眞是地主少爺，有必要把自己裝扮成苦娃牧童嗎？

如果說，「湖北日報」記者揭露胡風出身於地主家庭是事實，胡風的「自述」說自己出身於無產者家庭也是事實，我們應該怎樣去理解這兩件看來似乎是對立的和矛盾的事實呢？

唯一合理的解釋，是在胡風幼少的時候，他的家裏的確是貧苦過一陣子，但過了不久，他家便「發達」了，特別在他離家後，發達得更快，終於擺脫了貧苦的境況，上升爲地主。

事實也正好證明了以上解釋。胡風在「逆流的日子」的首頁和後記中一再讚揚他的大哥張名山具有「愛、勞動、自我犧牲、仰慕善良行爲的德性」，並憑這種「超人的德性」，使他在「寒苦」中出人頭地，使得整個家族「發達起來」。

「湖北日報」記者在攻訐張名山時，也談到胡風家的「中興」史：

「民國」初年，青年的張名山，憑着他一張能說會道的嘴和一顆勢利逢迎的心，巴結上了本族豪紳地主張伯楷家，當時成了他家極信任的狗腿幫兇。張名山忠實而兇惡地幫張伯楷家收租，許多收來的租穀就放在他家，張名山就將這些租穀以高利挪借給周圍的農戶和窰民；他又無利或低利從張伯楷家借來糧食和錢借給農戶和窰民，進行高利盤剝。當時胡風家中實際成了「二地主」和「二債主」。這是胡風家庭得以「發達」的第一批資本，當然不是甚麼從「勞動」中來的。

我們暫且不必去理會張名山的「發達」是否眞是從「勞動中來」，我們只要從「狗腿幫兇」的字眼，就知道張名山不是「主子元兇」，從「二地主」和「二債主」的字眼，就知道眞「地主」和眞「債主」另有其人，從「第一批資本」的字眼，就知道在此以前是「沒有資本」，這就已經很足夠地證明了胡風家在早期（發達前）是曾經窮過的了。

既然曾經窮過，窮孩子做過「牧牛，砍柴，看守稻子一類的事情」，也是很自然的。由此可見，胡風在「自傳」中並沒有「僞造成份」和蓄意撒謊。

胡風家有了這筆資本後，開起窰貨行來了，並「逐漸壟斷了當地的窰貨銷售」。他家從客戶裏先收訂金，再把這筆現金借貸給窰民，允許窰民日後用制成品折錢償還；並開了油麵、豆腐、米酒等作坊，把糧食和副食品大量賒給窰民，「高價折錢，又低價折成窰貨，要窰民用窰貨來償」，從中牟取暴利。（同②）

由於經營有術，胡風家迅速發達起來了，買田、置屋，「自命」爲張姓族長，管理本族的公田公湖，終於成爲了豪紳地主。（同②）

四　胡風與「地主家庭」的關係

胡風十一、二歲的時候，正是家境漸好的時候，所以家裏到了那時候才有能力把他送入村學。據「自傳」

說：「因爲看到我底性情遲笨，父親底計劃是讓我讀過兩三年以後就送到城裏的店子裏去當學徒，因爲在他看來，這是不必忍受劇烈勞動的痛苦而又能夠謀生的最便當的道路，但當我在村學裏讀了一兩年的時候，卻意外地得到了教師和同族的幾個長者底稱讚，一向受着紳士們底威脅的父親和哥哥也就決意讓我做一個『讀書人』了。在村學讀了幾年艱深的古書以後，由於一個同伴的偶然計議，就考取了城裏新式的公立小學。住了一年，得不到滿足，又到武昌去考進了一個名譽不好的中學。」這「名譽不好的中學」就是啓黃中學。原先胡風的父親並不贊成他到武昌唸中學，而强迫他留在家中「守業」。胡風反抗了父親，在大哥張名山的支持和鼓勵下，跑到武昌去考中學，以備取生的資格進入黃州私立啓黃中學。⑫

有必要指出，胡風由離家唸中學時起，到「參加革命」而最終受清算之日止，一直和他的地主家庭保持着最密切的關係，絕對沒有「大義滅親」和「劃清界線」的舉動。他無論唸中學、大學，到日本留學，在經濟上都依賴張名山的支持。張名山曾多次到武穴爲他滙錢，一次就是一百多塊銀洋。（同②）爲此，胡風很感激和熱愛大哥，他曾說：「我不能寫出他對我抱着怎樣深的摯愛，爲我付出怎樣大的犧牲」。⑬

一九四七年二月，張名山因與本鄉方姓豪强有紛爭，在械鬥中被殺，胡風聞訊後悲憤莫名，立刻寫信指示侄兒與方姓打官司，自己又雪片般地拍電報或寫信給武漢各大報，策動社會輿論支持，並多次去信給國民黨省黨部主任委員方覺慧，要求他「主持正義」。方覺慧雖與殺張名山的方姓豪强是本族，但卻答應了胡風的要求，把本族中幾個械鬥主使者法辦判刑。（同②）

爲了紀念張名山，胡風把他那本論文集——「逆流的日子」，「呈獻給他（張名山——引者），當作插

在他底靈位前面的一束野花或一把松枝」，（同⑬）並慨然承諾由自己來負責埋葬大哥。（同②）

一九五〇年冬到一九五二年春，胡風家在土改中被評爲地主。胡風曾爲此寫信責備他那在蘄春縣府工作的舊同學，指責對他家「不講政策」。（同②）

一九五二年春，胡風家鄉進行土改複查，胡風立刻指使「地主二哥」張名梯到農會「申請」「重新審查階段成份」，企圖「反攻倒算」。（同②）

土改後，胡風還數次給地主家庭寄錢寄衣服。一九五二年二月五日，胡風妻梅志用上海「解放日報」便箋給胡風家去信說：「……今天爲你們寄出一包舊衣，……衣服是舊的，不過在這種時候，也能勉强穿穿吧。」一九五二年，胡風那被管制的地主二哥張名梯六十歲生日，胡風特地買了幾件新衣服寄去，並用大紅的條子寫着：「以這幾件新衣爲二哥祝壽」。（同②）

站在共產黨人的立場，胡風與地主家庭藕斷絲連的感情和維護地主家庭的行爲，應該受到譴責。但站在做人的立場，胡風還不失爲一個重溫情，重親情，肯念舊，不忘本的人。他還沒有失去「人性」，而這種不分階級的「人性」，正是共產黨人一貫堅決反對的。

在政治上靠攏共產黨，而在感情裏又保持着「人性」，這種雙重的人格和矛盾的心態的糾纏、激盪和鬥爭，構成了胡風生命史上的悲劇，也構成了絕大部份「革命」的知識分子的悲劇。

五　求學時代的胡風

胡風進入啓黃中學時，剛好是一九二一年。⑭反叛和追求的結果，使他接觸了新文學。他在「回憶」中說：

僅僅憑了一點「國文」的程度由一個閉塞的小縣城跑到武昌被C中學錄爲備取生的時候，已是五四運動的兩年以後了。爲什麼一定要反抗家庭，跑出來考中學，現在已經不能夠詳細地回憶。但當時對於一般以「法政專門」爲唯一志願的地主少爺們有了强烈的反感，在專門教左傳古文辭類纂的小學裏面又住不下去，只是隱約地想着一定有更明亮的地方，因而跑了出來罷了。然而，雖然跑了出來，不過是在平裝的選本古文之外再加上了一些更繁重的課目，和那些成天在外面結交小政客的前輩以及喝着白開水學說英語的同學們總不能合在一起。除了課本和同族的S君之外，幾乎只能夠悄悄在操場邊的小山上爬上爬下了。就在這個時候，不曉得是因了什麼偶然的機會（學校裏是沒有圖書館的），我接觸了雜誌和新書。

「偶然的機會」，大大地拓展了他的眼界：

和一頭沒有吃飽過的小牛走在青草地上一樣，我貪饞地讀着它們，各種不同的甚至互相矛盾的東西在我底單純的腦子裏面跳舞。我讀着「嘗試集」，也讀着「女神之再生」，讀着「嚮導」，也讀着「努力週報」……。但使我眞正接近了文學也接近了人生的却是兩本不大被人知道的小書：「湖畔詩集」和王統照底「一葉」。前者教給了我被五四運動喚醒了「自我」的年青人底感覺，救出了我被周圍的生活圍困住了的心情，後者所吐出的幻滅後的嘆息，恰恰提醒了我在生活裏面追求着什麼的意識，使我很久地感到無名的悵惘。那以後，搜求文藝作品的書報差不多使我陷進了沉醉的地步。當時常在「晨報副鐫」出現的愛羅先珂和冰心女士，尤其是我所關心的人。愛羅先珂牽惹我的不僅是他底光明的國土，最有力的是他底在黑暗重壓下的人物嚮往那光明的國土的心。冰心女士底愛的哲學，在殘留在我底生活裏面的封建感情上面開起花來了。激動在大多數文學青年所經驗到的如茁的情緒裏面，我和S君同時開始寫起了春水式的小詩，不到一年就寫滿了厚厚的兩個抄本。（見「回憶」）

這「厚厚的兩個抄本」，就是他後來的第一部詩集──「野花與箭」的藍本。不久，在「晨報副刊」上，他讀了魯迅的「吶喊自序」，雖然沒有能讀懂，但後來「吶喊」出版，他立刻買了回來，也不怎樣讀的懂，「但却本能地感到了他所寫的正是包圍着我自己的黑暗和痛苦」。他買了四、五本「吶喊」，每一本都附着自己火一般的熱情一道分贈摯友。從此，魯迅成了他「最親愛的名字」。⑮

新的文學和新的文學帶來的新的思想，使他覺得自己被身邊現實的「沉重的空氣壓逼得呼吸都不能自如了」，加以讀書的廣泛和「五四」運動後當地的互助社和「武漢評論」所給他的影響，使他充滿了當時青年人對現實所應有的憤激。一種無法抑制的澎湃激情，變成了渲洩性的創作慾火。「二七」事件後，他「用不完全的字句寫了一篇算是呈獻給犧牲者的『小說』」，投到爲當時的青年們所愛讀的上海「民國日報」的副刊「覺悟」上面。他把他的「小說」投郵了以後，爲了獲得更多的發展機會，「就第二次違反了家庭意思離開了在眼底裏只是一片灰白了的武昌，跑到了被當時南方的青年視爲學藝聖地的N城」（以上均見於「回憶」）。

他所說的N城，就是南京。他考入了「當時是以它底新精神在全國馳名的」東南大學附中，那時已經是一九二三年了（見「自傳」）。他在南京，才讀到自己那篇刊登在「民國日報」「覺悟」上的小說。這是他一生中第一篇變成了鉛字的作品（見「回憶」）。成功的喜悅增强了他獻身文學的決心和勇氣。當時東南大學附中實行「道爾頓」制，自由選課，胡風和他的同班同學，即以後成了著名作家的巴金，都修習了「新文藝班」。⑯大學裏的和中學裏的幾個友人，推着他「更多地知道了更關切地觸到了社會」，無論在人格上和思想上都給他很大的影響。但是，托爾斯泰的「復活」及廚川白村的「苦悶的象徵」，這兩本書中宣傳的戀愛至上和藝術至上主義，又把他「沒頭沒腦地淹沒了」。他一方面參加了學生運動，一方面又信仰戀愛至上和藝術至上主義，社會行爲和思想信仰的明顯矛盾，經常把他的腦際「攪成了混然一片」（見「回憶」）。

一九二五年，「五卅慘案」發生，胡風「也是當地的奔走在街頭和工廠中間的一個人」。革命的口號使他激動萬分，激勵着他經常拿起筆，在「中國青年」（惲代英主筆）上撰文鼓吹革命。（同⑮）同年，他加入了共產主義青年團。⑰

是年七月，胡風考入北京大學，趁入學前的暑期閒暇，他回家鄉辦小型文藝刊物——「新蘄春」，發表了大量尖酸刻薄的攻擊性文章，得罪了本縣不少地方豪紳。（同⑦）

北大開學後，胡風回到北京，懾於段祺瑞政府的「白色恐怖」，他堅決向中共要求退出共青團。（同①）

由於在北大「得不到滿足」，一九二六年胡風轉入清華，但他馬上又覺得「更得不到滿足」，苦悶的他，決意要離校投奔革命。

六　北伐與清黨時期

一九二六年北伐軍攻下武漢，胡風離開清華，又回到故鄉，參加蘄春縣國民黨黨部工作。同在黨部工作的有中共黨員詹大星、陳方、胡緘三、李雄飛、以及那時還未入黨的方瀚（即日後中共湖北省委統戰部副部長何定華）。這些中共黨員伙同非中共黨員的胡風、方瀚一道，打倒土豪劣紳，把蘄春縣商會會長余肇用槍斃。一九二七年國民黨「四．一二」事變後淸黨，地方豪紳出面檢擧胡風等人，這羣左翼靑年立刻四散逃亡。幸而胡風沒有同詹大星一道逃往武漢，否則，已和詹一道作了夏斗寅刀下之鬼。（同⑦）

胡風這段差點兒成了「革命先烈」的光榮史，一直不爲人所知。竊以爲這是因爲胡風在國民黨統治下，不敢說出來以招罪。在共產黨的統治下，又不許他說出來「往自己臉上貼金」的緣故。

淸黨時的胡風逃到那裏去了呢？據中共揭露：「一九二七年蔣介石發動「四．一二」政變後，他（胡風——引者」在江西蔣匪軍從事反共活動」，⑱「在江西『剿共』軍中做過反共的政治工作」，（同①）可見他是逃往了江西。胡風不愧是個有點小聰明的人，他知道只有「鑽進敵人的肝臟裏」，才是最安全的避難所。他參加江西「剿共」軍政治工作，顯然是爲了避禍和逃命，講得時髦一點，也可以叫做「保存力量」，中共硬給他扣上「反共」的帽子，實在是天大的寃枉。

嚴格說來，求學時代及北伐淸黨時代的胡風，都不能說是一個革命者，而僅僅是一個先天不足的理想主義者，他在「回憶」中說得坦白極了：

封建社會的現實和歷代亂世文人底逃避現實的作品養成了我底「絕代有佳人」式的「遺世」思想，由於從來不能和都市的生活相通的固執以及五四運動後的思潮尤其是文學作品所給我的沒有註釋的「光明」，這思想終於使我成爲一個先天不足的理想主義者了。但現實的生活同時也使少年人開始注視了社會。朦朧地接受過來了的社會觀雖然看起來似乎是和這相吻合的，但現實的露相却不斷地使這個理想主義者受着摧毁。這樣的處在矛盾中間的生活一直繼續了下來，等到經過了一次狂潮以後，浴水的浮草似地，雖然平靜，但已是非常疲乏的了。所以，理想主義在這裏其實並沒有新生，只是一抹淡淡的投影。

理想的肥皂泡碰上了現實的墻，又怎能不迸碎成千千片？胡風只好唱着悲愴絕望的「夕陽之歌」，⑲開始了他亡命天涯的生活。

七　胡風在日本

爲了遠離淸黨的風暴，一九二八年，胡風和友人方瀚一道自費到日本。經過一年的功課準備，他終於考入了慶應大學。（同⑦）兩年以後，在友人日比君的介紹之下，他加入了日本左翼文人集團舉辦的「藝術學研究會」（設在東京神田區江戶川大厦），自稱「這時候才能解消了糾纏過去八年的社會觀和藝術觀的矛盾」（見「回憶」）。

一九三一年，胡風一度由日本回到上海和南京，用谷非的筆名撰文，並翻譯了一部外國小說——「洋鬼」（近百萬字），那時，胡風的筆名尚未問世。在南京，他常與張天翼，韓起等來往，（同⑦）並在這時參加了左聯。（同⑱）

近人王章陵在「中共的文藝整風」一書中說胡風在一九三三年才由馮雪峯介紹參加了「左翼作家聯盟」，是錯誤的。

一九三二年冬，胡風再由東京回上海，住了大約一個月，他被「一·二八」救亡運動的熱情所激盪，幾次到學校文藝團體作抗日演說，並奉丁玲之命去勸阻東平赴日留學，但沒有成功。⑳

一九三三年春，胡風在日本被警視廳拘捕，拘留了三個月，嚐到了「日本警察底野蠻的拷問方法」，同年夏天，被日本警察遞解回上海，這使胡風成了當時的新聞人物。一想到這件事，胡風「就感到了一種氣憤和懷念混和着的感覺底浸襲」。㉑

八 「左聯」時期的胡風

回到上海後，胡風即在孫科屬下之出版機構任編輯。經魯迅的大弟子馮雪峯的介紹，胡風加盟魯迅系，鋒芒漸露。當馮雪峯離開上海後，他便以當然的掌門弟子自居。（同④）

在魯迅提攜下，胡風任「左聯」常委。

胡風的性格，和魯迅頗相似：自負、主觀、狂妄、倔强、不肯吃眼前虧；雖然鯁直，却又多疑；心內一盤火，外面冷如冰；特別是喜歡用尖酸刻薄的語句，對別人冷嘲熱諷，不僅易於招怨，而且一旦結怨便成死敵。他們師徒倆是不折不扣的火老鴉，飛到那裏，那裏便燒起來了。對於魯迅，由於他是開山宗師，門下弟子衆多，擔不得也擔不起，敵人奈何不了他只好憋了一肚子氣啞忍，對於胡風，由於他不過是二流脚色，敵人一有機會就對他決不客氣了。「天時不如地利，地利不如人和」，不得人和，恐怕是胡風失敗的一個很重要的原因吧！

加盟了「左聯」後，胡風樹敵眞不少。一九三四年四月，胡風撰「過去的幽靈」，猛烈攻擊與世無爭的「小品文」的提倡者林語堂及周作人。

一九三五年末至一九三六年上半年，他爲了阿Q的「典型」問題與「左聯」的實際領導人周揚打了半年的筆

戰。㉒

一九三六年五月九日，他奉魯迅命寫「人民大衆向文學要什麼」，公開提出「民族革命戰爭的大衆文學」這個口號，和周揚系的「國防文學」口號相對抗。引起「左聯」陣營內魯迅系及周揚系的公開決裂。

放火後的胡風，雖然從此永遠被周揚恨入骨髓，但卻在當時着實撈了些政治資本。首先，是魯迅公開站出來替他撐腰，大贊胡風「鯁直」、「可接近」、「明明是有爲的青年」，反把周揚一伙罵個狗血淋頭。㉓魯迅的一捧一罵使胡風文名大噪；其次，是剛從陝北瓦窰堡開會回來的大師兄馮雪峯對胡風的忠勇也大加賞識，立刻發展他爲中共黨員。㉔

九　關於胡風的黨籍問題

關於胡風曾「光榮入黨」之事，在一九五七年馮雪峯被清算之前，一直不爲世人所知。在一九五七年前中共幾千萬字的反胡風文章中，沒有一篇曾提到這件事。國內人士一直以爲胡風從來都是非黨員作家，所以都稱胡風爲「先生」，「先生」與「同志」是大陸有別於非黨員和黨員的稱呼。當然，共產黨高興起來，有時也會把「先生」身份的人尊稱爲「同志」。但是，如果雙方同是黨員，則絕不能把對方貶稱爲「先生」的（除非先把他開除出黨），這是起碼的常識。

更有一有力證據，足以證明胡風在被清算時並非黨員：一九五四年五月五日方然給胡風信，叮囑胡風在向中共中央送上意見書時，要「同時送上入黨申請書」。（同①）

是黨員的不必再申請入黨，正在申請入黨的一定還不是黨員，這是再明顯不過的了。

一直到了一九五七年八月二十七日，「人民日報」發表了一篇題為「文藝界反黨分子馮雪峯是丁陳集團的參加者，胡風思想同路人」一文，才交代出胡風曾「光榮入黨」這一事實：「……一九三六年，馮雪峯從陝北到上海。他不信任當時上海的地下黨組織，却把正在反對黨的胡風一度拉入黨內。……」

由此可見，胡風的的確確曾在一九三六年內一度加入中國共產黨。近人魯喟然說胡風在一九三二年後成為中共正式黨員㉕，徐大悲說胡風在一九三一年入黨，（同⑯）屈不平說胡風在一九三〇年在日本正式參加共產黨，（同⑦）未知何本，想是主觀臆度之辭，不足徵信。

一九三六年早就成了中共黨員的胡風，為什麼到了「解放」後反而不是黨員了？竊以為只有三種可能（A）被開除黨籍。（B）因被捕而失去黨籍。（C）自動脫黨。

根據現有的資料分析，胡風應該是自動脫黨而失去黨籍的。因為到目前為止，還沒有發現有關胡風在一九三六年後曾被國民黨逮捕過或被中共開除過的資料；這樣一類的資料公佈出來，只會增加胡風的罪狀。中共手頭上如果眞有這些資料，是一定不會替胡風避諱守秘的。

還有一個問題，胡風是在甚麼時候失去了黨籍的？「人民日報」在同一篇揭露馮雪峯的文章，給我們提供了一些線索：「一九三七年……馮雪峯却竟因為和黨的負責同志意見不合，便自動離開了黨，跑回浙江義烏老家去，作了革命的逃兵。」

認眞說起來，馮雪峯把胡風拉了入黨，胡風的死對頭，即周揚一伙未必會同意，當然就更不會樂意。馮雪峯是胡風的直接領導，馮雪峯這一拂袖而去，很可能使胡風失去和共黨的直接聯繫。高傲的胡風不願意去找周揚系的黨員，周揚系的黨員也不見得就願意來找他，加上一九三七年十月，胡風因戰亂關係逃離上海，來到武漢，組織關係自然中斷了。中共黨章規定，中共黨員若在一定時間內不參加組織生活，便當作自動退黨處理。馮雪峯就是因此而一度失去過黨籍的，胡風亦極有可能在那時因爲同樣理由失去了共產黨員的資格。

如果以上的推理能成立，胡風似應在一九三七年末失去了黨籍。

一〇　胡風在抗戰時期

一九三六年十月十九日魯迅先生病逝，胡風參加「治喪委員會」，被委託起草訃文，他在撰文時「全身底抽搐，全身底顫抖」、「完完全全地沉湮在熱淚裏面」。㉖

一九三七年十月初，胡風因避戰禍，由上海逃到武漢。他對左翼文壇極端失望和不滿，聲稱要做「新的第三種人」，㉗他另立大旗，創辦「七月」同人雜誌，並多次聲明「七月」所批評的只限於現實主義或接近現實主義的作家的作品，大肆攻擊左翼文壇的作品爲「主觀公式主義」、「客觀主義」、「教條主義」、「機械庸俗唯物論」和「僵屍」……「七月」也刊登一些八路軍，新四軍及解放區的優秀作品，頗受讀者歡迎。㉘中共曾派馮乃超勸喻他接受領導，放棄同人雜誌方針，但遭胡風堅決拒絕。於是中共便開始攻擊胡風的「七月」「過於暴露黑暗」，意圖「破壞抗戰」。㉙

一九三九年二月，胡風坐着小划子，「用了二十二天的時光走完了原來只要四天的路程」，從武漢撤退到重慶。㉚爲了生活，胡風按月到國民黨文化工作主持人張道藩領導下之「中央文化運動委員會」領津貼（特約撰稿費）。㉛胡風在重慶時期，是闖禍最多的時期。一九三九年，他撰文反對郭沫若提倡（實際上是中共

提倡）的文化普及運動，醜詆爲「愚民政策」。㉜

一九三九年——一九四〇年，他撰「今天我們的中心問題是什麼」，猛烈攻擊左翼文壇的「公式化」和「概念化」。

禍闖得最大的，是胡風在一九四〇年發表「論民族形式問題」。他以權威的總結者自居，把所有參加「民族形式」論爭的作家全部教訓了一通，被他罵爲不懂「現實主義」的幾乎都是中共文化界的領導人。其中主要有：陳伯達、艾思奇、周揚、何其芳、黃繩、潘梓年、葛一虹、以羣、羅蓀以及親共作家郭沫若……。其中何其芳，周揚是中共文藝界的實際領導人；特別是艾思奇與陳伯達，一是中共首席理論權威，一是毛澤東的御筆，在當時教訓艾、陳，實際上是教訓毛澤東本人。可以這樣說，胡風敗亡的遠因，早在一九四〇年就伏下了。

一九四一年皖南事變，爲了對國民黨「表示抗議」，也爲了避難，重慶左翼作家紛紛出走。胡風拿了共產黨「援助」的旅費，來到香港。㉝在離渝前，胡風作七律兩首抒憤㉞：

劫灰三載說江南，地凍天荒又歲寒。幸有災黎成勁族，恨無明鏡照西天。同袍喋血倭奴笑，一榻鼾眠傀儡閒。回首京華尋舊夢，石頭城內血斑斑。

書生毛戟非無用，爲殺倭兒拾鐵槍。贏得風霜磨傲骨，忍將憤懣對穹蒼。溫情不寫江南夢，宿恨難忘塞上殤。耿耿此心獨擱筆，來今往古一沙場。

詩實在作得不好，亦由此可證明胡風的舊學根基並不很好。

在香港，胡風與國民黨某電影製片廠導演何某相善，偷偷爲何某編寫電影劇本，被左翼作家質問，胡風雖面紅耳赤，但仍强辯到底。（同㉝）

不久，太平洋戰爭爆發，香港淪陷，胡風和其他左翼文人一道，被中共游擊隊東江縱隊營救出險。旋又與東縱幹部發生磨擦，受到嚴厲批評，被逼自我檢討所謂「意氣用事」。（同㉝）

一九四三年三月初，胡風逃難到桂林，立刻對當時的左翼文壇發動了猛烈攻擊：「戰鬥的東西被市儈的東西所淹沒，人民底要求被敵方的影響所淹沒」，並把這種現象叫做「混亂」。他又表示，「不要批評則已，否則，眞正的批評定要和火熱的人生要求相呼應，一定要和痛苦的歷史戰鬥相呼應，一定要使任何種類的，掛羊頭賣狗肉的作家們受傷、喊痛、以至當場出相的，決不做出只要於自己有利，對任何人都可以作揖打恭，只有幫閒專家們才能得出來的奴才式的表情。」（胡風「在混亂裏面」「序」）。爲了表示自己的風骨，他眞的寫出很多叫左翼作家「受傷、喊痛、以至當場出相」的批評，能得罪的人都被他得罪光了。這些文字，後來收在胡風第四批評論文集「在混亂裏面」。

除了罵人，胡風也捧新人，他在他所主編的「七月文叢」及「七月詩叢」中，就捧紅了多位新人，光新詩人就被他捧紅了三十九位。較著名的是鄒荻帆、田間、艾青、天藍、莊湧、魯藜、綠原、冀汸、方然、阿壠等人，這些人以後大部份成了他的心腹。左翼詩壇，幾乎是被「七月」派獨佔的。

在桂林，胡風除了主編「七月」，還主編「呼吸」。「呼吸」早在「八一三」前已在上海出版，一九四二年七月，又在桂林再版，胡風曾爲其作新序（參看「在混亂裏」「呼吸『新序』」二六九頁）。

一九四三年三月中旬，胡風由桂林到重慶，㉟住在「全國文藝界抗敵會」。那時他的小孩還不到十歲，常常對同住在一單位的作家們炫耀：「我爸爸是最大的理論家，我媽媽是詩人。」㊱

雖說是小孩子的話，亦足以反映出胡風其人是何等的狂妄自大。

一九四四年五月，胡風創辦「希望」雜誌，並通過「希望」繼續和「機械唯物論」戰鬥。（同③）爲了取得小據點配合作戰，他繼續在成都出版「呼吸」，還出版了「荒雞文藝叢書」，並爲「新民報」和國民黨的「時事新報」、「新蜀報」等副刊撰稿。

在同年元旦，胡風在「時事新報」發表「現實主義在今天」，全面攻擊毛澤東「在延安文藝座談會上的講話」。

一九四五年一月，他在「希望」上發表舒蕪的「論主觀」及自己的「置身在民主的鬥爭裏」，引起了持續五年的論戰。

二一　抗戰勝利後的胡風

抗戰勝利後不久（一九四五年冬），胡風由重慶回到上海，住在上海永康路文安坊六號二樓。㊲在他的論文集「爲了明天」中，他曾多次把自己的寓所戲稱爲「蛇窟」。這幢三層高的房子本是胡風的產業，在抗戰時，胡風岳母屠巨繽爲了生活關係，把三樓和底層分租給兩伙人。胡風爲了逼房客搬走，據說曾先後去拜訪過國民黨上海市社會局勞工處「特務頭子」趙班斧和流氓邵某，並故意製造磨擦，截斷三樓用戶水源，把女房客安桂林打得滿面青腫，鮮血直流。底層住戶楊秋白被胡風逼走，家具無法攜帶，存放在亭子間，被胡風偷去

變賣，楊秋白找胡風論理，反而挨胡風一頓臭罵。（同㊲）

胡風對六十多歲的外母態度極端惡劣，把她當女傭使喚，不許她進胡風的臥室，也不許她同桌吃飯。（同㊲）

以上資料，是一個叫王戉的上海「新聞日報」記者所揭露的。王戉後來被證實爲胡風分子而被逮捕。如果王戉的話是可信的，那麼胡風是一個暴戾而毛燥的人。暴則失衆，燥則輕敵，這與胡風日後的失敗是有直接關係的。

回到上海後的胡風，繼續主編「希望」。值得一提的是，「希望」雖屢遭左翼文壇壓制打擊，密密封鎖，甚至策動書店老闆不予出版。儘管歷盡艱難，「希望」還是繼續出版下去。近人王陵章認爲「希望」在蜀時已被迫停刊，並引一九五五年五月十三日發表於「人民日報」之「關於胡風反黨集團的一些材料」爲證。㊳考查這些材料，其中有關「希望」的重要資料有兩則；

第一則，一九四五年四月十三日胡風給舒蕪的私信：

連書店老爺都以爲刊物犯了宗派主義（沒有廣約文壇大亨），託詞說四期起不能出了。你看，這是什麼世界。但一定要出下去，設法出下去。而且要出得更有力，更有光，用來打他們的耳光子（按：刊物指「希望」）。

第二則，一九四五年七月二十九日胡風給舒蕪的私信：

主要問題是刊，給密密地封鎖住了。……爲這刊，受氣受苦不小，但想來想去，打散兵戰也效力太小，被淹沒，眞不知如何是好。問題還是一個：要能妥協，刊就可出。但如果妥協，又何必出它呢？

但是這兩封信都不能證明「希望」停刊了。相反，在第一封信中，表現了胡風一定要把「希望」辦下去的決心；第二封信中，除了表現了胡風決不妥協的態度外，還表現了胡風擔心「打散兵戰（按：指分別向其他刊物投稿）也效力太小，被淹沒」，因而決不肯放棄「希望」這全屬於自己的地盤。

事實上也證明了胡風沒有把「希望」停刊，在胡風的論文集「爲了明天」裏，收有一九四六年四、六、七、十月「希望」編後記四篇，可見「希望」在一九四六年並沒有停刊，而且，直到一九四八年，國民黨政府在上海統制白報紙，要出版界登記，承認出版印刷內容是反共的，才予以配售。當時很多左派人士不肯去領這「戮亂紙」，而胡風的「希望社」却一再大領特領。這件事，終於在反胡風的高潮中被作爲「反共」的「罪證」而揭發出來了，㊴

由此，有力地證明了王陵章先生所謂「希望」被逼停刊一事，是不符合事實的。

在上海時的胡風，時時與左翼文人鬧磨擦，處處與中共文藝方針唱反調。他在那時期的批評文字，分別收在「爲了明天」（一九四六年——一九四八年初）和「論現實主義的路」（一九四八年初——一九四八年冬）兩本論文集裏。在這兩本論文集裏，他一方面猛烈攻擊郭沫若氏的「屈原」、茅盾的「清明前後」、沙汀的「困獸記」、陳白塵的「陞官圖」、袁水拍的「馬凡陀山歌」，統統貶之爲「主觀唯物論」和「客觀主義」的作品，亦即所謂「反現實主義」的作品。一方面却又大肆吹噓自己集團成員的作品，特別是對路翎的劇本「雲雀」和金山導演的電影「松花江上」，更是贊不絕口。

一九四八年，他又與香港的中共文藝界領導人邵荃麟、喬冠華、林默涵、胡繩，馮乃超等人重開筆戰。

由於胡風堅決還擊，決不假以辭色，結果雙方僵持不下。港派為了「謀得一個有利的休戰」，據說是「擔心胡風住在環境惡劣的上海有危險，勸他到香港轉「解放區」；同時可以進一步面談文藝思想問題」，實行了「逼與請的雙攻」。（同③）胡風當然看穿了這套調虎離山的把戲，他到底去不去香港呢？

據王章陵氏說，「他（指胡風——引者）沒有接受這個建議」，這當然也是不正確的。因為中共當時已駸駸有席卷大陸之勢，對於中共這「建議」（命令），胡風雖不願意接受，但却不能，也不敢不接受，否則，就別想在左派文化圈子混下去了。一九四八年冬，胡風離開上海，㊵來到香港。一九四九年一月，他乘一艘商船，進入東北「解放區」，㊶首先抵達王家島，在「解放區」軍民都吃不飽的時候，他却受到「四樣葷菜」的「盛宴」召待，並允許坐火車的「特權車廂」。㊷

一二　胡風在「解放」初期

「解放」後，胡風的老對頭周揚、林默涵、喬冠華、何其芳、邵荃麟等人，搖身一變，都成了紅朝新貴及各文藝部門的主要負責人。而胡風本人，除了掛了個全國文聯委員，作協理事，及全國人大代表的虛銜外，什麼實際好處也撈不到。㊸「冠盖滿京華，斯人獨憔悴」，胡風的失望與憤慨，並非筆墨所能形容。不僅如此，周揚等人對胡風集團的逼害，並沒有因「革命勝利」而停止，反而變本加厲地猖狂起來。一九四九年七月十九日，「中華人民共和國」還未成立，茅盾就在他負責起草的「十年來國統區革命文藝運動報告提綱」中，對胡風集團作了不指名的攻擊。中共建國才不過一個月，何其芳就在「『關於現實主義』的序」裏，對胡風進行了猛烈轟擊。一九五〇年，「文藝報」一卷十二期發表了「新詩歌的一些問題」（筆談），刊載了黨員作家蕭三和沙鷗的文章，攻擊胡風的長詩「時間開始了」。在二卷四期「文藝報」上，何其芳撰寫「話說新詩」，也對胡風的長詩肆意醜詆。

一九五一年胡風被調到四川參加土改。周揚等希望通過土改來改造胡風的思想，胡風却抱着「玩玩」的態度，決心和他們周旋到底。㊹

土改後，隨之而來的是全國文藝界的大整風，胡風當然是被「整」的主要對象之一。幸而他機警，在整風時期來回於北京與上海之間，巧妙地避過了這一風暴。

形勢對胡風集團越來越不利，他們動輒得咎，「等於帶上了枷」，像「小媳婦一樣，經常怕挨打」。更糟糕的是，「咳一聲都有人來錄音檢查」。（同㊹）爲了在沒有通信自由的制度下繼續和同志保持聯繫，胡風和他的朋友的通信方式，就不能不「大部分採取了鬼鬼祟祟的，隱蔽的方法……在信中使用了各種代號和隱語，信上提到黨的負責同志，文藝界負責同志和黨員作家，都用了代號。收信人的名字和胡風自己的署名也很不一致，信封上的名字往往是收信人的妻子或其他人；信末的署名也經常變化或不署名。」（同㊹）

胡風集團的通信方式，被中共指控爲重要的「反革命罪証」之一。其實，倘若中共眞的執行憲法所規定的通訊自由，胡風等人又何必偷偷摸摸，中央不自責踐踏憲法，反責人「秘密聯絡」，眞是可嘆復可笑。

胡風雖躲過了「整風」風暴，但他手下的大將舒蕪，却受不了周揚等人的利誘威逼，投降變節了。一九五二年六月八日「人民日報」轉載了五月二十五日「長江日報」上舒蕪的「從頭學習『在延安文藝座談會上的講話』」。舒蕪在這篇文章中檢討了自己在「論主觀」一文中的理論錯誤，公開表示要和胡風劃清界限。

「人民日報」在這篇文章上加了「編者按」，判決了胡風的文藝思想「是一種實質上屬於資產階級，小資產階級的個人主義的文藝思想」。「論主觀」，一直是胡風文藝理論的重要根據，也是胡風與中共文藝部門領導人長期論爭的焦點。由於舒蕪的叛賣，使胡風集團輸了理，在理論上被撕破了一個無法彌補的大缺口。

周揚等人乘機擴大戰果，同年九月，又指使舒蕪在「文藝報」第十八期撰寫了一封「致路翎的公開信」，露骨地向胡風的另一員大將路翎脅逼及招降。一九五二年十二月十一日，何其芳主持召開了「胡風文藝思想討論會」，胡風被迫在枝節問題上作了檢討。何其芳很不滿意，在發言中猛烈地轟了胡風一頓，並把發言稿以「現實主義的路，還是反現實主義的路？」為題目公開發表了。㊺

形勢對胡風更不利，胡風一方面用沉默和「裝死躺下」的方式繼續抵抗。㊻另一方面，他通過在北京的黨羽謝韜，找周恩來的聯絡員于剛反映情況，向周恩來要求援助，使自己能到北京工作。（同㊹）在周恩來的幫忙下，一九五三年七月二十四日，胡風舉家由上海搬到北京。臨走時，胡風把房子賣掉，獲人民幣一千五百元。（同㊲）

到京後，胡風任「人民文學」編委，並在中央文學研究所授課。㊼

一九五三年，討伐胡風的團剿昇級，林默涵撰寫「胡風的反馬克思主義的文藝思想」，公然說：「胡風的文藝思想，在實質上是反馬克思主義的，是和毛澤東同志所指示的文藝方針背道而馳的」。㊽

請注意，以前對胡風思想的指責只不過是「資產階級或小資產階級的個人主義文藝思想」而已，現在突然提高到反馬克思主義和反毛澤東思想的高度。反馬克思主義和反毛澤東思想的同義語，也就是「反革命」。

一三 「上書」前後的胡風

胡風自知無法與周揚之流公開論戰，因爲他的對頭們都是以代表黨的身份出現，鞭策着整個文壇的達官貴人，要公開硬碰，不啻是以卵擊石。然而，他又不甘寂寞，不甘永遠沉默，更不甘屈服，他對中共中央還存在很大的幻想。他決意向中共中央告「御狀」，效法吳王濞請誅鼂錯的辦法，痛陳「解放」後五年來文藝界全面歉收的事實，希望中共領導人能在失敗中吸取教訓，撤換文藝負責人，重新檢討文藝政策。一九五四年三月，他開始着手收集告「御狀」的資料。四月，開始動筆。七月，向中共遞交上長達三十萬言的意見書（「御狀」）。㊾

十月份，中共批判兪平伯的紅樓夢研究及肅整「文藝報」，從十月三十一日到十二月八日這個多月的時間內，中國文協和作協連續召開了八次聯席擴大會議㊿，在會議前，周揚等人再三懇請胡風發表意見。胡風錯誤估計了形勢，還以爲這是「意見書」起了作用的結果，以爲是「缺口已打開了」，於是號召門徒發動全面進攻，力求擴大戰果。（同㊹）他本人則在十一月七日和十一日，連續兩次發言，借批評「文藝報」，猛攻周揚、袁水拍等。周揚袁水拍立刻應戰，並立刻發動圍剿胡風的總攻，胡風到這時才發現上了中共「引蛇出洞」的大當（同㊹），趕快自我檢討，部署退却（同㊹），但已來不及了。

一九五五年五月十三日，「人民日報」發表六十七封胡風給舒蕪和路翎的私信，指控胡風集團「反黨」。五月二十四日和六月十日，「人民日報」繼續發表第二批和第三批胡風及其黨羽的私信，指控胡風集團是「反革命」。在這段時期內，「人民日報」每日都發表要求「嚴懲」胡風的「讀者來信」多封（據「人民日報」編輯部統計，自五月十三日至七月九日內，「人民日報」就收到這類的「讀者來信」一萬一千八百封）。一九五五年五月二十五日，在中國文聯和作協聯席擴大會議上，通過以下五項決議：

(1)、根據「中國作家協會章程」第四條、開除胡風的中國作家協會會籍，並撤銷其所擔任的中國作家協會的理事，和「人民文學」的編委職務。

(2)、撤銷胡風所擔任的中國文聯的全國委員會委員的職務。

(3)、向全國人民代表大會常務委員會建議：依據憲法第三十八條的規定撤銷胡風全國人民代表大會代表的資格。

(4)、向最高人民檢察院建議：對胡風反革命罪行進行必要的處理。

(5)、我們警告中國作家協會及中國文聯其他幾個協會會員中的胡風集團分子，他們必須站出來揭露胡風，批判自己，重新做人。今後是否保留他們的會籍，將根據他們的實際行動來加以考慮。

七月五日下午三時，全國人民代表大會第一屆全國代表大會第二次會議在北京中南海懷仁堂開幕。不久，即傳出胡風被捕的消息。[51]嗣後，胡風集團的首要分子如阿壠、路翎、綠原、朱谷懷等亦相繼被捕。

胡風集團被鎮壓後，緊接而來的，是全國性的大規模的鎮壓「反革命」運動。

胡風被捕後，音訊全失，存亡未卜，若還能僥倖活在獄中的話，今年，剛好是七十四歲。

一四　胡風的著作

胡風畢生從事創作，既是批評家，同時又是詩人與翻譯家。限於種種條件，筆者只收了胡風的大部份著作，而尚有一小部份著述未能收到，只見於已收的胡風著作書末所附之廣告，或爲其他文章所提及。這一小部份未收之胡風著述，只知其出版社及價錢，而其出版年月，版次則闕如。爲了把版次，出版年月弄清楚，筆者查對了楊家駱主編之「民國以來出版新書總目提要」（中國辭典館復館籌備處印行，民廿二年七月南京初版）、平方主編之「生活全國總書目」（生活書店出版、民二十四年十一月初版）、張靜廬輯註之「中國現代出版史料」（中華書局一九五六年三月上海第一版），以及一九五〇——一九五六中共文化部出版事業管理局版本圖書館主編之「全國新書目」（中央人民政治出版總署圖書期刊司印）。結果是「解放」後胡風之全部著作及其出版社、版次、出版年月都全部弄清楚，但「解放」前的胡風著作仍有極小一部份弄不清其版次及出版年月。按照實事求是，「知之謂知之，不知謂不知」以及「多聞缺疑」的原則，特把胡風著作分成四個表格列出，一爲論文、一爲雜文、一爲新詩、一爲翻譯。所有僅僅是筆者依照自己對胡風的了解而估計出來的出版日期及版次，一律在後冠以「？」號，估計不出者一律空闕，留待日後獲得新資料時，再一一訂正或補充，若能有專家讀者把它訂正補充完滿，更是筆者所衷心企望的。

表一　胡風論文集

書名	出版社	年月	版次
文藝筆談	上海生活書店	民二五年四月	一

文藝筆談	上海生活書店	民二五年六月	二
密雲期風習小紀	香港海燕出版社	一九四〇年二月	一
	香港海燕出版社	一九四九年十二月	二
看雲人手記	重慶自力書店	一九四一年？	一
民族戰爭與文藝性格	重慶南天出版社	一九四四年	一
	上海希望社	一九四七年	二
論民族形式問題	重慶學術出版社	民三四年四月	一
	香港海燕出版社	一九四九年十二月	二
在混亂裏面	重慶作家書屋	民三四年四月	一
逆流的日子	上海希望社	一九四七年	一
劍的路向	重慶希望社	民四三年？	一
胡風文集	上海春明書店	民三七年	一
論現實主義的路	上海希望社	一九四九年	一
爲了明天	上海作家書屋	一九五〇年八月	一
劍、文藝、人民	北京泥土社	一九五〇年十月	一
胡風意見書	北京人民文學出版社	一九五五年	一

表二　胡風雜文集

書名	出版社	年月	版次
文學與生活	上海生活書店	一九三九年？	一
棘源草	重慶希望社	一九四四年十一月	一
	上海希望社	一九四七年三月	二
人環二記	北京泥土社	一九五〇年九月	一
從源頭到洪流	上海新文藝出版社	一九五二年六月	一
	上海新文藝出版社	一九五四年一月	二
和新人物在一起	上海新文藝出版社	一九五二年七月	一
	上海新文藝出版社	一九五三年一月	二

表三　胡風新詩集

書名	出版社	年月	版次
野花與箭	上海文化生活出版社	民二六年一月	一
	上海文化生活出版社	民二六年五月	二

爲祖國而歌（註52）	華聯書店	一九四一年六月	一
	上海希望社	一九四七年	二
我是初來的	上海希望社	一九四八年？	一
掛劍集	上海希望社	一九四八年？	一
光榮讚	海燕出版社	一九五〇年一月	一
歡樂頌	海燕出版社	一九五〇年一月	一
	天下出版社	一九五〇年三月	一
安魂曲（註53）	天下出版社	一九五〇年三月	一
爲了朝鮮、爲了人類	天下出版社	一九五一年一月	一
	人民文學出版社	一九五三年八月	二
	人民文學出版社	一九五四年一月	三

表四　胡風譯著集

書名	出版社	年月	版次
洋鬼（註54）	心弦書社	一九三五年三月	一
棉花（日本須井一作中篇小說）	新新出版社	一九四四年？	一

山靈（朝鮮台灣小說集）	重慶文化生活出版社	民三四年四月	一
羅曼・羅蘭（編選）	新新出版社	一九四五年？	一

注釋

①一九五五年六月十日「人民日報」「關於胡風反革命集團的第三批材料」。
②一九五五年六月二十一日「人民日報」「從胡風對地主家庭的態度看他一貫的反革命立場」。
③一九四四年九月十九日胡風給舒蕪的信，見一九五五年五月十三日「人民日報」。
④「文學研究」一九五八年第一期三十九頁。
⑤一九五四年十一月十四日胡風給方然的信，見一九五五年五月二十四日「人民日報」。
⑥蘇振鷺「控訴胡風分子顧牧丁在教學中所散佈的毒素」、「天津日報」，一九五五年七月七日。
⑦屈不平「胡風是怎樣被殘害的」、「香港自由陣線」二十三卷，第七期。
⑧魯嘼然「胡風事件的前因後果」第一頁，南天出版社版。
⑨「民族戰爭與文藝性格」，一九四四年重慶南天出版社初版。一九一——一九五頁，以下簡稱「自傳」。
⑩「理想主義者時代的回憶」，上海生活書店民二十六年四月初版，三九五——四〇九頁，以下簡稱「回憶」。
⑪廖井丹「重要的是提高政治警惕」一九五五年六月十七日「人民日報」。
⑫同⑦。

⑬胡風「『逆流的日子』後記」。民三四年作家書屋版。
⑭見胡風「自傳」
⑮胡風「在混亂裡面」八〇頁，民三四年作家書屋版。
⑯徐大悲「胡風與魯迅」，一九五五年六月十三日香港「中聲晚報」。
⑰「文藝報」一九五五年第十一號四頁。
⑱「魯迅書信選」二〇四頁之注釋①，「上海人民出版社」一九七三年九月版。
⑲胡風「野花與箭」七四——七七頁。
⑳胡風「爲了明天」二八頁，作家書屋一九五〇年八月初版。
㉑胡風「棘源草」五六頁。上海希望社一九四七年三月版。
㉒胡風「密雲期風習小記」十九——六二頁，民二九年香港海燕出版社版。
㉓魯迅「且介亭雜文末編」六三頁，「北京人民文學出版社」一九七三年版。
㉔「人民日報」「文藝界反黨分子馮雪峯是丁陳集團參加者，胡風思想同路人」一九五七年八月二十七日。
㉕同⑧。
㉖胡風「棘源草」六六頁，上海希望社一九四七年三月版。
㉗吳奚如「徹底查明胡風的政治背境」，「長江日報」一九五五年六月十日。
㉘魏璧佳「胡風反革命理論的前前後後」、「文藝報」一九五五年第十四期。
㉙胡風「爲了明天」三八頁。

㉚ 胡風「棘源草」八一頁。

㉛「長江日報」編輯部文章「胡風反革命集團是中國人民的死敵」，一九五五年六月十七日。

㉜ 同註㉘。

㉝ 宋之的「我所看見的胡風嘴臉」，「人民日報」一九五五年六月二十九日。

㉞ 錄自胡風「為了明天」四二頁。

㉟ 胡風「在混亂裏面」「序」。

㊱ 姚雪垠「粉碎胡風反黨集團」，長江日報「文藝」第二十期，一九五五年五月二十二日。

㊲ 王戎「反革命頭子胡風在『蛇窟』中的罪行」，上海「新聞日報」一九五五年六月二十八日。

㊳ 王陵章「中共的文藝整風」一〇五頁，民國六二年國際關係研究所版。

㊴「南方日報」編輯部文章「胡風和他那一夥的主子究竟是誰？」一九五五年七月三日。

㊵ 胡風「為了明天」「校後附記」一五三頁。

㊶ 胡風「和新人物在一起」「題記」第一頁。上海新文藝出版社一九五三年一月版。

㊷ 胡風「和新人物在一起」第十頁，第二十三頁。

㊸「中國文學藝術界聯合會主席團，中國作家協會主席團聯席擴大會議決議」（一九五五年五月二十五日通過）。

㊹ 一九五五年五月二十四日「人民日報」「關於胡風反革命集團的第二批材料」。

㊺「胡風文藝思想批判論文彙集」二集第六九——九二頁。「北京作家出版社」一九五五年版。

㊻ 吳之的「胡風先生發言了」，一九五五年一月「文藝報」第一、二期。

㊼ 繆炳林「披着馬克思主義的外衣」、「人民日報」一九五五年一月四日。
㊽「胡風文藝思想批判論文彙集」二集第四九、五〇頁。
㊾ 一九五五年「文藝報第一、二號附件：「胡風對文藝問題的意見」。
㊿「人民日報」一九五四年十二月九日通訊。
(51) 新華社上海十八日電。
(52) 胡風詩集「爲祖國而歌」於一九四一年七月被國民黨中央圖書雜誌審查委員會以「觸犯審查標準」爲理由勒令「暫停發行」(參看張靜廬輯註「中國現代出版史料」丙編、二〇八頁。上海中華書局一九五六年第一版)。
(53)「光榮讚」、「歡樂頌」、「安魂曲」、均是胡風長篇組詩「時間開始了」之一部份。
(54)「洋鬼」是胡風(化名谷非)之第一部譯作，曾被國民黨中央圖書雜誌審查委員會以「普羅文藝」爲理由而查禁(見張靜廬「中國現代出版史料」丙編、五六頁)。

下篇　胡風集團主要成員簡介

胡風集團成員人數雖不很多，但却遍佈全國各文化部門和出版部門。特別是在天津、上海、北京、武漢、杭州等地，其影響力不容忽視。

一　天津地區

(1)阿壠：即陳守梅、陳亦門，①筆名又叫S·M、張懷瑞、懷潮等等。②浙江人。國民黨南京中央軍校第十期畢業生。抗戰初期他曾到延安「抗日軍政大學」受訓，嗣後又到西安，在胡宗南「戰幹四團」當少校軍事教官，後到重慶山洞陸軍大學受訓，畢業後當戰術教官，國民黨軍司令部上校參謀。（同②）思想左傾，經常爲左派刋物撰稿，因而結識胡風。「解放」後，原想到部隊工作，但被胡風勸止。③後在胡風的引荐下，到天津文聯工作，成爲胡風集團在天津的主將。

阿壠在天津時，被中共任命爲天津市文聯委員會委員，④主編天津文聯機關刋物。（同④）同時任南開大學中文系講師，並在天津市業餘藝術學校文學班授課。⑤他的創作慾甚强，幾乎每期都在他主編的刋物撰文，寫成了「詩與現實」、「詩是甚麼」、「作家的性格與人物的創造」等近百萬字的著作。⑥他還大量收集中共領導人及中共文藝政策的誤謬之處，摘錄下來，編成一册，名「絕妙集」。（同④）

他是個有道德而誠懇的人，經常抱病給學生講課，激動時還會掉淚。⑦

一九五一年，阿壠寫自傳，申請加入共產黨，黨小組全部擧手通過，但上頭不批准，⑧結果還是入不了黨。

一九五〇年，阿壠因撰「論傾向性」及「論正面人物與反面人物」兩篇論文，受到周揚的爪牙陳涌、史篤兩人的批判，被指爲「歪曲和僞造馬列主義」。從此，他一直受排擠打擊。一九五五年五月二十七日，受胡風牽連，阿壠被開除文聯會籍，撤消一切職務，嗣後，被捕下獄，⑨至今生死未卜。

他的作品，尚有文藝理論集——「無絃集」。

(2)魯藜：老共產黨員，「解放區」才華橫溢的詩人。一九四〇年，魯藜把自己的新詩寄給胡風的「七月」，被胡風評爲「可以與吉洪諾夫相比」的「國際標準的詩人」，大讚他有「赤子之心」，並給他出詩集。⑩他較著名的詩集有「醒來的時候」、「星的歌」、「時間的歌」、「紅旗手」、「槍」、「延河小唱」、「鍜煉」等新詩集。⑪其中「星的歌」中的「綠葉集」第一集副選，有「給風」等字樣，是獻給胡風的讚美詩。⑫「解放」後，魯藜被中共任爲「天津市文協主任」，主編天津文協機關刋物「文藝學習」。（同⑩）他親自到上海，帶回大批「希望社」和「泥土社」出版的胡風著作回天津推銷。

一九五二年文藝整風後，創作幹部都要訂計劃長期深入生活，他竟要求在全國鐵路 線每處住一兩個月（實質上是遊山玩水）；領導不批準，限他到某一地方深入生活，他大發脾氣：「這簡直是勞動改造，我不幹。」⑬

一九五三年第二次全國文代會，魯藜在會上大罵中共文藝負責人爲「侏儒」，是「士大夫的可怕的反動靈魂」，公開宣稱「我無論如何不信服這種新的『道敎』」，並作詩一首抒憤：「當黑暗越沉重，我愈要成長；……當人們希望我屈服，我愈要歌唱。」⑭

一九五三年至一九五四年，魯藜在北京寫作，每星期都要到胡風家去玩，他每作詩一首都向胡風請教，向「人民文學」投稿，也都請胡風代其轉交，對胡風崇拜到極點。⑮魯藜的詩，在天津風靡一時。天津高校的學生，每人都能背誦幾首他的詩。他的很多詩成了天津學生的座右銘。

一九五五年中，因胡風的牽連而遭清算。

(3)蘆甸：原名劉貴焙（佩），學名劉振聲（興），江西省貴谿縣塘灣區蘆甸鄉劉家村人。一九一四年生，⑯自云「出身於勞動人民家庭」。⑰一九二六年，由其伯父劉慶山（地主，「解放」後被鎮壓）介紹到溪南同順和雜貨店當學徒。三年滿師後，繼續在同順和，方隆茂店當店員四年。（同⑯）後因戰亂，貨店被燒，蘆甸失業回家，在貴谿縣第二區食鹽公賣處工作。（同⑯）

一九三三年冬，他考進貴谿縣幹部人員養成所。受訓六個月後，負責回鄉訓練「剷共義勇隊」。一九三四年，他被昇爲督練員，一九三五年，被提昇爲貴谿縣第二區第十一聯保辦事處聯保主任兼第十二保保長。（同⑯）

一九三五年冬他離開家鄉，到南京中央教導總隊軍事營受訓。六個月後，到杭州集訓總隊任班長，他曾到蚌埠招募新兵。一九三七年他被保送到黃埔軍校第十四期深造，並加入國民黨，受過蔣介石先生的檢閱。以後他又接受政工人員訓練，做過國民黨中央軍官學校分隊長、指導員等職務。⑱

一九三九年蘆甸結識「七月」派胡風分子，並參加方然、謝韜主持的「現代文學社」，思想轉向親共。一九四五年他投奔中原「解放區」前，曾到重慶拜訪胡風，由阿壠給他弄到通過蔣管區的護照。（同⑱）

一九四六年中原突圍，他化裝轉移，又回到上海，住在冀汸家裏，通過胡風接上回「解放區」的關係。（同⑱）

第二次進入「解放區」，蘆甸與魯藜相識，志同道合，在魯藜幫助下入黨，後被調到晉冀魯豫邊區文聯工作。（同⑱）

天津「解放」後，蘆甸任天津文協秘書長，他到處去朗誦胡風的長詩「時間開始了」，並替胡風推銷著作。華北文聯成立，阿英把他當作親信帶到北京，任文聯常委，（同⑱）但他却經常從阿英身邊偷閱黨內機密文件，再轉告胡風。⑲

他爲人道貌岸然，從不談女人，也不談庸俗和低級趣味的東西。（同⑱）

他對胡風崇拜到極點，在華北文聯工作時，天天到胡風家，爲胡風請木匠、修房子、監工、跑市場、當嚮導，爲了陪胡風玩，他開始學打撲克。因爲撲克玩得太晚，爲了留胡風住宿，他寧願把自己的暖房子讓出來，結果自己挨了凍，得了肺炎。他被其他分子稱爲胡風的「總務科長」，他還不以爲忤，欣然受之。（同⑱）

他還設法替胡風弄來黨內文件，甚至把自己的文件放在胡風家裏。胡風的「意見書」，他直接參與策劃、研究、起草、修改、並叫自己的老婆幫忙抄寫。一九五五年中，因胡風的牽連而被清算。他的著作，有劇本「女難」（後改爲「第二個春天」），詩集「我們是幸福的」，都曾受中共批判。

(4)馮大海：南開大學中文系講師，天津文協委員，華北聯工作人員，被稱爲天津胡系「四大金剛」之一。⑳

(5)李離：天津師範學院中文系講師，天津文協委員，華北文聯工作人員。他在講課時攻擊丁玲、趙樹理、周立波等人的作品，認爲「中國現代作家，除了魯迅，沒有什麼人可講」、「中國的作家讓批評家都壓死了」。他經常在課堂上講女人，常和朋友整夜地評論女人，自云「不知東方之旣白」。㉑

他也是天津胡系「四大金剛」之一。

(6)何苦：工人中極有影響力之工人作家，曾被許爲「身經百業，生活最多」以及「中國的傑克，倫敦」。㉒他曾在日商雙喜廠當工人，後據云曾在汪僞通訊社「揚州分社」工作，曾任汪僞海陸空軍編審委員會少校軍官。抗戰勝利後加入國民黨，旋又入「解放區」，到北方大學學習。天津「解放」，他隨工作組入城，老是不安心工作，在工會要求下廠，下廠又要求上調文聯，到文聯又要求調到天津「工人日報」任編輯。

在文聯時，他與阿壠結交，每次回到報社，便到處宣傳「文壇新聞」，他稱阿壠爲「當代的別林斯基」，讚路翎是「中國的蕭洛霍夫」。

他不滿工人日報的辦報方針，公開對記者說：「咱們編的報紙，不要說讀者不愛看，我也不愛看。」

他常對人說要爭取入黨，但又時時醜詆黨員作家「不寫作品」、「靠黨員的牌子吃飯」。

他生活糜爛，自命「風流倜儻」。㉓

他也是天津胡系「四大金剛」之一。

他的作品，有小說：「母親的希望」、「爲幸福而鬥爭」和戲曲「翻身樂」。

(7)余曉：中共黨員，天津文協成員，「四大金剛」之一。

(8)王琳：一九四九年任天津女一中語文教師，同年加入共產黨，任該校教導主任。

一九五三年春王琳在天津師範學院中文系講授「現代詩歌」，任現代文學教研室主任。他在授課時，大量選講胡風派詩人的作品，光魯藜詩就佔講義百分之四十。他大讚胡風的「歡樂頌」「氣魄宏大」，並說「這樣好的詩，誰寫得出來?!批評家們，怎麼不出聲了呢？」

他對教學認眞負責，常到學生宿舍或請學生到自己家中，徵求教學意見。㉔

後因胡風事件牽連，被裁定是胡風分子。

(9)顧牧丁：南開大學中文系副教授，常對人說：「我自幼放羊出身，故名牧丁。我沒有上過大學，能當教授，完全是自我奮鬥的結果。」㉕他在「解放」戰爭時期，被堂兄顧祝同介紹到江蘇學院教書，因撰稿與胡風發生關係，在房中高掛胡風與自己的合照，保存有胡風手稿。㉖

他也曾與方然、路翎合辦「呼吸社」。（同㉖）

「解放」後，學系調整，他被調到南開中文系講授「現代詩選」，開始大量選用胡風、阿壠、綠原、冀汸、魯藜、牛漢、化鐵等人的作品爲講義。他稱讚胡風長詩「時間開始了」是「英雄的史詩」，推許胡風爲「中國最偉大的詩人」。講授胡風詩用十一小時，講授郭沫若詩只二小時。（同㉖）

一九五四年他曾調到北大進修文藝理論，與系主任楊晦鬧得不愉快，並被指責「破壞蘇聯專家威信」。（同㉖）

爲了替胡風說話，他時時在課堂裏攻擊胡風的論敵胡喬木、邵荃麟、周揚、楊獻珍等人。

在反胡風運動中，他被指控爲胡風分子。

⑽吳繼雲：「解放」前曾任國民黨軍中尉，「解放」後，據說是「僞造歷史」，加入了共青團，並在天津文化局工作。由於他寫信罵天津文化界領導，因而受到處分。㉗後來被調到天津市業餘藝術學校任文學班班主任。他請來阿壠、李離、何苦、馮大海等人到藝術學校授課，在上課時又宣揚胡風派的文藝理論，因而在反胡風運動中，被指控爲「胡風分子」㉘。

⑾徐放：中共黨員，曾把黨內文件交胡風閱讀。他著有詩集「野狠灣」。

⑿其他胡風分子：閻望、林莽、侯紅鶴、閻有太。

二　上海地區

⑴彭柏山：老共產黨員，前中共華東軍政委員會文化部副部長，後「華東局」改組，改任上海市委宣傳部部長。㉙他與胡風有歷史悠久的友誼，早在「左聯」時代就與胡風交往，後來又成了「七月」派的重要詩人，胡風曾替他出新詩集。

一九五〇年春，彭柏山所在部隊駐紮徐州，彭柏山特邀胡風到徐州部隊作客，並請胡風住在自己公館裏，以小汽車接送胡風出入，並組織一次隆重的歡迎胡風的大會，請胡風向部隊和地方的文教幹部作報告。後來，彭柏山的部隊駐紮江蘇省松江縣，又請胡風與胡風妻梅志到松江作客。彭柏山上調「華東文化部」工作後與胡風交往更密，他曾多次向領導寫信或游說，設法要共產黨重用胡風，並設法把胡風安插到解放軍去，終因領導阻止而作罷。㉚

彭柏山在上海，反對中共的文化普及方針，三番四次地批評在「解放日報」上發表的工農兵作品水準太低，不像是文章，並以「反公式化，概念化」爲理由，反對文藝只以宣傳「革命鬥爭」爲「重要題材」。在對待民族文藝遺產的態度上，他和胡風是一致的，都是民族文藝遺產的極端否定論者。他曾利用職權，解散京劇實驗學校，停辦「戲曲報」，打擊華東戲曲研究院。他說：「中國的戲曲是封建社會的產物，一切都很落後，根本沒有保留的必要；周信芳、袁雪芬不過是兩個唱戲的，爲什麼要把他們抬得這麼高？」。（同㉚）

他也鄙薄民間音樂，在參觀國畫展覽會時，看見國畫就搖頭，一直到走出會場還是搖個不停。（同㉚）

他還利用職權，多次壓制上海市周揚系的文人和「解放日報」對上海胡風分子的批判。所以，胡風對他也格外信任，認爲「柏在華東可以頂住」。㉛

反胡風運動展開不久，他即被中共指控爲胡風分子。

(2)劉雪葦：老共產黨員，一九三六年撰寫論文集「過去集」（後改名爲「兩間集」），盛讚胡風的論文集「文藝筆談」不但是「輝煌的理論」，是「新的理論的開篇」，而且還具有「原則意義上的偉大」。㉜

抗戰爆發後，他來到延安。一九四六年從延安被調到山東工作，任中共山東省文化協會副主任，主編山東文協刋物「山東文化」。他擅自把原來刋物的短小精悍，通俗易懂，面向工農兵的特色全部改變，把該刋物改辦爲面向知識分子的大型理論刋物，因而受到了中共的批評。㉝

他很崇拜胡風，把胡風寄到「解放區」的「七月」及其它著作如獲至寶地擺在案頭，在每本書的封皮右下角上用毛筆題上「胡風自上海寄來」幾個大字，並寫上收到時的年月日，同時把這些書刋向山東文協的其他同志推荐。㉞

上海「解放」以後，他被中共任命爲中共「華東局文藝處處長」，兼「新文藝出版社」社長和「文藝月報」副主編。不久，又調任「華東文化局副局長」。㉟

他利用職權，把大批胡風分子拉進「新文藝出版社」工作，讓胡風分子完全控制了出版社的經理、編輯、發行等部門，大量出版胡風集團的著作，給胡風及胡風妻梅志的著作以超過最高標準的稿費。（同㉟）

他還利用職權，多次壓制上海周揚派對胡風分子的進攻。

一九五四年中共四中全會決議後，在上海文藝工作檢查會議上，劉雪葦被指控爲「胡風在黨內的代理人」。他在會上拒絕批評，並抗拒黨組織勒令他檢討的決定，揚長回故鄉貴州而去。後來他又由貴州經上海到北京，有意對領導避而不見，只留書一封給夏衍，命令夏衍就說他是「胡風派」一事作出「更正」。（同㉟）

由於他「態度惡劣」，在「反胡風」運動中，被指爲「胡風反革命黑幫的得力支柱」。（同㉟）

他的主要著作，有「過去集」、「論文學的工農兵方向」、「論野草」、「魯迅散論」等論文集。

(3)賈植芳：據說在三十年代曾當過國民黨軍官，做過國民黨軍統機關報「掃蕩報」的編輯，還當過國民黨新聞檢查局的檢查官。㊱一九四二年，他曾在山西參加「土匪武裝」，一九四五年在蘇北的海州拜一個「大流氓頭子」王三太爺爲師父。（同㊱）

一九四七年九月，因賈植芳的房子在他住進去之前有幾個左傾學生住過，賈植芳沿用學生們的信箱，因而賈植芳和他太太任敏一道被國民黨特務逮捕。後幸得胡風託阿壠找國民黨「特務頭子」陳焯說項，才被保出。㊲「解放」後，他也很以這一段光榮史而自豪，經常在學生面前吹噓。㊳

一九四九年，賈植芳在棠棣社出版「近代中國經濟社會」一書，徹頭徹尾逐字逐句的抄襲日人平瀨巳之吉氏著作「近代支那經濟史」，連篇、章、節、小段標題都一模一樣，是個可恥的文抄公。（㊴）一九五〇年夏季，由胡風分子梅林介紹，賈植芳入震旦大學中文系教書。一九五二年大學院系調整，他取得復旦大學中文系教授及現代文學教研組主任等職務。（同㊱）

他很關心學生的學業和生活，到復旦不久，即參觀學生宿舍，請學生到自己家裏去吃飯、照相，仔細地給有文學才能的學生批改文章，選定題目，鼓勵他們大膽向文藝刊物投稿，甚至親自爲他們接洽出版事宜。（同㊱）故此，他很贏得學生們的愛戴，就連不少黨團員學生也樂爲他所用。（同㊱）

他的生活很複雜，花費也很大，每月開銷超過人民幣一千元。

他在課堂上，向學生推荐胡風、路翎、耿庸、阿壠等人的作品，而貶低茅盾、袁水拍等「進步作家」的作品，並指使學生投稿到「文藝月報」反對批評胡風分子耿庸的「『阿Q正傳』研究」，組織學生向「人民日報」投稿，批評周揚，反對批評胡風。

在「反胡風」運動中，被指爲「胡風集團骨幹分子」而遭清算。

⑷張禹：眞名王思翔，青年時曾加入三青團和國民黨，後畢業於國民黨中央軍校。他先後擔任過國民黨第三戰區「陣中日報」編輯主任，台灣「和平日報」（前身即「掃蕩報」）主筆，溫州「浙甌日報」主筆。㊵

在台灣時，他曾加入台灣民主自由同盟。一九五〇年，他返回大陸，成了台盟的主要負責人之一。他愛好研究馬列主義，光摘錄馬列語錄的筆記本就有二十多本，以「非黨布稱什維克」自居。㊶

一九五〇年他與出版商許史華組織「泥土社」，成爲編輯部實際負責人和理論審查主要負責人之一，先後出版了胡風著作「劍、文藝、人民」、「論現實主義的路」，以及耿庸的「『阿Q正傳』研究」等許多「大毒草」，並著有「台灣二月革命記」，該書後來被中共指責爲犯了「嚴重的政治錯誤」。

一九五一年，張禹在「文藝報」撰文，反對「趕任務」（文藝爲政治服務），他認爲「趕任務」是「毫無責任感的，墮落的，爲人民文學所不能容忍的行爲」，並因此而與黨員作家魏金枝展開筆戰。（同㊶）

「武訓傳」批判運動開始後，他也撰文投「文藝報」，認爲以夏衍爲首的上海文藝界領導應負擔全部吹捧「武訓傳」的責任，而不應該把矛頭下指，在羣衆中大搞改造思想與自我檢查，使領導的「嚴重的思想混亂獲得了分攤的安慰」。㊷

在「反胡風」運動中，他被指爲「胡風分子」。

(5)張中曉：筆名羅石，曾在「文滙報」副刊「文藝界」撰文，攻擊中共的文藝批評，㊸反對借批武訓而強迫人人改造思想，他說話大膽，尖酸刻薄，深受胡風賞識。

他父親是某郵局支局長，在鎮反時因包庇「反革命分子」而被撤職，常在家中罵共產黨，叔父是「老牌特務」。㊹

據說他自幼在家中「虐待幼弟」，大了又「姦淫婦女」，對現實極端不滿，經常發牢騷，亂罵人，經常大罵中共文藝界領導人，甚至敢於醜詆毛氏「講話」。㊺

胡風很看重他，曾介紹地盤給他撰稿，㊻又通過劉雪葦把他拉到「新文藝出版社」任編輯，在任職期中，他被該社領導人吹捧爲理論家，時時利用職權大殺大砍工農兵作家的作品。他借口身體不好，辦公時坐在沙發上打盹，看小說，不參加開會學習，但仍被劉雪葦重用，指派他編輯在內部刊物上發表的華東文藝動態。㊼

他曾替胡風的「意見書」搜尋材料，找尋理論根據，（同②）並寫信到「文藝報」痛罵批評胡風的人。

他表面道貌岸然，自鳴淸高，暗地裏收藏了許多春宮照片，還利用這些照片去去引誘一個女傭。

在「反胡風」運動中，他被指爲「胡風的骨幹分子」而被捕。

(6)耿庸：曾在上海「人民藝術劇院」附設演員培養學館任文藝理論教員，上海震旦大學中文系教授、上海新文藝出版社編輯。著有「『阿Q正傳』研究」，被中共指爲「毒草」。

他曾寫信到「文藝報」罵胡風的批評者，被中共指控爲「胡風分子」。

(7)梅林：解放前曾參加共青團，後來自動脫離組織。一九三八年認識胡風，大讚胡風是「擁護眞理最深、最眞的作家」，並在自己的一篇小說裏以胡風爲模特兒，把胡風歌頌一番。㊽

他曾替胡風把「論現實主義的路」寄給「中國作家」，並爲胡風力爭最高稿費。

他有意要寫一部「新儒林外史」，把全國一切黨與非黨作家統統寫進去。在他任「文滙報」執行編輯時，大量發表羅洛、羅石（張中曉）、羅飛（杭行）、張禹、王元化、耿庸、賈植芳等胡風分子的文章。在批武訓時，張中曉等撰文「文學界」，反借批武訓而强迫人人改造思想，受到所謂「讀者」的批判。張中曉等再撰文反批判，報社領導不同意發表，梅林則堅決地說：「即使領導上看了不同意，我也要發表它」，後「文學界」終被勒令停刊。

「文學界」停刊後，他到震旦大學任中文系主任。後又通過劉雪葦幫忙，任新文藝出版社編輯部（後改爲第一編輯室）主任。他一上任，就把華東「人民出版社」移交來的一百三十三種文藝作品斫去六十八種（都是工農作品）。

他用走私的方法，千方百計出版胡風集團的書，爲了怕引起領導的注意，他採取「化整爲零」的計策，「抓住時機，塞一本，再塞一本……」。（同㊽）

在「反胡風」運動中，被中共指爲胡風分子。

他的作品，有「梅林小說散文集」。

(8)羅洛：原名羅澤蒲，四川成都人，一九四五年入成都中學，結識胡風與阿壠，後常在胡風集團主編的「同學們」、「螞蟻小集」和「荒雞」等雜誌上撰文。㊾

「解放」初，他在上海「青年報」工作，級別極低，後上調到新文藝出版社，爲梅林所賞識，一下子提昇至十一級（編輯級），並有意提昇他爲編輯室副主任。㊿

在新文藝出版社，他工作積極、老實，被吸收爲中共候補黨員（後被取消資格）。

他整夜閱讀「文藝報」，把有關資料整理好寄胡風，爲胡風批評「文藝報」提供炮彈。

他後來被指控爲「胡風分子」。

(9)王元化：曾任震旦大學中文系教授，後任新文藝出版社副社長，胡風分子。

(10)羅飛：原名杭行，上海新文藝出版社出版部負責人。

⑾馮秉序：上海市新文藝出版社出版部負責人。
⑿王勉：上海新文藝出版社出版部負責人。
⒀兪鴻模：海燕書店資方代理人，新文藝出版社副社長兼經理。
⒁王戎：上海「新民報」記者，曾拿來大量胡風集團的文章，登在「新民報」上。㉛在「解放」後，他曾向「新民晚報」提出由他負責包乾一時事小品專欄，並提出三個條件：⑴這一欄由他個人負責，報社不得干預；⑵這一欄其他任何人不得攙入寫文章；⑶他所組織的作者姓名，地址一概保密，報社不得查問。他的提議終被中共拒絕。㉜「文藝報」事件後，王戎在上海作家協會理事會擴大會議上，配合胡風，攻擊「文藝月報」對他實行「政治上的陷害」，（同㉜）事敗後被指爲胡風分子。
他的著作，有劇本「結合」。
⒂李正廉：化名方夢，上海「新聞日報」編輯部編輯，在抗戰以前，即拜四川「惡霸土匪」王金龍爲寄父，後參加中共學運。一九四五年，他投奔中原「解放區」，因宣傳胡風的主觀唯心論受批判，後突圍由「解放區」回上海，參加左翼文化工作，任職上海「新聞報」，常向人自誇自己是一個「在國民黨進攻中突圍出來的，又曾在黨的領導下做過地下工作，是曾爲黨，爲革命作過犧牲，拼過命的人」。㉝
上海「解放」後不久，他搜羅大量馬、恩、列、斯及各共產國家有關民族形式問題的論述，成論文三篇共三十萬字，在上海某雜誌登出，成爲理論權威。

他精研托洛茨基審判案，精研黨內鬥爭，成了胡風集團的策士。他每寫成一篇文章，都經胡風、路翎、阿壠的集體研究及反覆修改，才拿去發表。胡風有意推荐他到東北人民大學馬列主義教研室任教，後因他本人不願去而作罷。（同㊸）

為了配合胡風的「意見書」，他先後兩次向中共華東局及上海市委上萬言書，攻擊「新聞日報」黨支部。後萬言書被發還原單位處理，他被逼檢討，並表示要「爭取兩年入黨」。

失意之餘，他酗酒，嫖妓宿娼，逢人自稱「落後分子」。

⒃顧南征：「時代日報」記者，曾全力替胡風集團在該報副刊上開闢地盤。

⒄許史華：出版商，「泥土社」老闆。他曾用老婆的姓名寫信痛罵「文藝月報」編輯部，㊹為胡風分子助威。

⒅化鐵：原名劉德馨，「七月」派名詩人。

⒆逯登泰：被中共指為特務，判刑法辦。

⒇其他胡風分子：斯民、滿濤、曰木。

三　北京地區

⑴路翎：原名似應是徐嗣興（胡風嘗在私信中稱他為「徐兄」、「嗣興」），天才橫溢的青年作家，才十九歲，就寫成長達百萬字的長篇小說「財主底兒女們」，胡風宣揚這本小說「可以堂皇的冠以史詩的名稱」、「是中國新文學史上的一個重大事件」。㊺

抗戰時，他在重慶三青團總部所屬之青年宣傳隊工作，由於撰稿關係，認識胡風和阿壠，後又考入國民黨中央政治學校，大量在「希望」上撰稿。[56]他有短篇集「青春的祝福」和中篇「饑餓的郭素娥」（胡風作序）。他特別注重人物心理的刻劃，筆下的主人公，都是些有神經質，帶有「精神奴役的創傷」的人。他是一個最能體現胡風文藝理論的實踐者。

抗戰勝利後，他回到南京，編寫劇本「雲雀」，公演之日，胡風親自跑到南京捧場，並撰文盛讚之。[57]在南京時，他與歐陽莊、化鐵等人合編「蜢蟻小集」，攻擊毛氏「講話」。後化鐵、歐陽莊被國民黨捕去，全仗他與胡風妻梅志找有力者救出（同[56]）。

一九五○年初，他任南京大學中文系教授。一九五一年末，經金山介紹，入中國青年劇院編劇。[58]在青年劇院，他創作了兩個劇本——「人民萬歲」和「英雄母親」。由於周揚派的劇院院長吳雪的從中作梗，兩劇本終於不能公演。[59]

他是個沉默寡言，老實，有獨到之見，[60]而又才思敏捷的人。膾炙人口的短篇「初雪」，就是他在一個晚上寫起來的。中共領導叫他下車間去體驗工人織軍布的熱情，他只下去兩天就把獨幕劇本搞出來了。[61]

一九五一年六月，路翎被調到朝鮮戰場去「體驗生活」，在惡劣條件下，他仍堅持文藝創作不輟，寫出大量極優秀的短篇小說和特寫，較著名的有：「板門店紀事」、「戰士的心」、「窪地上的『戰役』」、「你永遠是忠實的同志」等等，並有意寫一本反映韓戰的長篇。

他在朝鮮戰場還立了功，在軍隊領導的力保之下，回國任中國作協理事。周揚見他鋒鋩太盛，經過多次的招降無效後，在全國展開對他的作品的大批判。他寫了一個劇本——「祖國在前進」，劇院照例又不肯公演，他一怒之下，把它拿到新文藝出版社印出來了。

爲了抗議周揚等對他的迫害，他寫信到中宣部去訴苦，又寫了兩個報告給中宣部，報告自己如何受到排擠打擊。在一九五五年十月三十一日至十二月八日全國文聯作協擴大會議上，他配合胡風，就自己如何受迫害的始末，現身說法，一說就是兩小時，一字一淚，指周揚等實行「宗派和軍閥統治」，打動了大多數作家。（同58）連周揚在大會上也不得不承認：「在批評路翎作品的某些文章中，正如在其他不少的批評文章一樣，曾表現了一種粗暴的態度。路翎先生不滿意這種批評是應該的，有理由的」。62

他在「解放」後的作品，除了上述作品之外，尚有小說「平原」、「在鐵鍊中」、和短篇集「朱桂花的故事」以及詩集「求愛」等等。

由於他與胡風的關係極密切，所以在「反胡風」運動一開始，就被中共指控爲「胡風集團首要分子」，最後，與胡風一道被捕入獄。

(2)謝韜：中共黨員，中國人民大學馬克思列寧主義教研室副主任。一九四九年七月，中共第一理論權威艾思奇撰「評關於社會發展問題的若干非歷史觀點」，批評了藍沙。謝韜八月八日化名葉逸民，寫「關於藍沙艾思奇對社會發展問題討論的意見」，支持藍沙。十月七日艾思奇又在人民日報發表「再評關於社會發展問題的非歷史觀點」，批判謝韜。十月底葉逸民（謝韜）撰「論教條主義與『非歷史觀』」，指責艾思奇「連一點馬克思列寧主義分析的影子都沒有」。63此文先後投到「光明日報」、「人民日報」、「學習」等報刊雜誌，都被拒絕刊登。謝韜化名寫信罵「人民日報」是「國民黨作風」，罵「學習」有「過去蔣管區辦雜誌常有的惡劣作風」，（同63）終被中共查出，給予公開警告的處分。

一九五一年，他被派到四川搞土改，與胡風混得很熟。（同63）回京後，先後在北京師大教育系、政治系、北京各民主黨派總部兼授「馬克思列寧主義基礎」課程。[64]他在課堂上，只是客觀地敘述歷史事實，毫無「革命熱情」，學生們批評曰：「謝韜講課，聽不出他自己是什麼立場」。[65]

在「三反」運動時，他曾乘機激烈地批評校黨委，在一九五四年下半年又利用中宣部號召展開學術批評的機會，猛烈向中宣部所擬定的「聯共（布）黨史」開火。（同65）

他是胡風的理論顧問，也是胡風的耳目。他在每次黨內重要會議都要作筆記，再把筆記內容透露給胡風。（同65）他曾替胡風到周恩來聯絡員于剛處探口風，回家後把他和于剛的詳細對話及自己加上的三點分析意見寫信告知胡風。（同63）

他參與胡風的「意見書」的策劃、起草、抄寫、並負責審閱理論部份，加進了大量的馬、恩、列、斯、毛語錄。（同63）

他還替胡風出主意，要胡風把「意見書」交給誰，同誰見面，見面後談些什麼……

「反胡風」運動展開後，他一直阻撓人民大學師生對胡風的批判，被勒令停職反省後，他還在矢口否認與胡風有關係。（同65）不久，他終被中共指爲「胡風反革命集團骨幹分子」而被逮捕。

(3)蘆玉：謝韜妻，北京師範大學教育系講師。

(4)牛漢：一九五〇年進入「解放軍」空軍某部領導機關工作，作新詩「窗口」歌頌韓戰和「志願軍」，但却又不滿肅反。⑥⑥一九五三年四月，他被調到北京「人民文學」出版社第一（現代文學）編輯室，任「人民文學」出版社黨支部青年幹事兼青年團支部書記。⑥⑦

一九五四年出版社討論撰題計劃時，牛漢公開提出要出版「胡風雜文集」，被領導嚴加拒絕後，他心裏不服，回編輯室大罵領導：「不出版胡風雜文，那是領導上搞宗派主義」。⑥⑧

在參加檢查「文藝報」工作會議回來後，牛漢向編輯室傳達會議精神，爲胡風喝采。他表示同情路翎，並譴責袁水拍的橫蠻。（同⑥⑧）運動展開後，他利用告假和「體驗生活」的方法，逃避檢查自己頭腦中的「胡風思想」，實在混不下去時，就作假檢討塞責。最後，他終被中共指爲「胡風分子」。（同⑥⑧）

他的著作，有散文集「愛與歌」和詩集「祖國」。

(5)金山：中國青年劇院副院長，曾導演電影「松花江上」備受胡風讚揚，但中共則醜詆該影片「宣揚個人奮鬥與自發鬥爭」。⑥⑨

(6)黃若海：畢業於國立劇專後，旋即參加國民黨中宣部文藝處及教育部所領導之首都抗敵劇團。一九四二年認識胡風，嗣後參加新四軍戰地服務團。一九四七年任南京國立劇專劇團團長，領導劇團在南京上演路翎劇本「雲雀」。一九五〇年由香港回國，入北京劇本創作所。常與胡風一道吃飯，曾把打聽來的消息（包括邵荃麟的動向）告知胡風，因而被指爲胡風分子。（注⑦⑩）

(7)趙梅嘉：黃若海妻，任電影局副局長辦公室秘書。

(8)陳獻猷：曾自稱爲「中國的史坦尼斯拉夫斯基」，「解放」後先後在廣州華南文藝學院教書，在中南部隊藝術學院講學，又入北京電影演員劇團工作，因與胡風相知被指爲「胡風分子」。⑺

(9)梅志：名詩人和兒童文學作家，眞名屠玘華，胡風妻。作品有兒歌「小麵人求仙記」和兒童文學「小紅帽脫險記」等。

(10)其他成員：劉大海、劉振瀛。

四　武漢地區：

(1)曾卓：「七月」派詩人，一九四〇年因撰稿關係認識胡風，曾向人自誇「我過去寫過許多抒情詩，很多人說我是『小雪萊』」。⑫

他在「解放」前參加了中共地下黨，「解放」初，奉命接管武漢「大剛報」，任副總編輯和黨支部書記。一九五二年，「大剛報」停刊，任中共武漢市委機關報「新武漢報」第二副社長。一九五三年初，任中共中南局機關報「長江日報」副社長。⑬

他崇拜胡風，珍藏胡風著作。一九五〇年，在他主編的「大剛報」副刊中，以整版篇幅連續三天首先刊登胡風的一千八百行長詩——「時間開始了」。（同⑬）

武漢文聯成立後，他被任命爲文聯副主席、文化局黨組成員，是實際領導武漢文聯工作之第一負責人。（同⑫）

一九五三年下半年，他在武漢大學中文大學講授「理論批評文選」，鼓吹胡風文藝理論。（同(72)）

他利用職權，拖延或壓制武漢文聯的「反胡風」運動的開展。

他生性風流，一九四八年，據說曾與一個「國民黨軍統特務」一同去嫖妓。在三反時，又「誘姦一女幹部」。事發後遭到批評，但仍然與女幹部繼續發生關係。女幹部懷孕，竟迫她去打胎。(74)

「解放」後，他著有劇本「祖國的孩子和母親」，赴朝日記「和最可愛的人相處的日子」。

(2)綠原：被中共指控爲「中美合作所」特務，(75)其實他並沒有入過「中美合作所」。(76)小時候，他是個小流氓，據他作詩自述：「小時候，我就在大街旁、碼頭上、黑巷子裏、嘴角啣着搶來的煙蒂頭——做一名有用的爬手」（綠原「又是一個起點」三十九頁）。

後來，他學作詩，大量投稿「七月」，成爲傑出的詩人。阿壠批評他的詩：「綠原這個人，以及他底狂濤的詩，正是現實的，政治的，全面攻勢轉移的宣言和軍樂」（阿壠「詩與現實」「綠原片論」）。

他較著名的詩集有：「集會」、「又是一個起點」、「童話」、「從一九四九年算起」。

一九四八年，他經曾卓介紹入中共地下黨，後來又因潛逃失去黨籍。武漢解放時他與曾卓一起聲稱代表共產黨，接收「大剛報」。一九五〇年，他「以最大的誠懇寫三次報告（要求入黨），一次比一次詳盡而老實」，終於再度取得共產黨員的資格。(77)

一九五五年，因胡風事件牽連，被捕。

(3)王采：一九三三年加入中國共產黨，一九三五年脫黨，旋又在一九四四年再次入黨。他在一九四四年認識胡風。一九四六年，他由重慶回武漢，一九四七年五月十三日給胡風去信，對左翼文壇發了許多牢騷，表示堅決支持胡風。

一九四七年五月，任「大剛報」副刊「大江」編輯。「解放」後，任武漢文聯秘書主任，介紹了一[illegible]治面目不清」的分子加入文聯。他經常打罵老婆，對女同志極不正派，並時時收聽台灣廣播，隨便鳴槍，擾亂治安。後因搞宗派活動，反對文聯副主席黃鋼，被開除出黨，下調到武漢工農兵速成中學任國文教員。

在「反胡風」運動中，他公開表示支持胡風到底。事發，被捕下獄。⑱

他的作品，有劇本「苗金鳳」及詩集「開花的土地」。

(4)王鳳：一九三九年由曾卓介紹入黨，後一度脫黨，嗣後在解放初再度入黨。他與曾卓是有廿年交情的老朋友。

一九四八年，經曾卓介紹，任「大剛報」副刊室主任。

一九五〇年冬，王鳳入湖北省教育學院教書，任文科主任。一九五二年院系調整，教育學院與華中師範學院合併，他被委任為中文系副主任。

在反胡風運動高潮中，他因曾卓之累，被打成「胡風分子」。⑲

五　湖南地區：

(1)彭燕郊：原名陳德矩。一九三九年在新四軍工作時投稿「七月」，因而結識胡風。彭燕郊這筆名還是胡風替他起的。

一九四〇年他離開軍隊赴桂林。一九四一年在廣西「力報」編「半月文藝」，大量刊登胡風派的文章。一九四二年他與胡風合辦「南天出版社」，任經理，出版阿壠「無弦集」、綠原「童話」、冀汸「動蕩的夜」等詩集。

一九四二年，他突然與胡風鬧翻，後在重慶見了面也不打招呼。

一九五〇年，他在北京「民主報」主編副刊「文藝服務」。同年，在「光明日報」編「文學週刊」。時胡風恰在京，他登門拜訪胡風，並把胡風被「人民日報」退回的長詩「時間開始了」的第四章「安魂曲」，拿到「光明日報」登出。因爲胡風要回上海，缺乏盤纏，他又費盡手脚，替胡風在「光明日報」預支了一筆可觀的稿費。

不久，他回到湖南，任湖南省政協委員，省文聯常委，湖南師範學院中文系副教授。

他經常在講壇上讚揚：「胡風是了不起的文藝理論家」、「只有胡風才能發現新生力量，並把他們培養成材」。

他指示參加土改的學生到鄉間替他搜集民歌，回來後以自己之名編了一部「湖南歌謠選」。一九五五年二月，他還在湖南「人民出版社」出了一本「文藝學習手記」。誰知，過不了許久，即被打成「胡風分子」。⑳

(2)郭仁成：三十年代在湖南省六中唸書時，即加入三青團。不久，昇任區隊長。據說他不止一次攜帶手槍率領便衣特務到旅館搜查「異黨」，曾逮去謝詠霞等數人，至今下落不明。

「解放」前夕，他在湖南大學唸書，加入中共地下黨。「解放」後，任湖南共青團省委宣傳秘書，由於製造「南北糾紛」，他被調回「湖南青年報」，任副總編輯。後來以報紙面向農村爲理由，不刊登「關於胡風反革命集團的第三批材料」，終被打成「胡風分子」。(81)

(3)胡天風：原名胡端豪，生於湖北天門縣一地主家庭。一九四一年加入三青團，一九四一年九月三日，在「新湖北日報」副刊「青年生活」發表新詩「截龍橋」，攻訐賀龍。

一九四六年三月，他由重慶回武漢，曾先後在四家國民黨報紙當過記者。他還先後在武漢編輯過「北辰」、「北辰詩刊」、「大江」和「沙漠的喧嘩」等刊物，大量刊登胡風派的文章，特別推崇綠原。

一九四八年一月，他從家鄉天門縣入江漢「解放區」，自稱已在「白區」入黨，但他的黨籍不爲中共承認，被迫再次入黨。

一九四九年二月十二日，他在「江漢日報」（黨報）任編輯，後又被調到「湖南日報」任編輯。在「反胡風」運動中，他被打成了「胡風分子」。(82)

六　杭州地區：

(1)方然：又名朱聲，柏寒，原名朱傳勒，原籍安徽懷寧縣月山區河湖鄉人氏。祖父朱稚亭，當過反共的田防局長。母親「白毛」，據說常縱惡犬咬人，毒打農民，是當地有名的「惡霸地主」。(83)

鎮反時，方然疏散家中浮財，把暗藏槍械私沉下河，並把母親接到杭州供養，被中共指責爲「地主惡霸的孝子賢孫」。（同[83]）

方然畢業於金陵大學社會系，[84]抗戰前曾參加過國民黨「復興社」。抗戰期間，他曾到延安朝聖，數月後，又跑回國民黨地區，到處宣揚「延安有軍閥統治」。一九四六年，他在成都主編「呼吸」，發表「論生存」、「文化風貌錄」、「主觀與眞實」等文章，與中共文藝方針唱反調。後在反「扶日」運動中，被國民黨捕去，自云在獄中「被棍打破了頭，被釘着釘的木板敲破背脊流出血」，幸有胡風的營救及他那個在國民黨任高參的伯父朱鏡匀的活動，他只被關了廿多天即獲釋，坐飛機回到南京，寫了一則反共反學運的啓事，登在「中央日報」上，作爲獲釋的交換條件。[85]

一九四七年，方然回到安慶老家，戰火迫近時，他又「跑反」到上海，再到杭州。在他的姑父——國民黨集團軍副總司令兼三十九軍軍長劉尚志的幫忙下，他創辦了杭州安徽中學，自任校長，邀阿壠、冀汸、羅洛、朱谷懷等胡風分子在校任教。一九四八年，他曾幫中共地下黨輸送大批親共學生入「解放區」。（同[85]）

「解放」後，他通過舊關係（中共黨員）替自己寫歷史證明材料。又用毛衣及派克自來水筆賄賂黨員周力行，替他作入黨介紹人，不久即加入了共產黨。入黨後，他官運亨通，曾先後任浙江省文聯編審部長、省文聯籌委會常委、杭州市政協辦公室副主任以及杭州文協副主任兼秘書長。[86]

他也很風流，常和崇拜他的女學生亂搞男女關係。（同[85]）

由於他和胡風的私交不尋常，他被中共指爲「胡風集團的謀士」；一九五五年五月廿八日，在杭州被捕下獄。⑧⑦

⑵冀汸：原名陳性忠，「七月」派名詩人，「解放」前著有詩集「動蕩的夜」、「有翅膀的」。「解放」後有長篇小說「喜日」和「這裏沒有冬天」，因與馬列教條不合，受到中共批判。

他在杭州安徽中學當教員，以進步作家自命，是浙江省文聯創作組長。⑧⑧曾三次申請入黨。但在一九五五年上海作協理事會擴大會議上，他又配合胡風，向「文藝月報」進攻。事敗，被打成「胡風集團骨幹分子」。⑧⑨

七　南京地區：

⑴歐陽莊：工人出身。一九四八年曾在南京編輯「蜢蟻小集」，並加入中共地下組織。⑨⓪一九四九年三月二十三日，歐陽莊與劉德馨（化鐵）一同被國民黨捕去，幸有陳亦門（阿壠）和路翎將他們保出，（同⑨⓪）才免於難。

南京「解放」後，一在共黨內任要職的胡風分子保證他「確無問題」，並要求恢復他的黨籍。路翎、梅志、陳亦門亦先後去信證明他「在獄中承受特務們的殘酷拷打時，表現出無產階級特有的堅定的毅力和意志」、「無變節行爲」。後被中共任命爲南京電業局下關發電廠黨支部書記。（同⑨⓪）

他在一九五四年五月到一九五五年五月，先後借「出公差」之名，到北京凡五次，到胡風家四十二次。他參與胡風「意見書」的起草與修改工作，並負責把「意見書」精神向東南地區的胡風分子傳達，收集他們的意見，再向胡風反映。91事敗後，被捕。

(2)華田：南京工業會統計學校語文教師，因把林默涵在高教部黨組的傳達文件複寫，寄給歐陽莊，由歐陽莊再轉寄胡風，被打成胡風分子。

(3)蘇汎、黃天戈、鄭造。

八　四川地區：

(1)馮異：四州人民劇院資料室工作人員。

(2)何劍薰。

九　東北地區：

莊湧：由胡風推荐，任東北人民大學馬列主義教研室教授。原籍江蘇邳縣胡墟鄉後馬莊人氏，地主出身。

據中共揭發，當一九四六年夏歷九月十九日，「解放軍」撤出了邳縣。莊湧率領還鄉團，攜帶槍械，向曾分過他家的田地財產的貧下中農「反攻倒算」，私設公堂，逼死農民多人，後因胡風牽連，雙罪齊發，被捕入獄。92

劉振輝：江西南昌人，家庭成份地主。在唸南昌心遠中學時，即崇拜胡風。一九五〇年，在江西省人民政府工作。一九五一年，他參加了解放軍，到北京見胡風，與胡風一見如故，長談了兩小時。以後，他經常與胡風通信。他曾公開對人說「胡風、路翎、綠原是最偉大的作家」。一九五三年五月，他曾在北京與綠原面談，回到江西後，便向領導要求調到文藝部門工作。在「反胡風」運動中，他竟因此而被打成「胡風分子」。㊾

十　江西地區

十一　山東地區

呂熒：山東大學中文系主任，著名的文藝理論家，在山大講授「文藝學」，自云國內無出其右者。名震一時的中共「第一槍」槍手李希凡和藍翎，就是他一手調教出來的學生。他很輕視工農兵學員，一九五〇年山東大學與華東大學合併，他公開說華大師生都是「革命訓練班的貨色」，堅決反對合班上課，認爲山大學生與華人工農兵學員一同上課就會「降低原山大學生水平」。他甚至拒絕給華大學生簽名註册。㊿

一九五一年，「文藝報」對他的教學進行公開批判，因他在講授人民文藝時，在黑板上畫兩條線，一上一下，說上線代表西洋古典文藝，下線代表人民文藝，而且說：「我們『取法乎上，僅得其半』，老看人民文藝，你連它的一半也難達到。」

他親自撰文到「文藝報」，全面反批評，並策動學生寫文章支持他，學生在大學共青團組織的「教育」下，都不敢支持他，李希凡等甚至寫文章批判他。呂熒恨極，罷教抗議，拂袖而去，跑到北京去賣文糊口。(94)一九五三年，他被校方再請回山大，對學生說他發現了「西遊記」中孫悟空的形象是從印度傳來的(94)（中共因而指責他貶低民族遺產的價值）。

一九五五年五月二十五日，中國文聯和作協學行聯席擴大會議，討論開除胡風會籍和撤銷胡風一切職務的時候，到會者七百餘人，只有呂熒一人敢站上講台，公開替胡風辯護。(95)雖然他終於被文人們「鬨下台來」，被剝奪了「言論自由」，(96)旋又被打成「胡風死黨」。但中國士大夫那種「鐵肩擔道義」，「雖千萬人吾往矣」的傳統精神，終於在呂熒身上，又再爆出火花。

十二　廣州地區

朱谷懷：原名朱振先，家庭成份是工商業兼地主，廣東省興寧縣古塘鄉古塘村人氏。生母王達娘，在一九五二年二月古塘鄉土改複查時，因「反攻倒算」被中共判了十五年徒刑，胞兄朱漢澄也曾被農民鬥爭。(97)在抗戰期間，朱谷懷在桂林，認識了胡風。他拿出田租，全力支持胡風的文藝機構，並四處爲胡風奔走募股。(98)後來，他又來到昆明，在西南聯大讀書，曾領導學運。(99)一九四六年秋，他隨校遷回北京，在北大組織「文藝社」，後又與北京師範學院「泥土社」合併爲「泥土文藝社」，出版「泥土」雜誌，（同(99)）與香港「大衆文藝叢刊」的中共黨員作家邵荃麟之流大開筆戰。

大學畢業後，他應方然之邀，在安徽中學教書。廣東解放前夕，他回到家鄉，佈置疏散浮財，並與大地主李建侯的孫女成親，（同⑮）國民黨軍長及黨部官員都出席了他的婚禮。

一九四九年五月，他進入興寧軍管會文教科工作，十月，任中共縣委機關報「新興報」任總編輯，同時加入了中國共產黨。他在「新興報」大量發表胡風、梅志、亦門、羅洛、魯藜、冀汸等人的詩文，並給予最高的稿費。⑩

一九五一年，經方然介紹，朱谷懷到廣州五中任國文教員，並兼任五中語文科副組長。

在五中任教時，他領導學生編輯「泥土」墻報。

可能是由於他擅離職守之故，朱谷懷到五中時，已失去了共黨黨籍。到五中後，他曾三翻四次向校黨支部申請，要求重新考慮他的黨籍問題。（同⑲）

在「反胡風」運動剛開展時，他曾投三篇萬言文到「文藝報」，聲援胡風，指責「文藝報」對胡風的批評是「難以容忍的」，是「整個文藝界最嚴重的錯誤」，是「極端惡劣的宗派主義的打擊和排擠」，並盛讚胡風是「我們這時代最傑出最偉大的批評家」。（同⑱）他還對人說：看到胡風受批評，「心裏就感到非常寃屈，一面讀着他（胡風）的發言，一面暗自流淚」。（同⑱）

他把胡風寄給他的信件，編了號碼保存起來。

就在「人民日報」公佈了胡風第二批材料後，他還把他和胡風等人的合影拿出來給五中教師看，指着胡風的光頭說：「胡風的頭很大很聰明」。（同⑲）

在「反胡風」的高潮中，他終被中共指控爲胡風死黨而被逮捕。

註　釋

①一九五五年六月十日「人民日報」。
②傅凱「阿壠是什麼樣的傢伙」、上海「新聞日報」一九五五年七月十二日。
③見一九五五年七月十九日北京「中國青年報」。
④方紀「揭露胡風反革命集團在天津的罪行」，「人民日報」一九五五年五月三十一日。
⑤和⑥與④同。
⑦同③。
⑧方紀「阿壠的嘴臉」、「文藝報」一九五五年第十三號。
⑨「人民日報」五月二十九日通訊。
⑩張學新「揭破魯藜的假面具」、「文藝報」一九五五年第十三號。
⑪王瑤「中國文學史稿」。
⑫丁力「由魯藜的『綠葉集』來看他的反革命立場」，北京「光明日報」一九五五年七月三十日。
⑬⑭⑮同⑩。
⑯趙顯、王堅「反革命分子蘆甸的一段罪惡歷史」，「人民日報」一九五五年八月七日。
⑰學星「胡風的忠實走狗蘆甸的陰謀活動」，「新觀察」一九五五年七月十六日。

⑱同⑰。
⑲一九五五年六月十日「人民日報」、「關於胡風反革命集團的第三批材料」。
⑳張學新、陳因「蘆甸的反革命行徑」、「人民日報」一九五五年七月九日。
㉑葛淑英「胡風分子李離在天津師院幹了些什麼」、「天津日報」一九五五年七月九日。
㉒郭鼎、崔岩「胡風分子在天津市業餘藝術學校的反革命罪惡活動」、「天津日報」一九五五年七月十六日。
㉓「天津工人日報」編輯部「揭穿『工人作家』──何苦的畫皮」、一九五五年七月九日。
㉔趙元平「胡風分子王琳在天津師院的罪惡活動」、「天津日報」一九五五年七月九日。
㉕劉焱「胡風反革命集團在天津毒害青年的一些材料」、「中國青年」一九五五年七月十六日。
㉖一九五五年七月四日「天津日報」通訊：「南開大學中文系教師和學生揭露胡風分子顧牧丁的罪行」。
㉗方紀「阿壠的嘴臉」，一九五五年「文藝報」第十三號。
㉘一九五五年七月十六日「天津日報」通訊：「揭發胡風分子在業餘藝術學校的罪行」。
㉙葛傑「揭露胡風分子彭柏山的陰謀活動」、「文藝報」一九五五年第十二號。
㉚黎家健「胡風分子彭柏山在上海的一些罪惡活動」，一九五五年第七號「新華月報」。
㉛一九五五年五月二十四日「人民日報」、「關於胡風反革命集團的第二批材料」。
㉜林默涵「雪葦──胡風的追隨者」、「人民日報」一九五五年四月三十日。
㉝知俠「胡風分子雪葦要作徹底的交代」、「人民日報」一九五五年六月九日。
㉞陶鈍「雪葦是胡風的忠實信徒」、「人民日報」一九五五年六月九日。

㉟于寄愚、劉溪、陳海儀「揭露胡風在黨內的代理人劉雪葦的罪惡行爲」、「中華日報」一九五五年第七號。
㊱習平「胡風集團骨幹分子賈植芳的醜惡面目」、「人民日報」一九五五年六月二十五日。
㊲「關於胡風反革命集團的第三批材料」。
㊳劉祖禹「揭露胡風分子賈植芳的反革命面目和毒害青年的罪行」、北京「中國青年報」一九五五年七月五日。
㊴馬家駒「胡風分子賈植芳冒名出版書籍的醜惡行徑」、一九五五年九月「學習」第九期。
㊵㊶朱子程、范平、鄭志「揭露胡風分子張禹（王思翔）的反革命罪行」、「杭州日報」一九五五年七月十日。
㊷張禹「讀夏衍同志關於『武訓傳』問題的檢討以後」、「文藝報」五卷四期。
㊸企霞「關於文藝批評」，「文藝報」四卷十期。
㊹峻明「『幾乎恨一切人』的反革命分子——張中曉」、「新觀察」一九五五年九月第十七期。
㊺「關於胡風反革命集團的第三批材料」。
㊻「關於胡風反革命集團的第二批材料」。
㊼徐慧弟等六人「胡風的骨幹分子張中曉的醜惡嘴臉」、「文藝月報」一九五五年六月號。
㊽翟永瑚「胡風分子梅林的醜惡面目」、杭州「當代日報」一九五五年七月十三日。
㊾魏海平「揭露胡風分子羅洛的反革命活動」上海「新聞日報」一九五五年八月廿日。
㊿同㊽。
51陳銘德、鄧季惺「毒蛇是無孔不入的」、「人民日報」一九五五年六月二十七日。
52「文藝報」編輯部「我們接觸到的胡風反革命集團的材料」、「文藝報」一九五五年第九、十號合刊。

㊿③ 上海「新聞日報」編輯部「胡風分子李正廉的反革命罪行」、一九五五年七月六日。
⑭ 揭露胡風反革命集團對『文藝月報』的進攻」，一九五五年六月號「文藝月報」。
⑮ 羅蓀「從『財主底兒女們』看路翎的反革命立場」、「文藝月報」一九五五年八月號。
⑯ 李之華「反革命的路翎」、長沙「新湖南報」、一九五五年八月十九日。
⑰ 胡風「爲了明天。爲『雲雀』上演寫的」六四——六五頁，作家書屋一九五〇年版。
⑱ 「關於胡風反革命集團的第二批材料」。
⑲ 吳雪「杜絕敵人可以利用的任何空隙」、北京「中國青年報」一九五五年五月廿六日。
⑳ 李家興「路翎在中國青年藝術劇院的反革命活動」，「光明日報」一九五五年六月二十五日。
㉑ 吳天「個人主義和痲痺幫助了反革命」、「人民日報」一九五五年七月十一日。
㉒ 周揚「我們必須戰鬥」、「文藝報」第廿三、廿四期，一九五五年十二月。
㉓ 「反革命分子謝韜在教學中的反革命活動」、「學習」第九期，一九五五年九月。
㉔ 上旗「嚴防兩面派的陰謀詭計」，一九五五年六月五日「人民日報」。陳垣「學會同隱藏的敵人作戰」，「人民日報」一九五五年六月十七日。
㉕ 雲光「揭露胡風反革命集團骨幹分子謝韜的罪行」，一九五五年六月九日「人民日報」。
㉖ 陳文「清除一切暗害分子」、「人民日報」一九五五年六月二十八日。
㉗ 江涵、張天「牛漢怎樣在團內進行罪惡活動」、「中國青年」一九五五年七月第十四期。
㉘ 潔聖「胡風分子牛漢在人民文學出版社搞了些什麼？」「文藝報」一九五五年第十二號。

⑯ 胡風「爲了明天，爲了電影藝術底再前進」八二——一〇三頁，作家書屋一九五〇年版。

⑰ 王震「胡風分子黃若海的反革命思想」一九五五年八月。

⑱ 吳天「陳獻猷的反動戲劇論」、「戲劇報」一九五五年八月號。

⑲ 宋玉田，馬漢章，張雲驪「曾卓在武漢市文聯幹了些甚麼？」「人民日報」一九五五年七月二日。

⑳ 宋玉田、馬漢章、張雲驪「進一步揭露曾卓在武漢市文聯的滔天罪行」，「長江日報」一九五五年七月廿六日。

㉑ 陸天虹、郭治澄「曾卓在武漢怎樣鑽進報社進行反革命活動」，一九五五年七月廿八日「長江日報」。

㉒ 「關於胡風反革命集團的第三批材料」。

㉓ 阿壠在「詩與現實，綠原片論」說：「（他）幾乎被送到以後得到美國底合作而馳名的磁器口，假如他不害怕而立刻逃走。……」，可證綠原並沒有到中美合作所工作過。

㉔ 石鼎「剝去蒙面强盜綠原『詩人』的面目」。一九五五年七月十六日「長江日報」。

㉕ 詳見一九五五年七月廿九日「長江日報」載俞林文章——「揭露胡風集團在武漢的另一骨幹分子——王采」。

㉖ 詳見一九五五年九月一日「長江日報」載于黑丁文——「胡風分子王鳳在文藝教學中的反革命罪行」。

㉗ 詳見高嶽森等整理「胡風分子彭燕郊在湖南的破壞活動」、「新湖南報」一九五五年八月四日。

㉘ 詳見一九五五年九月十四日「新湖南報」所載梁炳煌文——「暗藏在『湖南青年報』的反革命分子郭仁成的罪行」。

㉙ 詳見一九五五年九月十三日「長江日報」載張醒鐘文——「揭露胡風集團分子胡天風的反革命面目」。

㉚ 周軍、葉守平「地主惡霸的『孝子賢孫』」，「人民日報」一九五五年八月十三日。

㉛ 齊星士「胡風集團的兩員大將」、香港「天文台報」一九五五年七月廿日。

(85) 亦成「剝去反革命分子方然的僞裝」、「人民日報」一九五五年七月十一日。

(86) 亢宗「胡風分子方然、冀汸的卑劣行徑」、「新聞日報」一九五五年六月二十六日。

(87) 一九五五年五月廿八日「新華社」電訊。

(88) 傅凱「潛伏在浙江文藝領域中的方然和冀汸」，上海「新聞日報」一九五五年八月二日。

(89) 同(86)。

(90) 方輝「胡風分子歐陽莊的反革命罪行」、「新觀察」十七期（一九五五年九月）。

(91) 孫東「所謂『工業幹部』歐陽莊參加胡風反革命集團向黨瘋狂進攻的罪行」，「光明日報」，一九五五年八月十六日。

(92) 見任懷友「胡風分子莊湧私設公堂逼死農民的血腥罪行」、「人民日報」一九五五年七月二十二日。

(93) 詳見時佑平「在江西的胡風分子劉振輝的罪惡活動」、「江西日報」一九五五年八月十三日。

(94) 邢福崇、袁世碩「揭露胡風分子——呂瑩」、北京「光明日報」一九五五年六月二十一日。

(95) 「關於胡風反革命集團的第三批材料」。

(96) 江澄「必須分清敵我」、「解放日報」一九五五年七月五日。

(97) 「南方日報」記者文章「胡風分子朱谷懷抗拒土地改革的罪惡活動」，一九五五年七月廿二日「人民日報」轉載。

(98) 廣州五中教師「揭發在廣州的胡風反革命集團分子朱谷懷的罪惡活動」　「南方日報」一九五五年六月十九日。

(99) 啓苗「朱谷懷在北京大學期間的反革命活動」、「南方日報」一九五五年七月七日。

(100) 杜琛、張富賢「朱谷懷在『新興報』時的反革命罪行」、「南方日報」一九五五年七月十三日。

結束語

(一)

反胡風運動是毛澤東親自領導與直接指揮的。「人民日報」於一九五五年五月二十四日和六月十日發出的指導全國反胡風運動的「編者按」，以及六月十五日北京人民出版社印行的「關於胡風反革命集團的材料」一書中的「序言」，有很大部份是出自毛氏親筆（毛氏愛用化名，或者是用黨報「評論員」、「編者按」、「社論」等僞裝，發表自己的文章；在反胡風運動中，毛氏與「人民日報」的「編者」更是「合二而一」。毛氏的這種匿名成癮，在大陸早已爲人人所知，毫無秘密可言。因而在一九七七年四月出版的「毛澤東選集」第五卷中，索性還其歷史的本來面目，把毛氏在反胡風運動中親筆撰寫的「人民日報」的按語，以及「關於胡風反革命集團的材料」的「序言」，選收進該書中，由一六〇頁至一六七頁，共佔七整頁。）在這些按語中，胡風集團被毛氏判決爲：「胡風和胡風集團中的許多骨幹分子很早以來就是蔣介石國民黨的忠實走狗，他們和帝國主義國民黨特務機關有密切的聯繫。」①爲了要向全國人民證明這一判決辭的眞確性，六月十日「人民日報」刋登了胡風分子之間的私信六十七封，其中能說明問題的，只有「解放」前的私信十一封。②然而作爲判罪證據的十一封私信，中共不但沒有以映印原件發表（一如最近發表有關「四人幫」的某些手迹），以昭大信於天下；並且，這十一封信，沒有一封是全文發表，而只是斬頭去尾，甚至往往在最吃緊的地方，忽然莫名其妙地用省略號把絕對不可省略的地方一刀割掉。正因如此，人們不禁要懷疑：如果中中共沒有在這些信件中做了許多手脚，爲什麼會這麼鬼鬼祟祟、氣短心虛？

反覆地檢查了胡風和胡風集團骨幹分子的全部材料，發現了毛氏的判決辭其實是一個刻意泡製出來的寃獄。

首先回到這些所謂的「罪證」。儘管毛七拚八湊地拋出了信件十一封，然而在這十一封信中，眞正能和判決辭扯得上關係的只有三封，亦即一九四七年九月二十六日胡風給阿壠信（以下簡稱「信件一」），一九四六年七月十五日阿壠給胡風信（簡稱「信件二」），以及一九四四年五月十三日綠原給胡風信（簡稱「信件三」）。「信件一」是胡風因其文友左翼文化人賈植芳和他的太太任敏於一九四七年九月爲國民黨特務捕去，寫信請阿壠去找曾當過國民黨北平警局長的陳焯代爲說項，保釋賈植芳夫婦出獄。於是乎「人民日報」的編者便在給該信作註釋時「看出胡風及其集團分子同國民黨特務的親密關係」。現把被「人民日報」動過手術的「信件一」照抄如下：

一九四七年九月二十六日胡風給阿壠信（自上海）

就是陳卓，他去年做過北平警局長的。望馬上找他懇托，至禱。直兄消息全無。但我擔保他毫無此種姻緣，此點可向陳報告。我疑爲寄居他家之小女人（近來彼此鬧翻）所爲，一則以上信所說學生事，一則以直爲文人，如此而已。請陳馬上進行（疑在中字處），讓他們回來，萬一困難，也得先讓太太回來，一家庭婦女，留之不放，可笑之至。

信中的直兄即賈植芳，陳卓即陳焯，中字處即指國民黨中統特務機關。仔細讀完這封信，却無論如何看不出胡風和阿壠與國民黨特務頭子陳焯有任何關係，更談不上有任何「親密關係」。理由很簡單，阿壠根本不認識陳焯，否則，胡風就不必浪費筆墨向阿壠介紹陳焯的歷史。並且，胡風對陳焯其人，一定只是聞名，而無任何交情。若非如此，第一他不會在信中把陳焯的名字也弄錯了（焯誤作卓），第二是救人如救火，與陳焯有「親密關係」的胡風爲什麼不親自出馬，而偏偏要繞上一個大彎，去找與陳焯毫無淵源的阿壠代爲求情？

「信件二」是阿壠把蔣介石召開的一次軍事會議的情報轉告胡風：

一九四六年七月十五日阿壠給胡風信（自重慶山洞陸軍大學）

至於大局，這裏一切充滿了樂觀。那麼，也告訴你樂觀一下。三個月可以擊破主力，一年肅清。曾經召集了一個獨立營長以上的會，訓話，他底自信也使大家更爲鼓舞。同時，這裏的機械部隊空運濟南，反戰車部隊空運歸綏。一不做，二不休，是膿，總要排出！

粗枝大葉一看，這封信似乎和毛的判罪辭能扯上些關係。然而細心人却能從中發見了許多可疑之處：

(1)阿壠與胡風同住在國民黨統治區，雖說私信有被國民黨特務抽閱的可能，然而在那兒罵共產黨是絕對合法而安全的。爲什麼阿壠在罵共產黨時却是這麼含糊閃爍，簡直可以說是語不成聲即止？這顯然不是因爲害怕，而是另有目的。他的目的又是什麼？

(2)「三個月可以擊破主力，一年內肅清」，是蔣的整個戰略部署；「機械部隊空運濟南，反戰車部隊空運歸綏」，是蔣的具體戰術措施。二者都關係到軍事上的高度機密，是絕對不能夠也不應該在私信中談及的。作爲國民黨戰術教官的阿壠，豈有不知保密的重要之理？而且，胡風一直和中共有聯繫，又是阿壠明明知道的。把國民黨的軍事機密告訴胡風，豈不等於借胡風之口把情報轉給共產黨？只要把⑴和⑵聯繫起來審察，便不難看出阿壠的罵共產黨，其目的不過是爲了掩飾他要把軍事機密洩漏給中共的用心。那些罵共捧蔣的文字，其實是專門寫給國民黨檢查書信的特務看的。

阿壠爲什麼要把國民黨的軍事機密洩漏給共產黨？關於這一點，將會在本篇第㈣中詳加討論。在這裏要說明的，是這一封信，無論如何不能證明阿壠是「蔣介石國民黨的忠實走狗」。恰恰相反，它只能提供了阿壠對國民黨的叛賣和不忠的證據。

「信件三」是綠原聽說自己將要被調到中美合作所時，寫信向胡風反映自己的心態。這封信，是毛據以判決胡風集團與「帝國主義國民黨特務機關有密切聯繫」的最直接證據。現在把這封被中共刪削過的信件全抄如下：

一九四四年五月十三日綠原給胡風信（自重慶）

我已被調至中美合作所工作，地點在磁器口，十五號到差；航委會不去了。……這邊美國人極多，生活或者有點改變。

我彷彿眞的開始做人了，處世確是不易，正如您說的：赤膊上陣不是我們的戰術。以後，我覺得應該學習一點「陰暗的聰明」（？），我所畏懼的只是我自己。

綠原發信的日期是五月十三日，信中交代的到差日期是五月十五日。也就是說，綠原發信時尚未在中美合作所任職。到底他是不是決意要去呢？「人民日報」的編者突然在這最要緊的地方用了一個絕對不能使用的省略號，把綠原的決定從信中一刀割去，故意把本來十分清楚的問題弄得不清不楚。到底綠原有沒有去了中美合作所呢？「人民日報」的編者明明是知道得很清楚的，但却偏偏不肯說出來。於是乎，不明眞相的讀者便以爲綠原眞的到了中美合作所，變成了所謂「美蔣特務」，而許多原來不相信胡風集團有什麼「反動背景」的人，也逼得相信胡風集團與美蔣特務機關眞的有什麼「親密關係」了。

爲了加重綠原的罪名，「人民日報」的編者又繼續指斥綠原是革命的逃兵：「一九四八年初他就由另一胡風骨幹分子曾卓介紹爲共產黨員，打入了地下黨的組織。後來綠原突然潛逃。武漢解放時又突然回到武漢，與曾卓一道自稱是『共產黨』，接收『大剛報』。一九五〇年再度鑽進黨來。」（同①）

本來一頂「中美合作所特務」的帽子，已足夠判處綠原死刑；再在「特務」的罪名上又加上一個逃兵，其實是最笨拙的畫蛇添足。正是這笨拙的蛇足，提供了綠原根本不是什麼中美合作所特務的最有力反證。因爲「人民日報」的編者早已規定了中美合作所的屬性：

「中美合作所」就是「中美特種技術合作所」的簡稱，這是美帝國主義和蔣介石國民黨合辦的由美國人替美國自己也替蔣介石訓練和派遣特務並直接進行恐怖活動的陰森黑暗的特務機關，以殘酷拷打和屠殺共產黨員和進步分子而著名的。（同①）

如果綠原眞的是什麼「陰森黑暗的特務機關」的特務，又已經打入了武漢的中共地下黨組織，他爲什麼不率領「以殘酷拷打和屠殺共產黨和進步分子而著名」的同僚們，一舉撲滅中共的武漢地下黨，反而要「突然潛逃」？天下間有比這更不合邏輯的事情嗎？

事實上綠原根本沒有去中美合作所，更沒有當成什麼美蔣特務。中共對此明明是十分清楚的，只是故意不肯說出來而已。③阿壠在「詩與現實」之「綠原片論」中，也早就把這件事明白地交代過了：「他（綠原）差點被送到以後得到美國底合作而馳名的磁器口，假如他不是害怕而立刻逃走……」

有了阿壠這一段話，被中共故意刪改得模糊不清的「信件三」，也變得比較地明白起來。原來這封信，是綠原在獲知自己被調到中美合作所而決意逃亡的前夕寫給胡風的。信件的前半部份，大概是向胡風報告他決心逃跑的意願。被「人民日報」編者用省略號割去的部份，應該是綠原表達自己潛逃意願的部份。也就是全信最關鍵的部份。④

綠原信中的後半部，所謂「赤膊上陣不是我們底辦法」，明明是說他不會笨到公開地抗拒被調到中美合作所的指令；所謂「陰暗的聰明」，顯然在暗示他將採取三十六計走爲上的辦法。亡命天涯，不啻是「彷彿眞的開始做人」；浪迹江湖，「處世確是不易」；偶一失足或定力不夠，便會萬劫不復，綠原所謂「我所畏懼的只是我自己」，是完全可以理解的。

胡風曾在他的「御狀」中，向毛氏控訴林默涵、何其芳在他的文章中斷章取義，任意曲解，就像土律師土法官欺負鄉下人一樣蓄意要把他打成永不翻身的罪人，請求毛主持公道，替他申寃。⑤他哪能想到，他和他的戰友這一回可眞正落到了土律師和土法官之手。那個「只顧羅織成案，故意僞造證據，亂引條文，不問犯人服不服」的土律師和土法官，正是他幻想着會替他昭雪的毛澤東。土法官只不過是羅織成案，可以不問看衆懂不懂；而毛氏不僅要羅織成案，還要强迫全國的看衆對他的判決不許有一絲一毫的懷疑。「人民日報」的「編者按」就不止一次地公然威脅道：誰要是不相信胡風集團的「反動背景」，誰就是「在階級本能上衷心地同情他們」的「暗藏的反動分子」，最起碼也是「政治上嗅覺不靈」。（同①）在這種露骨的脅逼之下，看衆們即使不相信也只好裝着相信了。胡風集團等於國民黨特務等於反革命的判決，也就在暴力和權威的嚇和騙之下被完全確認了。

既貴爲國家元首，又滿足於享受土法官屈打成招，構陷寃獄的樂趣，這種心態，無論在古今中外的歷史紀錄中，都是不多見的。反對中共的個別領導人或者反對中共的某一政策全等於反黨全等於反革命的理論，按照文革前中共的邏輯，倒也似乎能言之成理。胡風集團——無論是在「解放」前或「解放」後，都是站在中共文藝領導人的對立面一貫反對中共的文藝政策，因而把胡風集團打成「反黨」甚至是「反革命」集團，按照中共的邏輯，也不能說是無理取鬧。然而，硬要把一貫反對與攻擊美蔣的左翼文化團體硬說成是美蔣的「忠實走狗」，把一貫和國民黨特務組織毫無淵源，而且對一切特務政治又都深惡痛絕的胡風集團，打成「美蔣特務」，這種顚倒歷史的手法，是無論如何不能令人信服的。

再精巧的騙局，也總有被拆穿的時候。更何況「人民日報」的編者（毛氏）在泡製胡風的寃獄時所玩弄的魔術，又是如此的藏頭露尾，破綻百出。經過本節對胡風、阿壠、綠原的三封私信的分析，歷史的本來面目，已是彰彰可見。「假的就是假的，僞裝應當剝去」，在胡風集團被鎭壓後的廿二年，把被顚倒了的歷史再顚倒過來，應該是時候了。

(二)

在中共政權統治下的中國大陸，普遍地流行着「寧左勿右」的心態，以及「攻其一點，不及其餘，無限上綱」的方法論。⑥一大批無辜的人，也就是在這種變態的心理和方法論的肆虐之下，被打成了胡風分子的。

反胡風運動歷時一年，全國各地都受到不同程度的震撼與衝擊。本文第二篇根據當時全國各地的報章雜誌上所得的資料，查得被中共打成胡風分子者共有七十一人。由於當時全國各報均對胡風集團的重要人事互相轉載，相信胡風集團的重要成員，已全部被包括在這七十一人之內了。但由於筆者身居海外，沒有條件把一九五四——一九五五年中共的所有報刊全部讀完，相信在筆者沒能讀到的報刊中，一定還有一些和胡風關係較淺，本來不夠資格當胡風分子而又偏被中共打成了胡風分子的人物，沒有被筆者發見。此外，還會有相當一部份人，或因向胡風集團主編的報刊雜誌投過稿，或因讚揚過胡風集團的某些作品，甚至是爲了和胡風只通過一封信，而被打成了胡風分子。⑦這些人往往因爲身份和地位太低，「罪行」又不昭著而沒有新聞價值，他們的名字，根本就不曾在中共的報章雜誌上出現過。到底一共有多少人，在反胡風運動中被打成了胡風分子，這問題恐怕永遠沒有人能弄清楚了。但這些人的總數，是一定會遠遠地超過七十一人，却是可以十分肯定的。

即使在這七十一名「胡風分子」當中，眞正像阿壠、路翎、方然、歐陽莊等人那樣，一直參與集團的核心機密、有組織、有計劃、有步驟地反抗中共對文藝界的控制的人畢竟是少數；雖然沒有參與集團的核心機密，但在文藝思想與胡風一致，在行動上又時時支持胡風的反控制鬥爭的如曾卓、彭柏山、魯黎、朱谷懷等人也不是多數。這兩部份人相加，也不過比七十一的半數略多一些。如果這些人才眞正有資格被稱爲胡風分子，那麼，在這七十一人當中，差不多有一半的人是被寃枉了的。「人民日報」的編者，在反胡風運動剛開始時，對於如何界定胡風集團的普通分子與骨幹分子，總算還保留了一點點的客觀態度：

胡風集團中的人有幾種情況，有骨幹分子，有一般分子，骨幹分子中，有堅決跟胡風跑的，也有願意改悔的。⑧

聽中共的口氣，對胡風集團的一般分子和骨幹分子要區別對待，即使在骨幹分子中，對願意改悔的和不肯改悔的在處理方式上也有所不同。但隨着反胡風運動的進一步深化，中共僅有的那麼一點點客觀態度也就完全不見了。六月十日，「人民日報」的按語，已把胡風集團的所有成員與反革命分子之間劃了個等號，而且向全國發出了「堅決地將一切反革命分子鎭壓下去」的號召。中共「矯枉過正」的態度，大大地助長了本來就已經十分猖獗的「寧左勿右」和「無限上綱」的風氣。在本文第二篇的「歷略」，已經夠清楚地逐個鈎勒出一大批本來不夠資格當胡風分子的人是如何被定罪爲「胡風分子」。總括起來，這些人被强派的「罪名」也不過是：

(1)文藝思想與胡風接近，或在課堂上，或在文章中公開稱讚過胡風分子的作品，如馮大海、李離等人。

(2)因投稿關係認識胡風，或曾在胡風系的報刊雜誌撰文，如顧牧丁；或曾在自已編輯的刊物中刊登過胡風分子的作品，如梅林；或在自己的書店中出過胡風分子的書，如史許華。

(3)同情胡風集團，不滿於中共對胡風集團的種種横暴無理的逼害，站出來說了些公道話，如牛漢、呂熒等。

(4)曾把中共的文藝政策的文件有意或無意地向胡風集團洩露，如黃若海、華田等。
(5)作品曾受過胡風稱賞者，如金山。
(6)胡風和胡風分子的家屬，如胡風妻梅志、謝韜妻蘆玉，黃若海妻趙梅嘉等。
(7)崇拜胡風或胡風分子的讀者，如吳繼雲、劉振輝等。
(8)沒有在自己編輯的報刊上轉載「人民日報」的反胡風的長文，如郭仁成。

㈢

如果在民主的法治社會，以上八條，是無論如何不能構成判罪的條件。然而中共的社會並非民主的和法治的，無產階級專政下的高壓政策，只會弄得人人自危。爲了滿足毛氏矯枉過正的心理，更重要是爲了自保，中國稍有點名氣的知識分子，在反胡風運動中，個個都曾粉墨登場，表演一番。無論中共對胡風集團的裁決是多麼的自相矛盾和不合情理，他們總是一律加以支持和擁護（至少在口頭上），甚至有不少人還用「無限上綱」的方法幫助中共構陷罪狀和製造寃獄。在文學、史學、哲學、藝術、政治、宗教、科學界的全部知名人士，除了一個呂熒外，都泯滅了良知和正義感，忘記了人格尊嚴和獨立思考，以他們的言行，在反胡風運動的公開紀錄的文字裏，留下了不大光彩的一頁。⑨

在反胡風運動中，中國現代知識分子第一次把自身的軟弱和自私的性格，全面而徹底地暴露在毛氏的眼前。自私爲人所乘，軟弱爲人所欺。中共和毛氏對知識分子的愚弄、欺侮和逼害，由一九五五年反胡風運動分子的永遠不能團結（自私）、永遠不敢造反（軟弱）的特性，看得太透切了。

毛敢於把全國的知識分子欺侮狎弄於股掌之中，最主要的原因，還是在反胡風運動中，毛氏把中國現代知識

開始，經過了一九五七年的反右運動，到了六十年代和七十年代的文化大革命，達到了史無前例的最高峯。

㈣

胡風與胡風集團的骨幹分子，都是在「五、四」文化乳汁的哺育下成長起來的。「五、四」文化有兩個主要的特徵：第一是徹底反傳統的；⑩第二是極端個人主義的。⑪

在徹底反傳統的思想影響下，胡風和胡風集團的主要成員，都是中國傳統文化的徹底否定論者。一切傳統的小說、詩歌、散文、戲曲、音樂、哲學、道德倫理，在他們的眼中；統統都是些必須揚棄的糟粕，都是些防碍中國社會向前發展。毒害中華民族精神的障碍和毒藥。他們這種對中國傳統文化一以貫之的偏激心態，甚至在同是反傳統主義者的毛氏以及周揚、何其芳等中共文化領導人眼中，也認爲是太過份了。所以，中共清算胡風集團時，其中有一條罪狀，就是「對中國文化遺產的虛無主義態度」。

在極端個人主義的思想影響之下，胡風和他的主要支持者，都堅決地反對任何政治勢力控制或干涉文藝創作。胡風和他的戰友們雖然長期在左派陣營中廝混，但是馬、列、毛的文藝服從政治的教條，却一直不爲胡風集團所接受。胡風本人和他的主要支持者，都沒有獨創的文藝理論，甚至連他們的祖師爺魯迅，也沒能開創出一個文藝理論的體系。他們的文藝理論的基石，是日本文藝理論家廚川白村的文藝絕對自由主義。⑫胡風集團的文藝論文，無論在思想上，或者在名詞術語的使用上，幾乎都可以在廚川白村的「苦悶的象徵」

和「出了象牙之塔」那兩本書中，找到了因襲的軌迹。文藝上的絕對自由主義者如胡風之流，當然絕不可能眞心接受中共的文藝爲現實政治服務的要求，也絕不甘受毛氏的文藝必須「爲工農兵」和「寫工農兵」的嚴格限制，甚至不以爲文藝工作者有進行思想改造的必要。這種心態，造成了胡風集團和中共文藝領導人之間無法調和的矛盾。在中共的專制之下，胡風集團的覆滅命運，實在是無可避免的。

「五·四」時代另一有影響力的思想，是社會學的進化論。自從啓蒙主義的大翻譯家嚴復把斯賓塞的社會進化理論，特別是赫胥黎的「天演論」介紹到中國來以後，中華民族自救的警鐘就被敲響了。「物競天擇，適者生存」這八個字，成了刺激中國知識階級救亡保種的强大動力。⑬社會進化論的深入人心，最大限度地爲共產主義在中國知識階級中間的傳播，提供了心理上的充份準備。既然人類社會的發展規律是永不停息地向前進化，由原始公社而奴隸社會而封建社會，一直到了資本主義社會，在邏輯上，人類社會的進化沒有理由到了資本主義社會便停滯不前了；社會進化的理論規定了必然會有一個比資本主義更進步的社會將取代資本主義社會的地位。馬克思、恩格斯關於人類社會必將進入社會主義和共產主義的預言，塡補了舊的社會進化論的缺憾。這種根本無法證明的主觀猜想，居然被中國的進化論者視爲不以人之意志爲轉移的客觀規律。進化論者以爲：既然資本主義社會最終要被社會主義社會和共產主義社會所代替，那麼，幫助中國由半殖民地半封建社會進入資本主義，是既不合理，也不必要了。自秦統一以來，中國社會的進化，已停滯了二千多年。而西方社會則在中國停滯期間，正突飛猛進地向前發展。强弱消長，按照弱肉强食的進化理論，中華民族正面臨被淘汰的邊沿。爲了救亡保種，中國必須抄捷徑，急起直追，迎頭趕過西方列强，跳過資本主義社會而直接進入社會主義和共產主義。

對不能被科學和理性驗證的事物盲目相信，只能目之爲宗教迷信。中國的知識階級由進化論的信徒轉變爲共產主義信徒的過程，由開始時起，便已充滿了宗教迷信的色彩。胡風及其主要的支持者，也就是這樣的共產主義迷信者。然而他們的迷信，又存在着程度上的差別。一部份迷信程度較深的胡風分子，如劉雪葦、彭柏山、曾卓、魯藜等人，最後爲了迷信犧牲了個人主義，變成了甘受黨紀的嚴格限制和約束的中共黨員。即使如此，他們的反傳統的思想，以及文藝創作必須絕對自由自主的信念，還是沒有被完全放棄；這就是爲什麼他們會在胡風和中共文藝領導人的明爭暗鬥中，自覺或不自覺地站在胡風一邊，同情或支持胡風。胡風和他的另一部份忠實支持者如阿壠、路翎、綠原等人，對共產主義的迷信程度比較淺些，他們始終不肯放棄個人主義。在他們當中，有從來沒有加入過共產黨的（如阿壠），有加入了但又不慣於受束縛而自動脫離了的（如胡風、綠原）；但由於對共產主義的迷信，他們又認爲共產主義是民族自救的唯一藥方，中國走社會主義道路，又是社會的進化和發展的必然規律。他們在國民黨與共產黨的鬥爭中，始終站在共產黨這一邊。只有這樣，才能合理地解釋爲什麼胡風及其支持者會一方面堅決地反對中共對文藝領域的奴役和控制，一方面又從來不曾完全終斷和中共的聯繫和合作。亦只有這樣，才能合理地解釋爲什麼像阿壠、路翎等胡風分子，一方面在國民黨當官，一方面又在左翼文化圈子裏寫文章罵國民黨，替中共搜集情報，替中共幹部弄通過國民黨封鎖線到「解放區」的通行證，以及參與營救和保釋落到國民黨手裏的親共文化人士（詳見本文第二篇的「歷略」。）

要之，胡風集團並不如毛氏所指控的，是什麼「國民黨的忠實走狗」，而是在文藝界裏堅決地反抗中奴役和控制，但又在國共的鬥爭中，同情和支持中共的左翼文藝集團。

註釋

① 見「材料三」。

② 早在一九五五年五月十三日，「人民日報」把胡風的「我的自我批判」和胡風給舒蕪的私信三十四封一起發表，用以證明胡風集團的性質是反黨反人民的，胡風的檢討是假的。「人民日報」的編者在按語中威脅胡風的追隨者要把所有私信都交出來，並公開點了路翎的名，說他「應當得到胡風的更多密信」、「交出比保存或銷毀更好」。中共既然已想到了胡風分子「保存或銷毀」私信的可能性，按照他們的一貫作風，在尚未有把握防止這種可能發生以前，是絕不肯打草驚蛇的。也就是說，在「人民日報」的「編者按」見報之日，胡風分子「保存或銷毀」「密信」的可能性已經不存在了。無論是「自動」獻出來，或是被搜出來，這些私信註定要全部落入中共的手中，已經是無可避免的事實。光是舒蕪一人，便已藏有胡風在「解放」前的私信至少有三十四封，而僅路翎一人所存有胡風的私信，又要比舒蕪多，中共既然獲得胡風集團的全部成員在「解放」前後的私信，按理，應百十倍地超過舒蕪的所藏量才是。從如此龐大的書信海洋中，中共千辛萬苦，才能找到少得可憐的十一封信，作爲胡風集團是國民黨的走狗特務的「罪證」，僅凭這一點，人們就不禁要懷疑中共的指控的可靠性。

③ 一九五〇年綠原以最大的誠懇寫了三次要求重新入黨的報告書，一次比一次詳盡而老實。經過中共的嚴格審查，最後被恢復黨籍（見本文第二篇有關綠原的歷略）。由此，可證中共對綠原的全部歷史，是已經調查清楚而且作出了

結論了的。

④關於綠原信件中被「人民日報」編者用省略號割去的那部份，筆者只能根據已掌握的材料，作出合乎人情的和邏輯的剖析推理。自信用這種辦法得到的假定，尚不至於離事實太遠。然而，假定畢竟是假定，在綠原的信件的全文影本面世之前，亦即在「假定」變爲「確定」之前，爲了愼重起見，筆者對假定的結論，使用了「大概」和「應該」等字眼。

⑤「胡風對文藝問題的意見」，一二八——一二九頁。

⑥所謂「寧左勿右」，是對大陸的幹部和人民的寧可犯左傾的錯誤，不肯犯右傾的錯誤的心理的一種高度概括。因爲在中共眼中，犯了左傾的錯誤，一般屬於人民內部矛盾，處分較輕，特別是在「階級鬥爭」中過火一些，反而更能烘托出某些人的「立場堅定」。而犯了右傾的錯誤，就極易被視作敵我矛盾，特別是在「階級鬥爭」中溫和了一些，就會被視爲嚴重的「喪失階級立場」。這種「左些沒關係，右些不得了」的心態，在文革時的紅衞兵運動中，得到最明顯最集中的表現。

「寧左勿右」的心理，一方面可以說是受到毛澤東的「矯枉必須過正，不過正則不能矯枉」的思想影響（參看「湖南農民運動考察報告」），但在另一方面，還是羣衆在極權政治的恐怖陰影之下流露出來的一種「犧牲別人，保存自己」的自私心理。因爲在人人都過火和過左的場合，如果某人還要保存着一定程度的公正和客觀，在衆人眼中，這種公正和客觀，便正是右傾投降主義的表現。在狂熱的「階級鬥爭」的場合中，一句公道話，便往往要付出家破人亡的代價。

「寧左勿右」的心理，遠離了公正和客觀，「攻其一點，不及其餘，無限上綱」的方法論，又正是「寧左勿右」的心理的具體表現。「攻其一點，不及其餘」的道理，人人皆懂，不必解釋。然而什麼是又「無限上綱」呢？試用一例以明之：

在一九五七年「反右」運動中，數十萬智識分子被中共打成「右派」，其中有很大一部份人的獲罪的原因，是曾經反對過中共的某一普通黨員。因爲在中共的邏輯中，普通黨員受到他所在的黨支部的信任，而黨支部對非黨羣衆的領導，又只能通過每一具體的普通黨員而體現，因而反對某一普通黨員便等於反對整個黨支部，同理，反對黨支部又等於反對地區黨委，反對區委又等於反對市委，反對市委又等於反對省委，反對省委又等於反對整個黨中央和毛主席本人。這種似是而非的推理過程，就是所謂的「無限上綱」。「寧左勿右」的心態和「無限上綱」的方法論，一直得到中共的縱容和鼓勵。在中國大陸無數次大大小小的「階級鬥爭」中，在保存自己、犧牲別人的私心之下，人們可以不問事實，不講道理，無限度地誇大別人的某些小缺點和小錯誤，甚至不惜揑造事實，製造假案，以滿足中共領導人的陷人於罪的「既定方針」。無數無辜的人就是這樣被犧牲，無數寃獄也就是這樣被構陷。筆者曾在中共的政權下生活了廿年，亦曾身受「寧左勿右」和「無限上綱」所害，故對此感慨最深。

⑦ 筆者在大陸時有一友人，因爲文學上的問題向胡風請教，胡風回了一封短信給他，因而在反胡風運動時被定罪爲「胡風分子」，判了兩年徒刑。

⑧ 一九五五年五月十八日「人民日報」編者按。

⑨ 筆者在讀完與反胡風運動有關的近一千萬字的資料後，曾把那些公開表示支持中共鎭壓胡風集團的知名知識分子，按照他們的專業，編列成表。後來發覺凡中國大陸稍有名氣的知識分子的名字，都可以在表中查得，因而列好的表反而變得沒有使用的價值了。

⑩ Tse-tsung Chow, "Anti-Confucianism in Early Republican China," in Arthur F. Wright, eds., The Confucian Persuasion, (Stanford University Press, 1959), P. 307.

⑪ Mary Backus Rankin, Early Chinese Revolutionaries (Harvard University Press, 1974), PP. 230-233.

⑫ 廚川白村認爲：「文藝是純然的生命的表現；是能夠全然離開了外界的壓抑和强制，站在絕對自由的心境上，表現出個性來的唯一的世界。忘却名利，除去奴隸根性，從一切羈絆束縛下解放出來，這才是文藝上的創作。」（「苦悶的象徵」，三二頁，「魯迅全集」第十三卷，一九七三年北京人民出版社）。

⑬ 王栻「嚴復傳」，四〇——四六頁，上海人民出版社一九七五年二月。

附記

本文爲作者在一九七三——七五年於新亞研究所研習期間完成的碩士論文中的附錄部份。正文部份爲「魯迅與胡風之反控制鬥爭」，業已刊登在「新亞學報」第十二卷。

作者原有意以胡風事件爲主線，寫出一本反映中國文藝家集體反抗中共對文藝領域的奴役和控制的鬥爭的專書。本文與業已發表的正文部份，其實是該書中的兩章；餘下八章，本來亦已搜集齊資料並擬出了寫作大綱，但後來因作者的研究興趣有所改變，著書的計劃也就胎死腹中。沒有辦法，只好補寫了一篇短的「結束語」，附在本文之後，算是對流產了的研究計劃的一種硬着頭皮的「結束」。

本文蒙徐師復觀指導，李師幼椿審查，嚴師耕望，全師漢昇和杜師維明審閱訂正並賜予修改意見，以及趙致華先生輯印，至爲感謝。香港的大學服務中心、友聯研究所，以及香港大學馮平山圖書館，或提供資料，或賜予研究工作的便利，謹此一並致謝。畢兄澤宇，前後兩次，代負校正之勞，尤可感念。

最後，謹以本文當作生芻一束，呈獻給先師唐君毅先生在天之靈。一九七八年五月十二日東邑翟志成追記於柏克萊加州大學。

THE NEW ASIA JOURNAL

Volume 13 October 1979

(1) An Example of the Comparative Study on the Historian Record (Shiji) and the History of the Han Dynasty (Hanshu) ....Hsu Foo-kuan

(2) An Outline of the Study on The Communcation Map of The Northern Borders of T'ai-Yuan in the T'ang Dynasty............................ Yen Keng-wang

(3) Sthiramati's Commentary on Triṁśikāvijñapti-kārikā (1) – A Chinese Translation from the Sanskrit Text with Notes and Interpretations...............Fok Tou-hui

(4) The Geographical Distribution of the Buddhist Chan School in the T'ang and Sung Dynasties .... Lee Kit-wah

(5) The Consequences of the Contraction of Forward Defences of the North China Frontier During the Ming Dynasty.................................Chi-hua Wu

(6) The Calendering Cloth Industry in Soochow During the Ch'ing Period........................ Han-sheng Chuan

(7) Rectification of the Biographies of the History of the Ch'ing Dynasty (Ch'ing-shih-kao), the Biographies of the Emperors ....Su Ching-ping

(8) An Account of Hu Feng and His Important Followers ....Chak Chi-shing

NEW ASIA INSTITUTE OF ADVANCED CHINESE STUDIES

中華民國六十九年（一九八〇）六月十五日初版

新亞學報 第十三卷

定價：港幣三十元
美金七元

編輯者 新亞研究所
九龍農圃道六號

發行者 新亞研究所圖書館
九龍農圃道六號

承印者 華南印刷製版公司
九龍青山道一九五A三樓

An Example of the Comparative Study on the Historian Record (Shiji) and the History of the Han Dynasty (Hanshu).

史漢比較研究之一例

Hsu Foo-kuan （徐復觀）

The article is divided into 9 chapters with emphasis on four important points.

(1) The first emphasis deals with earlier critical arguments on the merits of the two books in detail, stressing in particular comparing and criticising the general history and the dynastic history with a view to clarifying certain clarifying certain doubts by historians throughout thousands of years.

(2) The article also touches upon the special sentiment of Ban Biao and his son towards the Han House as a result of their being members of the consort family. This special sentiment led to the compilation of Ban Biao's doctrine on sovereignty by mandate with its denial of the ideals of 'Rule by the sage' by the Confucianists of the West Han. According to him, sovereignty by mandate should automatically fall upon the Liu Family. The motives of Ban Gu who wrote the History of the Han Dynasty (Hanshu) in praising the Han differed greatly from Sima Qian's Historian's Records (Shiji) aiming at seeking security of the human destiny. These different motives accounted for different evaluations of the emperors and officials of the early Han as well as the arrangements and selections of the relative historical facts of the period.

Under pressure from Emperor Ming of the Eastern Han, Ban Gu had no other alternative but to resort to a chronological form where he dia not depict the life history of Emperors, thus making them assume the image of abstract figure; this form was followed by later historians. This purposeful distortion was indeed a misfortune in Chinese history. The above summarizes

the differences between the two books often much neglected. From Chapter 2 and the later parts, detailed comparisons will be listed out.

(3) Chapter 3 depicts the compilation of the Hanshu noted for its great ingenuity and coverage. It further points out that the Ban's were in line with Confucian thought in that they still believed in justice and righteousness within the Han rule. With the exception of the chapters on the early Han. Hanshu on the whole gave an unbiased criticism of the period, thus qualified to be used as a supplement to the Shiji. This explains the reason why it is a great work alongside the Shiji. The above points are contained from Chapter five to eight.

(4) The Historian Record (Shiji) has been elevated by virtue of its literary merits and historical value. A comparison of writing techniques is purposefully arranged in Chapter 9. It is noticed that Ban Gu emphasized simplicity and authentic nature, thus lacking in historical facts which are better in the Shiji. This point is also often neglected.

An Outline Of The Study On The Communication Map Of The Northern Borders Of Tai-Yuan In The Tang Dynasty

唐代太原北塞交通圖考

Yen Keng-wang （嚴耕望）

T'ai-yuan (presently Tsin-yuan District) was the political, military and communication centre of the North in the T'ang Dynasty. Its Communication with the northern bordering districts appeared as a radiation communication net. Northwards from T'ai-yuan, through Yin (presently Yin District) and Tai (presently Tai District) to the Yen Men Gate (presently the same name) was one of the chief trunk roads of the North. Again, travelling North-westwards from T'ai-yuan along the upper valley of Fan River to the Liu Fan Gate (approximately the present Liu Fan Ling District, located about 10 miles south-west of Ling Wu District) laid a supplementary road to the former. The Northern Dynasty had installed trunk road stations along this side-road. The two Gates mentioned above were two gates along the Great Wall in the Sui and T'ang Dynasties. The outlying district outside the Gates then known as Shuo Chou (present shuo District) formed important strategic bases outside the Wall. Going north-westwards through the San Yang Gate (approximately present Ta-hung City District on the north bank of the Ta-hung River) to San Yu Tu Hu Fu, garrisoned the Tsin Wu Battalion (presently about thirty to forty li south-west of Hu Ho Ha Te). Going westwards along the Huang Ho from here through the Kao Ch'üeh Sai (presently Lang Shan K'ou or Shih Lan Chi K'ou to the east of the former) laid the thoroughfare leading to the Ouigours. From the north of Shuo Chou slightly eastwards to Yun Chou, Ping-ch'eng (presently Ta-t'ung), the capital of T'opa-Wei, was situated. From Tai Chou going north-eastwards along the Hu To River Valley through Ling Ch'iu District (presently the same designation), to Wei Chou (presently the same name) garrisoned Heng Yeh Battalion, and then south-westwards to the Chü Yung Gate,

situated Yu Chou (presently Peking), the most important city of the north-east in the T'ang Dynasty. South-westwards from Yu Chou to Lo-Yang, one must take the north-south trunk road along the eastern slope of T'ai Hang Mountain, to be supplemented by a side-road known as Wei-tai. From Yu Chou the routes led to the Chü Yung Gate, through Kuei Chou, Wu Chou (presently Hsüan Hua). T'ien Ch'eng Chün (presently Tien Chen) to Yun Chou (presently Ta-t'ung). Again northwards along the south bank district of Yen Chi'h (presently Tai-hai) through Ts'an Ho Hsing (presently about forty li south-west of Tai Hai), westwards to San Yu Tu Hu Fu, laid the west-east route in the northmost partin the T'ang Dynasty.

This article gives a detailed study of all the land routes and the communication of the period.

Sthiramati's Commentary on Triṁśikāvijñapti Kārikā (1)
– A Chinese Translation from the Sanskrit Text with Notes and Interpretations

安慧「三十唯識釋」原典譯註（一）

Fok Tou-hui （霍韜晦）

This is the first complete translation of Triṁśikāvijñaptibhāṣya by Sthiramati from Sanskrit into Chinese. The text, found in Nepal by Sylvain Levi in 1922, is the only extant Sanskrit version amongst the ten commentaries of Triṁśikāvijñaptikārikā （唯識三十頌） of Vasubandhu（世親）. Before the recovering of the text, the sources for Chinese scholars to study the theory of Vijñaptimātra were based on Ch'eng Wei Shih Lun（成唯識論）, a collective commentary to Triṁśikāvijñaptikārikā done and translated by Hsuan Tsang（玄奘）who, being a student of the second generation under the Dharmapāla（護法）School, found it difficult to maintain a fair treatment of all other views. Therefore, we can now trace back the idea of Vasubandhu, evaluate the former Chinese translations and clarify the Sthiramati's own views against the original text by Sthiramati.

The translation includes eight chapters. Only the first two are published here, namely, the concept of vijñaptimātra and the ālayapariṇāma. Both philological and philosophical notes with detailed discussions have been given in each chapter.

景印香港新亞研究所《新亞學報》（第一至三十卷）

The Geographical Distribution of the Buddhist Chan School in the Tang and Song Dynasties.

唐宋禪宗之地理分佈

Lee Kit-Wah （李潔華）

Chinese Chan Buddhism emerged as a pre-eminent school when Hui Neng (慧能) succeeded as the six patriarch. It futher ramified into the Nan Yue(南嶽) and the Qing Yuan （青原） Schools. This thesis chiefly aims at making a preliminary research on the geographical distribution of the Chan Buddhist monks of these two schools, taking the Wu Dang Hui Yuan （五燈會元） as the main source of statistical survey. The number of Chan monks included in this study exceeds 1,700, one third of whom were the apostles of the Nan Yue School and the rest the disciples of the Qing Yuan School.

The Nan Yue School had its origin in Hunan (湖南) and stood out as a prominent school at the time of the second successor, Ma Zu （馬祖）, who centered his preaching activities in Jiangxi (江西). After Ma zu, it developed into the Wei Yang (僞仰) and the Lin Ji(臨濟)Schools. Lin Ji had once been very popular in Hebei (河北)but most of the preaching activities of these two schools were oriented in the South. Hunan and Jiangxi were two common provinces to which the monks of these two schools flocked. In addition, in Jiangsu (江蘇), Fujian （福建）, especially in Zhejiang (浙江) the monks of the Lin Ji School were very active. Taking the regional administrative system of the Sung Dynasty as the scheme of distribution, the Nan Yue School could be found in Liang Zhe Lu （兩浙路）, Jiang Nan Xi Lu(江南西路), Jing Hu Nan Lu (荆湖南路), Jiang Nan Dong Lu (江南東路) and Fu Jian Lu (福建路)

The Qing Yuan School originated in Jiangxi and was disseminated to Hunan by Xi Qian(希遷). Following Xi Qian, there arose two lineages, the Yao Shan Wei

Yan（藥山滌儼） and the Tian Huang Dao Wu（天皇道悟）. The former later developed into the Cao Dong School（曹洞宗）and the latter the Yun Men（雲門） and the Fa Yan（法眼） Schools. The activities of these schools were not merely confined to Jiangxi and Hunan. The Yao Shan School even extended its influence to Hebei and the Tian Huang to Fujian, Zhejiang, Jiangxi and Guangdong（廣東）. It is obvious that the centres of preaching of the Qing Yuan School were in the South. They had a pattern of distribution similar to that of the Nan Yue School in the regional administrative system of the Sung Dynasty. Mostly the centers located in the Liang Zhe Lu, Fu Jian Lu, Jing Xi Nan Lu（京西南路）, Jinag Nan Dong Lu, Jiang Nan Xi Lu, Jing Hu Bei Lu（荊湖北路） and Guang Nan Dong Lu（廣南東路）

The Nan Yue and the Qing Yuan School had been developing mainly in the South of China, especially in Zhejiang, Fujian, Jiangxi, Hunan and Hubei. The locations of their centres of preaching more or less coincided with the geographical distribution of Neo-Confucianism in the Sung Dynasty. Therefore, it is not wholly unreasonable to suggest that the dissemination of Chan Buddhism had paved the way for the development of Neo-Confucianism, considering the chronological order of their respective development.

The Consequences of the Contraction of Forward Defences of the North China Frontier During the Ming Dynasty.

論明代北方邊防內移及影響

Chi-hua Wu 吳緝華

The northern border defense issue has caused constant threats to the safety of Chinese dynasties. This was no exception after the Ming Dynasty was established. It in fact received particular attention, as the remaining Yuan 元 Powers still survived beyond the border.

The first Ming Emperor, T'ai-tsu 太祖 , in setting out the basic policy for the northern border, stated that troops must constantly be stationed where they could cope with any invasion. During T'ai-tsu's reign (the Hung-wu 洪武 period, 1368-1398), military establishments were set up in strategically important areas along the border between Liao-tung 遼東 in the Northeast and Tung-sheng 東勝 in the Northwest including K'ai-yuan 開原 , Kuang-ning 廣寧 , Ta-ning 大寧 , K'ai-p'ing 開平 , Hsing-ho 興和 and Ta-t'ung 大同 .

However, during Emperor Ch'eng-tsu's 成祖 reign (the Yung-lo 永樂 period, 1403-1424), all establishments except Liao-tung, Kai-yuan, Kuang-ning and Ta-t'ung were abandoned despite the fact that this was one of the strongest periods of Chinese history. The loss of these areas was to cause problems in later years as greater military strength was required to defend China against foreign invasions.

The people who were to become a threat to the Ming in the later years of the dynasty were able to build up their power by occupying the immense areas vacated with Ch'eng-tsu's retraction of the defence line closer to Peking. Their location and routes of attack are indicated by the newly constructed parts of the Great Wall since these segments were built as a means of fortifying the Nine Frontier Defense Posts once the northern outposts were withdrawn. The Great Wall is itself evidence of how Ch'eng-tsu's abandonment of a forward defence strateg

influenced the general policy of the Ming rulers toward the north and northwestern frontiers during the remainder of the dynasty.

The Calendering Cloth Industry in Soochow During the Ch'ing Period

清代蘇州的踹布業

Han-sheng Chuan（全漢昇）

Cotton had been widely grown in India, but only in the thirteenth century did the crop become cultivated in China. It first entered the Yangtze delta when a woman named Huang, who had learned cotton weaving in Hainan Island, returned to her birth place east of Sung-chiang (Kiangsu) in 1295 and began teaching the people how to weave cotton cloth. From that time on the cotton textile industry rapidly developed in the lower Yangtze valley.

The cotton cloth produced in the Yangtze delta was consumed by the local people and sold to other provinces. The highly developed waterway network in Kiangsu made it possible for Soochow to market its cloth cheaply by the mid Ch'ing period. Even by the late K'ang-hsi period (1662-1772), Soochow already contained more than seventy cloth dealers who marketed local textile products throughout the country. The annual sale of a single dealer usually amounted to one million bolts of cloth, of which some cloth circulated as far as southern Yunnan and northern Mongolia. The cloth dealers of Soochow earned huge profits, and the Ch'ien-lung Emperor believed they were as wealthy as the salt merchants in Yang-chou.

Pre-modern production techniques characterized the cotton textile handicraft system. The final production stage, cloth calendering, was carried out in small mills instead of in peasant farmsteads. As demand and supply for cloth increased, the number of calendering mills increased to process the large volume of cloth produced in the countryside. During the early decades of the eighteenth century, Soochow contained 340 or more managers called *pao-t'ou* who operated 450 calendering mills and employed over ten thousand workmen. The calendering of

cloth made the fabric more glossy and packed the fibers closer together to make cloth more resistant to wear and tear.

Most of the calendering workmen originally came from the districts of northern and western Kiangsu and southern Anhwei where population density was high and employment opportunities in agriculture were few. These migrants were penniless when they first arrived in Soochow. They received very low money wages as calendering workmen. They secretly organized associations and staged strikes to obtain more pay. Their demonstrations and strikes did not bring higher money wages because calendering managers could cheaply employ other workers from around Soochow. Rapid population growth in rural areas outside Soochow provided an abundant labor supply for the cities on the Kiangsu plain.

Rectification of the Biographies of the History of the Ching Dynasty *(Ching-shih-kao)* the Biographies of the Emperors.

清史稿列傳本證

Su Ching-ping 蘇慶彬

The writing and compilation of the History of the Ch'ing Dynasty *(Ch'ing-shih-kao)* took more than a decade to complete. The unsteady political situations of the Dynasty gave rise to inaccuracy, incompleteness and oversight by the writers who hastily undertook the work. The subsequent shortcomings aroused adverse criticism by various scholars some of whom further advocated permanent ban or disuse of the Book. Despite the aforesaid weaknesses, the compilation constituted a high standard of history writing with its detailed records of historical facts of the Dynasty extremely useful and valuable to the study of the period. Based on the rectification approach, this article centred around the biographies of the Emperors matched with related tables, biographies and histories for comparisons and decisons for the reference of those engaged in the study and recompilation of Ch'ing history.

An Account of Hu Feng and His Important Followers

胡風及胡風集團重要成員歷略

Chak Chi-shing （翟志成）

The campaign to criticize Hu Feng and his followers which was carried out from the end of 1954 to the end of 1955 signified an important turning point in the intellectual and political development of Communist China. The attack launched by these intellectuals against the CCP was the first organized and planned attempt made by any Chinese intellectuals since 1949 to challenge the Party's dogmatic control over the cultural realm. The subsequent purge marked the transition in the Party's policy towards the intellectuals, from one of persuasive education to forceful suppression. It continued the 1951 campaign to suppress the counter-revolutionaries and set the example for the 1957 anti-rightist campaign.

Numerous articles have been written in Chinese and English about this campaign of 1954/5. However, no one has yet attempted any detailed biographical studies of Hu Feng and his followers, without which no in depth research of the group's resistance history can be successfully made. In this present paper, I tried to condense and analyze all the information I have gathered from related materials, amounting to more than 10,000,000 Chinese characters. It provided the most complete biographies of Hu Feng and his group ever published. I hope this will offer assistance to the future study of 20th Century Chinese intellectual and literary history.